LE Routard

W0360014

Expériences et MICRO-AVENTURES en France

hachette

SOMMAIRE

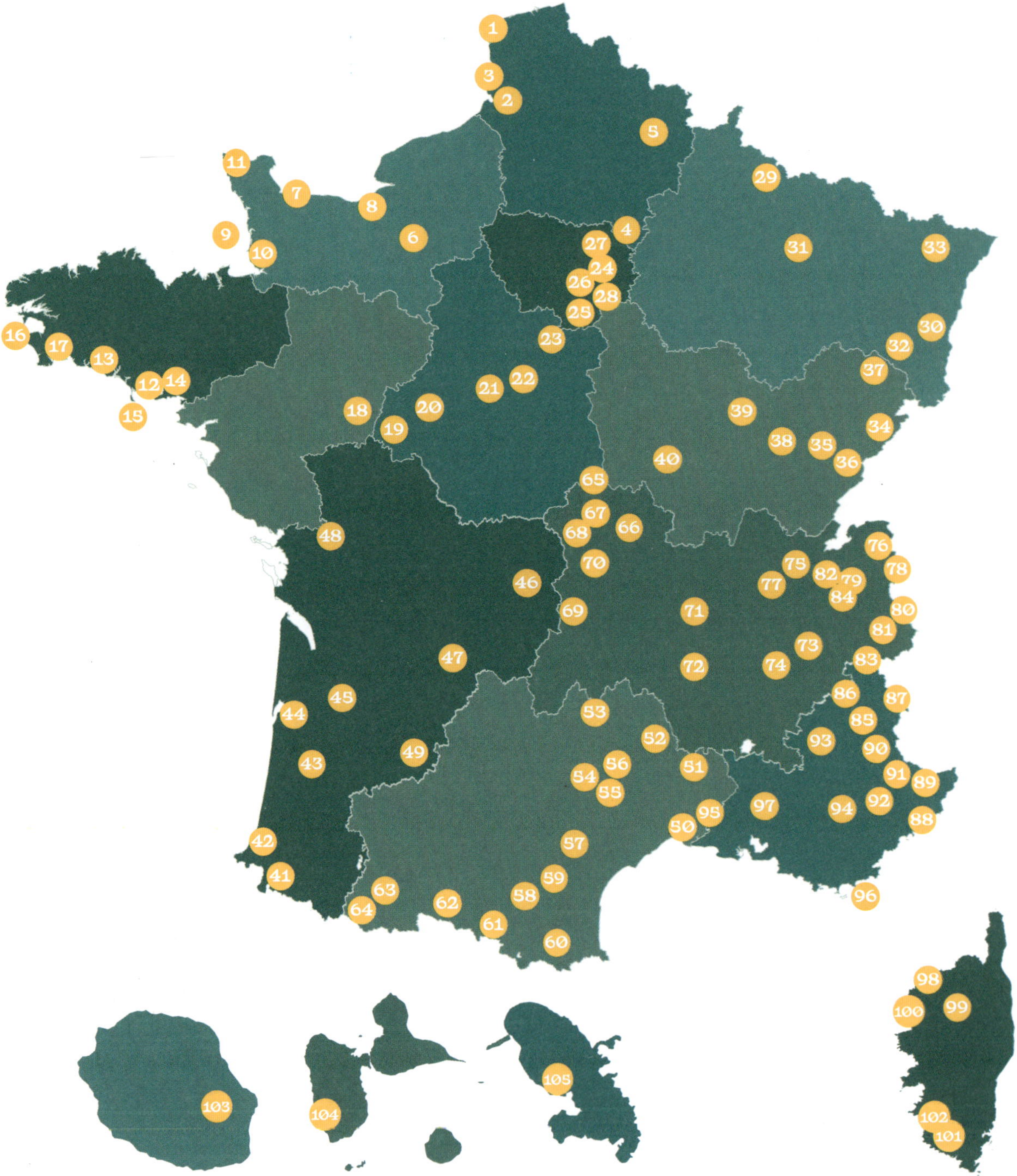
1
2
3
4
5
6
7
8
9
10
11
12
13
14
15
16
17
18
19
20
21
22
23
24
25
26
27
28
29
30
31
32
33
34
35
36
37
38
39
40
41
42
43
44
45
46
47
48
49
50
51
52
53
54
55
56
57
58
59
60
61
62
63
64
65
66
67
68
69
70
71
72
73
74
75
76
77
78
79
80
81
82
83
84
85
86
87
88
89
90
91
92
93
94
95
96
97
98
99
100
101
102
103
104
105

Nouvelle-Aquitaine

Occitanie

Auvergne-Rhône-Alpes

Provence-Alpes-Côte-d'Azur

Corse

La Réunion

Guadeloupe

Martinique

SOMMAIRE PAR ACTIVITÉS

Rando équestre

Road trip

La micro-aventure, kézaco ?

La micro-aventure est une activité de plein air, proche de chez soi, de courte durée, facilement réalisable (même si certaines demandent un peu de préparation) et respectueuse de l'environnement. Elle promet une expérience originale, et s'inscrit dans la tendance d'un tourisme durable. Longtemps associé au lointain, le terme « aventure » prend ici un nouveau sens.

On ne cherche plus l'aventure au bout du monde, mais plutôt à proximité, au cœur de son pays ou de sa région, au milieu d'espaces naturels qu'on veille à préserver. Pas de virée en quad ou en jet-ski ici !

En somme, c'est l'aventure à portée de main et pour tous. Inutile de se lancer dans un tour du monde en 80 jours !

Car l'aventure, c'est l'aventure, mais c'est d'abord un état d'esprit, mélange de curiosité et de goût pour la découverte.

Une « reconnexion » avec les éléments

La micro-aventure reflète ainsi un besoin de déconnexion, de simplicité et de retour à la nature… et la France est un véritable paradis naturel ! Des Alpes à la Bretagne, de la Provence à la côte Basque, des Vosges à la Normandie en passant par l'Île-de-France, chacun peut se sentir l'étoffe d'un baroudeur dans des paysages qui n'ont rien à envier à des destinations plus lointaines. On s'élance sur son canoë en Seine-et-Marne, on bivouaque dans le Vercors, on pédale sur la route du comté, on plonge à la découverte des récifs en Méditerranée, on randonne sur le GR® 1 à portée de train ou en parapente sur les massifs alpins, on tente le surf en Bretagne ou on explore les Pyrénées en canyoning, on grimpe à l'assaut des falaises dans le Verdon ou l'on chausse ses raquettes pour une raclette au sommet… Qu'elle ne dure que quelques heures (on parlera alors plutôt d' « expérience »), un jour ou deux - et plus si affinités -, tout est bon pour sortir de chez soi en combinant sensations fortes et amour de la nature !

Vivifiante et dépaysante, amusante et exaltante : la micro-aventure a tout d'une grande !

Sans les contraintes liées à un déplacement lointain et avec un bilan carbone réduit…
On vous a concocté plus d'une **centaine de micro-aventures partout en France**, qui s'adressent aux débutants comme aux plus sportifs, des plus jeunes aux moins jeunes, seul, en famille ou entre potes. Allez, on se lance !

Bien préparer sa micro-aventure

La micro-aventure nécessite peu de déplacements, de préparation physique ou d'expérience ; parfois, elle peut même s'improviser ! Elle n'est donc pas forcément synonyme d'adrénaline ou de vitesse, c'est même parfois tout le contraire ! Si on peut apprécier le frisson d'un saut en parapente et les sensations fortes d'une session de canyoning ou d'accrobranche, il s'agit avant tout d'évoluer tranquillement, loin du raffut et de l'agitation de la ville, à pied, à vélo, sur l'eau, sur des skis, avec tous les sens en éveil et en prenant le temps d'apprécier l'environnement naturel et le patrimoine culturel, si riches et variés en France.

Entre une escapade de quelques heures et une micro-aventure de plusieurs jours, on ne se prépare et on ne fait pas son sac de la même manière. Voici quelques conseils pour s'organiser de façon optimale.

Où et combien de temps ?

Nul besoin de voyager loin pour s'émerveiller : c'est le principe de la micro-aventure ! Partir au pied levé quelques heures, un week-end ou plusieurs jours, peu importe tant que le dépaysement est garanti ! Pressé par le temps ? Privilégier une destination à proximité de chez soi pour une **escapade d'une demi-journée** : une matinée de char à voile sur la côte d'Opale ou de ski de fond dans le Jura, une promenade équestre en Corse, une session de paddle sur le lac d'Annecy ou une initiation à l'accrobranche en Seine-et-Marne… Notre environnement proche recèle de petits trésors que la micro-aventure permet de découvrir. Avec quelques jours de plus, les possibilités d'échappées et d'immersion en pleine nature se multiplient. Le temps d'un **week-end** on peut s'aventurer à vélo à la découverte du Luberon, randonner entre les monts du Cantal et du Cézallier, voguer sur le canal du Midi, embarquer à bord du train des Merveilles, ou pourquoi pas tenter l'ascension du pic du Canigó ? Rivières, collines, montagnes, forêts, plages, milieux urbains : il y a l'embarras du choix !

Quelle activité et pour qui ?

Observation des étoiles sur le pic du Midi, immersion nature avec les cerfs en forêt de Sologne, week-end détox-yoga en Normandie, rando-bière en Alsace, vélo-fromage sur la route du Comté, session de surf en Bretagne, plongée sous-marine en Méditerranée, randonnée à skis dans les Alpes… les **possibilités sont infinies** selon les saisons ! Dans cet album, nous en avons sélectionné un certain nombre, s'adressant à tous. Chacun devrait donc être en mesure de trouver une micro-aventure correspondant à ses attentes, son humeur et ses capacités physiques. Elles peuvent être sportives, mais jamais d'un niveau olympique ! Inutile de s'équiper d'un matériel technique ou de posséder des compétences pointues. La micro-aventure se veut simple et accessible à tous ; à chacun de l'adapter à son propre niveau.

Quel équipement ?

Prendre le temps de préparer ses affaires de façon pertinente en fonction des activités prévues et de leur durée. **Aucune place pour le superflu** ! On voyage léger, en prenant garde à n'emporter que l'essentiel. On garde en tête les fondements mêmes de la micro-aventure : la simplicité et la spontanéité.

Le matériel dépendra de l'activité pratiquée : alors qu'une bonne paire de chaussures et des bâtons de marche devraient suffire pour quelques heures de randonnée, si la micro-aventure implique plusieurs nuits en camping ou bivouac, on prévoit tente, sac de couchage, vêtements contre le froid, le vent et la pluie… à moins que l'équipement ne soit fourni par le guide ou l'agence avec laquelle vous avez concocté votre sortie.

Sans se surcharger, ces quelques affaires peuvent se révéler bien utiles : lampe frontale, chargeur solaire, couverture de survie, kit de réparation pour vélo. On n'oublie pas non plus un kit de survie : une petite trousse de soins contenant l'essentiel (pansements, compresses, tire-pique, anti-moustique). Ces détails sont précisés dans les informations utiles de nos micro-aventures.

Dans tous les cas, s'assurer de disposer de suffisamment d'eau et de nourriture en fonction de la durée de son escapade nature !

Selon la micro-aventure, on peut s'adresser à des **prestataires spécialisés** pour la location du matériel spécifique (canoës, paddles, matériel de plongée, de ski, etc), et faire appel à des guides spécialisés lorsque cela est requis. Leurs adresses et coordonnées sont indiquées dans nos pages.

Préparer son itinéraire

Avant de se lancer dans une micro-aventure, il est recommandé de se renseigner un minimum sur l'itinéraire. **Étudier au préalable le parcours** (via une carte IGN Top 25 pour la randonée ou encore sur les applis dédiées comme *Helloways* ou *Visorando*) et récolter toutes les informations utiles : âge ou niveau sportif requis, budget à prévoir, mais aussi conditions météo et points de ravitaillement en eau et en nourriture à proximité. Pour les micro-aventures de plus d'une journée, il peut être utile de repérer ou réserver à l'avance son hébergements sur place : zones de bivouac, campings, refuges, chambres d'hôtes, etc. Prenez le temps de consulter les sites des prestataires que nous indiquons pour chacune de nos micro-aventures, et n'hésitez pas à les contacter directement pour plus de précisions. Pensez également à vous renseigner auprès de la communauté des internautes ou des blogueurs. Certains sites et médias comme *Chilowe* ou *The Others* sont de véritables mines d'informations !

GLISSER EN CHAR À VOILE SUR LA CÔTE D'OPALE

01

Même si le sport n'est pas votre tasse de thé, aucune inquiétude. On se prend vite au jeu de ce drôle d'engin, fruit de l'amour d'un voilier et d'un tricycle, pour découvrir à la fois des sensations de légèreté et de vitesse.

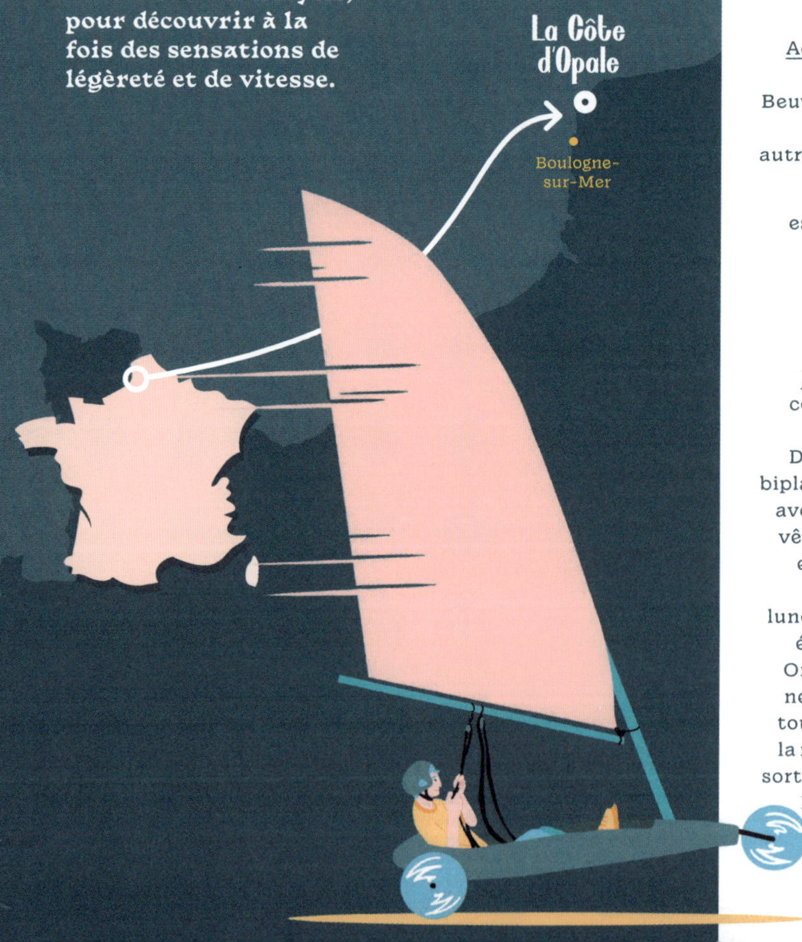

1h à 2h

Automne, hiver, printemps (quand les plages sont moins fréquentées)

Moyen

Moniteur obligatoire pour les novices

Boulogne-sur-Mer

Préparer

Adresse : Char à voile Club de la Côte d'Opale, 272, bd Sainte-Beuve, 62200 Boulogne-sur-Mer. ☎ 03-21-83-25-48. Plusieurs autres centres sur la Côte d'Opale.

Accès : Boulogne-sur-Mer est à env 2h30 de Paris en train et à 1h15 de Lille.

Plus d'infos : • cvcco.com •

Tarifs : 30-50 €/pers.

Bon à savoir : il est possible de commencer le char à voile pour les enfants de plus d'1m40. Des chars à voile monoplace ou biplace existent (on va moins vite avec les biplaces). Emporter des vêtements qui ne craignent pas, et prévoir une tenue complète de change. Ne pas oublier des lunettes type piscine ou ski, pour éviter les projections de sable. On finit souvent moucheté ! On ne peut pas faire du char à voile toute la journée, tout dépend de la marée ; bien vérifier avant. La sortie se fait 2h avant et 2h après. Et puis... il faut du vent aussi !

OÙ PRATIQUER AILLEURS

Le char à voile se pratique sur de larges plages où le vent souffle, notamment sur la côte normande, en Bretagne et dans les Landes.

- À Trouville-sur-mer : CNTH Club Nautique de Trouville Hennequeville. • cnth.org •

- À Quiberon : Zef Attitud' École de char à voile. • char-a-voile-bretagne.com •

- À Mimizan : Mimizan char à voile. • charavoile40.fr •

Le vent et les embruns sur son visage donne une impression assez grisante

On enfile les combinaisons fournies pour se protéger, ainsi que des casques. Puis, on se glisse dans un baquet blanc pour tenir allongé à l'horizontale, avec au-dessus de la tête une voile accrochée à la bôme et une poulie.

Il faut ensuite caler le palonnier (gouvernail) pour se diriger avec les pieds à droite ou à gauche, et passer l'écoute dans la poulie pour tirer la voile à soi. Plus on tire, plus ça va vite. Et si la voile est dans l'axe du vent, on filera encore plus vite. Assez simple pour l'instant.

Premiers exercices : on essaie de viser les plots. Et dès les premiers mètres, sentir le vent, les embruns (et le sable aussi) sur son visage donne une impression assez grisante. Ici aussi, on respecte le code de la route : on se double toujours par la gauche. Enfin on essaie ! Sur les conseils du moniteur, on tente de faire des 8 (qui ressemblent plus à des 9, des 5, des 7, voire des 0). Il faut serrer dans les virages, sans perdre le sens du vent. Une gageure !

On frôle les flots et la mer. Des gerbes de sable giclent de part et d'autre. C'est grisant ! On bouffe du sable mais on est heureux. Plus on est léger, plus on décolle. Plus on pèse, plus la voile, au tournant, reste dans l'axe du vent et arrête donc le char qui s'enlise dans le sable. Le moniteur vient aider dans ces cas-là. Ne pas se lever au risque de se prendre la bôme en pleine tête ! Un peu sportif mais pas bien compliqué, il faut l'avouer ! On tire, on lâche, on tire plus fort, et on se laisse aller... à la fin de l'aventure, on a des bras et des mains en acier. Et finalement, on rentre au club, on retire sa combinaison et on admire son visage maculé de sable dans un grand éclat de rire.

Prolonger le week-end

C'est l'occasion de (re)découvrir la magnifique **Côte d'Opale.** Un des fleurons du littoral français, assurément. Environ 120 km de côtes, alternant dunes préservées, immenses plages (de sable fin), impressionnantes falaises calcaires, stations balnéaires chics ou populaires, ainsi que **Boulogne** et son port. Allez par exemple faire un tour au **cap Blanc-Nez,** franchement, c'est superbe. Spectaculaire avec ses falaises blanches hautes de 135 m. On peut y grimper à pied depuis la plage du **Cran d'Escalles** (magnifique !) ou par la route jusqu'aux abords du monument de la Dover Patrol. Et là-haut, waouh ! Souvent battu par les vents (80 jours par an, en moyenne, de vent à plus de 30 nœuds), le Blanc-Nez dévoile un panorama d'exception.

PRENDRE LE LARGE DANS LA BAIE DE SOMME

et pagayer comme un Polynésien

02

On adopte le point de vue des phoques qui s'épanouissent dans la baie de Somme en embarquant sur une pirogue polynésienne (ou *va'a*), et on admire ces sublimes paysages où mer et terre se mêlent sans fin depuis les eaux vives. Un vrai changement de cap !

1/2 journée

Avril à novembre, à marée haute

Facile

Guide obligatoire

Noyelles-sur-Mer (6 km)

Préparer

Avec qui partir : club de kayak de mer et de Va'a de la baie des Phoques, 369, quai Jeanne d'Arc, 80230 Saint-Valery-sur-Somme.

Plus d'infos : ☎ 03-22-60-08-44. • kayak-somme.com •

Tarifs : 30 € pour les adultes, 15 € moins de 12 ans (minimum 1 adulte par enfant, ou 2 adultes sportifs pour 3 enfants).

Bon à savoir : réservation de l'excursion « Entre terre, mer et mollières » conseillée le week-end quelle que soit la saison (réserver 2-3 semaines à l'avance).

Équipement : chaussures fermées obligatoires (baskets qui ne craignent rien, ou des bottes ou des chaussons en Néoprène si vous en avez), t-shirt, pull ou polaire et coupe-vent impératif (le temps change vite dans la baie), chapeau ou casquette, lunettes de soleil, gourde d'eau et une tenue complète de rechange (chaussures incluses).

Matériel fourni : le guide nature, le gilet de sauvetage, la pirogue et la rame (ouf !).

Nombre de rameurs par pirogue : 6 ou 12, dont 1 guide-nature.

KAYAK OU PIROGUE ?

Alors, kayak ou pirogue ? Pagaie ou rame ? À moins d'être un kayakiste expérimenté, mieux vaut opter pour la pirogue : on est 6 ou 12 à ramer (au lieu d'1 ou 2), on profite bien mieux des explications du guide nature puisqu'il est sur la même embarcation... et on ne risque pas de rester à la traîne si on est néophyte ! La force du groupe porte le *va'a* !

Ah ! quitter le plancher des agneaux de lait pour prendre le large !

C'est marée haute, on en profite ! Sur le quai de **Saint-Valery,** en écoutant attentivement le brief du guide nature, l'aventure commence déjà. Gilet de sauvetage, mise à l'eau de la pirogue polynésienne (bien stable grâce à son balancier), rame en main, on s'installe pour la grande traversée ! Très vite, avec Saint-Valery en toile de fond, entre deux éclaboussures, le guide nous conte Guillaume le Conquérant et l'histoire de la baie, pendant que les oiseaux viennent à la rencontre de l'embarcation.

Pas rare non plus, au large du **cap Hornu** ou dans un coin plus improbable, de croiser quelques phoques très à l'aise, en pleine baignade, ou prenant le soleil sur un banc de sable. Mais la vaillante pirogue, sous l'impulsion des rameurs amateurs et néanmoins vigoureux, se rapproche des mollières, ainsi que les Picards nomment les prés-salés, et voilà que l'air de rien on s'engage dans le méandre des rieux, ces chenaux qui sillonent les mollières à marée haute.

Calme des cieux et des rieux...

Extraordinaire paysage où les irisations de l'eau jouent avec le vent dans les rieux (ces petits ruisseaux)... Un véritable refuge pour tout le petit peuple des oiseaux, bien à l'abri du vacarme des hommes : aigrettes, hérons et courlis cendrés nichent ici, sous l'œil candide des brebis et de leurs agneaux follets. Le murmure s'impose pour ne pas effrayer, pied à terre cette fois-ci (ça fait du bien de se dégourdir les jambes !), tout ce petit monde à poils et à plumes. D'un œil averti, on reconnaît les différentes plantes halophiles (qui aiment le sel) : la bien connue salicorne mais aussi la spartine, qui fixe le sable et lutte naturellement contre l'érosion, l'obione et ses hampes jaunes qui fleurissent en été, l'aster maritime (ou épinard de mer) ou la pucinelle (la base de la prairie broutée par les agneaux)...

Les pieds encore un peu plus mouillés (l'humidité, dans ces prairies, affleure partout), retour vers la pirogue, sa rame, et son glissement feutré sur la baie... Mine de rien, on a parcouru 6-8 km à la force des bras ! Les oreilles accoutumées au silence et les yeux emplis des couleurs changeantes de la baie, on n'est finalement pas mécontent de retrouver la terre ferme et d'enfiler sa tenue de rechange, bien sèche.

SE SENTIR POUSSER DES AILES AU PARC DU MARQUENTERRE

1/2 journée

Toute l'année

Facile

Visites guidée ou autonome au choix

Rue

03

Une des plus grandes réserves ornithologiques de France

L'endroit idéal pour observer de près « le peuple migrateur », avec ses colonies d'oiseaux qui se rassemblent en grand nombre sur ce site protégé : hérons cendrés et spatules blanches, avocettes élégantes, huîtriers-pies, vanneaux huppés, oies cendrées, canards… Simple promeneur ou ornithologue aguérri, à vos jumelles !

Préparer

Accès : à Saint-Quentin-en-Tourmont ; à env 7 km de Rue et 10 km du Crotoy. Depuis Rue, navette Baie mobile n° 2 jusqu'au parc (uniquement le w-e en juil-août. Rens : • baiedesomme-zerocarbone.org •).

Plus d'infos : • marquenterrenature.fr •

Tarifs : 10,50 € ; tarifs enfant et forfait famille.

Choisir sa saison : en août-sept, spectaculaires rassemblements d'oiseaux lors des grandes marées ; au printemps, on y observe plutôt les oiseaux « sur le nid » (hérons, cigognes, aigrettes, etc.) ; l'hiver permet de croiser oies, cygnes et canards. Le Marquenterre est aussi l'un des seuls sites français de nidification des oies cendrées, visibles toute l'année.

Sorties guidées : sorties et activités guidées toute l'année, à l'aube ou au crépuscule, à pied, en calèche, etc. Infos sur le site Internet. Également un point d'infos touristiques sur la baie de Somme.

Bon à savoir : carnet de parcours fourni à l'entrée du parc. Pensez à emporter vos jumelles (sinon, location sur place possible).

Partie intégrante de la réserve naturelle de la baie de Somme, le parc du Marquenterre s'étend sur 200 ha d'anciens polders rendus à la nature en 1973.

Il est entouré d'une vaste zone de dunes, pinèdes, garennes, zones humides et grandes prairies où paissent chevaux henson locaux et Highland Cattle - ces vaches poilues écossaises. Résultat : les oiseaux, déjà nombreux auparavant, y ont pris leurs aises. Au fil du temps, 311 espèces y ont été répertoriées !

Au fil du temps, 311 espèces y ont été répertoriées

Le parc est sillonné par **trois sentiers** balisés (6 km en tout) pour explorer librement le site et approcher les volatiles. Si le plus court (en vert, 2 km et 45 mn) laisse un peu sur sa faim, le parcours bleu (4 km, env 1h30) permet notamment, au printemps, de voir les lieux de nidification des oiseaux d'eau (avocettes, spatules...). Le parcours rouge (6 km, 2h), qui le prolonge, couvre une bonne moitié du parc. Les trois boucles sont jalonnées de **treize postes d'observation** et, de mars à novembre, au gré de la visite, on croise des guides nature ; amoureux de leur travail et pédagogues, ils nous aident à repérer et à identifier les différents oiseaux à l'aide de leur **longue-vue.** Et s'ils ne sont pas là, pas d'inquiétude, des panneaux fort bien faits renseignent sur les différentes espèces. À l'automne et en hiver, on aura de grandes chances d'observer facilement des rassemblements de canards et d'échassiers.

Une promenade à faire dans le calme et le silence pour ne pas effrayer les oiseaux. Mais la meilleure façon d'explorer le site est sans doute de suivre une des **sorties initiation,** gratuites et dispensées toute l'année, pour mieux comprendre l'équilibre de la réserve, la gestion des milieux et le travail au quotidien des naturalistes du parc.

Prolonger le week-end

Profitez-en pour faire une **promenade en baie de Somme.** À marée basse, il est tentant de s'aventurer sur les bancs de sable où stationnent parfois des phoques. Mais outre le respect de ces étonnants mammifères, il est impératif de partir avec un guide : entre les sables mouvants et la rapidité de la marée montante, la baie peut être vraiment dangereuse. Plusieurs associations et de nombreux guides proposent de passionnantes balades accessibles à tous pour découvrir la baie et son écosystème. Trois ont des bureaux au Crotoy : **Découvrons la Baie de Somme, Rando-Nature en Somme et Rando Baie de Somme Découverte.** Les guides prêtent des bottes. Il va de soi que les horaires des balades dépendent des marées !

7 réserves ornithologiques où observer les oiseaux

« Un seul oiseau est en cage et la liberté est en deuil. » • Jacques Prévert

La France est un lieu privilégié pour observer oiseaux de mer, échassiers, rapaces et autres volatiles, dans des espaces protégés et en toute liberté…

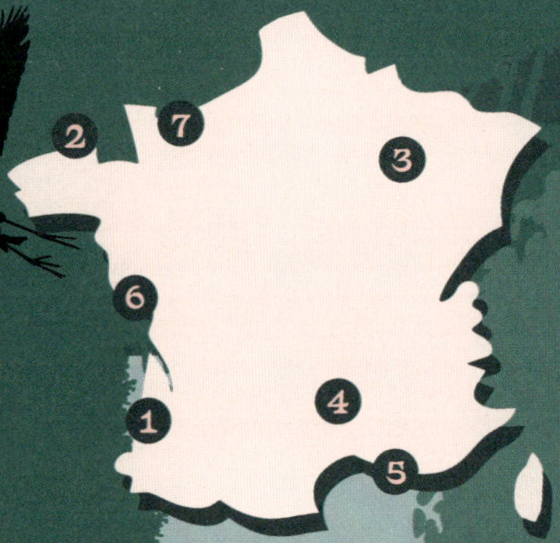

1 Réserve ornithologique du Teich

Nouvelle-Aquitaine / Gironde

Située sur d'anciens prés salés endigués au XVIIIe s pour pratiquer la pisciculture extensive, c'est une zone d'intérêt majeur pour l'hivernage des canards et des petits échassiers sur le bassin d'Arcachon, un site de nidification exceptionnel pour les hérons et une étape importante lors des migrations pour de nombreuses espèces. De mars à septembre, hérons cendrés et aigrettes garzette nichent sur le site. En hiver, rassemblement de canards pilet où se mêlent canards souchet et grands cormorans. Mais bien d'autres espèces sont observables dans le parc.

Situation : à l'est d'Arcachon • Accès : payant et horaires variables selon saison. À 15-20 km d'Arcachon par la A 660 ou la D 650 ; 15 mn à pied de la gare du Teich (liaisons quotidiennes avec Arcachon et Bordeaux). Plus d'infos : • reserve-ornithologique-du-teich.com •

Le héron cendré

C'est un redoutable pêcheur. Perché sur ses échasses, il se tient debout, immobile, dans l'attente d'une bonne opportunité… À l'affut, son cou est enfoncé dans les épaules et ses yeux, d'un jaune vif perçant, traquent la surface de l'eau. Une fois le poisson repéré, sournoisement, il le laisse s'approcher puis, soudainement, le transperce de son bec acéré. La proie du héron cendré pèse parfois plus de 500 g !

2

Réserve naturelle des Sept-Îles

Bretagne / Côtes-d'Armor

Elle s'étend sur un archipel granitique composé de cinq îles (île aux Moines, île Plate, Bono, Malban, Rouzic) et deux îlots (le Cerf et les Costans). Gérée par la Ligue pour la protection des oiseaux (LPO), la réserve des Sept-Îles héberge la plus grande colonie française d'oiseaux de mer et la seule colonie de fous de Bassan. Rouzic est l'île la plus isolée et la plus peuplée par les oiseaux : 12 espèces d'oiseaux marins s'y reproduisent, dont le fou de Bassan et le macareux moine, au printemps et en été.

Situation : à 5 km au large de Perros-Guirec. • Accès : en train jusqu'à Lannion (à 10 km de Perros-Guirec). Excursions vers les Sept-Îles avec Armor Navigation
Plus d'infos : • armor-navigation.com •
• tourismebretagne.com •

LE MACAREUX MOINE

Aussi appelé « perroquet de mer », c'est un oiseau marin au bec orangé et à la silhouette ronde qui vit (essentiellement) en Arctique. En France, on ne le retrouve qu'en Bretagne… à Perros-Guirec ! La ville en abrite une belle colonie. C'est un des rares oiseaux à pouvoir garder plusieurs poissons dans son bec à la fois, sa langue râpeuse retenant les proies glissantes. Le macareux moine peut ainsi rapidement nourrir ses petits. Fidèles en amour, les couples sont unis pour la vie…

LE FOU DE BASSAN

Mais pourquoi fou… ? Le fou de Bassan est un oiseau marin ayant une technique de chasse impressionnante et surprenante. Volant en groupe, à une hauteur de 40 m environ, ils repèrent un banc de poissons, plongent en tir groupé à une vitesse de près de 90 km/h ! Ils peuvent plonger jusqu'à 20 m de profondeur. Ils avalent systématiquement leurs proies sous l'eau, et remontent donc toujours le bec vide… ce qui leur a valu cette qualification de « fou ».

3

Lac du Der-Chantecoq

Grand-Est / Marne

Le lac forme, avec les étangs d'Outines et d'Arrigny, une réserve nationale de faune sauvage. C'est un endroit réputé pour les impressionnants rassemblements de grues cendrées : en novembre, quelque 200 000 oiseaux traversent la France et font halte au bord des lacs champenois. Mais c'est une zone remarquable presque toute l'année, pour le stationnement des canards, des oies, des grues et des limicoles.

Situation : à env 30 km au sud-ouest de Saint-Dizier, appelé aussi lac-réservoir Marne • Accès : pas la D 384 depuis Saint-Dizier (accès en train), puis la D 55.
Plus d'infos : • lacduder.com •

LA GRUE CENDRÉE

C'est l'un des plus grands oiseaux d'Europe… 2 m de hauteur environ pour 5 kg en moyenne ! Même si cela n'est rien comparé au plus grand oiseau du monde, l'autruche (pour une même hauteur, compter environ 150 kg !), mieux vaut ne pas être à côté lors qu'elle déploie ses ailes. Son cri perçant et nasillard est par ailleurs très caractéristique de l'espèce… une sorte de « grou-grou » qui lui a valu différents surnoms.

5

Parc ornithologique du Pont de Gau

Provence-Alpes-Côte d'Azur / Bouches-du-Rhône

Sur 60 ha, deux circuits pédestres ponctués de panneaux thématiques s'enfoncent dans les marais… où batifolent en liberté des centaines d'oiseaux. Au gré des saisons, on peut y observer de près toutes les espèces présentes en Camargue. Flamants roses et colverts toute l'année, aigrettes et hérons nichant au printemps et bien d'autres canards en hiver. Un site tourné vers la conservation et la protection de la nature particulièrement intéressant en période de nidification.

Situation : parc naturel régional de Camargue. Accès : 4 km avant les Saintes-Maries, sur la D 570 en venant d'Arles. Plus d'infos : • parcornithologique.com •

4

Réserve de la biosphère du parc national des Cévennes

Occitanie / Gard et Lozère

Les Grands Causses, les gorges du Tarn et de la Jonte se caractérisent par des canyons impressionnants, bordés de lignes de hautes falaises. Outre une flore d'une richesse exceptionnelle (le quart de la flore française), cette région offre la possibilité d'y observer de grands rapaces, en particulier les vautours fauve, moine et percnoptère, ainsi que le gypaète barbu, dont la réintroduction et le renforcement de populations sont menés conjointement par la LPO et le parc national des Cévennes. Les points de vue dégagés sur les gorges, comme le Cinglegros, sont des observatoires privilégiés pour suivre les évolutions des rapaces.

Situation : gorges du Tarn, de la Jonte et parc national des Cévennes. Voir aussi la Maison des Vautours à Meyrueis (Lozère). • Accès : en train jusqu'à Montpelliers et Florac. Plus d'infos : • cevennes-parcnational.fr •

L'AIGRETTE GARZETTE

Comme elle mange de tout (poissons, insectes, crustacés, mollusques, lézards, amphibiens), elle multiplie ses techniques de chasse pour attraper ses proies… Elle peut par exemple s'installer en toute discrétion en eau peu profonde à l'ombre d'une végétation flottante afin de surprendre ses proies. Et quand il n'y a pas de végétaux autour pour faire diversion, elle étend ses ailes au ras de l'eau et reste immobile… elle projette alors avec rapidité son bec sur sa proie, et la tue.

LE VAUTOUR FAUVE

Ils ont presque complètement disparu de France dans les années 40, avant d'être réintroduits à partir des années 80. C'est aujourd'hui une espèce protégée. Malgré sa terrifiante et imposante silhouette, c'est un rapace au cœur tendre (du moins avec ses congénères) : c'est un oiseau très grégaire qui aime être entouré. Ses grandes ailes lui permettent de planer dans les airs et de se poser délicatement près de cadavres de mammifères dont il se nourrit.

LE GRAND CORMORAN

Reconnaissable à sa robe noire et ses yeux étonnement verts, ce pêcheur redoutable se démarque également par ses qualités aquatiques. Il est ainsi capable de rester plus d'une minute sous l'eau pour attraper sa proie, se nourrissant principalement de poissons, aussi bien en mer qu'en eau douce.

6

Réserve naturelle nationale de Lilleau des Niges

Nouvelle-Aquitaine / Charente-Maritime

Située au cœur des marais salants au nord de l'île de Ré, la réserve naturelle de Lilleau des Niges est un paradis naturel pour des milliers d'oiseaux migrateurs : l'Ile de Ré est en effet une des principale voies migratoires d'Europe ! Les multiples sentiers qui cheminent à travers la réserve de 220 ha permettent de découvrir la richesse de cette faune : sternes pierregarin, avocettes élégantes ou encore échasses blanches sont autant d'espèces visibles durant la période de nidification.

Situation : aux Portes-en-Ré, Île de Ré.
Accès : à env 47 km de La Rochelle par la D 735.
Plus d'infos : • maisondufier.fr •

L'ÉCHASSE BLANCHE

Perché sur ses longues pattes roses, cet élégant volatile migrateur porte bien son nom ! On le reconnaît également à son plumage noir et blanc et son long bec fin. Se nourrissant et pataugeant dans des eaux peu profondes, les marais constituent son lieu de nidification de prédilection.

7

La réserve ornithologique du Gros Blanc

Normandie / Calvados

Appartenant au site naturel de l'estuaire de l'Orne, cet espace naturel sensible de 50 ha se découvre le long de sentiers pédestres jalonnés de panneaux explicatifs et d'observatoires. Entre terre et mer, ces magnifiques paysages abritent une faune sauvage très riche : sternes caugek, tadornes de Belon, aigrettes garzettes, grands cormorans, hérons cendrés, goélands, mouettes, sont autant d'espèces que l'on pourra espérer croiser.

Situation : à Merville-Franceville-Plage, au nord de Caen.
Accès : à env 20 km de Caen par la D 514 ou la D 515.
Plus d'infos : • cpievdo.fr/maison-de-la-nature •

MENER L'ENQUÊTE ET PASSER LA NUIT EN PLEINE FORÊT

Envie de jouer les Sherlock Holmes entre amis ou en famille mais, si possible, en plein air ? À vous les joies de l'*escape game* grandeur nature, qui allie activité ludique et balade au vert.

04

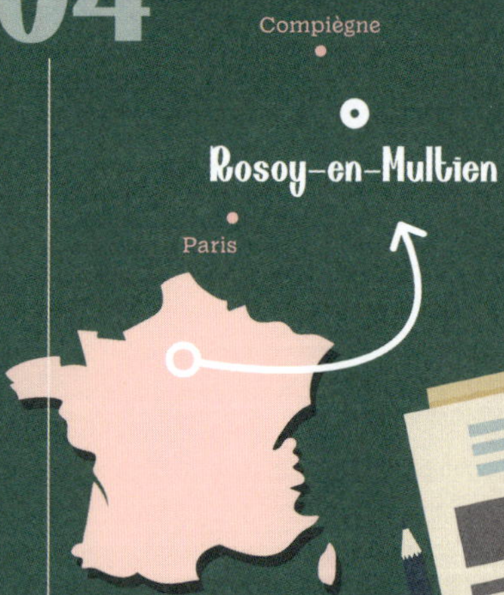

1 journée (+1 nuit)

Avril à mi-novembre

Facile

Pas besoin de guide

Lizy-sur-Ourcq (à 10 km)

Préparer

Accès : 4, chemin des Gendarmes, 60620 Rosoy-en-Multien ; à env 20 km au nord de Meaux. Compter 40 mn de transport depuis Paris-Gare de l'Est jusqu'à Lizy, avec 1 changement. 10 mn de taxi (compter 25€) de Lizy à Rosoy.

Plus d'infos : • leboisderosoy.com/escape-forest •

Tarifs : à partir de 175 €/pers tout compris (repas, petit déj). Apporter son sac de couchage.

Le principe d'un *escape game* – ou jeu d'évasion – est assez simple : s'échapper d'un lieu en un temps limité, en trouvant des indices et en résolvant des énigmes.

Très en vogue, on en a vu fleurir de toutes sortes, dans des décors réalistes (comme un train ou un avion), historiques ou imaginaires. Si le jeu est de qualité, l'expérience peut être vraiment très amusante. L'aventure immersive, imaginée à l'origine dans des lieux clos, se développe aujourd'hui en version grand air. Le principe dans ce cas n'est pas de s'échapper en un temps record (sauf d'une grotte !), mais de mener une enquête ou de trouver un trésor, tout en explorant l'environnement. Top, c'est parti !

Escape Forest

L'escape game du **bois de Rosoy** permet de s'immerger complètement dans l'aventure, puisque l'expérience dure une vingtaine d'heures, avec une nuit en campement ou refuge en forêt, le décor variant selon le scénario choisi. Ici, le « maître du jeu » nous guide à l'aide d'un talkie-walkie, mais on reste autonome tout au long du parcours, et on doit autant faire marcher ses méninges que son physique, avec des énigmes à résoudre mais aussi des épreuves de type parcours du combattant ! Tout est pris en charge, les repas, l'hébergement et la mise en scène - pas de comédiens, mais un scénario bien équilibré, avec des indices à trouver en forêt et trois thèmes au choix (Indiana - avec dîner au feu de camp -, cabane de mineur ou ancien refuge), qui plongent vraiment dans l'ambiance. En prime, attendez-vous à quelques surprises, notamment la nuit… Et si la prestation n'est pas franchement bon marché, l'ensemble reste d'un très bon rapport qualité-prix-expérience !

Et aussi…

On trouve un peu **partout en France** d'autres jeux de piste en plein air, pour tous les budgets. Voici quatre autres coups de cœur :

Escape Game Sauvage dans le parc naturel du Vercors

Deux jeux au choix (env 2h), à Villard-de-Lans et Autrans, guidés par les accompagnateurs en montagne (certifiés), tous habitants du massif du Vercors. Ils proposent par ailleurs diverses activités nature (randonnées à pied ou en raquette, bivouac, etc.).

Gare TGV la plus proche : Grenoble.
Plus d'infos : • piedvert.com/escape-game •
Tarifs : 23 €/pers sur la base de 6 pers, 65 €/pers pour 2.

Explor'Games dans les Vosges

Un des pionniers des jeux d'aventures guidés par une application mobile, mais dont les énigmes et épreuves se déroulent dans un décor naturel. Ici, 2h30 de jeu de pistes avec plusieurs scénarios possibles, mêlant balade en forêt (5 km) et décor connecté (effets spéciaux et sonorisation).

Gare TGV la plus proche : Remiremont.
Plus d'infos : • bol-d-air.fr/boutique/explor-game •
Tarifs : env 45 € /2 pers, 15 €/pers supplémentaire.
Bon à savoir : plusieurs possibilités d'hébergement sur place et un grand parc d'aventures.

Escape Game à la grotte de Clamouse

Un jeu d'évasion pour trouver un passage souterrain au cœur de cette grotte des gorges de l'Hérault, réputée pour la richesse de ses concrétions. Ce lieu exceptionnel est animé par une équipe de passionnés et privatisé pour le jeu, à condition de constituer un groupe de 5 à 10 personnes.

Gare TGV la plus proche : Montpellier.
Plus d'infos : • clamouse.com •
Tarifs : 2 formules (famille et adultes), env 340-430 € pour 5-10 pers.
Bon à savoir : possibilité de visite guidée de la grotte et Spéléopark avec pont de singe et tyroliennes.

Escape Game outdoor en Occitanie

Plusieurs sites de jeu de pistes en plein air, dans l'Hérault, le Gard et les Pyrénées-Orientales. Certains avec l'option « perché dans les arbres » (!) ou randonnée, guidé par une application GPS qui trace le parcours au fil des indices révélés.

Accès : Junas (30), Boisseron (34) et Céret (66).
Plus d'infos : • adventure-attitude.fr/escape-game-outdoor •
Tarifs : à partir de 30 €/pers ; groupes de 3 à 4 pers min, jusqu'à 8 max.
Bon à savoir : il existe aussi un *escape game* gratuit dans la forêt du Mont Aigoual, dispo via l'appli *Adventure Challenger*.

CHEMINER À VÉLO LE LONG DE L'OISE, À L'OUEST DE LA THIÉRACHE

et faire des pauses gourmandes pour goûter les spécialités du Nord

05

Aménagée sur une ancienne voie de chemin de fer reconvertie, l'EuroVelo 3, parfaitement balisée dans sa partie picarde, suit le cours de la rivière. Le terrain, plutôt plat, ne présente aucune difficulté et on évolue avec plaisir entre bois et clairières, au fil de l'Oise. Une escapade idéale en famille.

Guise / Hirson

40 km

2 à 3 jours avec les visites

Mai à septembre

Facile

Pas besoin de guide

Saint-Quentin (puis 1h10 de bus)

Préparer

Louer son vélo : Les Copains d'Thiérache (24, rue Camille-Desmoulins à Guise. ☎ 09-73-22-18-74). Également à Hirson (7, place Victor Hugo. ☎ 09-83-80-56-26). C'est surtout une épicerie de village associative qui propose des produits du terroir en circuit court. Idéal pour les pique-niques.

Plus d'infos : · scandiberique.fr · · tourisme-thierache.fr ·

Tarifs : comptez 8 € la 1/2 journée, 13 € la journée. Également des vélos électriques.

Un parcours tranquille et bucolique

Direction la vallée de l'Oise, dans laquelle on traverse de charmants villages, ainsi que de splendides paysages, visibles depuis les bords de la rivière ou le haut des coteaux. Un parcours paisible et bucolique, à suivre au rythme tranquille du cours d'eau. Le trajet offre aussi de multiples occasions de pauses et de visites, avec des randonnées à pied et bien d'autres escapades à travers champs.

Avant tout, commencez par explorer le **château fort de Guise.** Son donjon et ses murailles ont résisté à des dizaines de sièges ! Ne manquez pas d'explorer ses souterrains labyrinthiques. Ensuite, filez au **Familistère de Guise** (• familistere.com •), le « palais social » imaginé par Jean-Baptiste André Godin pour ses ouvriers en 1859 : on découvre comment on y vivait en parcourant les différentes expositions et en visitant l'un des appartements témoins. Passionnant !

Ensuite en selle !

À voir le long de l'Oise

À 5 km à l'est de Guise, cap sur l'église Saint-Médard de **Flavigny-le-Grand-et-Beaurain**. Situation inhabituelle pour cette église fortifiée, isolée en pleine campagne, sur une colline entre Flavigny-le-Grand et Beaurain. Superbe architecture extérieure avec un énorme donjon mi-brique, mi-pierre, et quatre tourelles en poivrière ornées de jolies arcatures lombardes. Au départ de l'église, la randonnée de la **vallée des Agneaux**, circuit de 12,5 km (4h), emprunte un temps l'EuroVelo 3, offrant des vues dégagées sur la vallée de l'Oise et, au loin, sur le château des ducs de Guise.

9 km plus loin à **Malzy,** l'étang des Sources attend les pêcheurs à la carpe et la truite. Sur place, de quoi se restaurer (• etang-des-sources.com • Ouv de mi-mars à nov).

6 km à l'est, ça grimpe pour atteindre **Englancourt.** Ce joli village perché au-dessus de la vallée de l'Oise offre un spectaculaire panorama sur le bocage de Thiérache. L'imposant clocher carré de **l'église fortifiée Saint-Nicolas** est affublé d'une tourelle en poivrière. Les bas-côtés de l'église, en grès, sont décorés de cœurs en briques vitrifiées. À l'intérieur, on découvre une Vierge encore vénérée localement (ex-voto, cahier de vœux sur l'autel). C'est qu'Englancourt faillit devenir un nouveau Lourdes. La Vierge aurait cligné des yeux à des fidèles dans les années 1950 ! Autour de l'église, des fermes pleines de charme. Un petit sentier fait le tour du village et permet de profiter de belles vues sur l'Oise. Courte balade de 20 mn qui démarre à la sortie de l'église Saint-Nicolas pour une escapade jusqu'à un beau point de vue ouvert sur la vallée verte de l'Oise.

À 17 km à l'est d'Englancourt, en suivant les méandres de l'Oise, **l'église fortifiée Saint-Martin de Wimy** est l'une des plus représentatives de Thiérache : on distingue encore l'église médiévale, à laquelle se sont greffées les fortifications, et on comprend le système de défense dans l'organisation de celles-ci. Sa façade indique une vraie forteresse, avec ses deux puissantes tours rondes (le portail a été plaqué au XIXe s). De part et d'autre du ruisseau qui partage en deux le village de Wimy, les maisons traditionnelles construites en brique donnent le ton : toutes les nuances de rouge défilent, au gré des rues et des ruelles de cette agréable balade.

En pédalant 1,5 km à l'est de Wimy, on arrive à **Ohis**. Un joli village alangui au bord de l'Oise avec un petit moulin à eau, un lavoir perdu au milieu des champs et un grand viaduc, sur lequel passait autrefois le train. La petite église fortifiée dégage un certain charme. Une boucle de 2,5 km (50 mn) part du parking de l'ancienne gare de **Neuve-Maison** et traverse Ohis.

Dernière ligne droite jusqu' à **Hirson**, ancienne place forte des seigneurs de Guise, 7 km à l'est. À seulement 11 km de la frontière belge et proche des lieux de conflits à travers les siècles, il n'y subsiste guère de vestiges du passé. Ses abords sont en revanche propices à de superbes balades nature, aussi bien du côté du domaine de Blangy que dans la forêt de Saint-Michel.

Préparer sa randonnée À VÉLO

Qui veut voyager loin ménage sa monture… mais surtout prépare son voyage !

Équiper son vélo

Pour une randonnée de plusieurs jours, opter pour un vélo de randonnée ou un vélo tout chemin (VTC), solide et bien équipé : selle confortable, éclairage en état de marche et porte-bagages. Un VTT équipé de porte-bagages ou un « gravel » peuvent faire l'affaire. Les vélos de route à pneus fins sont, en règle générale, inadaptés à ce type d'itinéraire en milieu rural sur des chemins parfois rustiques. Avant le départ, faites réviser votre monture par un mécanicien histoire de vous assurer que tout… roule !

Côté accessoires, une **sacoche de guidon** vous permettra d'avoir sous les yeux votre guide et de transporter de menus objets tels que portefeuille, téléphone, etc. Les **sacoches latérales** sont indispensables dans le cas d'une randonnée en itinérance, à moins que vous ne fassiez appel aux services d'une agence pour le transport de bagages. Hyper pratique, mais forcément plus coûteux. On évite les sacs à dos pour deux raisons : risque de douleurs aux cervicales (dues au poids) et transpiration après plusieurs kilomètres (due au frottement).

Pour les enfants, remorque et « troisième roue » sont plus ludiques et confortables qu'un siège bébé, fatigant au long cours. Les bambins adorent !

Emporter toujours avec soi un **petit nécessaire de réparation :** matériel pour crevaison, chambres à air, outil multifonction, pompe et raccord adapté à vos valves. N'oubliez pas un solide antivol pour les arrêts en ville. Enfin, **gonflez vos pneus à la pression maximale** (indiquée sur le flanc du pneu, de l'ordre de 3/4 bars), vous minimiserez grandement le risque de crevaison et limiterez la fatigue.

Louer un vélo

Souvent présents dans les villes, près d'une gare SNCF, les **loueurs** proposent des vélos à l'heure, à la journée, à la semaine ou au mois, ainsi que des équipements indispensables tels que sacoches, sièges enfant, remorques, troisième roue...

• **Les loueurs labellisés « Accueil Vélo »** sont tenus de respecter un engagement national de qualité.

• Les **tarifs** varient de 10 à 30 € par jour ; un tarif dégressif est ensuite appliqué selon la durée de la location.

• Une **caution** (dépôt de garantie) est demandée pour chaque location sous forme de chèque ou d'empreinte de carte de paiement, ainsi qu'une pièce d'identité à jour.

• Ne pas hésiter à demander un **kit de réparation,** des sacoches, un gilet fluorescent et un casque, généralement compris dans le prix de la location.

Le budget

Le vélo, c'est bien connu, est un moyen de transport économique ! Votre **budget** va donc dépendre essentiellement de votre hébergement.
Il faut compter en moyenne autour de 60-80 € par nuit pour une chambre double dans un hôtel de moyenne gamme et en moyenne saison.

Le prix des **chambres d'hôtes** est proche de celui des **hôtels,** mais le petit déjeuner est compris, et vous aurez un contact privilégié avec vos hôtes, qui pourront vous transmettre leurs bons tuyaux.

Les solutions les plus économiques sont les **campings,** les **auberges de jeunesse** et les **gîtes de groupe.** Compter alors entre 8 et 30 € par personne et par nuit. Bien entendu cela peut varier entre les régions et selon la saison. Et dans tous les cas, il est indispensable de ne pas s'y prendre au dernier moment pour réserver sa couche !

L'équipement du champion

D'une manière générale, il est préférable de porter, pour la randonnée à vélo, des matières synthétiques ou en laine Mérinos, qui évacuent l'humidité, à l'inverse du coton. Prévoir des vêtements de pluie bien imperméables (rien de mieux que le Gore-Tex® !) et coupe-vent contre les aléas climatiques (on n'est jamais assez prudent !).
Sans oublier une polaire pour le soir.

• **Un bon casque** pour tous les rouleurs, cela va de soit !

• **Les lunettes de soleil** ne sont pas pour la frime ! Elles sont indispensables pour éviter la poussière et les insectes.

• **Gants et chaussures** de vélo, cuissard ou short cycliste sont vivement conseillés pour les longs parcours.

• Emporter de quoi **boire,** ainsi que des barres énergétiques et des fruits secs pour éviter les coups de pompe.

• Débutez votre randonnée par des étapes courtes. Ne surestimez pas vos capacités, encore moins celles de vos enfants !

• Emporter de la **crème solaire** et une **petite trousse de secours** avec pansements et désinfectant pour soigner les petits bobos.

• Le **gilet jaune fluorescent** est obligatoire lorsqu'on circule de nuit ou par temps couvert, hors agglomération. De nuit, portez des vêtements clairs, et surtout ne mégotez pas sur l'éclairage.

Identifier son itinéraire

C'est bien entendu le b.a.-ba afin de calculer et de prévoir ses étapes et ses hébergements.

En moyenne, un cycliste lambda fait 50 km par jour. En famille et surtout si vous prévoyez des visites, comptez 25 km par jour. Bien entendu, cela varie ensuite selon le terrain et la météo.

Pour vos arrêts, la marque « Accueil Vélo » distingue des établissements qui se trouvent à moins de 5 km d'un itinéraire touristique et qui ont l'avantage de disposer d'équipements adaptés (abri à vélos sécurisé, kit de réparation...). Vous bénéficierez d'un accueil attentionné et d'informations et conseils utiles (circuits, météo, services sur le parcours...) ; enfin, cela permet de disposer de services adaptés aux cyclistes, comme le transfert de bagages, le lavage et séchage du linge, la location de vélos et accessoires, ou encore le lavage des vélos...

En piste maintenant !

CHEVAUCHER EN NORMANDIE

sur les traces de Guillaume le Conquérant

De Saint-Évroult à Falaise, une randonnée équestre historique à la frontière de l'Orne et du Calvados.

06

Saint-Évroult / Falaise

90 km environ

3 jours

Mai à fin septembre

Difficile

Guide obligatoire

L'Aigle (on pourra venir vous chercher)

Préparer

Avec qui partir : Haras des Bruyères à Saint-Évroult. ☎ 02-33-24-00-99. • harasdesbruyeres.fr • Groupe de 4 à 7 pers. 300€/pers tt compris.

Matériel : venir avec une tenue adaptée et étanche : bottes ou boots, casque, pantalon d'équitation, et gilet de protection, ciré et gants. Sans oublier son sac de couchage.

Bon à savoir : pour cette activité, mieux vaut être à l'aise aux 3 allures et avoir une pratique régulière.

Règles de sécurité : se mettre au pas à tous les croisements, à proximité des piétons ou des véhicules. Respecter la nature et les espaces traversés. Respecter le code de la route, le code de bonne conduite du cavalier en forêt et les périodes de chasse. Rester courtois et garder la maîtrise de sa monture en toutes circonstances.

Une randonnée à cheval avec l'Histoire de la Normandie comme fil conducteur à travers des paysages variés du Pays d'Auge.

Jour 1 (30 km)

Départ de l'**abbaye de Saint-Évroult** édifiée au VIIe s dans le pays d'Ouche et dont le scriptorium fut l'un des plus brillants de Normandie. Il accueillit Orderic Vital, moine historien de la Normandie. Mathilde de Flandres, l'épouse de Guillaume aida à sa restauration après les invasions normandes. Ses ruines à ciel ouvert qui se reflètent dans l'étang sont empreintes d'une grande mélancolie. On chemine ensuite dans la forêt qui abrite des étangs et des fontaines jusqu'au château de Gacé où a lieu la pause déjeuner. C'est un ancien château fort du XIe s modifié au XIVe s et remis au gout du jour au XIXe s, un beau château en pierres et briques rouges qui abrite le musée de la Dame aux Camélias, Alphonsine Plessis (1824-1847) née à Nonant-le-Pin, qui deviendra l'héroïne de nombreux auteurs. On finit cette première journée chez un entraineur de trotteur qui raconte avec passion son métier. C'est chez lui que les chevaux sont hébergés tandis que nous passerons la nuit au camping après un bon diner au resto.

Jour 2 (38 km)

Après le petit déj, nous voilà repartis dans un paysage de bocage plus découvert et très valloné. Pique-nique au **mont Ormel** d'où l'on a une vue étendue sur la cuvette de Dives, tombeau de l'armée allemande en août 1944. Ensuite, visite du mémorial qui rappelle les circonstances de ce dernier acte de la bataille de Normandie. Après cette étape émouvante, il est temps de remonter à cheval pour continuer son approche de la plaine de Falaise. Pour cette seconde nuit, on bivouaque sous la tente à **Tournay-sur-Dives** aux côtés de sa monture.

Jour 3 (22 km)

Si la paysage est plus monotone pour cette dernière journée, l'arrêt pique-nique du midi au bord de la Dive offre l'occasion de passer une rivière à gué. Une expérience plutôt amusante et rafraichissante aux beaux jours. Mais il ne faut pas trainer pour arriver à temps à **Falaise,** ville prospère au Moyen Âge, et ville martyre lors de la Seconde Guerre mondiale. On traverse fièrement la cité natale de Guillaume en tenant sa monture à la main avec un passage amusant au milieu de l'église de la Sainte-Trinité. Puis c'est l'entrée à cheval dans le château, imposante forteresse construite au XIe siècle qui se dresse sur son éperon rocheux. C'est à l'aide de tablette tactile que l'on découvre son histoire. Mais il est temps de se quitter non sans avoir remercié sa monture qui retourne à son écurie en van.

Abbaye de Saint-Évroult

LES PLAGES DU DÉBARQUEMENT À VÉLO

07

Quand nature rime avec culture

Suivre les traces de la bataille de Normandie (juin-août 1944) en pédalant, voilà le programme de cette virée dans le Calvados, entre le port artificiel d'Arromanches et la pointe du Hoc en passant par Gold Beach et Omaha Beach. Cet itinéraire suit une partie de la Vélomaritime.

Port-en-Bessin / Arromanches-les-Bains ou pointe du Hoc

20 km env

1 journée

Du printemps à l'automne

Facile

Pas besoin de guide

Bayeux

Préparer

Accès : trains TER Saint-Lazare-Bayeux (10 km de Port-en-Bessin ; 2h15). Puis bus ligne n° 70 (15 mn).

Trajet : sur le tracé de la Vélomaritime (voies vertes et routes peu fréquentées)

Plus d'infos : • isigny-omaha-tourisme.fr •

Louer son vélo : l'association Velomaha regroupe plusieurs prestataires entre Port-en-Bessin et Isigny-Sainte-Mer. ☎ 06-52-01-45-91. • velomaha.fr • Possibilité de louer son vélo à Port-en-Bessin et de le rendre ailleurs.

Tarifs : 25 € la ½ journée pour un vélo électrique (30 €/j) ; pour un vélo classique, compter 18 €/j.

Bon à savoir : la Malle Postale est un service de transports pour pédaler léger. Votre baluchon ne dépassant pas 13 kg est acheminé tous les jours d'une étape à l'autre. • lamallepostale.com •

Opération vélo

À **Port-en-Bessin,** on se rend vite compte en croisant les pêcheurs réparant leurs filets que l'activité principale tourne autour de la pêche, et en particulier de la coquille Saint-Jacques. Difficile d'imaginer que pendant le Débarquement de juin 1944, Port-en-Bessin était transformé en terminal pétrolier pour ravitailler les forces alliées. Levez les yeux pour apercevoir la tour Vauban qui veille sur le port, du haut de son promontoire. Une embardée à l'est chemine à travers les jolies criques de galets de **Longues-sur-Mer,** un site sauvage battu par les vents où, sur la falaise, les Allemands construisirent une redoutable batterie ; très intéressante à découvrir, tout comme, dans un autre genre, l'abbaye Sainte-Marie voisine. En poussant encore 8 km à l'est, **Arromanches-les-Bains** est incontournable avec son incroyable port artificiel dont les éléments ont été fabriqués dans le plus grand secret en Angleterre en 1943, puis acheminés jusqu'ici. Les vestiges laissent deviner l'étendue de ce spectaculaire port éphémère. Pour se représenter son fonctionnement, direction le musée du Débarquement.

Quoi de neuf à l'ouest ?

En sillonnant petites routes de campagne et voies vertes qui surplombent la mer, la véloroute récemment aménagée mène à **Colleville-sur-Mer.** Premier arrêt à l'Overlord Museum qui retrace l'histoire de la bataille de Normandie à travers des décors grandeur nature. 500 m plus loin, la célèbre plage d'Omaha Beach dominée par le cimetière américain où reposent 9 000 soldats. On met alors pied à terre, à moins d'emprunter la voie de contournement. Jusqu'à la pointe du Hoc, le long des falaises abruptes escaladées par les héroïques rangers américains le matin du 6 juin, le panorama est superbe.

Notre bonne adresse à deux pas d'Omaha Beach

La Sapinière : idéalement située le long de la plage, une adresse accueillante aux chambres lumineuses aménagées dans de petits chalets modernes en bois. Resto convivial avec cheminée en hiver et terrasse aux beaux jours. Carte brasserie (moules-frites, belles salades, etc.) ; en été sandwichs et gaufres (16h-18h en principe ; extra les gaufres !) à emporter. Terrasse et jardin avec transats colorés, pétanque et table de ping-pong très prisés en été pour l'apéro en famille après la plage.

100, rue de la 2e-Infanterie-US, 14710 Saint-Laurent-sur-Mer. ☎ 02-31-92-71-72. • la-sapiniere.com • Doubles 100-135 € ; formule déj en sem 20 € (hors vac scol) ; carte 30-35 €.

Pointe du Hoc

YOGA AU PAYS DU CALENDOS

Passer un week-end zen dans le bocage

Allez, on part respirer un air chargé de parfums iodés, s'étirer sous des pommiers en fleur, dissoudre les agitations dans un bain de verdure, un cheval à l'horizon pour tout sujet de méditation... À vos tapis (presque volants) prêts, partez !

08

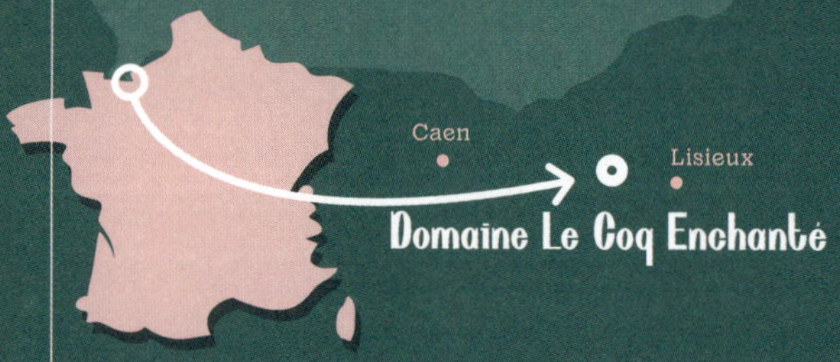

4 jours

Toute l'année

Facile

Encadrant obligatoire

Lisieux

Préparer

Adresse : domaine Le Coq Enchanté, impasse du lavoir, 14340 Cambremer.

Accès : bus ligne 158 depuis Lisieux ; 1/2 h de trajet.

Trouver un stage de yoga : · bookyogaretreats.com · namastrip-retreats.com · zenngo.fr ·

Attention : pour éviter tout accident, toujours indiquer aux enseignants de yoga vos problèmes physiques importants.

L'aventure majeure, c'est sans doute l'aventure intérieure.

Se recentrer sur soi, c'est accepter une aventure intérieure. Alors pourquoi ne pas se regarder le nombril le temps d'une introspection. Explorer le moindre recoin de notre espace corporel – le tourisme en circuit le plus court qui soit !

UN MYSTÈRE MAIS PAS UN MYTHE

La technique du chuchotement, qui vise à apprivoiser les chevaux trop nerveux, est fondée sur un contrôle de soi et une décontraction intérieure qui mettent en confiance l'animal. Une communication invisible qui se tisse entre le dresseur et le dressé semble relever du mystère. En fait, une cinquantaine, voire une centaine de « petits gestes » primordiaux permettent de débourrer un cheval. À l'instar du yoga, la position du corps est extrêmement importante ; elle exprime le rapport que nous entretenons à nous-mêmes mais également à l'animal. À l'inverse, l'équinothérapie apaise notre corps et notre santé mentale à travers le cheval.

Sentir ses articulations se dérouiller, ses muscles se détendre, son corps et son mental s'alléger : voilà les sensations de bien-être à découvrir et à apprivoiser, une énergie renouvelable à volonté !

Le travail du yoga aide à retrouver toute son amplitude, le souffle se calme, les tensions lâchent, la tête et le cœur s'apaisent. Mais cette ouverture déborde bien vite du cadre de la séance, le corps réclame sa dose d'air pur, de nature et de verdure… jusque dans l'assiette. Toutes choses que la Normandie fournit à foison ! C'est le cas au domaine du Coq Enchanté à Cambremer, mais on trouvera des tas d'autres propositions.

Alors c'est parti, on harmonise son microcosme personnel au macrocosme normand. Comme Bouddha sous son banyan, on médite à l'ombre d'un chêne centenaire. Si les feuilles de thé ne tombent pas toutes seules dans l'eau chaude pour se maintenir en éveil (comme le voudrait l'origine légendaire du thé), on croque une pomme ou une poire tombée d'un des nombreux arbres fruitiers de la région.

Savâsana, la posture de détente universellement appréciée, est celle où on s'allonge dans l'herbe, sur le dos, les paumes des mains vers le ciel : on se souvient à peine qu'officiellement, ce n'est pas l'heure de la sieste… Pendant les séances de *hatha yoga* (travail en statique), on sent cette terre riche et généreuse accueillir le moindre de nos ancrages, soutenir nos équilibres. Pendant les séances de *vinyasa yoga* (travail en dynamique), le corps semble s'envoler au-dessus des haies, le regard s'élançant à travers les feuilles vers quelque flocon nuageux traversant l'azur. Il s'imprègne du rythme du flux et reflux de la mer – il y a beaucoup en commun entre la marée et la salutation au soleil… Enfin, le soir, après un copieux repas végétarien, on s'immerge dans un bain sonore, bols et gongs résonnant en voix basses ou cristallines, ondes portant leur massage jusque dans nos structures physiques (puisque le corps est constitué à 80 % de liquide)… et on dort comme un bébé, essoré par la pratique, bercé par les éléments.

Prolonger le week-end

Chuchoter à l'oreille des chevaux

Jean-Claude Bara, propriétaire du haras d'Écajeul voisin du domaine Le Coq Enchanté, est le Monty Roberts du pays d'Auge. Ce « dresseur-chuchoteur » reprend la technique de débourrage de Monty Roberts (« *join up* ») contée dans le film *L'homme qui murmurait à l'oreille des chevaux* incarné par Robert Redford. Possibilité de visiter le haras d'Écajeul et d'assister à la méthode « chuchoteur ».

☎ *02-31-63-47-34.*
ou 06-07-25-47-23.
• *harasdecajeul.wordpress.com* •

DÉCOUVRIR LES CHAUSEY, DES ÎLES DE CARACTÈRE

09

Un chapelet de granit forgé par la mer et le vent

Cet archipel méconnu de la Manche connaît les plus fortes marées d'Europe. Sa nature sauvage constitue un étonnant terrain d'exploration à quelques encablures de nos côtes.

1 journée

Avril à juin et septembre à octobre

Facile

Pas besoin de guide

Granville ou Saint-Malo (puis bateau)

Préparer

Accès : train pour Caen puis TER jusqu'à Granville ou TGV pour Rennes puis TER jusqu'à Saint-Malo.

Départ bateau : port de Granville ou port de Saint-Malo.

Arrivée : embarcadère de Grande-île, archipel Chausey.

Durée traversée : 45 mn à 1h depuis Granville, 1h10-1h20 depuis Saint-Malo.

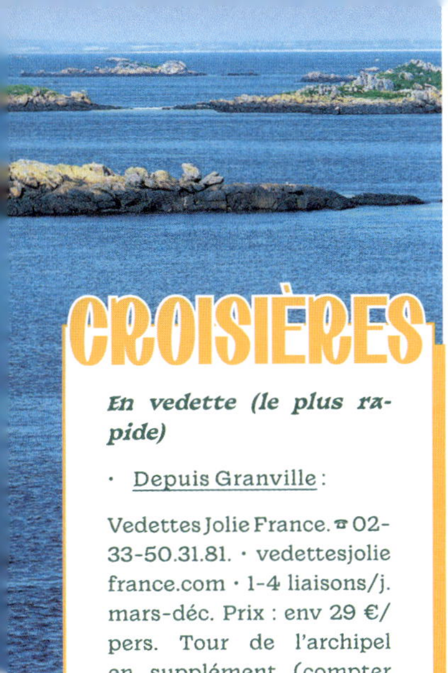

CROISIÈRES

En vedette (le plus rapide)

- Depuis Granville :

Vedettes Jolie France. ☎ 02-33-50.31.81. • vedettesjoliefrance.com • 1-4 liaisons/j. mars-déc. Prix : env 29 €/pers. Tour de l'archipel en supplément (compter 10 €).

- Depuis Saint-Malo :

Compagnie Corsaire. ☎ 08-25-13-81-00. • compagniecorsaire.com • 1-2 liaisons/j. en été, fréquence réduite avr-juin et sept-oct. Prix : 35 €/pers.

En vieux gréement : pour naviguer à l'ancienne.

Environ 10h aller-retour, incluant tour de l'archipel et escale à Grande-Île. Prix : 70-75 €/pers.

- Depuis le port de Granville :

Avec la bisquine La Granvillaise : ☎ 02-33-90-07-51. • lagranvillaise.org • Avec le cotre Le Courrier des îles : ☎ 06-22-51-80-19. • lecourrierdesiles.fr • Avec le dundee Le Charles-Marie : ☎ 02-33-46-69-54. • charles-marie.fr •

- Depuis le port de Cancale :

Avec la bisquine La Cancalaise. ☎ 02-99-89-77-87. • lacancalaise.org •

Autrefois fréquentées par les pirates et contrebandiers, les îles Chausey font désormais partie du domaine public protégé.

Cet archipel discret, situé à 17 km des côtes de la Manche, compte 52 îlots à marée haute. Mais à marée basse, une vraie forêt rocheuse se dévoile, d'où émergent 365 îlots : un pour chaque jour de l'année ! L'estran, découvert à perte de vue, devient alors un paradis pour les amateurs de pêche à pied.

Le trajet en bateau sera peut-être l'occasion de saluer les dauphins qui vivent dans la baie. Une fois sur l'île principale, **Grande-Île,** aucune voiture à l'horizon. Ces paysages préservés sont habités par quelques habitants à l'année, ainsi que par des colonies de goélands et de cormorans parmi les plus importantes de France. Le granit local, réputé pour sa qualité, servit à paver les trottoirs de Paris et les quais de Londres, à reconstruire Saint-Malo et à bâtir l'**abbaye du Mont-Saint-Michel,** que l'on aperçoit justement en toile de fond !

Depuis l'embarcadère, une boucle d'environ 5 km permet à Chausey de raconter son histoire : d'abord la maison du peintre-navigateur Marin Marie, puis le hameau des Blainvillais et ses maisons de granit, où vivaient les soudiers qui autrefois brûlaient le varech pour fabriquer du savon. Viennent ensuite la plage de sable fin et les dunes de la **Grande Grève,** avec les eaux cristallines à vos pieds et la silhouette du sémaphore sur la droite. Plus loin, à **Port-Homard,** on aperçoit un étonnant château du XVIe s reconstruit à grands frais par l'industriel Louis Renault. Reste à traverser la partie sud de l'île, particulièrement sauvage, pour admirer le fort érigé sur ordre de Napoléon III. Avant de revenir sur la terre ferme, les gourmets ne manqueront pas de goûter au fameux homard bleu fraîchement pêché… à moins de vouloir prolonger le séjour en dormant sur l'île !

Tour de Grande-Île à pied :

- Distance : 5 km
- Durée : 2h
- Équipement : chaussures de marche, chapeau, eau, jumelles et ciré s'il pleut.
- Attention : passages caillouteux et abrupts autour du phare. Respecter le tracé des sentiers et la tranquillité des habitants.

Loger/Manger sur place

Hôtel du Fort et des Îles : à seulement 300 m du débarcadère, un petit hôtel de huit chambres pour une escale chaleureuse. Bonne table pour goûter aux poissons, fruits de mer et crustacés locaux, notamment le homard bleu, star de l'assiette !

☎ 02-33-50-25-02. • hotel-chausey.com • Avr-oct. Double 80-120 € ; ½ pens obligatoire 41 €/pers. Menus midi et soir env 30-39 € ; menu homard 89 €.

TRAVERSER PIEDS NUS LA BAIE DU MONT-SAINT-MICHEL

sur les pas des pèlerins

10

Tel un amer, visible depuis n'importe quel point du rivage entre Avranches et Saint-Malo, le Mont-Saint-Michel surgit des eaux comme un mirage, quelles que soient l'heure et l'humeur du ciel. Dressé à son sommet, l'Archange Gabriel guide nos pas… et nous accompagne dans cette traversée inspirante.

Bec d'Andaine

15 km

6h (possibilité de rentrer en navette)

Avril à octobre

Facile

Guide obligatoire

Pontorson (gare TER) puis navette vers le Mont-Saint-Michel

Préparer

Départ : traditionnellement du bec d'Andaine, à Genêts. Lors des petites marées, un départ de Saint-Léonard offre plus de souplesse horaire.

Plus d'infos : • bienvenueaumontsaintmichel.com •

Traversées de la baie à pied : outre les sociétés Chemins de la Baie (☎ 02-33-89-80-88. • cheminsdelabaie.com •) et Découverte de la Baie (☎ 02-33-70-83-49. • decouvertebaie.com •), plusieurs guides indépendants et sérieux proposent des traversées au départ du Mont ou du rivage. Parmi eux, Romain Pilon (☎ 06-74-28-95-41. • labaiecderomain.fr •), Arnaud Jugan (☎ 06-87-41-80-26. • arnaud-jugan.fr •), Julien Avril (☎ 06-64-28-54-40. • gambettes-enbaie.fr •) et Pierre-Gilles Thouret (☎ 06-78-78-96-52).

Tarifs : 16 € ; 9 € (3-14 ans).

Attention : la baie est un milieu en constante évolution (vase, bancs de sable, météo, forts coefficients de marée pouvant réduire les heures d'accès au Mont), la traversée doit donc obligatoirement être accompagnée.

La baie du Mont-Saint-Michel abrite un écosystème d'une grande richesse

Tant pour des raisons esthétiques que symboliques, les bâtisseurs ont donné à l'église la même dimension en longueur que la hauteur du rocher – soit 80 m. Une vraie prouesse technique, car le sanctuaire, qui pointe sa flèche à plus de 150 m de haut, repose sur une plateforme artificielle, en équilibre au sommet du rocher !

À notre tour de jouer les équilibristes entre lits de rivières et sables mouvants pour rallier le pied du mont : 7 km d'une plate immensité à couvrir en bottes ou pieds nus, bien mieux pour les sensations ! Outre l'aspect sécurité, partir avec un guide expérimenté, qui connaît les mouvements de la baie, son histoire, sa faune, permet d'appréhender le fonctionnement de ce merveilleux écosystème.

Prends ton bâton, pèlerin !

Le départ se fait à marée basse, au **bec d'Andaine,** lorsque la mer cède la place au sable humide, dont les reflets gris-marron miroitants participent à la magie. Pieds nus, la sensation du sable vaseux surprend, puis on s'élance d'un bon pas. Rapidement, le regard se perd à l'horizon, l'odeur iodée du large nous envahit, on oublie tous ces candidats à la traversée qui se sont dispersés sur la vaste étendue, le rythme ralentit, l'émotion nous gagne. Nous sommes les pèlerins d'un autre temps !

Première étape, le **rocher de Tombelaine,** un îlot granitique posé à mi-distance du mont, site protégé et zone de reproduction d'oiseaux migrateurs. La moitié du chemin a déjà été parcourue et pourtant, la sensation de n'avoir pas avancé nous saisit. Comme si le Mont chapeauté par son abbaye reculait !

Passage de fleuves, avec plus ou moins d'eau et de courant selon les coefficients de marée : les traversées peuvent être acrobatiques, surtout avec de jeunes enfants, lorsque l'eau monte à mi-cuisse. Mais elle reste toujours ludique !

Au bout de 3h de marche, et une approche par la **face nord,** comme les pèlerins du Moyen-Âge, nous touchons le Mont du doigt (de pied). L'occasion d'une pause revigorante pour les uns avec crêpe à la clé, d'une grimpette à l'assaut du rocher jusqu'à l'abbatiale pour les plus endurants, à condition d'en avoir le temps. Avec un guide, l'heure du retour est souvent imposée.

À vos jumelles

À plumes, à poils… la baie du Mont-Saint-Michel abrite un écosystème d'une grande richesse. Ici, plus de 200 espèces d'oiseaux transitent toute l'année. Située sur une **« ornithoroute »** de migration européenne, elle est donc le paradis des canards et des limicoles, ces échassiers à fines pattes et longs becs profilés pour dénicher leur nourriture dans la vase (courlis cendrés, avocettes, spatules). Des aigrettes gardette, goélands argentés, ou encore ce couple de faucons… pèlerins, bien sûr ! Elle est aussi le siège de reproduction du gravelot à collier interrompu, une espèce quasi disparue, qui fréquente à nouveau les côtes normandes.

Enfin, la baie abrite une communauté protégée d'une dizaine de **phoques gris** et d'une centaine de leurs cousins **veaux marins.** Contrairement à la baie de Somme, ici on ne les voit pas. La période de traversée de la baie correspond à leur période de gestation, de mise à bas et de sevrage pour les bébés phoques. Seuls les plus avertis, nos guides en fait, pourront les apercevoir au loin, à marée haute, à gauche du mont, dans le lit du Couesnon.

LE-DEMI-FANTASME-DES-SABLES-MOUVANTS

Une personne ne peut être entièrement ensevelie car la densité de son corps est inférieure à celle des sables mouvants. En revanche, elle peut rester coincée ! Si vos pieds commencent à s'enfoncer, il faut agir vite : agenouillez-vous ou couchez-vous et roulez sur le côté ! Dans le cas où les jambes resteraient coincées, on effectue des mouvements de rotation afin que l'eau puisse s'infiltrer et éviter que le sable ne durcisse… Du coup, c'est au moment de la marée montante que quelqu'un pris dans les sables mouvants risque la noyade. Guide indispensable donc !

Prolonger le week-end

Voies vertes et véloroutes sillonnent la baie et certaines aboutissent directement au Mont, comme la **Véloscénie** qui relie Paris au Mont, empruntant dans les derniers kilomètres les anciens chemins de halage des berges de la rivière Couesnon. Possibilité de stationner son vélo gratuitement sur l'une des trois zones aménagées (au parc de stationnement du Mont-Saint-Michel, à proximité du barrage et du centre d'information). On peut aussi pédaler jusqu'au Mont pour l'admirer de plus près (sauf 10h-18h, mai-sept), mais il est interdit de le laisser au pied de celui-ci.

Prends ton envol

Le Mont, on l'aborde toujours par le bas. Une façon fantastique de le découvrir est par les airs ! Inoubliable, surtout au lever du soleil.

Survol du Mont en ULM : *avec Didier Hulin, ☎ 02-33-48-67-48 ou 06-07-54-91-92, • ulm-mont-saint-michel.com • ; Régis Mao, ☎ 02-33-58-10-13 ou 06-81-99-24-79, • normandie-ulm.com • ; Laurent Papillon, ☎ 02-33-60-59-29 ou 06-68-28-02-83, • manche-ulm-evasion.com • Resa obligatoire. Décollage de l'aérodrome du Val-Saint-Père, au sud d'Avranches. Compter 100-250 € pour un vol de 20 mn-1h.*

11

FAIRE LE TOUR DE LA POINTE DE LA HAGUE

Ce petit bout d'Irlande, tout au bout de la Normandie

On la compare souvent à un pays celte en miniature et il est vrai que cette terre déchirée, longue échine décharnée entourée d'écueils, véritable bout du monde tombant abruptement dans le raz Blanchard, en possède bien des traits !

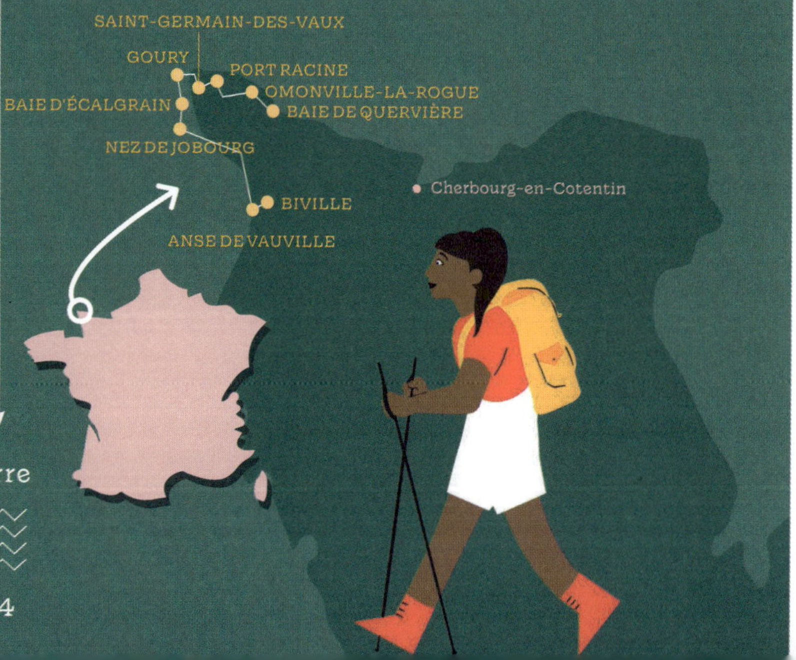

Urville Naqueville / Biville ou Diélette

40 km environ

2 ou 3 jours

Toute l'année

Facile

Pas besoin de guide

Cherbourg-en-Cotentin

Préparer

Accès : gare de Cherbourg, puis bus Cap Cotentin ligne A vers le cap de la Hague. Descendre à Urville-Nacqueville. · capcotentin.fr ·

Équipement : de bonnes chaussures de marche, un vêtement pour la pluie et un vêtement chaud, été comme hiver, en cas de vent.

Topoguide : · encotentin.fr · ou celui du GR® 223.

Quand partir : l'été, les journées sont plus longues, il fait plus chaud, mais il y a plus de monde. Au printemps, c'est l'éclosion de toutes les fleurs.

À l'automne, les journées sont encore assez longues (ouest oblige), et les températures encore douces. L'hiver, il n'est pas rare d'avoir des journées très ensoleillées avec des températures relativement douces, mais la nuit tombe vite et le temps peut être brumeux. Attention, en hiver et au début du printemps, il faudra être prudent, certaines zones peuvent être boueuses et glissantes.

Bon à savoir : emporter de quoi manger et de l'eau, car sur certaines portions, il n'y a aucune possibilité de se restaurer.

Partie intégrante de la presqu'île du Cotentin, la Hague, est une presqu'île dans la presqu'île. Le sentier des douaniers, créé au XVIIIe s par l'administration des Douanes pour surveiller la côte contre la contrebande, est un magnifique chemin de randonnée qui longe le littoral, au plus près de l'océan.

Cette côte, la plus sauvage du Cotentin, est probablement le plus beau tronçon du sentier des douaniers. La presqu'île, sans cesse balayée par les vents, est battue par les vagues et ses paysages sont marquetés de murets de pierres sèches, pour mieux se protéger.

D'**Urville à Landemer** (2 km), côte nord, le chemin offre déjà quelques plongées vers la mer, et le point de vue panoramique sur les falaises marque le point zéro du sentier et le début d'un littoral escarpé. On peut faire une petite halte pour visiter la maison natale de Jean-François Millet, au hameau de Gruchy.

Le sentier se poursuit en longeant la mer, avec de superbes panoramas jusqu'à la **baie de Quervière** (5,5 km), puis les ruines de la Ferme cotentine d'où l'on a un point de vue sur le petit port d'**Omonvile-la-Rogue** (2,3 km), l'un des plus beaux villages de la Manche, niché dans une toute petite vallée verdoyante, bien protégée du vent.

Le sentier redescend vers port Racine (6,5 km), le plus petit port de France, adorable, avec ses bateaux tenus par des cordages. Au passage, on s'arrête au petit cimetière du village d'Omonvile-la-Petite, où Jacques Prévert est enterré. Le sentier continue après port Racine, sur la partie la plus au nord de la Hague. Traversée de **Saint-Germain-des-Vaux,** adorable village lové dans un écrin de verdure. On peut y visiter les jardins en hommage à Jacques Prévert.

Puis le paysage se durcit. On atteint le cap et la partie la plus sauvage du sentier avec **Goury,** hameau du bout du monde et son phare veillant sur les méchants courants et le fameux Gros du Raz. Au moment des grandes marées, c'est un spectacle impressionnant, lorsque les courants du raz Blanchard soulèvent de véritables barrières d'écume, infranchissables pour les bateaux. Le sentier continue vers la magnifique **baie d'Écalgrain** (4,7 km), suspendue entre nuages et vagues. Les points de vue sont somptueux, les couleurs incroyables et le sentier se faufile entre les bruyères et les massifs d'ajoncs...

On parvient au nez de Voidries, et le point de vue sur le célèbre **nez de Jobourg** (5,5 km), l'autre extrémité du cap. Du haut de leurs 128 m, ce sont les falaises les plus hautes d'Europe continentale. Par beau temps, on aperçoit les îles anglo-normandes. Avant de redescendre, faire un petit détour par le village de Jobourg, et sa belle église du XIIe s, basse et trapue pour donner le moins de prise possible au vent. Dernier tronçon vers l'ouest où, très rapidement, s'ouvre un tout autre spectacle celui de l'immense et magnifique **anse de Vauville,** qui ondule en pente douce vers l'une des plus belles plages de l'Ouest.

Préparer sa randonnée pour partir du bon pied !

Avant de se lancer sur les sentiers de randonnée, il faut veiller à ne rien oublier. Bien équipé, on pourra ainsi profiter pleinement de ce moment de détente et de découverte de la nature.

Bien entendu, une randonnée sur une journée ou sur plusieurs jours ne se prépare pas de la même façon et ne nécessite pas le même type de matériel. Cependant, quelques données restent identiques dans les deux cas :

1 Choisir un itinéraire

à votre niveau et l'identifier à l'aide d'une carte ou sur Internet. Rassembler les infos (km, temps, dénivelé…), voire téléphoner à l'office de tourisme pour avoir plus de précisions.

2 Emporter de préférence une carte papier

surtout si l'itinéraire n'est pas balisé ou clairement identifiable, on n'est jamais à l'abri d'une panne de batterie, d'un téléphone qui fait des caprices ou tout simplement d'une absence de réseau.

3 S'informer sur la météo

et les risques liés à la saison ou à l'endroit (chasse, travaux, orages…).

4 Éviter de partir seul

surtout sur un terrain difficile (en montagne particulièrement) et signaler à quelqu'un votre départ et votre retour estimé.

CHACUN SON RYTHME

N'oubliez pas que hors-sentier et en fonction du terrain, la vitesse de marche peut être multiplié par 2. On compte en moyenne 4 km/h pour une allure modérée, soit une distance de 7 à 9 km par jour. Ajouter 30 mn pour 300 m de dénivelé à la montée et environ 10 mn de repos par heure de marche. Si vous devez marcher longtemps, pensez à prévoir des étapes ou à vous donner des objectifs pour fractionner la marche. C'est encore plus valable avec des enfants.

Côté matos

Rien à voir entre une journée de marche et une randonnée avec bivouac !

1. Porter des **chaussures adaptées.** *Exit* les tennis sauf pour quelques heures sur terrain plat et facile. Si vous avez des chaussures de marche neuves, pensez à les faire en les portant un peu avant de partir, même si le vendeur vous dit que cela n'est pas nécessaire.

2. Le **sac à dos** doit être adapté à votre morphologie et se doit d'être le plus léger possible.

3. Bien sûr, on pense à prendre **de l'eau, de quoi se nourrir et des vêtements adaptés.** Emporter toujours de quoi vous protéger du soleil (chapeau, lunettes et crème), du froid (vive la polaire !) et de la pluie (il y a toujours une petite place pour un bon vieux K-way®). C'est le confort qui doit primer, pas l'élégance !

4. Les **bâtons de marche** peuvent être utiles en cas de dénivelé ou de sentier caillouteux pour s'aider à la montée, comme à la descente. Ils vous aideront à vous stabiliser et soulageront vos genoux.

5. Une petite **trousse de secours** est également indispensable.

6. Une **batterie externe** de téléphone portable, d'une bonne autonomie peut être utile. Les plus prévoyants s'équipent carrément d'un téléphone satellitaire !

7. Il va sans dire que votre **tente et votre sac de couchage doivent être adaptés** au terrain et aux conditions météo de votre randonnée.

8. Pour une randonnée avec bivouac, se munir d'un **petit réchaud à gaz** et des ustensiles nécessaires pour faire sa popotte.

Et hop, en route !

PAGAYEZ À LA DÉCOUVERTE DU GOLFE DU MORBIHAN ET DE SES ÎLES

12

Une excursion pour les amoureux de sensations fortes et de nature

Venez affronter à plusieurs les puissants courants du golfe du Morbihan et poser votre tente en pleine nature, sur l'un des charmants îlots disséminés dans les eaux cristallines (et fraîches !) du golfe.

Boucle depuis la grande plage de Locmariaquer

35 à 40 km

2 jours

Été

Facile

Moniteur diplômé obligatoire

Auray

Préparer

Accès : Locqmariaquer est à 13 km au sud d'Auray. Prévoir covoiturage ou taxi entre les 2.

Plus d'infos : ☎ 07-61-32-65-40. D'avril à septembre (voire octobre) : ☎ 06-09-13-94-39. • thebreizhtobe.fr •

Tarif : compter 160 €/pers (location du kayak, de l'équipement et du matériel de bivouac, repas) ; tarif dégressif si groupe.

Bon à savoir : les trois copains qui organisent les sorties font en sorte d'impliquer au maximum les participants à l'excursion, donc prévoir un bon temps de préparation en amont (liste du matériel, vérification des conditions météorologiques, étude des cartes, etc.).

eau

L'excursion est proposée par The Breizh To Be (à Baulon). L'entreprise a été créée par trois copains – Yann, Pierre et Irvin –, tous moniteurs de kayak. L'équipe est mobile : les trois amis se déplacent en van afin de proposer des sorties en kayak dans toute la région Bretagne, toute l'année !

Les températures sont estivales, le temps est clair et le crachin breton ne semble pas être au rendez-vous… Parfait ! On enfile ses vêtements de sport, avant de charger son kayak avec le matériel de campement. Une fois à bord, pagayez, et faufilez-vous entre les rochers qui parsèment le golfe du Morbihan. C'est parti pour deux jours d'aventure au gré des flots, conseillé par un moniteur diplômé. Le golfe du Morbihan compte une cinquantaine d'îles de caractère ; les paysages sont variés, alternant plages, forêts de pins et falaises abruptes. Vous ferez notamment escale sur l'**île Gavrinis,** qui abrite un site préhistorique d'exception : le cairn de Gavrinis ; on passe entre l'**île Berder** et l'**île de la Jument,** là où frappe le fameux courant de la Jument ; on longe ensuite l'**île aux Moines,** la plus grande des îles du Golfe ; et vous passerez enfin aux abords de l'**île d'Arz,** surnommée l' « île aux capitaines ».

D'autres îlots vous guettent aussi sur la route du retour en direction de la grande plage de Locmariaquer, où la boucle sera bouclée. Le soir, bivouac en pleine nature, et coucher de soleil en prime (si le crachin breton n'est toujours pas au rendez-vous). Le lendemain, l'excursion se poursuit, avec une 2de journée de partage et d'évasion !

COURANT PUISSANT

Le courant de la Jument est le deuxième courant le plus puissant d'Europe. Il peut atteindre près de 9 nœuds (soit plus de 4 m par seconde !) au plus fort de la marée. Seuls les kayakistes expérimentés sont aptes à dompter ce courant et à profiter au mieux de sa force motrice pour se déplacer comme sur un tapis roulant.

Mais savez-vous d'où le courant tire son nom ? Pourquoi avoir associé le cheval à cet élément marin ? L'origine remonterait à l'Antiquité puisque dans la mythologie grecque, Poséidon est à la fois dieu des mers et… dieu des chevaux. En Bretagne, on pense également au phare de la Jument, sur l'île d'Ouessant, ou encore à la pointe de Penmarc'h (« tête de cheval » en breton), dans le Finistère.

REMONTER LE COURS DE LA LAÏTA À PIED ET EN PADDLE...

...et tant qu'à faire, la redescendre

13

La Laïta est un fleuve côtier de 17 km qui sépare naturellement le Morbihan du Finistère. Si près de la mer, les paysages au cœur de ce fjord sont mouvants. Chaussez vos Pataugas, puis enfilez votre maillot de bain afin de découvrir les beautés de ce fleuve, en mode terre-mer.

Boucle depuis Guidel-Plages

Env 18 km aller-retour

2 jours

Avril à septembre

Facile

Pas besoin de guide

Lorient

Préparer

Accès : la ligne de bus n° 10 dessert Guidel-Plages au départ de la gare de Lorient.

Conseil : le point de départ des deux journées est le port de plaisance de Guidel-Plages (Morbihan). Nous vous conseillons donc de loger dans cette ville, pour utiliser le moins possible votre véhicule. Mais on peut aussi loger sur l'aure rive, côté Finistère, au Pouldu ou à Clohars-Carnoët.

Laïta Croisières : traversée Le Pouldu-Guidel. Réservation sur leur site web. Prix : 1 € /pers. Traversée toutes les 30 mn en juil-août (sauf le lun mat) • laita-croisieres.fr • ☎ 06-64-27-62-15.

Laïta Location : location de stand up paddle et randonnée (retour inclus en bus). Prix loc : 2h, 20 € ou 30 € avec retour en bus. Tenue adaptée à la météo et chaussures fermées obligatoires. Réservation conseillée 24h à l'avance. Ouv avr-oct, tlj, 9h-19h. • laita-location.com •

Crêperie de Saint-Maurice : abbatiale, 29360 Clohars-Carnoët. ☎ 02-98-71-50-67. Réservation fortement conseillée en hte saison.

Jour 1 : la Laïta vue de la terre

(itinéraire : env 18 km ; 6h)

Au départ du port de **Guidel**, vous longerez la rive gauche de la Laïta. Le sentier suit tout du long le cours d'eau, il serpente au gré des anses qui remontent dans les terres. C'est un vrai petit chemin de randonnée au beau milieu de la nature... La Laïta étant soumise aux influences de la marée, les paysages changent en fonction des heures, et voilà qu'apparaissent, à marée basse, des bancs de sable presque insolites. À mi-chemin, le **pont de Saint-Maurice** vous fera prendre de la hauteur. Il vous permettra aussi de passer de l'autre côté de la rive avant de revenir vers Guidel par l'autre rive. Vous retrouverez des passages forestiers où cohabitent essentiellement pins et châtaigniers, et que jouxtent des parcelles cultivées aux couleurs vives. Le jaune du colza et de l'ajonc s'oppose au rouge-violacé du trèfle et du houx... En sous-bois, vous marcherez sur un tapis craquant de feuilles, de rameaux, de mousses et d'aiguilles de pin. Au **port du Pouldu**, une navette vous ramènera sur la rive morbihannaise, votre point de départ, et la boucle sera bouclée.

Jour 2 : la Laïta vue de l'eau

(distance et durée variables)

Le second jour, en vous calant sur la marée descendante, pourquoi pas tirer au-delà du **pont de Saint-Maurice ?** En équilibre sur le paddle, vous naviguerez alors entre le Morbihan et le Finistère. Faire du paddle en fleuve est certes plus facile qu'en mer, mais rester au sec sur sa planche ne sera pas chose facile. La Laïta reste un fleuve vivant. Alors... fléchissez légèrement les genoux, gardez le dos droit et pagayez (sans perdre le rythme !). Enfin bien calé sur votre paddle, vous remonterez la Laïta jusqu'au site de l'**abbaye Saint-Maurice.** Les plus motivés et sportifs d'entre vous pourront prolonger cet itinéraire jusqu'à Quimperlé !

Vous en avez plein les bras et votre estomac crie famine ? Halte possible à la crêperie Saint-Maurice, située en contrebas de l'abbaye, avant de reprendre la ria, à marée montante cette fois. Demi-tour en vous laissant porter tranquillement par le fleuve. Profitez de cet espace naturel et sauvegardé où s'épanouissent une faune (loutres, saumons et moules notamment) et une flore riches et préservées. Le bras du fleuve s'élargit et la mer n'est pas loin ? Vous êtes bientôt arrivé ! Après avoir rendu votre planche, il vous restera sûrement du temps pour rejoindre à pied la **plage de la Falaise**. C'est un spot de surf, alors n'hésitez pas à prolonger l'aventure en louant une planche, de surf cette fois !

Rester au sec sur sa planche ne sera pas chose facile. La Laïta reste un fleuve vivant !

LABEL VILLE-DE-SURF

Le Label « Ville de Surf » a été créé par la Fédération française de surf en 2015 pour valoriser les communes de France qui assurent un accueil et un environnement favorables à la pratique du surf. Une dizaine de communes françaises sont labellisées aujourd'hui, dont Guidel, classée deux étoiles (sur trois au maximum) avec ses quatre spots de surf réputés : les plages de la Falaise, du Loc'h, de Pen er Malo et de Fort bloqué.

Notre top 4 des randos sur le sentier des douaniers

Le tour de Bretagne à pied sur le GR® 34

Le sentier des douaniers en Bretagne, c'est plus de 2 000 km de chemins balisés reliant le Mont-Saint-Michel à Saint-Nazaire. Bien plus qu'une semaine de vacances serait nécessaire pour le découvrir dans son intégralité, voici notre sélection d'itinéraires qui permettent déjà d'en saisir la richesse et la variété !

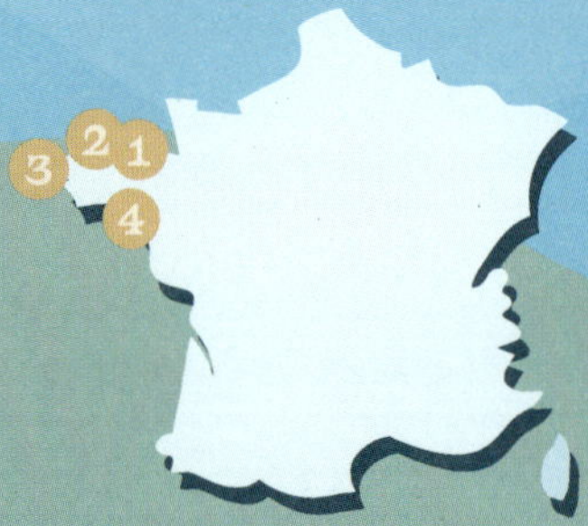

1

La Côte d'Émeraude

Départ : Cancale
Arrivée : Saint-Malo
Distance : 30 km
Durée : 7-8h

Des parcs à huîtres de **Cancale** et des estrans sauvages de la baie du Mont-Saint-Michel, jusqu'à la **pointe du Grouin**, la première partie de l'itinéraire offre un panorama d'une beauté à couper le souffle sur cette côte d'Émeraude ! À la pointe du Grouin, une sente faisant face à l'île des Landes permet d'explorer une grotte sous les falaises, accessible à marée basse. **L'île des Landes** est une réserve ornithologique très riche, où vit notamment le grand cormoran, cet oiseau marin qui plonge pour capturer sa proie avec le bec. Le sentier se poursuit après la pointe du Grouin, déclinant une succession de baies peu profondes aux plages de sable blanc… pour terminer en beauté sur la grande plage de **Saint-Malo.**

2

La Côte de Granit Rose

Départ : Perros-Guirec
Arrivée : Trégastel
Distance : 12 km
Durée : 3h

La randonnée commence aux fortifications de la **pointe du Château.** Très vite, vous rejoindrez la plage de Trestignel, puis le phare de Mean Ruz, construit en granit rose. Ce dernier indique l'entrée de la passe menant au port de **Ploumanac'h…** et au début de la Côte de Granit Rose. On a beau les avoir déjà vus en photo, ces imposants rochers de granit de Ploumanac'h, mesurant pour certains plus de 20 m de haut, impressionnent ! Vous apercevrez au loin l'îlot de Costaérès et son château, qui ne se visite pas. Continuez alors vers **Trégastel** et ses 12 plages pour une baignade revigorante !

3

De Porscav jusqu'à la pointe Saint-Mathieu

Départ : Porscav
Arrivée : Saint-Mathieu
Distance : 25 km
Durée : 7-8h

Le sentier côtier de la **pointe Saint-Mathieu** est la randonnée préférée des Brestois : des falaises abruptes balayées par les vents et la mer, un phare veillant sur les ruines d'une ancienne abbaye… Sous le soleil et par gros vent, le spectacle est toujours grandiose ! Faites en sorte d'y arriver au crépuscule ; c'est à ce moment de la journée que la pointe déploie tout son charme. Dans les terres, un peu à l'écart du sentier côtier (à environ 300 m en suivant la départementale), s'élancent par ailleurs deux menhirs christianisés, autrefois appelés « Gibet des moines » : à voir ! Vos pas vous guideront vers la photogénique **pointe de Corsen** (la pointe la plus à l'ouest de France !), et le port de pêche du **Conquet,** une étape aussi agréable que gourmande !

4

La presqu'île de Quiberon

Départ : Saint-Julien, presqu'île de Quiberon
Arrivée : Port-Haliguen
Distance : 16 km
Durée : 4h

Une très belle randonnée qui permet de découvrir les deux côtes de la presqu'île de Quiberon : la côte dite sauvage à l'ouest et de belles plages de sable fin à l'est. La côte sauvage s'étend de la pointe du Percho au château Turpault. Les vagues s'écrasent sur la côte ouest, et le vent décoiffe. Avant d'atteindre la station balnéaire de Port-Maria, vous passerez devant le menhir de la **pointe des Gueritte.** Se succèdent ensuite pointes mourant dans la mer et plages de sable blanc. La pointe du Conguel offre une vue imprenable, avec au loin le phare de la Teignouse et au large, la bien nommée Belle-Île-en-Mer. Votre randonnée prend fin au **Port-Haliguen.** Promenez vous dans les petites ruelles au charme breton, bordées de maisons blanches aux volets bleus égayées par des hortensias en fleur.

DEVENIR MOUSSE D'UN JOUR, OU POUR TOUJOURS

en s'embarquant comme matelot pour la 1re fois à bord d'un voilier en mode co-baturage

14

La découverte de la mer est souvent une expérience existentielle, ne serait-ce que pour faire vraiment connaissance avec son estomac… On a beau avoir bouclé deux fois le Vendée-Globe confortablement installé devant son ordi à la faveur d'une régate en ligne, rien ne vaut le doux apprentissage de la vraie vie qu'offre une première aventure en mer à bord d'un voilier.

1 à plusieurs jours

Toute l'année

Facile

Accompagnement obligatoire

Variable en fonction du lieu choisi

Préparer

Où trouver son bateau : plusieurs sites et applis proposent des sorties sur un ou plusieurs jours, ou du « cobaturage » variante marine du covoiturage pour des voyages au long cours. Parmi eux : • sharemysea.fr • vogavecmoi.com • morbi-embark.com • bourse-aux-equipiers.com • equipier.fr • routard.com • (rubrique « compagnon de voyage »).

Naviguer à l'ancienne : ils s'appellent dundee, cotres, langoustier, caseyeur, ce sont des sinagots, des forbans, autant de termes évoquant des voiliers traditionnels, souvent d'une esthétique remarquable. Les charpentiers de marine les ont façonnés avec tout leur amour pour le bois, le chanvre et la toile et surtout une grosse envie de les voir naviguer. Plusieurs associations de vieux gréements proposent des sorties à la journée, notamment dans le golfe du Morbihan : • golfedumorbihan.bzh/explorer-vannes/activites-vannes/croisieres-traversees/voiliers-du-patrimoine •

Aujourd'hui, rien ne sert de traîner sur les pontons comme le faisaient papi et mamie en quête d'un embarquement pour l'île de Wight. Il suffit seulement de s'inscrire sur l'un des sites en ligne qui mettent en relation les propriétaires de bateaux et les équipiers potentiels, moyennant ou non une participation aux frais de vie à bord.

L'heure du ciré

Une fois le lieu, la date et l'heure de l'embarquement déterminés et le propriétaire contacté, reste à s'équiper. En hiver, bottes en caoutchouc et ciré sont de mise, de même qu'un bon petit bonnet. En été, la panoplie du moussaillon est plus légère : de bonnes chaussures antidérapantes, un pull et un coupe-vent suffisent la plupart du temps. Dans tous les cas, une bonne paire de lunettes de soleil et de l'écran total. Ça réverbère sec sur les flots !

Tester son pied marin

Malgré des tonnes de patchs collés derrière les oreilles et doublés de bracelets sur les points d'acupuncture, sur un bateau, rester actif est le meilleur moyen d'écarter le mal de mer. Car ce dernier obéit presque toujours à la règle des trois F : le Froid, la Fatigue et la Faim. En écartant d'emblée l'un de ces trois états, on a plus de chance de le surmonter. Autre moyen de l'enrayer : sortir au grand air, éviter de baisser la tête et fixer un point à l'horizon. Évidemment si la mer ressemble à une lessiveuse et que vous avez fait la bringue la veille, c'est plus difficile ! Le choix de l'embarcation est aussi important. Le plus sûr : le catamaran, plus confortable, plus stable.

Faire confiance à son capitaine

Fort heureusement, le plus souvent, un skipper digne de ce nom rechigne à embarquer un « bleu » quand Éole fait des siennes. C'est pourquoi il vaut mieux privilégier une sortie en été. À bord, il faut rapidement comprendre son rôle et accepter la gouverne d'un capitaine et d'un seul. Le travail du matelot consiste d'abord à assimiler au plus vite le jargon employé par le capitaine, sous peine de passer pour un « gabier de poulaine » – un mauvais matelot – comme on disait du temps de la marine à voile. Au début, on s'emmêle un peu les pinceaux : entre border, choquer, lofer, abattre, étai, foc et génois, trinquette et prise de ris, sans compter les nœuds et les différentes allures par rapport au vent. Il faut aussi se familiariser avec le bateau. Toujours se déplacer à bord avec une main pour soi et une main pour le bateau, disent les capitaines, car à bord, tout est mouvant. Mais on finit par s'y faire… et bacyrouge et tricovert…

Une école de l'humilité

Le gros avantage quand on embarque sur un voilier pour la première fois c'est qu'on ne sait rien faire. Le skipper ne peut donc exiger de nous quoi que ce soit sinon de servir de contrepoids quand le bateau navigue sous certaines allures. Une situation finalement plutôt confortable qui laisse le temps d'apprécier la magie d'une vraie navigation, en communion totale avec le ciel, le soleil et la mer… Pour une déconnection totale !

Ne reste qu'à larguer les amarres (au propre comme au figuré) car quitter le port, c'est abandonner ses repères de temps, lâcher prise pour se fondre dans l'espace, s'en remettre à la bonne volonté des éléments et, la nuit, laisser vagabonder son âme sous un ciel crépitant d'étoiles. Bref : une vraie expérience qui permet de se trouver ou de se retrouver ! Pas la peine de regarder sa montre car, une fois parti, il est difficile de prévoir l'heure d'arrivée.

DES VOILES ROUGES ?

Pourquoi les voiles des vieux gréements sont-elles rouges ? Du temps de la navigation à voile, les voiles étaient passées au cachou (extrait de bois) chaque année, ce qui leur donnait cette couleur rouge-brun caractéristique des vieux gréements. Ce tannage, réalisé par trempage de la toile dans un bain de résine d'acacia catechu liquéfié, avait pour objectif de prémunir la toile des effets nuisibles du sel et des UV. Les Bretons, y rajoutaient de l'écorce de pin pilée et du saindoux et quand ils manquaient d'ammoniaque pour fixer la couleur, ben ils pissaient dessus !

Il y a 3 sortes d'hommes : les Vivants, les Morts, et Ceux qui vont sur la mer…

Aristote (citation apocryphe)

MINI-TREK À BELLE-ÎLE-EN-MER

Le tour de l'île par le sentier côtier

Se faire chahuter par les embruns et découvrir la variété des paysages de la plus grande des îles bretonnes (90 km²), en faisant étape en pleine nature ou dans un vrai lit ! Un rêve de randonneur...

15

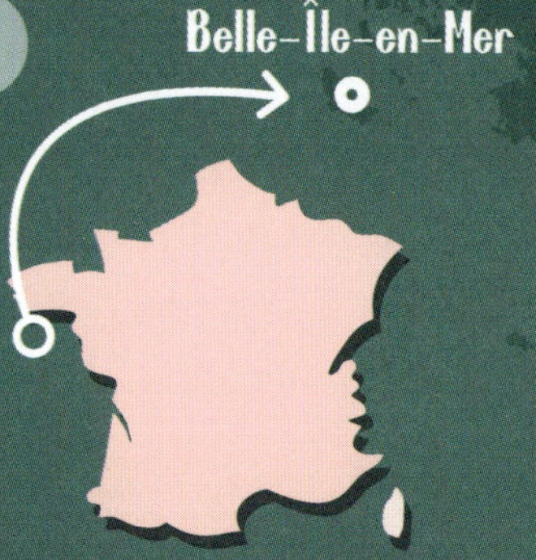

4-5 jours

Toute l'année (plus rude en hiver !)

Moyen

Pas besoin de guide

Quiberon, puis liaison par bateau

Selon hébergement

Préparer

Accès : en ferry (· compagnie-oceane.fr ·) ou, plus écolo, à la voile ou en catamaran (· iliens.fr ·) ; traversée un peu plus longue et un poil plus chère (40 € l'A/R env).

Départ/arrivée : boucle de 80 km au départ de Palais (port de Belle-île-en-Mer)

Hébergement : le bivouac est permis (infos sur · belle-ile.com ·), mais il existe de nombreuses solutions d'hébergement, du camping à l'hôtel tout confort, qui propose de vous déposer le matin au point A pour vous récupérer le soir au point B avant de poursuivre la rando le lendemain. Si vous optez pour le bivouac, prévoyez une quantité d'eau suffisante car peu (voire pas) de points d'eau sur le GR®.

Attention : si le sentier est accessible au plus grand nombre, il réserve des passages délicats. On y côtoie parfois d'abruptes falaises, et certaines pentes peuvent rester très glissantes après la pluie. Porter de bonnes chaussures de marche, pas des tongs ! Ne pas s'approcher du bord de la falaise, friable. Enfin, Belle-Île étant mal couverte par le réseau téléphonique, télécharger la carte de l'île avant de débarquer, ou se procurer un topoguide.

Le GR® 34 Élu plus beau GR® de l'année

Extension du fameux sentier des douaniers (GR® 34) qui fait le tour de la Bretagne, celui de Belle-Île est sans doute l'un des circuits les plus pittoresques et sauvages.

Élu plus beau GR® de l'année 2022 par les Français, ce sentier alterne vallons et têtes de falaise, offrants dans ses parties hautes de surprenants points de vue sur un horizon mirifique, où le bleu du ciel se fond harmonieusement dans le bleu de la mer…

Dans la partie située face au continent prospèrent jardins et grandes plages propices à la baignade (à condition de ne pas être frileux !). Sur cette côte *en dedans,* abritée des vents d'ouest, se sont développées les principales localités : le port de pêche de **Sauzon** et **Le Palais,** fortifiée par Vauban.

Sur la côte *en dehors,* la ceinture de falaises tournée vers le grand large est constamment assaillie par le ressac. Là se multiplient caps décharnés et grottes marines, et petites anses de sable blanc où l'on peut dénicher les délicieux pouces-pieds.

C'est parti !

Il est d'usage de commencer le tour de l'île au Palais et de l'effectuer dans le sens antihoraire. Si on n'opte pas pour une formule « tout compris » proposée par un hébergeur, il est recommandé (voire obligatoire en haute saison) de caler ses étapes à l'avance. **Le 1er jour,** on parcourt tranquillement 13 km jusqu'à Sauzon ; **le 2e,** on s'enhardit en effectuant 20 km de marche jusqu'à Donnant. Là, bivouac possible, sinon on passe la nuit à Bangor avant de poursuivre la randonnée le **3e jour** jusqu'à la plage d'Herlin (19 km). Si le soleil pointe son nez, c'est l'occasion de profiter de cette belle plage de sable fin, uniquement accessible à pied. Et à mi-parcours, la pause pique-nique face aux aiguilles de Port-Coton est un must !

GROS-PLAN SUR

LES AIGUILLES DE PORT-COTON

Situées sur le littoral sud de l'île et la bien nommée côte sauvage, les aiguilles de Port-Coton, taillées par le ressac et cernées de falaises plissées, se dressent au milieu de la fureur des flots... L'endroit tire son nom de l'écume abondante qui s'y forme, et qui évoque de la ouate ! Claude Monet, qui séjourna à Kervilahouen, à deux pas de là, décrit en 1886, un « pays superbe de sauvagerie avec son amoncellement de rochers terribles et sa mer invraisemblable de couleurs ». En deux mois, il ne peignit pas moins de 39 toiles, des paysages surtout, à l'exception du *Portrait de Poly*, son homme à tout faire, chargé de maintenir le chevalet au sol lorsque exultaient les bourrasques.

D'ici partent **trois boucles pédestres** pour vous faire découvrir les sites où Monet posa son chevalet à l'automne 1886. Elles font respectivement 2,3 km, 4,7 km et 12,4 km. La 1re boucle va vers le nord, le 2e longe la mer jusqu'à Goulphar avant de revenir dans les terres jusqu'au Grand Phare via Radenec et Kervilaouen. Quant à la 3e, elle descend jusqu'au sémaphore du Talut, offrant une boucle optionnelle par Radenec où elle rejoint la précédente.

Dernière étape

Le circuit se poursuit le **4e jour** jusqu'à Port Andro (19 km), qui abrite le seul resto de plage de l'île *(Le Mabalulu)*, très convivial, proposant une bonne cuisine locale. Le parcours s'achève par une marche de 12 km jusqu'au Palais. La boucle est bouclée ! Mais si on a déjà un très bel aperçu de Belle-Île en parcourant ce sentier côtier, on n'a pas fini d'en découvrir tous les charmes et recoins. Allez, c'est reparti pour un tour !

Belle-Île à petite reine

L'île étant très vallonnée (doux euphémisme), la location d'un **vélo à assistance électrique** se révèle une excellente alternative pour la découvrir. Mais soyez prudent car les Bellilois(es) roulent vite ! Pour choisir votre vélo électrique, optez pour un moteur placé dans la roue avant et sachez que plus la roue d'un vélo est grande et fine, moins cela nécessite d'effort (pour les mollets comme pour le moteur). Tous les loueurs se trouvent au Palais et appliquent des tarifs similaires à la journée (env 12 € pour un vélo classique ; 25-30 € pour un électrique).

c'est reparti pour un tour !

Sauzon

Nos plus belles randos sur les îles bretonnes

Sillonner ces îles, c'est un peu comme arpenter le bout du monde.
Ces petits bouts de terre rappellent à quel point la Bretagne est singulière.
Un sentiment que l'insularité vient conforter.

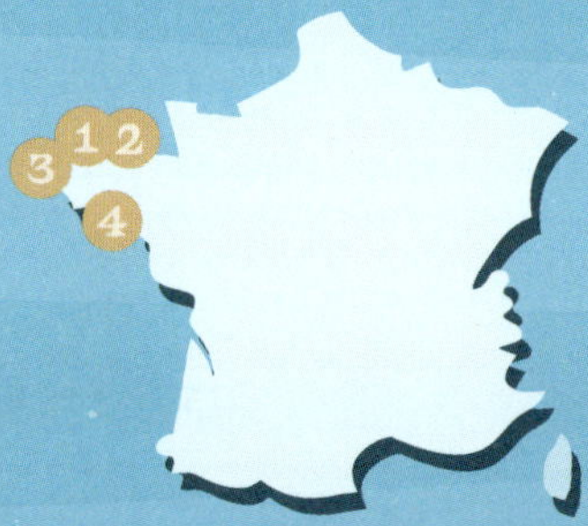

1

L'île de Batz

Boucle de l'île
Distance : 10,5 km
Durée : 4h
Port d'embarquement : Roscoff

Forcément poétique, comme tout radeau rocheux lancé sur les flots, Batz s'amarre à 15 mn à peine de Roscoff. Ses dimensions sont bien modestes : 3,5 km de long, 1,5 km de large. Moins de 500 habitants y vivent à l'année du tourisme, de la pêche, de la récolte du goémon et de la culture de légumes. Le microclimat dû au Gulf Stream permet à une flore quasi méditerranéenne de prospérer, comme en témoigne le beau jardin exotique Georges-Delaselle. On s'abandonne volontiers à la rêverie en butinant autour de l'île – une bien belle balade de 4h qui voit aussi défiler le fort de Beg Seac'h, l'inaccessible éboulis de rochers du Toull ar Sarpant (le « trou du serpent »), le grand phare (1836), les 800 m de sable fin de la superbe grève Blanche et, côté sud, une panoplie de plages additionnelles.

2

L'île de Bréhat

Boucle sur l'île
Distance : 16 km
Durée : 4h-4h30
Port d'embarquement : Pointe de l'Arcouest
(à 6 km de Paimpol)

Bréhat est classée depuis 2020 « site d'exception touristique ». Constituée en fait de deux îles réunies par un pont du XVIIIe s signé Vauban, l'île mesure environ 3,5 km de long et 1,5 km dans sa plus grande largeur. Parsemée de villas fleuries et de vieux manoirs en pierre, Bréhat est très touristique en saison. Curieusement, il y pleut beaucoup moins que sur le continent. Ce microclimat permet à une végétation quasi méditerranéenne de se développer sur l'île sud : eucalyptus, palmiers, mimosas, figuiers, etc. lui valent ce surnom bien mérité d'« île aux fleurs ».
Pas de voitures hormis les deux véhicules de secours, autant dire que c'est le paradis des marcheurs. Il faut une petite heure pour rejoindre d'un bon pas la pointe du Paon depuis le bourg. Les découvertes ne manquent pas, comme la plage du Guerzido, accessible en 15 mn par le sentier pédestre qui longe la falaise à partir de Port-Clos. Au nord, le bourg abrite la belle chapelle Saint-Michel qui, perchée sur une butte offre un panorama superbe sur les environs. En poursuivant sur votre lancée, vous passerez par le pont d'ar Prat (édifié par Vauban) avant de bifurquer à gauche et de rendre visite au phare Rosédo. Longez la côte et vous arriverez au phare du Paon. C'est la partie la plus tourmentée de l'île. Sa Côte de Granit rose qui éclate en mille morceaux ne laisse personne insensible. Ensuite, retour à Port-Clos.

3

L'île d'Ouessant

Boucle sur la côte nord de l'île
Distance : 19 km
Durée : 5h30
Ports d'embarquement : Le Conquet et Brest
(plus Camaret en saison)

Avec près de 40 km de sentiers essentiellement côtiers (et interdits aux vélos), l'île est un petit paradis pour randonneurs et amoureux de la nature. Pour ceux qui ne restent que quelques heures, voici le circuit traditionnel : on débarque au port du Stiff et, avant d'aller directement à la pointe du Pern, on passe par Laimpaul situé à 4 km du port et « capitale » de l'île aux 92 hameaux. La pointe du Pern reste LA pointe la plus à l'ouest de France ! Falaises déchiquetées, forêts de rochers qui sortent littéralement de terre, giflés inlassablement par les rouleaux. Tous les rochers sont classés ! Pas très loin, au nord, le phare du Créac'h, installé sur sa falaise, commande l'entrée de la Manche et voit défiler 150 bateaux quotidiennement. Le musée des Phares et Balises, situé non loin du phare, explique à merveille l'importance de la signalisation maritime en haute-mer. Ensuite, halte à l'écomusée de Ouessant de Niou-Huella afin de découvrir comment vivaient les Ouessantins avant l'arrivée de l'électricité. La balade se termine gentiment par la côte en passant par la pointe de Penn ar Men jusqu'au phare du Stiff, un des plus vieux phares de France en activité.

4

L'île de Groix

Boucle de Port-Tudy en passant par Pen Men
et le Trou de l'Enfer
Distance : 18 km
Durée : 6h
Port d'embarquement : Lorient

L'île de Groix, forte de 8 km de long pour 4 km de large, offre 40 km de chemins à parcourir. Elle n'a pas les agréments touristiques des autres îles, ni la coquetterie de Belle-Île sa voisine, mais elle possède la sincérité d'une terre sauvage, qui demande à le rester. À Port-Tudy, l'écomusée permet de mieux comprendre l'île et de partir ainsi d'un bon pied.
On commence par le bourg et son émouvant cimetière dédié aux marins ayant péri en mer. Puis direction Poulziorec et la discrète Tahiti beach, un lagon (presque) secret qui se mérite au prix d'une descente escarpée. Rejoignez ensuite Pen Men, pointe de l'île où la faune, comme la flore, est aussi rare que splendide. Enfin, par la côte ou par l'intérieur, dirigez-vous vers le Trou de l'Enfer, une fente impressionnante percée dans la falaise… Enfin, regagnez le Bourg et Port-Tudy pour une crêpe et une bolée de cidre bien méritées.

16

SURFER FACE À L'AMÉRIQUE

et se croire à Hawaï dans la baie des Trépassés, en Bretagne

Encaissée entre les hautes falaises de la pointe du Raz et de la pointe du Van, la baie des Trépassés est un site d'exception abritant une plage de légende. Un cadre sécurisant particulièrement adapté aux débutants.

Préparer

Accès : 1/2 h de bus d'Audierne, ligne 53.

Adresse : on peut louer tout le matériel sur place en s'adressant à l'École de Surf de Bretagne : 3 bis, quai Anatole-France, 29770 Audierne. ☎ 02-98-10-14-58. • esb-audierne.com • Compter 30€/2h pour surf et combi.

Équipement : oubliez tout de suite votre shorty à fleurs, ici une combi en Néoprène s'avère indispensable.

Quand se mettre à l'eau : de mai à novembre (après, mieux vaut avoir un patrimoine génétique proche de celui du manchot-empereur).

Bon à savoir : les débutants opteront pour une planche en mousse (ça fait moins mal quand on la prend sur le museau).

La vague bretonne : un trésor caché !

Située sur la commune de Cléden-Cap-Sizun-Plogoff, la **baie des Trépassés** est un petit bijou dont on se refile l'adresse sous le maillot. Mis à part le sable blanc, la mer d'un bleu hypnotique et parfois un gros cumulonimbus chargé de pluie qui vient assombrir un après-midi ensoleillé, rien à voir avec Hawaï. Pourtant, ce Far-Ouest breton n'a rien à envier aux plus beaux spots de surf du globe ! Si, contrairement au pays Basque, le surf s'est implanté tardivement en Bretagne (vers la fin des années 1960), il a rapidement acquis ses lettres de noblesse dans un pays surtout réputé pour les exploits de ses voileux ! Il faut dire que les Bretons ne badinent pas avec la mer, longtemps considérée comme « preneuse de vies ». Alors de voir des grappes de pingouins en Néoprène s'éclater dans les vagues de récifs, à l'endroit même où sévissaient jadis les naufrageurs, ça surprenait. Fort heureusement, la pratique du surf s'est largement démocratisée depuis… On surfe désormais en famille !

Surfer écolo

La Bretagne, avec ses côtes découpées, s'avère une destination idéale pour surfer avec ses enfants. Les vagues de la baie des Trépassés, nées de la grande houle atlantique, y déroulent proprement sur environ 600 m de large, offrant au **Regular** (celui qui surfe pied gauche devant) comme au **Goofy** (pied droit devant), de quoi satisfaire son envie de chevaucher l'écume.

Qui plus est, le spot est vraiment sécurisant, surtout à marée basse, quand le courant dérivant est pratiquement nul. La baie des Trépassés est aussi adaptée à la pratique du **bodyboard** ou du **paddle,** à condition bien sûr de respecter les priorités d'usage (bien se renseigner auprès des locaux).

Sinon *Boë an Aon* (la baie du ruisseau en breton), est aussi un **espace naturel protégé** avec une flore typique des dunes littorales, survolé par quelques oiseaux rares comme la mouette tridactyle ou le crave à bec rouge.

Les 4 règles de sécurité du surfeur débutant

1 - Observe le spot avant de te mettre à l'eau, renseigne-toi auprès des locaux et dans tous les cas ne surfe jamais seul.

2 - Reste dans les mousses et les petites vagues, évite les rouleaux du bord *(shore break)* et repère bien les zones de baignade.

3 - Laisse les vagues qui déferlent au large aux plus aguerris et si tu es pris dans le courant en voulant y aller, reste sur ta planche, n'essaye pas de revenir au bord à la nage.

4 - Si tu te sens en difficulté, assieds-toi sur ta planche et alerte les autres en agitant les bras simultanément de bas en haut (de la surface de l'eau jusqu'au-dessus de la tête).

Notre top 5 des spots de surf

Surfin' is the only life, the only way for me, now surf, surf with me.

(« Surfer est la seule vie, le seul moyen pour moi, alors maintenant surfe, surfe avec moi. »)
The Beach Boys (*Surfin' USA*, Brian Wilson / Mike Love)

« *Sea, surf & fun* », on grimpe sur sa planche pour s'offrir un bain de jouvence et s'adonner aux joies de la glisse ! Si la Californie ou Hawaï restent légendaires, les plages de l'Hexagone n'ont pas à rougir et ont acquis pour certaines une réputation internationale. Allez, tous à l'eau !

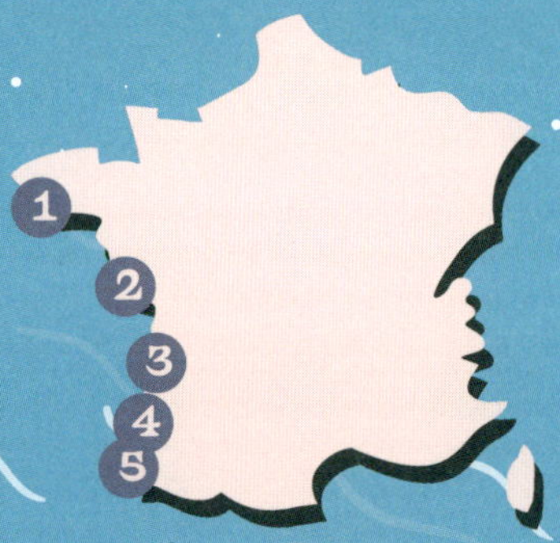

1

Plage de la Torche - Penmarc'h

Bretagne / Finistère

Outre la baie des Trépassés, située plus au nord (voir « Surfer face à l'Amérique ! »), la plage de Penmarc'h est le point de ralliement de tous les surfeurs dans le Finistère, et même au-delà. On trouve plusieurs écoles de surf sur place et la possibilité de pratiquer, par ailleurs, *kitesurf*, *windsurf* et *stand up paddle*. Idéal pour les débutants – la houle est plus faible que sur la côte sud-ouest – on profite cependant de grosses vagues régulières et d'un site splendide avec une plage très large et la vue sur l'éperon rocheux de la pointe de la Torche. Tempête de ciel bleu ou tempête tout court, le spectacle est grandiose !

Situation : à env 30 km au sud-ouest de Quimper, dans la baie d'Audierne. • Accès : depuis Quimper (liaisons en train/TGV), accès par la D 785 direction Plomeur puis Penmarc'h (env 30 mn) ou en bus (1h). Plus d'infos : • penmarch.fr •

2 Plage de La Sauzaie - Brétignolles-sur-Mer

Pays de la Loire / Vendée

Situé sur la côte de Lumière, c'est le spot fétiche des surfeurs en Vendée. Les 13 km de littoral et les cinq plages qui alternent avec des criques rocheuses y sont certainement pour quelque chose ! Caractérisée par des vagues creuses, régulières et puissantes (entre 1 et 2 m de haut), La Sauzaie accueille le championnat international *Protest Vendée Pro*. Une promenade en bois surplombe le site pour profiter de la vue. En prime, la plage et le large sont éclairés en saison, ce qui permet de surfer même de nuit ! Enfin, il y a deux autres spots tout proches, accessibles aux débutants : les plages des Dunes 1 et 2.

Situation : à env 90 km au sud de Nantes, entre Saint-Gilles-Croix-de-Vie et les Sables-d'Olonne. Accès : en train/TGV jusqu'à Saint-Gilles-Croix-de-Vie, puis 10 mn de route (liaison possible en navette). Plus d'infos : • bretignolles-sur-mer.fr •

3 Plage du Lion - Lacanau

Nouvelle-Aquitaine / Gironde

Un spot de surf réputé de la côte atlantique française grâce à la tenue de compétitions internationales comme le *Lacanau Pro*. Longue plage de sable fréquentée par les surfeurs amateurs et confirmés. Mais on trouve ici pléthore d'autres plages qui ont chacune leurs *aficionados* : la Nord et la Sud concentrent les écoles de surf ; la Centrale est recommandée pour les débutants ; quant à la Barrière, voisine de la plage du Lion, elle est sauvage et accessible uniquement à pied ou à vélo. Enfin, Lacanau est réputé pour son ambiance jeune et très festive, en particulier l'été !

Situation : sur le littoral atlantique, au nord d'Arcachon et du cap-Ferret (à env 50 km), à env 60 km au nord-ouest de Bordeaux. • Accès : en train/TGV jusqu'à Bordeaux-Saint-Jean, puis liaisons en bus (env 1h15) ou par la D 6. Plus d'infos : • lacanau.fr • medoc-atlantique.com •

4 Plage Nord - Soorts-Hossegor

Nouvelle-Aquitaine / Landes

QG des surfeurs expérimentés, c'est au large de cette plage que se termine le gouf de Capbreton, une immense faille sous-marine à laquelle on doit des vagues bien creuses, déferlant sur de longues distances. Mais il y a plein d'autres plages dans le coin pour pratiquer le surf, sport roi dans la région ! Outre ses allures de « petit Arcachon du Sud », avec ses villas au style basco-landais, Hossegor est l'un des pôles incontournables du surf depuis qu'il a déferlé sur la côte dans les années 1950 : la ville accueille d'ailleurs une étape du championnat du monde et abrite le siège de la Fédération française de surf.

Situation : à env 35 km à l'ouest de Dax et 28 km au nord de Bayonne. • Accès : en train/TGV jusqu'à Bayonne, puis liaisons en bus (env 30 mn) ou par la A 63. Plus d'infos : • lacanau.fr • medoc-atlantique.com • • hossegor.fr • tourismelandes.com •

5 Côte des Basques - Biarritz

Nouvelle-Aquitaine / Pyrénées-Atlantiques

L'autre « lieu de naissance » du surf en France (avec Hossegor), certainement l'un des sites les plus célèbres et fréquenté toute l'année par des surfeurs locaux, qui attire en saison les amateurs et pros du monde entier. Le spot en lui-même est photogénique, avec sa très longue plage de sable et un promontoire qui permet de profiter pleinement du spectacle. À la tombée de la nuit, on s'offre une balade tout le long du front de mer (joliment éclairé), pour admirer les villas de Biarritz et rejoindre le rocher de la Vierge.

Situation : à env 18 km au nord de Saint-Jean-de-Luz et 32 km au sud de Capbreton. • Accès : en train/TGV jusqu'à Biarritz, puis liaisons en bus (env 30 mn). Plus d'infos : • tourisme.biarritz.fr • guide-du-paysbasque.com •

PÊCHE À PIED À L'ÎLE-TUDY

17

Une expérience familiale amusante et nourrissante en pays bigouden

Un village et son port blottis sur une presqu'île basse et étroite à l'embouchure de la rivière de Pont-l'Abbé. À marée basse, c'est un site réputé pour son abondance en coquillages, palourdes, coques couteaux, mais aussi crabes et crevettes.

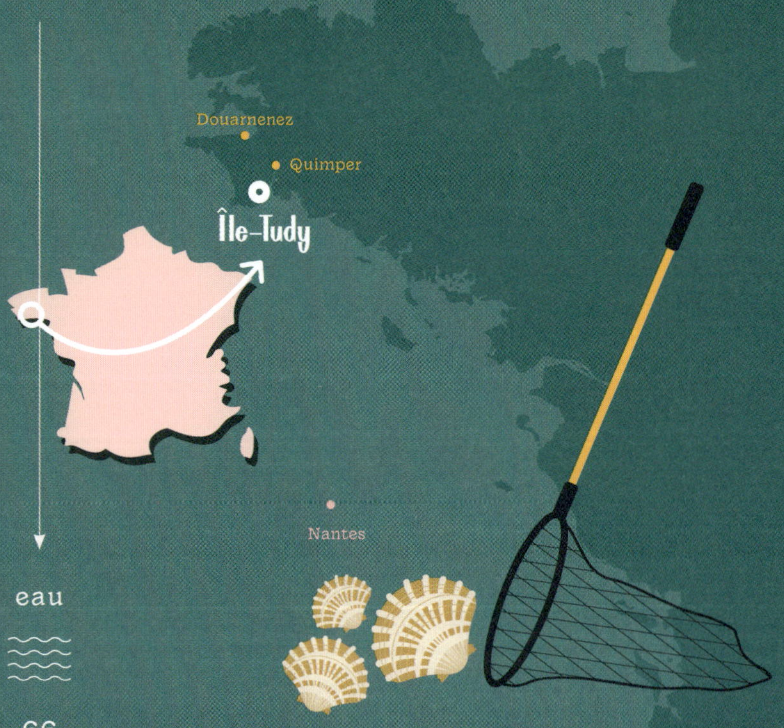

1/2 journée

Toute l'année, selon les horaires de la marée

Facile

Pas besoin de guide

Quimper, puis bus n° 56

Gratuit

Préparer

Quand y aller : plus le coefficient des marées est important, plus la mer se retire et donc plus la pêche a de chance d'être fructueuse. Choisir de préférence un jour avec un coeff à plus de 70.

Attention : bien suivre les recommandations affichées sur les panneaux d'information installés aux lieux d'accès à la grève, la digue de Kermor, la placette des îles, la rue de la Petite Grève et la cale des Américains.

Infos bus : • lecoeur-busetcars.fr •

Une fois sur place, ouvrez grands les yeux.

S'il est une activité, qui permet à tous, petits et grands de partager un moment à la fois ludique et instructif, c'est bien la pêche à pied. C'est non seulement l'occasion de se faire un plateau de fruits de mer à moindre frais, mais aussi d'observer et de découvrir un écosystème. Une leçon de choses *in situ* en quelque sorte !

Avant tout, se renseigner sur l'horaire des marées, les lieux autorisés et les quantités à respecter selon les espèces. C'est à marée basse, sur **l'estran,** cette partie du littoral qui se couvre et se découvre au fil des marées, que l'on partira à la chasse aux coquillages.

Soyez sur place environ 2h avant la basse mer. Selon la saison, on enfile des bottes et de quoi se protéger du vent. On n'oublie pas de s'équiper d'un seau ou, encore mieux, d'un panier de pêche en osier que l'on garnira de goémon pour que la récolte ne sèche pas. Emporter aussi un couteau, un petit rateau pour les coques et les palourdes et un haveneau ou une épuisette pour attraper les crevettes et les étrilles. Une fois sur place, ouvrez grands les yeux. Et prenez votre temps pour soulever les cailloux et débusquer les bigorneaux qui se planquent dessous, en laissant les plus petits en place. Pour cueillir les algues, si vous voulez les cuisiner, on les coupe au-dessus du pied. Ratissez le sable pour trouver des coques et grattez la vase, l'endroit préféré des palourdes. Poussez délicatement votre épuisette dans les mares ou le sable recouvert d'eau, pour attraper les crevettes qui y frétillent (plus pour longtemps !). Pour retirer les étrilles de votre filet, attrapez-les par derrière, entre les deux pinces, pour éviter de se faire pincer, justement !

Prolonger le week-end

Haliotika - Cité de la Pêche : une visite idéale au port du Guilvinec, pour compléter votre expérience de pêche à pied. On découvre ici le monde de la pêche en mer, ses métiers, ses techniques. On vous y explique les bateaux, les hommes, le quotidien du marin et la vie à bord. Du départ en mer à nos assiettes, voilà une expo archi-ludique et instructive pour petits et grands. À ne pas manquer : l'arrivée des chalutiers à partir de 16h15 sur la terrasse.

☎ *02-98-58-28-38. • haliotika.com • Visites guidées payantes avec les coulisses de la criée. Journées « Savourez la pêche » et sorties en famille. Résa conseillée pour les visites et ateliers.*

WEEK-END EN TROGLO DANS LE SAUMUROIS

L'échappée belle… pour les gourmands

Ah ! La région de Saumur, ses vins, le Cadre noir, la Loire et… ses villages troglodytes. Plus de 1 000 km de galeries sont creusés dans les sous-sols de la région. À vous le séjour *underground* en mode hobbits.

18

2-3 jours

Mai à septembre

Facile

Pas besoin de guide

Saumur

Préparer

<u>Accès</u> : le village de Louresse-Rochemenier (49700) est à 26 km au sud-ouest de Saumur, à 8 km au nord-ouest de Doué-la-Fontaine.

<u>Tarifs nuit en troglo</u> : doubles 100-170 € (Rocaminori hôtel à Doué-en-Anjou : • rocaminori-hotel.fr • Demeure de la Vignole à Turquant : • demeure-vignole.com •).

<u>Location de vélo</u> : à Saumur avec Détours de Loire, près de la gare SNCF (☎ 02-41-53-01-01. • detoursdeloire.com •).

<u>Escape Game</u> : 14, rue du musée, Louresse-Rochemenier. (☎ 02-41-59-18-15, • troglodyte.fr •) Possibilité d'un accueil gourmand avec fouées gastronomiques. La durée est d'environ 1h30. Maximum 2 à 3 équipes de 6. 2 parcours au choix. 14 ans et +.

Le monde troglodyte de la région de Saumur, les « troglos » comme on dit ici, se décline en de nombreuses variantes pour la visite. Champignonnières, caves viticoles et manoirs à flanc de falaise sont creusés dans le tuffeau.

Pas très loin, du côté de **Doué-en-Anjou,** c'est dans un paysage de plaine que l'on découvre des galeries de falun (voir encadré plus bas) abritant la scénographie son et lumière du Mystère des Faluns, dans la douce pénombre de « caves cathédrales » ou d'une énigmatique cave de sarcophages datant du Ve s.

Avec des enfants, passage obligé par le **Bioparc** consacré aux espèces menacées. Dans d'anciennes carrières baignées par la nappe phréatique pousse une abondante végétation. Une fraîcheur bienvenue lors des chaleurs de l'été, d'autant que 20 % du site se trouve en souterrain ! Toutes les conditions sont réunies pour recréer des milieux naturels diversifiés les plus proches de la réalité. Ça jacasse fort dans la plus grande volière d'Europe consacrée aux oiseaux sud-américains.

Galipettes et piscines troglos

Un petit creux ? Visez les étonnants restaurants de spécialités locales, installés eux aussi dans des galeries. Au menu, des fouées typiques, ces petits pains fourrés de rillettes, rillauds, foie gras ou encore des galipettes, ces champignons XXL que l'on peut également fourrer. En dessert, ne pas manquer le fameux crémet d'Anjou à base de crème fouettée et d'œufs, servi avec des fraises au printemps. Sieste assurée ! Heureusement, on trouve dans la région quelques chambres d'hôtes et hôtels troglo tout à fait dépaysants, à l'ambiance particulière. On y passe des nuits tout confort et sans bruit dans des chambres sans fenêtres. Des havres de sérénité. Les claustros en troglo pourront toujours opter pour des chambres « à l'air libre ». Les plus chanceux piqueront une tête dans une luxueuse piscine creusée dans la roche !

Louresse-Rochemenier

ANJOU-PLAGES

La particularité géologique de la région de Doué-en-Anjou, c'est le falun, cette roche calcaire coquillière moins ancienne que le tuffeau saumurois, déposée là par la mer, il y a quelque 10 millions d'années. L'environnement marin était alors peu profond et chaud, le coin était fréquenté par des éléphants et des lamantins et la végétation était luxuriante. C'est à Doué qu'on trouve la couche la plus épaisse de falun : jusqu'à 23 m !

10 millions d'années vous contemplent

Coup de cœur pour **Louresse-Rochemenier**, le village souterrain le plus complet du secteur de Doué-en-Anjou. Du plus profond de ses murs de falun, 10 millions d'années vous contemplent. Avec les 40 fermes troglo et les 250 salles creusées dans la roche, ce village invisible constitue un excellent musée ethnographique et une vivante illustration du mode de vie sous le niveau 0. Le village se visite, des chambres à coucher à la chapelle, en passant par l'étable. Dire qu'il était encore habité jusqu'en 1962 ! Mais le plus fun, c'est encore d'en chercher la sortie, montre en main.

Escape Game en pays saumurois

À six par équipe, on n'est pas de trop pour résoudre les énigmes de *l'escape game underground* de **Louresse,** plutôt original, en seulement 1h. Le *Troglophage* (difficulté 2/5) s'adresse aux archéologues en herbe. À moins que l'on préfère se faire peur avec *L'Or de la Cave Perdue* (difficulté 3/5) : une chute dans un trou profond avec une vieille femme, la Remeluse qui vous retient prisonnier. Brrrr... 1 h, ça passe très vite ! Saurez-vous trouver la sortie?

À bicyclette... sous-terre !

Ceux qui veulent se dégourdir les jambes et profiter du paysage pourront louer un vélo à **Saumur** (• detoursdeloire.com •) pour emprunter en rive nord de la Loire une section de ***La Loire à Vélo*** entièrement en voie verte, au plus près du fleuve, jusqu'au charmant village des **Rosiers-sur-Loire,** 21 km plus loin. À 8 km en amont de Saumur, vivez une expérience unique à **Souzay-Champigny,** un village troglodyte de bord de Loire, mignon tout plein avec ses façades en tuffeau. Ici, le tracé *La Loire à Vélo* s'aventure sous terre sur 300 m, dans une rue du Commerce carrément unique.

Saumur

Vin et troglo, l'accord parfait

Les galeries souterraines du Saumurois sont un environnement idéal pour la conservation des fameux crémants de Loire. Les grandes maisons redoublent d'inventivité pour allier plaisir de la dégustation et visites ludiques : à vélo vintage chez Bouvet-La-Dubay (• bouvetladubay.com •), à gyropode ou trottinette électrique chez Gratien et Meyer (• gratienmeyer.com •), ou au gré d'étonnantes installations artistiques chez Ackerman (• ackerman.fr •). À consommer sans modération !

19

TOUS AUX VENDANGES EN VAL DE LOIRE !

L'expérience ultime pour les amateurs de vins et de fiesta !

Un vin n'a plus le même goût dès lors qu'on rencontre ceux qui l'on fait. Il est même meilleur. Mais si on participe à son élaboration en jouant du sécateur pendant les vendanges, il devient carrément exceptionnel !

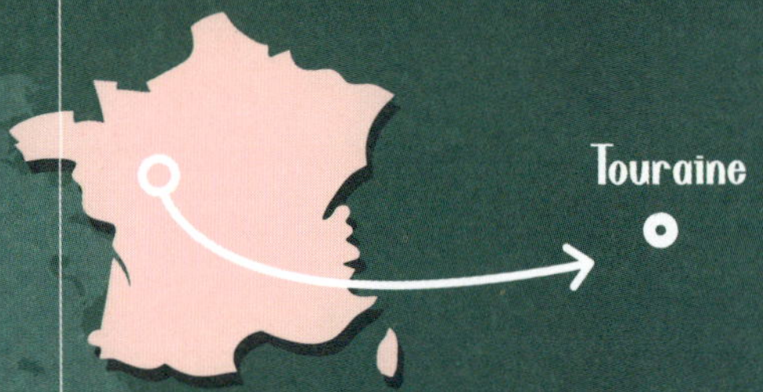

1 journée

Automne

Facile

Guide obligatoire

Chinon, Tours ou Amboise, selon domaines

Préparer

Bon à savoir : de septembre à la mi-octobre, plusieurs domaines ouvrent volontiers leurs portes aux amateurs.
Plus d'infos : • vigneron-indépendant.com • touraine.fr •

Les vendanges manuelles : du cousu main pour les parcelles les plus prestigieuses.

Les vendanges, c'est LE grand moment de l'année pour les vignerons. Quelques jours seulement, qui décident d'une année entière de labeur acharné mêlé aux aléas de la nature. Les menaces du gel, de la sécheresse, ou de longues périodes de pluie débouchant sur l'offensive de redoutables champignons cèdent enfin la place au soulagement. Autant dire que l'ambiance dans les domaines est au partage et à la fête !

À LA BONNE TAILLE

Autre temps fort dans le cycle de la vigne : le moment de la taille. Plusieurs domaines proposent en hiver de participer à cette opération viticole cruciale, permettant de supprimer les pousses indésirables et de maîtriser la production des futurs raisins (aussi bien en quantité qu'en qualité). Une expérience insolite et passionnante.

Porteur ou coupeur

Première étape en débarquant de bon matin au chai, déterminer son poste en fonction de ses aptitudes. Les délicats et les habiles se voient confier le sécateur, tandis que les costauds et les endurants s'attellent aux larges hottes, façon Père Noël. Puis, après un café très chaud et une grosse tartine de charcut' pour se donner du cœur à l'ouvrage, direction les vignes. Il est tôt, les derniers fragments de brume s'agrippent encore aux ceps noueux escaladant en rangs bien ordonnés les pentes des coteaux. C'est si beau qu'on en oublie presque de s'y mettre ! Mais les raisins bien mûrs n'attendent pas : c'est parti pour une journée tonique, mais ludique. Pensez quand même aux bottes et à la petite laine, il fait un peu frisquet. Les cueilleurs travaillent par paire, chacun d'un côté de la vigne, prélevant délicatement les grappes joufflues. Le panier plein, il suffit d'appeler pour déverser le précieux trésor dans les hottes des porteurs, ces derniers faisant d'incessants aller-retours entre les vendangeurs et les remorques des tracteurs stationnés en bordure des parcelles.

De la vigne au verre

On ne fait pas que travailler pendant les vendanges, on fait aussi la fête ! Chaque coupure dans la journée donne l'occasion de trinquer en l'honneur de la récolte de l'année. Le milieu de matinée est propice pour une dégustation d'un bon blanc, toujours escorté par quelques charcutailles de derrière les fagots. C'est tout de même mieux que les pauses autour de la machine à café ! Puis, à midi, un casse-croûte vigneron (comprendre solide et arrosé) permet de remettre tout le monde d'aplomb pour s'attaquer aux parcelles à vendanger l'après-midi. Mais le meilleur moment, c'est le repas du soir, qu'on appelle encore le *berlot* dans certains coins de Touraine. Là, on sort le grand jeu : un buffet campagnard composé de délicieuses spécialités du terroir et de belles bouteilles récompensent les efforts de la fine équipe du jour. C'est magique, plus personne n'a mal au dos, aux genoux ou aux jointures ! Les super souvenirs sont en revanche indélébiles…

VOGUER SUR LA LOIRE ET BIVOUAQUER SUR UNE ÎLE

À bord d'une toue sablière, en plein cœur de la Touraine, à 6 km de Tours et près de Vouvray, direction la Loire et… une île déserte. L'idéal pour jouer les Robinson !

20

Boucle depuis La Rochecorbon

2 jours et 1 nuit

Printemps, été, automne

Moyen

Guide obligatoire

Tours

Préparer

Accès : bus ligne 54 (compter 15 mn).

Adresse : *La Rabouilleuse*, à La Rochecorbon.
☎ 06-95-39-32-00.
• larabouilleuse-ecoledeloire.com •

Tarifs : balade 1h30 en journée 12-20 €, sorties crépusculaires 2h30, 16-36 €.

Bivouac jusqu'à 12 pers 500 €, descente en gabare 2h en fin de journée, installation bivouac, apéro et repas gourmands, nuit sur place et retour le lendemain.

Avec les enfants : à partir de 9/10 ans.

Autre expérience : en canoë sur le Cher avec Canoë Company + bivouac sur les berges d'un camping : • canoe-company.fr •

Karine, Clément et Samuel, des amoureux de la Loire, nous accueillent. Ils sont les heureux animateurs de *La Rabouilleuse* et de *La Sybille,* deux splendides toues sablières à voile, en bois, avec coque en aluminium.

On embarque le chariot avec les malles, les toiles plastifiées du campement, les repas et les sacs de couchage. Il faut lever l'ancre. C'est parti pour 2h de balade, une bonne façon de faire connaissance.

Notre batelier du jour manœuvre avec une bourde, longue tige de bois pour avancer sans moteur. Le niveau de l'eau est bas. Trente centimètres pas plus. Rassurant pour les familles, sachant que pour être admis à bord, tout enfant doit savoir nager. Quel calme !

La Loire a du caractère

Ce « grand fleuve de sable, quelquefois mouillé » comme disait Jules Renard, n'a rien de tranquille. La douce Loire peut être à l'origine de crues importantes, d'où un projet de quatre nouveaux barrages. Levée de boucliers au sein de l'association SOS Loire Vivante qui redoute la disparition d'une faune ultra riche. Le saumon a fait son grand retour parmi d'autres poissons migrateurs comme les anguilles. Sans compter les berges où se nourrissent hérons, sarcelles et poules d'eau... Gonflez les voiles et sortez les jumelles !

Quel calme !

Au loin, la Lanterne de **La Rochecorbon,** ancienne tour de guet du XVe s et le château de **Moncontour,** offert par Charles VII à Agnès Sorel sa bien-aimée, qui fut aussi « la prédilection » d'Honoré de Balzac. Il abrite aujourd'hui les vignobles Feray, l'un des plus prestigieux de la Loire en appellations Vouvray, Crémant de Loire et Touraine.

Tandis que le soleil décline, nous posons le pied à terre tels Christophe Colomb et son équipage – ou presque. Ce sera notre terre de bivouac, un bon kilomètre de long. Avec un peu de chance, les castors se seront fait les dents sur des rondins : toujours ça de moins à couper pour le feu de camp ! Lampes au front, on étale les épaisses couvertures pendant que Clément plante les piquets des bâches qui nous tiendront lieu d'abri. Le repas préparé par *La Rabouilleuse* est un régal. Le bivouac est prêt. Mais c'est quoi ce bruit ? Un castor ou un sanglier ? Tellement mieux que les moutons pour trouver le sommeil ! Le lendemain, les rayons du soleil nous réveillent doucement et la Loire s'écoule, tranquillement... L'heure de démonter le bivouac a sonné. *La Rabouilleuse* pointe son mât.

LA LOIRE À VÉLO DE BLOIS À TOURS

de château en château

Les rois de France ne s'étaient pas trompés en choisissant cette partie de la vallée pour y construire de prestigieux châteaux. Ce « jardin de la France » est un pays de cocagne où se concentrent la douceur de vivre et l'esprit Renaissance.

21

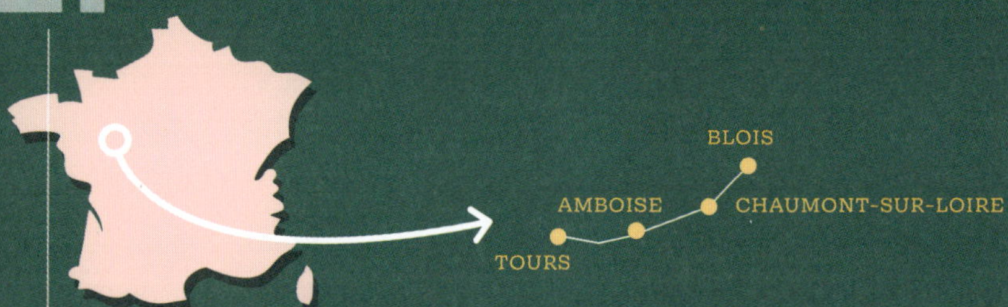

Blois / Tours

70,5 km

3 jours (4 jours avec l'échappée vers Chenonceaux)

De Pâques à la Toussaint

Moyen

Pas besoin de guide

Blois ou Tours

Préparer

Louer son vélo à Blois :

- Détours de Loire : 39, av. du Dr-Jean- Laigret, près de la gare. • tour deloire.com • Possibilité d'aller simple entre plusieurs villes.
- Les Vélos Verts : 3, av. Gambetta, près de la gare. • lesvelosverts.com • loire velo.com • Possibilité d'aller simple et de transfert de bagages entre Blois, Amboise, Tours.
- Rando Vélo : 2, rue Jean-Moulin. • randovelo.fr • Agence nationale vélo de référence basée à Blois.

Louer son vélo à Tours :

- Accueil Vélo et rando : 31, bd Heurteloup, près de la gare. Maison du vélo avec de nombreux services, conseils et infos .
- Roue lib' : 55, rue Bernard-Palissy. • rouelib.eu •
- La Bicyclerie-Coffee bike : 10, pl. de la Victoire. • labicyclerie. com •
- Détours de Loire : 37, rue Charles-Gille. • detoursdeloire.com •
- CYRPEO Val de Loire : 45 bis, rue de l'Auberdière, Saint-Genouph. • cyrpeo.fr •

Au fil de ce tronçon de *La Loire à Vélo,* on pédale avec des arrêts pour visiter parmi les plus beaux châteaux de France, posés entre la Loire et ses affluents et agrémentés de prestigieux vignobles, avant l'arrivée en douceur dans la belle capitale de la Touraine. Un parcours assez facile, qui alterne voies vertes au bord de l'eau et petites routes avec quelques côtes dans les vignes.

Étape 1 : Blois à Chaumont-sur-Loire, 20,5 km

On prend le temps de visiter **Blois** et son château, remarquable illustration de l'évolution de l'architecture française du XIIe au XVIIe s. Avec des enfants, un tour à la Maison de la magie Robert Houdin s'impose. Puis, on enfourche sa monture pour une première étape en grande partie en voie verte. On s'enfonce ensuite à l'intérieur des terres jusqu'à **Candé-sur-Beuvron.** Le beuvron devient ensuite le fil conducteur pour retrouver le fleuve royal.

Sur la colline la plus élevée du petit village de **Chaumont,** entre Loire et coteau, se dresse le château. Si le timing est bon, visiter les appartements historiques et les magnifiques écuries, considérées comme les plus luxueuses d'Europe à la fin du XIXe s. Et surtout, le parc du château qui accueille chaque année d'avril à novembre le Festival international des jardins, superbe musée d'art paysager à ciel ouvert où une trentaine d'artistes et de paysagistes réalisent des créations éphémères. À ne pas manquer !

Étape 2 : Chaumont-sur-Loire à Amboise, 22 km

À partir de Chaumont, on pédale au milieu des vignes en voie partagée.

Deux châteaux vous attendent à **Amboise,** celui des Valois, dominant la Loire et magnifiquement meublé, et le château du Clos-Lucé, merveille de la Renaissance, où Léonard de Vinci vécut les trois dernières années de sa vie. Exposition des maquettes de ses inventions que l'on peut même manipuler.

Étape 3 : Amboise à Tours, 28 km

En chemin, arrêt possible à **Montlouis-sur-Loire,** terroir viticole réputé, histoire de goûter à ses vins blancs issus du cépage chenin et élevés dans les caves de tuffeau. Si vous êtes intéressé par la protection de l'environnement et la promotion de la biodiversité, faites un tour au château de la Bourdaisière pour son potager conservatoire de la Tomate et le « Dahliacolor ».

À partir de Montlouis, on rallie la capitale de la Touraine par une voie verte en suivant la Loire.

Et au terme du périple, nous voilà arrivés à **Tours.** Entre la Loire et le Cher, cette ville d'Art et d'histoire, vivante et dynamique, est une étape finale de choix. Posez votre vélo et partez explorer le vieux Tours du côté de la jolie place Plumereau sans oublier d'aller faire des emplettes aux Halles (place Gaston Pailhou, tlj. 8h-14h), le rendez-vous des gastronomes.

La Loire à Vélo

Une voie royale de Nevers à Saint-Nazaire

Le trajet a longtemps été emprunté par les mariniers qui remontaient le fleuve en toues ou gabares, du port de Nantes à Orléans et au-delà : *La Loire à Vélo* conjugue l'activité de la tête et des jambes, les plaisirs des yeux et ceux du palais. Elle traverse les régions Centre-Val de Loire et Pays de la Loire selon un itinéraire cyclable, balisé et sécurisé, le long du fleuve royal, qui permet de rallier Cuffy (dans le Cher, près de Nevers) à Saint-Brevin-les-Pins (en Loire-Atlantique).

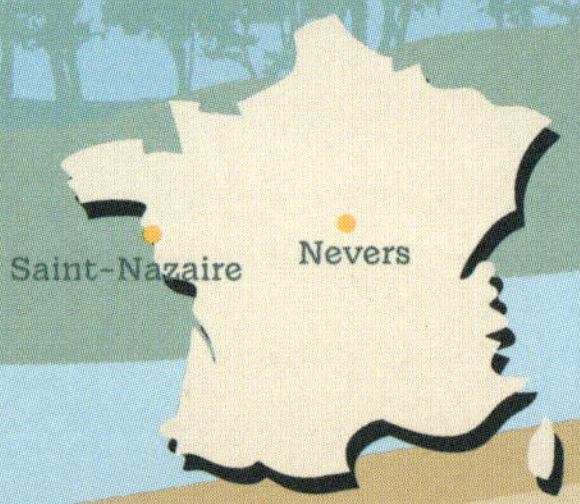

La Loire à Vélo en chiffres

Distance : 680 km

6 départements traversés : le Cher, le Loiret, le Loir-et-Cher, l'Indre-et-Loire, le Maine-et-Loire et la Loire-Atlantique

8 grands tronçons divisés en 40 étapes.

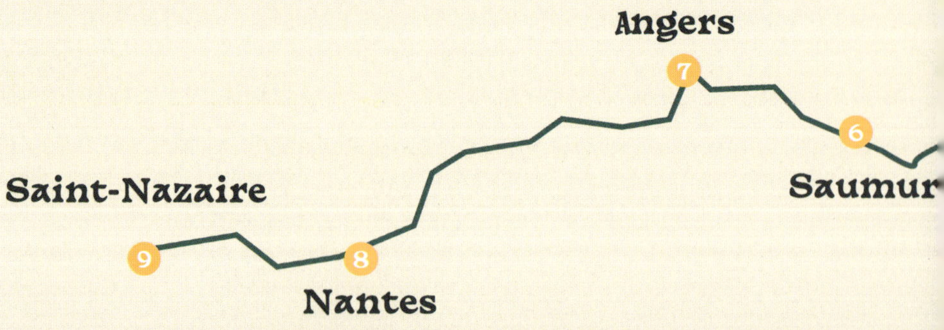

1 De Nevers à Briare : 124 km

L'itinéraire démarre dans le Berry où, plus qu'ailleurs encore, la Loire mérite son qualificatif de fleuve sauvage. Flore préservée, faune foisonnante, on pédale au gré de vignobles célèbres et de chefs d'œuvres de l'art roman avant de pénétrer dans le monde des châteaux.

2 De Briare à Orléans : 92 km

On entre ici dans l'aire du Val de Loire classée au Patrimoine mondial de l'Unesco. Les sites chargés d'histoire se dessinent à l'horizon. Un itinéraire qui s'équilibre entre nature et culture, oiseaux et bateaux, canaux et châteaux, îles et villes.

3 D'Orléans à Blois : 64 km

La Loire commence à se faire royale, et la présence de nombreux châteaux et manoirs témoigne de son illustre passé. Il n'est pas une bourgade où ne soit née quelque célébrité.

4 De Blois à Tours : 71 km

Les rois ne s'étaient pas trompés en choisissant cette vallée pour sa campagne giboyeuse. Elle est considérée comme une cocagne heureuse qui résume le génie de la Renaissance. Sans oublier de prestigieux vignobles à gouter sans abuser.

5 De Tours à Saumur : 82 km

Touraine ! Son seul nom inspire d'emblée la sérénité et la douceur. Vignes et vergers, rivières et forêts, caves et châteaux. Ce pays du bien-vivre recèle des sites étonnants : abbaye royale de Fontevraud, château de Montsoreau et surprenants sites troglodytiques.

6 De Saumur à Angers : 89 km

Ici la Loire s'étire nonchalamment embrassant les multiples îlots boisés perdus dans son lit. On goute à la douceur angevine, dans des jardins remarquables, des vignobles réputés et des villes d'Art et d'Histoire.

7 D'Angers à Nantes : 103 km

Du confluent de la Maine à la sortie d'Angers à la cité des ducs de Bretagne, la route alterne ici encore coteaux de tuffeau, troglodytes, collines de vignobles et carrières d'ardoise. L'influence maritime commence à se faire sentir en entrant dans la capitale régionale si vivante.

8 De Nantes à Saint-Nazaire : 64 km

C'est à Nantes qu'officiellement commence l'estuaire. La Loire décrit alors une ultime et large courbe en forme de conque. Sillonné de chenaux et bordé de marais, on découvre de part et d'autre de ses rives les œuvres d'art contemporaines surprenantes du parcours « Estuaire » avant de passer par Saint-Brévin-les-Pins et ses plages pour enfin arriver à Saint-Nazaire et son port gigantesque.

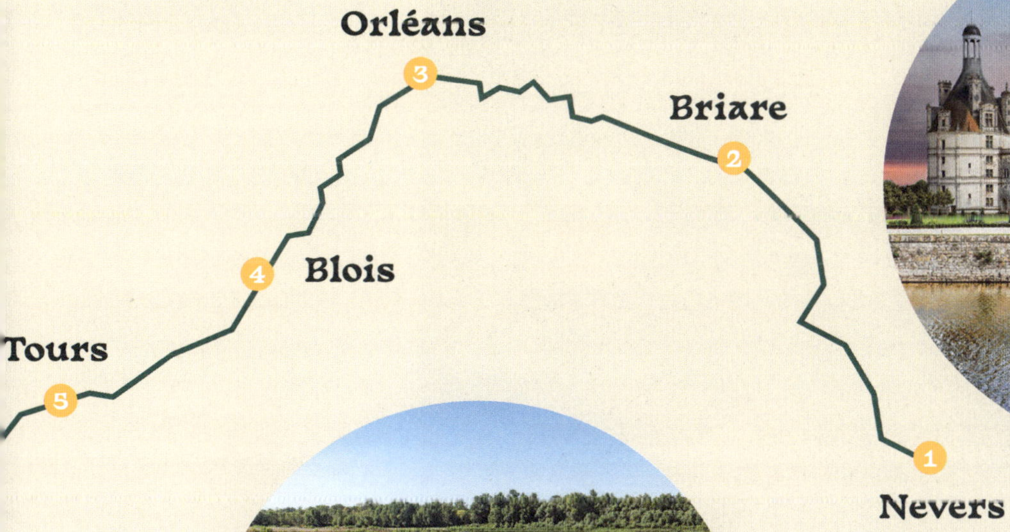

À L'ÉCOUTE DU BRAME DU CERF EN SOLOGNE

22

Mon beau cerf, roi des forêts

En automne, alors que la nature se pare de ses jolies notes dorées, la saison des amours débute chez les grands cervidés. Ces mammifères majestueux sont particulièrement nombreux dans la forêt solognote, qui retentit alors, de mi-septembre à mi-octobre, du son de leur brame.

1/2 journée (à l'aube ou au crépuscule)

Mi-septembre à mi-octobre

Facile

Guide vivement recommandé

Blois

Préparer

<u>Accès</u> : Maison du Cerf, 3, pl. de l'Église, Villeny. En voiture, env 2h de route depuis Paris via la A10. Bus ligne 2, compter 50 mn.

<u>Avec qui faire l'expédition</u> : la Maison du Cerf propose des visites guidées en pleine nature, « À l'écoute du brame », chaque soir entre mi-septembre et mi-octobre. L'excursion inclut une visite de 1h du musée, le déplacement en voiture et à pied jusque dans la forêt, et l'observation des cervidés. Il est impératif de réserver longtemps à l'avance (par tel ou par mail).

<u>Durée</u> : 2h. Rdv à 17h30.

<u>Plus d'infos et réservations</u> :
☎ 02-54-98-23-10.
· maisonducerf@wanadoo.fr ·
· maisonducerf.fr ·

<u>Tarif</u> : 20 €/pers.

<u>Conseils</u> : il est recommandé de porter des vêtements discrets et foncés pour se camoufler au mieux. Pensez à emporter une paire de jumelles, ainsi qu'une lampe torche pour le retour. Interdiction formelle de manger… il est essentiel de passer inaperçu et de se fondre dans la nature !

Le brame du cerf est un spectacle sonore saisissant offert par la vie sauvage. Pouvoir assister à ce rituel automnal en pleine forêt, est absolument magique et dépaysant, à moins de 3h de Paris...

La **Sologne,** région naturelle de 500 ha qui héberge une importante population de cervidés, se prête particulièrement à l'écoute et à l'observation du brame durant la saison des amours, entre mi-septembre et mi-octobre. Point de départ au musée de la Maison du Cerf, qui nous plonge d'emblée dans l'univers de l'animal emblématique de la région : son milieu naturel, l'évolution de ses bois, la reconnaissance de ses empreintes, le marquage de son territoire... Des connaissances bien utiles que l'on peut ensuite mettre en pratique sur le terrain. Rendez-vous donc au crépuscule ou aux aurores, dans le silence le plus total, à la rencontre du roi de la forêt.

Patience est mère de vertu

C'est l'occasion de travailler son sens de l'écoute et de l'observation. Et sa patience ! Car le brame se mérite ! Il faut se camoufler entre les arbres, à l'**affût,** pour espérer savourer cet instant si rare.

Des entrailles de la forêt émanent alors des cris rauques et profonds, presque inquiétants, tandis que les affrontements virils entre mâles dominants font rage. Par son brame, qui peut porter jusqu'à 5 km à la ronde, le cerf avertit de sa présence, intimide et défie les autres prétendants qui auraient l'audace de s'approcher d'un peu trop près de son territoire ou de sa conquête. Les bois s'entrechoquent et la lutte fait rage jusqu'à l'épuisement de l'adversaire.

Biche, ô ma biche

Le brame est aussi un cri d'amour qui a pour but d'impressionner et séduire les femelles en chaleur. Saccadé, long, puissant... En tendant l'oreille, on remarque que le brame est différent selon ce qu'il indique : le marquage du territoire, l'affrontement et la victoire sur un adversaire, ou la fécondation d'une biche. Un véritable étalage de virilité... La forêt s'agite et bouillonne, mais le phénomène est de courte durée : les biches ne sont en effet fertiles qu'une seule journée par an ! On comprend mieux tout ce remue-ménage.

L'affaire emballée (quel macho ce cerf !) et envoûté par cette expérience inédite, on prend conscience du poids et de la beauté du règne animal. On est bien peu de chose...

Mise en garde

S'il est possible de s'aventurer seul sur les sentiers de randonnée, il est vivement conseillé de se tourner vers un guide spécialisé pour optimiser ses chances d'observation et d'écoute, et ce, en toute sécurité. L'occasion aussi d'en apprendre un peu plus sur les comportements et habitudes des cervidés dans leur environnement. Vous l'aurez compris, les maîtres-mots indispensables pour cette aventure sont patience, silence et immobilité.

23

SILLONNER LES SENTIERS DE LA FORÊT D'ORLÉANS

l'une des plus vastes de France

Voici un terrain de jeu hors norme. Aux confins de la Beauce, du Gâtinais et du Val de Loire, la forêt d'Orléans s'étend au nord de la Loire sur 60 km, d'Orléans à Gien, et occupe près de 50 000 ha. C'est l'une des plus importantes du pays. Respirez…

Combreux / Fay-aux-Loges

14 km

1 journée

Toute l'année (ambiance différente en fonction des saisons)

Facile

Pas besoin de guide

Orléans

Préparer

Accès : Combreux est situé à 40 km d'Orléans. Car n° 17 du réseau Centre Val de Loire (horaires : • remi-centrevaldeloire.fr •)

Plus d'infos : • onf.fr •

Attention : pour votre tranquillité – et votre sécurité ! –, sachez qu'en saison (de septembre à mars), la chasse à courre pour laquelle la forêt a été en partie configurée au XVIIIe s (carrefours en étoile) est toujours pratiquée les mercredi et samedi, ainsi que la chasse à tir (les lundi et jeudi pour les massifs de Lorris, les lundi et vendredi pour les massifs d'Ingrannes et d'Orléans). Ne sortez donc pas des zones autorisées.

Constituée de feuillus et de résineux, tantôt localisés, tantôt mélangés, elle présente des aspects extrêmement divers. À l'époque de Napoléon, on planta même des pins maritimes, dont la présence paraît quelque peu insolite dans cette région.

Nombreux sentiers pédestres (balisés) dans la forêt, notamment les **GR® 3 et 32.** Ainsi que de nombreuses routes, chemins et allées qui invitent à découvrir à vélo le charme de ces espaces presque inviolés dans un univers de silence et de quiétude, où il n'est pas rare de croiser un cerf ou un chevreuil.

La rando que nous vous proposons se fait au départ de **Combreux.** On passe par l'étonnant château (XVIe et XVIIe s) dont la construction alambiquée semble sortir directement de l'imagination de Walt Disney. À 2 km, en suivant les paisibles rives du canal, voici l'étang de la Vallée. Une petite base de loisirs a été aménagée sur sa plage. Un sentier artistique balisé de 7 km, Forest Art, contourne l'étang, ponctué de sculptures créées à partir de troncs d'arbres dépérissant, déracinés ou morts de vieillesse.

On arrive à l'arboretum des Grandes Bruyères, labellisé, à juste titre « Jardin remarquable ». Créé voilà près de 50 ans, ce lieu enchante par son cadre féerique et unique, propice à la rêverie et à l'éveil des sens.

Enfin, on arrive au belvédère des Caillettes, le point culminant de la forêt d'Orléans, à 171 m. Du haut de ses 127 marches, il offre une vue dégagée sur toute la région, jusqu'à la cathédrale d'Orléans à 40 km de là. Table d'orientation et d'explication de la faune et de la flore à son sommet. Un très joli panorama. Pensez à prendre des jumelles !

La forêt à cheval

La ferme équestre du K Rouge, outre une visite pédagogique de la ferme et des écuries (une centaine de chevaux), propose promenades et randonnées à thème sur doubles poneys et chevaux, découverte de la nature à dos de poney pour les enfants... Possibilité de faire une randonnée à cheval de 2 jours, voire 1 semaine, en forêt d'Orléans. Également des promenades en attelage. Géré par une équipe de passionnés.

45530 Vitry-aux-Loges.
☎ *02-38-59-35-34. • krouge.fr •*
Ouv tte l'année.

Ce lieu enchante par son cadre féerique et unique

5 forêts remarquables à explorer

« Si, marchant dans la forêt, tu rencontres deux fois le même arbre, c'est que tu es perdu », dit un vieux druide.

Randonner, pédaler, chercher des champignons, suivre la trace des animaux, remonter un ruisseau, la forêt est un inépuisable terrain de jeu…

1

La forêt de Mormal

Hauts-de-France / Nord

Superbe forêt, la plus étendue du Nord (9 136 ha, 90 km de périmètre et 57 km de route). Un océan vert juste percé en son centre de deux amples clairières où se nichent le petit village de **Locquignol** et son hameau des **Grandes-Patures**. Avec plus de 50 km de sentiers pédestres, équestres et VTT, de belles balades en perspective sous les chênes et les hêtres dans lesquels on taillait autrefois les sabots. Attention toutefois, chevreuils, cerfs et sangliers attirent en période de chasse des promeneurs moins pacifiques, et la forêt peut même être, par endroits, interdite.

S'il fait beau, installez-vous au pied d'un arbre pour lire *Les Pendus de la forêt de Mormal*, un des romans édités par Ravet-Anceau dans la collection « Polars en Nord ». Une histoire à faire frémir campée dans ce formidable terrain de jeux, joliment écrite par Mylène André, qui a passé son enfance dans l'Avesnois.

Accès : à 5 km au sud-est du Quesnoy
Plus d'infos : • cc-paysdemormal.fr •

2

La forêt de Lyons

Normandie / Eure

Une forêt splendide, la plus grande de Normandie, et un des plus beaux coins proches de la région parisienne, bordée par la Seine-Maritime au nord (Rouen n'est qu'à une vingtaine de kilomètres de Vascoeuil et Ry à 5 km). C'est une forêt « claire », c'est-à-dire à majorité de hêtres plusieurs fois centenaires, aux troncs élancés qui laissent passer les rayons du soleil, d'où une luminosité des sous-bois sans égale. Les possibilités de promenades sur de petites routes désertes sont illimitées. De nombreux virages offrent des points de vue merveilleux sur d'adorables villages, où églises normandes et colombiers se disputent le ciel.

Accès : Lyons-la-Forêt dans le Vexin normand
Plus d'infos : • lyons-andelle-tourisme.com •

3

La forêt de Bercé

Pays de la Loire / Sarthe

Cette forêt ancestrale échappa au déboisement et au défrichement au cours des siècles et devint forêt royale au XIVe s. C'est l'une des plus belles forêts de chênes de France (moyenne d'âge : autour de 300 ans !) entrée en 2017 dans le cercle très fermé des « Forêts d'exception ». Son mode de gestion en futaie régulière n'a pas changé depuis Colbert, qui en fut le grand ordonnateur avec des troncs droits et élancés, sans branches basses. Le chêne de Bercé, qui est connu jusqu'au Brésil, fut longtemps renommé pour la construction navale. Aujourd'hui, il est recherché pour la tonnellerie (notamment vers Cognac avec la tonnellerie Vicard) et les beaux meubles. On trouve aussi à Bercé des pins maritimes et d'autres résineux comme le pin Douglas, le pin laricio... Le village de **Jupilles** et son **centre Carnuta** constituent le centre névralgique de cette forêt riche en balades pédestres ou équestres. La partie est de la forêt, vers **Saint-Pierre-de-Lorouër**, est la plus visitée pour sa futaie des Clos, où les arbres peuvent atteindre 50 m de haut et 350 ans !

Accès : par Beaumont-Pied-de-bœuf au nord de Château-du-Loir
Plus d'infos : • carnuta.fr •

4

La forêt de Tronçais

Auvergne-Rhône-Alpes / Allier

Une des plus belles chênaies d'Europe, plusieurs fois centenaire, choyée par Colbert pour la fabrique des mâts de bateaux de la Marine royale ou la charpente du Louvre ! Ne pas manquer la ligne des Étrangers, qui traverse la D 978 à 500 m de l'étang de **Saint-Bonnet**. Une des plus belles perspectives de la futaie. Il faut également chercher les chênes classés (bien indiqués). Un vrai bonheur ! On trouve également de nombreux vestiges gallo-romains çà et là, de nombreuses fontaines et, au cœur de la forêt, une magnifique forge du XVIIIe s. En automne, si vous arrivez à vous lever avant le soleil, ne manquez pas le brame du cerf, un moment de pure magie. Également deux étangs où se baigner l'été.

Accès : par Saint-Bonnet-Tronçais au nord-ouest du département
Plus d'infos : • paysdetroncais.com •

5

La forêt des Landes

Nouvelle-Aquitaine / Landes

Un paysage et une forêt de pins entièrement créée et exploitée par l'homme. Contrairement à ce que pourraient laisser penser les grands espaces landais, la forêt n'est pas un bien public. Elle est la propriété à plus de 90 % de personnes privées. D'où l'importance d'emprunter les nombreux sentiers (3500 km) de randonnée, balisés en bleu .

Accès : Sabres
Plus d'infos : • parc-landes-de-gascogne.fr •

Voir également la forêt de Fontainebleau p. 94, et la sylvothérapie dans les Vosges p. 122

24

RANDONNÉE À PORTÉE DE TRAIN SUR LE GR® 1

des gares de Verneuil-l'Étang à Melun

Inutile de s'aventurer à des centaines de kilomètres pour s'offrir une balade au vert. L'Île-de-France regorge de splendides paysages naturels : direction la jolie région de la Brie pour une randonnée champêtre et patrimoniale sur le GR® 1 !

Gare de Verneuil-l'Étang / gare de Melun

34,5 km (dénivelé : 519 m)

1 journée

Avril à octobre

Moyen

Pas besoin de guide

Verneuil-l'Étang

Préparer

Accès : gare de Verneuil-l'Étang (ligne P, 40 mn de Paris Gare-de-l'Est) – gare de Melun (ligne R, 25 mn de Paris Gare-de-Lyon).

Plus d'infos : • ffrandonnee-idf.fr •

Bon à savoir : le GR® 1 ne présente aucune difficulté particulière si ce n'est sa longueur. Il faut nécessairement être un bon marcheur pour enquiller tous ces kilomètres ! Compter environ 8h30-9h. Mais l'étape peut être raccourcie en récupérant la navette *Châteaubus* au château de Vaux-le-Vicomte (à env 25 km à pied de la gare) et qui redépose les piétons en gare de Verneuil-l'Étang.

Tracé complet : • visugpx.com •

Le GR® 1 en bref

Le GR® 1, ou « Tour de Paris », est le plus ancien sentier de grande randonnée balisé de France après le GR® 3 (ce dernier suit la Loire depuis sa source jusqu'à l'océan Atlantique). Les premiers tronçons du GR® 1 sont signalisés dès 1947 par le Comité national des sentiers de grandes randonnées (l'ancêtre de l'actuelle Fédération française de randonnée pédestre). Long de 576,5 km et reconnaissable à ses balises rouges et blanches - comme tous les GR® - il s'impose comme l'un des plus grands de l'Hexagone. Il démarre de la porte Maillot dans le XVIème arrondissement de Paris, pour effectuer une immense boucle à travers les sept départements franciliens. Si le GR® 1 peut se réaliser sur plusieurs semaines consécutives, il se découpe également en 20 étapes journalières, chacune reliée entre elles par des gares. Il présente donc la particularité d'être entièrement accessible en transports en commun, alternant ainsi entre nature et métropole : un luxe pour les Franciliens en manque de verdure !

En route sur la 14e étape du GR® 1...

Entre champs et forêts, entre villages de caractère et châteaux historiques, on s'élance pour une journée de marche à la découverte des richesses naturelles et architecturales de la Brie.

La randonnée débute à la gare de Verneuil-l'Étang, reconnaissable par ses immenses silos qui dominent les champs alentours ; pas de doute, on est en territoire agricole. C'est parti pour une longue marche dans cette vaste étendue, direction notre première étape : la splendide collégiale Saint-Martin à **Champeaux** (XIIe-XIVe s).

Après une visite rapide, on reprend notre marche. Peu à peu, les champs cèdent la place à un paysage de plus en plus boisé et touffu. Le chemin herbu mène le long du petit ruisseau d'Ancœuil, puis dans l'ombre des bois. On poursuit le sentier, qui émerge à nouveau dans l'étendue dégagée des champs. De là, joli point de vue sur les tours et le clocher du château fort de **Blandy-les-Tours,** édifié au XIIIe s. Le village de Blandy, qui s'étire autour du château, séduit par son homogénéité architecturale en pierres du pays. Quelques terrasses (rapidement prises d'assaut à la belle saison) permettent de s'offrir une pause restauration bienvenue.

Notre marche se poursuit devant la tour d'Aiguillon et, de nouveau, on s'enfonce dans une petite forêt, avant d'atteindre le gué du moulin de la Roue, au-dessus du ruisseau d'Ancœur. Le sentier boisé suit le petit cours d'eau, puis on traverse le pittoresque pont en pierres du moulin de Pouilly. Sensation de fraîcheur garantie ! Nous voilà arrivés à **Moisenay,** petit village de caractère. Encore quelques efforts le long de la route et voici qu'apparaît la majestueuse silhouette du **château de Vaux-le-Vicomte.**

Ce chef-d'œuvre du XVIIe s, bâti à l'initiative de Nicolas Fouquet, surintendant des finances de Louis XIV, incarne le faste royal de l'époque et contraste fortement avec l'architecture médiévale de Blandy-les-Tours.

À cette étape, il est possible, soit de prendre la navette *Châteaubus* pour retourner en gare de Verneuil-L'Étang, soit de poursuivre le GR® 1... en empruntant la jolie route bordée de platanes avant de bifurquer à gauche, le long du parc du château. Le chemin herbu et verdoyant descend jusqu'à une jolie chute d'eau, le déversoir du grand canal du château. Le parcours, charmant, se poursuit dans les bois qui enserrent le domaine de Vaux-le-Vicomte, le long de la rivière. Ici, l'impression d'ailleurs est à son comble ! On accueille volontiers la fraîcheur des arbres et de l'eau, avant d'atteindre **Maincy,** village de charme emblématique. Après avoir pris le temps d'y flâner, le sentier descend vers le célèbre pont en pierres de Maincy, peint par Paul Cézanne en 1879. Profitons de ce cadre préservé, car on quitte ensuite la nature pour se replonger dans le monde urbain, en poursuivant la fin du tronçon jusqu'à la gare de Melun.

Vaux-le-Vicomte

Métro, rando, dodo !
Nos coups de cœur du GR®1

Pour échapper à l'agitation citadine et se mettre au vert, voici une sélection d'itinéraires du GR® 1 accessibles en transports en commun. Pendant quelques heures, on quitte le tumulte de la capitale pour se plonger dans ces écrins de verdure insoupçonnés...

1

De Vaucresson à Saint-Nom-la-Bretèche

Hauts-de-Seine - Yvelines

Distance : 12 km • Durée : 3h30 • Départ : gare de Vaucresson (ligne L, 30 mn de Saint-Lazare)
Arrivée : gare de Saint-Nom-la-Bretèche (ligne L, 40 mn de Saint-Lazare)

Deuxième étape du GR® 1, cette portion nous immerge en pleine nature, entre les Hauts-de-Seine et les Yvelines. Après avoir traversé La-Celle-Saint-Cloud, on s'engage dans les forêts denses et boisées de Louveciennes, puis de Marly, pour une véritable mise au vert à travers sous-bois et chemins herbus bordés d'arbres centenaires. À mi-parcours, dans le domaine royal de Marly, on admire l'étendue qui s'offre à nous depuis le haut de l'allée du Tapis Vert. Idéal pour une petite pause !

2

De Vernouillet-Verneuil à Us

Yvelines - Val-d'Oise

Distance : 26,5 km • Durée : 7h • Départ : gare de Vernouillet-Verneuil (ligne J, 30 mn de Saint-Lazare)
Arrivée : gare d'Us (ligne J, 60 mn de Saint-Lazare)

Cette belle randonnée présente une alternance de paysages et patrimoines architecturaux variés. On débute par une visite de la splendide église de Saint-Martin à Triel-sur-Seine, avant de parcourir la forêt de l'Hautil. Après la traversée du charmant village d'Evecquemont, si loin de l'agitation parisienne, on s'engage ensuite dans le parc naturel régional du Vexin français. Nous voilà alors plongés dans les champs de blés blonds qui s'étendent à perte de vue jusqu'à la petite commune d'Us.

3

De l'Isle-Adam-Parmain à Viarmes

Val-d'Oise

Distance : 25,5 km • Durée : 7h30 • Départ : gare de l'Isle-Adam-Parmain (ligne H, 50 mn de Gare du Nord)
Arrivée : gare de Viarmes (ligne H, 40 mn de Gare du Nord)

Il n'est pas rare de croiser renards, écureuils, et autres sangliers au cours de ce magnifique itinéraire qui traverse les forêts de l'Isle-Adam et de Carnelle. En chemin, ne pas manquer d'admirer la Pierre turquaise, dolmen daté du IIIe millénaire avant J-C, reconnu comme le plus important monument préhistorique d'Île-de-France. Mais le lac Bleu et le Petit étang dans la forêt de Carnelle constituent sans aucun doute la halte idéale ! Qui eût cru que de tels paysages existaient à moins d'une heure de Paris ?

4

De Viarmes à Orry-la-Ville-Coye

Val-d'Oise - Oise

Distance : 18,5 km • Durée : 5h
Départ : gare de Viarmes (ligne H, 40 min de Gare du Nord) • Arrivée : gare d'Orry-la-Ville-Coye (TER, 20 min de Gare du Nord, carte Navigo® non valide)

Au cœur du parc naturel régional Oise-Pays de France, c'est une véritable escapade champêtre qui nous tend les bras. On longe tantôt les nombreux prés habillés de leurs ballots de foin, tantôt les champs de tournesols, auxquels se succèdent églises et petits villages en pierres. À mi-parcours, le charmant village de Luzarches nous invite à la flânerie. Pourquoi ne pas faire une petite pause gourmande à la Maison Binard ?

5

D'Orry-la-Ville-Coye à Dammartin-Juilly-Saint-Mard

Oise - Seine-et-Marne

Distance : 37,5 km • Durée : 9h45 • Départ : gare d'Orry-la-Ville-Coye (TER, 20 mn de Gare du Nord, carte Navigo® non valide) • Arrivée : gare de Dammartin-Juilly-Saint-Mard (TER, 25 mn de Gare du Nord)

L'itinéraire se poursuit dans la forêt de Chantilly, à la découverte du château de la Reine Blanche. Trônant mystérieusement au bord des étangs de Commelles, l'édifice semble tout droit sorti d'un conte… Pour profiter encore davantage de ce joli cadre, on peut s'attabler à la terrasse de la crêperie l'*Étang d'Art* qui fait face au château. On se remet ensuite en marche en direction de la très belle forêt d'Ermenonville, qui nous enchante par ses allées forestières bordées de sapins et de fougères. Les chanceux croiseront même des biches…

6

De Meaux à Crécy-la-Chapelle

Seine-et-Marne

Distance : 17 km • Durée : 4h30
Départ : gare de Meaux (ligne P, 40 mn de Gare de l'Est)
Arrivée : gare de Crécy-la-Chapelle (ligne P, 50 min de Gare de l'Est)

On commence notre itinéraire par une visite patrimoniale de la ville de Meaux, ancienne capitale de la Brie : plutôt méconnue, elle comporte pourtant un riche passé historique digne d'intérêt. On quitte ensuite la ville pour le calme de la forêt. Les paysages alternent entre bois et champs de blé et de coquelicots, avant de finalement laisser place à la fraîcheur du Grand Morin : parfait pour une mise au vert !

7

De Crécy-la-Chapelle à Marles-en-Brie

Seine-et-Marne

Distance : 24 km • Durée : 6h30 • Départ : gare de Crécy-la-Chapelle (ligne P, 40 mn de Gare de l'Est) • Arrivée : gare de Marles-en-Brie (ligne P, 35 mn de Gare de l'Est)

Ce parcours nous régale par sa variété de paysages, entre rivière, vergers, champs et bois. On commence par la visite de la ravissante ville de Crécy-la-Chapelle : enlacée par ses petits canaux et connue pour son vieux moulin, la « Venise briarde » porte bien son surnom. Bordé de saules pleureurs, le sentier se poursuit le long du Grand Morin, sur lequel voguent les canoës à la belle saison. Et pourquoi ne pas faire une petite pause cueillette au Verger du Grand Morin ? Les nombreux champs de betteraves, de blé et de colza marquent la fin de cet itinéraire champêtre.

8

De Bois-le-Roi à Malesherbes

Seine-et-Marne - Loiret

Distance : 43 km • Durée : 12h • Départ : gare de Bois-le-Roi (ligne R, 30 mn de Gare de Lyon) • Arrivée : gare de Malesherbes (RER D, 1h30 de Gare de Lyon, carte Navigo® non valide)

Si cette étape est certes très longue, elle est aussi l'une des plus belles du GR® 1. On s'engouffre au cœur de la forêt de Fontainebleau, réputée pour ses grandes allées, ses rochers et ses pins. Barbizon, qui a fait école chez les peintres, constitue une excellente étape pour reprendre des forces. Dans ce paysage forestier unique, admirer notamment les escaladeurs qui s'affairent au Bas Cuvier, le point de vue sur les gorges d'Apremont, et le massif des Trois-Pignons. Peu avant d'atteindre Malesherbes, les champs de blé s'imposent de nouveau dans le paysage.

9 De Saint-Chéron à Dourdan

Essonne

Distance : 16 km • Durée : 4h • Départ : gare de Saint-Chéron (RER C, 55 mn d'Austerlitz) • Arrivée : gare de Dourdan (RER C, 65 mn d'Austerlitz)
Le GR® 1 chemine parmi les vastes champs de blé et de luzerne, auxquels se succèdent les clairières verdoyantes. Le sentier, bordé de nombreux mûriers sauvages, fait le bonheur des amateurs de cueillette en saison (de juillet à octobre). En arrivant à Dourdan, on ne manquera pas d'admirer les vestiges de son château fort, édifié au début du XIIe siècle.

10 De Rambouillet à Gazeran

Yvelines

Distance : 7,5 km • Durée : 1h45
Départ : gare de Rambouillet (TER, 35 mn de Montparnasse) • Arrivée : gare de Gazeran (TER, 40 mn de Montparnasse)
Nous voilà partis pour une courte randonnée à la découverte du splendide domaine royal de Rambouillet. Place à la flânerie dans les jardins à l'anglaise, ponctués de jolis bassins au bout desquels se dévoile le fameux château. On ne manquera pas non plus de visiter la Bergerie nationale, construite en 1783 par Louis XVI pour améliorer la production laitière de son pays. Une escapade royale de toute beauté ! Notre balade se poursuit dans les champs de blé direction Gazeran.

11 De Montfort-l'Amaury à Saint-Nom-la-Bretèche

Yvelines

Distance : 32,5km • Durée : 8h30 • Départ : gare de Montfort-l'Amaury (ligne N, 40 mn de Paris-Montparnasse) • Arrivée : gare de Saint-Nom-la-Bretèche (ligne L, 45 mn de Saint-Lazare)
Nous voilà sur le dernier tronçon du GR® 1 et certainement l'un des plus dépaysants ! Dans cette campagne se succèdent vergers et champs de blé à perte de vue, tandis que le temple de Feucherolles, et sa « Rue du Bout du Monde », témoignent de l'ancienneté patrimoniale et architecturale de la région. L'itinéraire finit en beauté avec la traversée de la forêt de Marly. Évasion garantie !

EXCURSION EN CANOË À GREZ-SUR-LOING

25

L'Art de la pagaie

Inutile de se rendre très Loing pour manier l'art de la pagaie... L'Île-de-France et ses neuf départements constituent un réseau de près de 4 000 km de rivières et de fleuves, un environnement idéal pour s'évader au fil de l'eau. Prêts ? À vos embarcations !

Grez-sur-Loing / Moret-sur-Loing

15 km

1 journée

Avril à octobre

Facile

Pas besoin de guide

Bourron-Marlotte-Grez

Préparer

Adresse : Nature Loisir Évasion, Grez-sur-Loing, ☎ 06-19-37-43-24. CB refusées.

Accès : en voiture depuis Paris, emprunter l'autoroute A 6, puis la D 607. En transports, prendre le Transilien ligne R jusqu'à Bourron-Marlotte-Grez. Grez est à 40 mn de marche, ou bus, à peine plus court.

Tarifs : 62 € le canoë pour 2 pers à la journée (42-47 € la 1/2 journée).

Plus d'infos : • nature-loisir.fr •

Attention : il est bien évidemment impératif de savoir nager.

Rendez-vous à Grez-sur-Loing, à seulement une petite heure de Paris, pour une escapade nature et sportive des plus dépaysante. Une fois l'équipement préparé et le briefing effectué, on est paré, prêt à affronter les flots.

Pas de panique car la rivière du Loing, qui coule à l'orée de la forêt de Fontainebleau, est incroyablement paisible. Large et dégagée, elle se prête à merveille à de magnifiques balades nautiques en famille ou entre amis. Nous voilà donc lancés pour une journée d'excursion dans un site naturel d'exception.

Le Loing est notamment protégé par le **label Natura 2000** pour la richesse de sa faune et de sa flore. La zone constitue donc un cadre privilégié pour de nombreuses espèces qu'on aura l'occasion d'observer tout en naviguant, à condition de ne pas faire trop de bruit.

Alors que notre embarcation vogue paisiblement sur les eaux (bon, d'accord, à la force de nos bras), on prend le temps de s'imprégner de ce cadre serein, haut lieu d'inspiration des impressionnistes (et on comprend pourquoi !). Les berges verdoyantes arborent de coquettes maisons agrémentées de jardins fleuris, tandis qu'ici et là s'imposent de vastes manoirs surplombant la rivière sur laquelle filent pédalos et couples de cygnes. Une ambiance bucolique à souhait !

À mi-chemin du parcours, une halte s'impose dans le pittoresque village de **Montigny-sur-Loing.** On en profite pour pique-niquer, installés sur les pelouses en bordure du Loing, avec face à nous, le clocher du bourg et les belles bâtisses anciennes : un véritable air de vacances… On reprend nos pagaies et on poursuit la balade nautique. De temps en temps, quelques déversoirs viennent rythmer le parcours et procurent de petites sensations, mais rien de bien méchant. On atteint finalement le charmant bourg médiéval de **Moret-sur-Loing,** chargé d'histoire avec ses remparts fortifiés. Et pour finir l'aventure en saveurs, rendez-vous pour une pause goûter bien méritée aux *Milles et une Glace* à Moret (13, rue de l'Église. ☎ 09-51-62-58-51).

Une ambiance bucolique à souhait

Nos autres spots pour faire du canoë dans les environs de Paris

Descente du Grand Morin

Une belle façon de découvrir l'environnement sublime de la vallée du Grand Morin, entourées par la forêt et ses arbres en fleurs. Si on opte pour le parcours plus aventurier, on aura le privilège de pagayer jusqu'à Crécy-la-Chapelle, surnommée « la Venise de la Brie » pour les petits canaux qui l'enlacent : un décor poétique et bucolique à souhait !

Canoë 77 : 1, rue de Paris, Pommeuse ; ☎ 06-85-44-03-23. • canoe-77.com •

Descente de l'Epte

À 50 mn de la capitale, aux confins du Parc Naturel Régional du Vexin français, se dévoile un décor que l'on ne soupçonnerait pas : là, au cœur de paysages vallonnés et d'une nature luxuriante, se cache l'Epte, petit affluent de la Seine. Située dans une zone naturelle protégée Natura 2000 pour sa faune et sa flore d'exception, la rivière, surnommée « la petite Amazonie », se prête idéalement aux sports de pagaie. Accompagnés par les martin pêcheurs, les libellules, les cygnes et les vaches qui paissent paisiblement au bord de l'eau, on s'élance dans le parcours choisi selon son niveau sportif. Un véritable bain de verdure en perspective !

Cano'Epte : Saint-Clair-sur-Epte ; ☎ 06-19-57-52-53. • canoepte.com •

EXPLORER LA FORÊT DE FONTAINEBLEAU

Le paradis des aventuriers !

26

On la surnomme « la Forêt d'Exception » ! Ancien domaine de chasse des rois de France, la forêt de Fontainebleau est l'un des plus vastes poumons verts de la région parisienne ! Mais c'est aussi un superbe terrain de jeu pour les aventuriers en herbe : randonnée, équitation, escalade, etc. Un lieu incontournable pour se dépenser et se ressourcer.

De 1h à 2 jours

Toute l'année

Moyen

Guide en fonction de l'activité

Fontainebleau-Avon ou Bois-Le-Roi

Gratuit

Préparer

Accès : à 70 km au sud de Paris. Facilement accessible en voiture par l'A6 (1h de Paris) ou par le train (direct depuis Paris-Gare de Lyon avec le Transilien ligne R, arrêts Fontainebleau-Avon ou Bois-Le-Roi. Compter env 40 mn).

Plus d'infos : ☎ 01-60-74-99-99 (office du tourisme de Fontainebleau) • fontainebleau-tourisme.com • • evasion-canine.fr • (chiens de traîneau).

Tarifs : accès gratuit. Certaines activités comme l'initiation à l'escalade et les balades à cheval ou en chiens de traîneau sont payantes.

À 1h au sud de Paris, la forêt de Fontainebleau est, sans aucun doute, l'un des plus beaux sites d'Île-de-France. Pas étonnant qu'au XIXe s, de nombreux artistes venaient y trouver l'inspiration, attirés par ses chaos rocheux, ses lumières variées et son atmosphère apaisante. Aujourd'hui, la forêt de Fontainebleau offre plus de 22 000 ha de nature préservée (soit 2,5 fois la superficie de Paris), 300 km de sentiers balisés, et un vaste éventail d'activités pour toute la famille.

Escalade à gogo !

Fontainebleau, c'est avant tout le lieu rêvé pour les passionnés d'escalade qui viennent du monde entier pour pratiquer « le bloc » (grimper sur des rochers sans corde ni mousqueton). On en trouve des centaines, répartis sur l'ensemble du site, et pour tous niveaux (de « blanc » pour facile à « noir » pour extrêmement difficile). Alors, sortez la magnésie et votre crashPad, et partez à l'assaut du « Diplodocus », du « Cul-du-chien » ou du « Rocher canon » ! Différents prestataires et associations organisent des initiations ou des perfectionnements tout au long de l'année.

L'Eldorado de la rando

En voilà de la rando à Fontainebleau, pour tous les niveaux ! De la balade tranquille au trek sportif, le site offre un large éventail de possibilités pour les marcheurs et les randonneurs. Parmi les incontournables : **« la Vadrouille Bleausarde »** (21 km, 7h de marche à travers les pins et les blocs de grès. Niveau facile, tracé à retrouver sur le site • helloways.com •), **« L'Échappée Verte »** (32 km, 2 j. de marche avec 1 nuit en bivouac sur site autorisé. Niveau intermédiaire, tracé également à retrouver sur • helloways.com •) ou encore les **« 25 Bosses »** (15 km avec un dénivelé positif de 830 m, 6h de rando et d'escalade de rochers. Niveau difficile).

Vélo, chevaux et chiens de traîneau !

Autre option de choix pour découvrir la beauté des paysages de la forêt : le **vélo**, bien entendu, grâce à des kilomètres et des kilomètres de sentiers accessibles pour les deux roues ! À moins que vous ne préfériez une **balade à cheval** ! Plusieurs centres équestres des environs proposent cette option (à l'heure ou à la journée), pour flâner entre forêt et champs. Enfin, pourquoi ne pas partir à l'aventure en **chien de traîneau** ? Un musher avec ses huskys s'est installé ici et propose balade en kart tiré par la meute de chien, initiation à la conduite de votre attelage, canicross ou canirando. Un avant-goût du Grand Nord, à 1h de Paris !

Sous la forêt la plage !

Mais que vient donc faire cette plage, « les sables du Cul-du-Chien », en plein milieu de la forêt de Fontainebleau ? Véritable curiosité, son origine est due à l'évolution géologique du lieu ! Il y a 30 millions d'années, un océan d'eau chaude recouvrait le site. Le quartz déposé s'est, par la suite, désagrégé en sable. Composés à plus de 99 % de silice, ces sables sont parmi les plus purs du monde (et encore plus fins qu'aux Seychelles). Au XIXe s déjà, les touristes venaient se promener au Cul-du-Chien. Le site a été surnommé ainsi en raison du bloc de grès en forme de chien, que l'on trouve planté en plein milieu des sables !

S'INITIER À L'ACCROBRANCHE AUX PORTES DE PARIS

27

Ponts de singe, tyroliennes, sauts de Tarzan et balançoires géantes : autant de défis à relever pour tester son sens de l'équilibre et sa peur du vide, de façon ludique et acrobatique. Ou comment se prendre pour Indiana Jones et Spiderman réunis !

1 journée

Printemps et été

Facile

Encadrant obligatoire

Lésigny

Préparer

Adresse : complexe sportif de l'Entre-Deux-Parcs, av. des Hyverneaux, 77150 Lésigny.

Accès : à 30 km de Paris. En voiture par l'A 4 depuis la Porte de Bercy. En transport, RER A jusqu'à Noisiel puis train ligne 10.

Plus d'infos : ☎ 06-65-44-77-77. • chichoune.com •

Ouverture : fin mars à mi-novembre.

Tarifs : 13-24 € selon l'âge.

Le + du parc : c'est l'un des parcs de France à proposer le plus de parcours et d'aménagements ludiques et variés dès 3 ans. Les plus jeunes ont largement de quoi exercer leur motricité et prendre confiance en eux, avec l'impression de faire comme les grands !

Bon à savoir : pensez à vous équiper d'une tenue de sport.

Quitter le béton pour se retrouver en pleine forêt… l'accrobranche est un formidable prétexte pour une bonne bouffée d'oxygène entre copains ou en famille, autour d'un même objectif : se surpasser en déambulant à plusieurs mètres du sol. Avec une valeur fédératrice, l'entraide ! Ce qui n'est pas rien.

À **Lésigny,** huit parcours ont été aménagés dans une belle forêt de chênes et d'érables rougeoyants en ce début d'automne. Un cadre superbe pour petits et grands. Les pistes sont accessibles aux 3, 6, 8 ou 11 ans, jusqu'au « Parcours Expert », le plus exigeant sur le plan technique autant que physique, réservé aux plus d'1m60 (minimum 14 ans). Grâce à cette diversité, chacun évolue à son rythme sur un circuit en phase avec ses capacités, tout en étant relié à une ligne de vie continue. Plus besoin de se décrocher et de se raccrocher aux câbles successifs, c'est carrément rassurant, surtout pour les plus jeunes.

Dès l'arrivée, on enfile un baudrier avec mousqueton, poulie, longe et un casque. Après avoir pris connaissance des essentielles consignes de sécurité, on rejoint le parcours « initiation », obligatoire pour tous. Pas de jaloux ! Puis on file vers le parcours « mixte ».

Au programme, 17 ateliers perchés entre 5 et 8 m du sol, qui mettent l'équilibre et la résistance au vertige à rude épreuve. Nous voilà soulevés de terre, motivés comme jamais, tout de même étreints par un curieux mélange d'appréhension et d'excitation.

Même pas peur !

Le pont escalier, le pont himalayen et le câble ne posent pas de problème. Et ce ne sont pas les deux tonneaux que l'on traverse à genoux (avec du vide entre les deux, sinon ça serait moins drôle !) qui vont nous arrêter ; que nenni ! On crâne déjà beaucoup moins lors de la **marche sur les rouleaux,** mais ça passe. Petit répit sur les balançoires géantes, quoique… la traversée du grand filet est plus compliquée qu'elle n'en a l'air : on s'en tire sans élégance. On se rattrape allègrement sur le **mur d'escalade**. Mais voilà, comme sur tous les parcours, l'inévitable tyrolienne pointe déjà le bout de son filin.

Ah ! la **tyrolienne** : l'incontournable pour les adeptes de l'accrobranche, le stress pour les sujets au vertige, même léger. Or, ce circuit ne se termine pas sur une, mais trois tyroliennes, d'environ 60 m chacune, dont la fonction consiste à déposer les participants au sol un à un comme une fleur. Vite dit ! Les encouragements (et la patience) des ultra-motivés dans la file qui se forme peu à peu derrière finissent par faire tomber (façon de parler) les dernières résistances. Les jambes parviennent même à se soulever pour ne pas taper le sol et se faire traîner tel un boulet sur toute la fin du parcours, la classe ! C'est ce qu'on appelle un dépassement de soi et le sentiment de la mission accomplie… avant d'enchaîner sur les autres parcours. Parce qu'à ce petit jeu, mine de rien, on devient vite accro !

L'ORIGINE DE L'ACCROBRANCHE ?

L'aventure remonte à 1989, lorsqu'une bande de copains crée à Annonay, en Ardèche, l'association les Accrobranchés. Ils allient leur passion des arbres, le respect de l'environnement forestier à la pratique d'un sport en plein air, accessible à tous. Depuis, « l'accrobranche » est une marque déposée (voilà pourquoi on parle aussi souvent de « parcours aventure ») et le concept a essaimé partout : plus de 500 parcs rien qu'en France, et un succès grandissant à l'étranger.

L'association propose toujours des grimpes d'arbres, des bivouacs perchés ou même des randonnées sans toucher terre pour les plus expérimentés. Plus d'infos : • accrobranche.org •

Notre top 5 des accrobranches en Île-de-France

Inutile d'aller dans la jungle africaine pour jouer à Tarzan, on peut tout aussi bien se prendre pour un aventurier aux portes de Paris. Alors, profitez-en, il y a des parcours pour tous les âges et toutes les tailles !

1

L'accrobranche de la base de loisirs de Saint-Quentin-en-Yvelines

30 km à l'ouest de Paris

Aménagé sur la plus grande base de loisirs de la région parisienne, l'accrobranche fait virevolter les participants sur sept parcours de tous niveaux, du blanc pour les petits au noir pour les plus courageux et/ou sportifs. Une des pistes bleues est équipée de huit tyroliennes, youhououou ! Quant au saut de Tarzan qui ponctue la piste noire (entre 14 et 16 m de hauteur), il a été conçu pour offrir un maximum d'adrénaline. Et pour de nouveaux frissons, pourquoi ne pas tenter ces **parcours de nuit (*accro-night*)** organisés régulièrement ? Moins de repères, des sons que l'on perçoit différemment, des sensations étranges et grisantes à la fois.

Adresse : base de loisirs de Saint-Quentin-en-Yvelines, 78190 Trappes. ☎ 01-30-16-44-40. • saint-quentin-en-yvelines.iledeloisirs.fr • Ouverture : fin mars-début novembre. • Conseils : venir entre 10h et 14h pour éviter l'affluence. • Tarifs : 8,50-25 €, selon l'âge et la durée (1h-4h) ; 30 € pour l'*accro-night*. • Âge mini : 3 ans.

2

Évasion verte, dans le Parc floral de Paris

5 km à l'est de Paris

Ce n'est pas le plus grand des accrobranches de la région (4 parcours), mais il est facilement accessible en transports en commun et se situe dans un environnement propice aux sorties familiales (aire de jeux avec plus de 50 activités gratuites), espace fitness en plein air, plans d'eau…. Et puis ce parc est chouchouté par des professionnels qui vérifient régulièrement la bonne santé et le développement des arbres. On déambule ainsi entre 2 et 12 m de hauteur, selon son assurance, de cordes en V en liane roulante et de pont himalayen en grandes tyroliennes (piste rouge), tout en ligne de vie continue.

Adresse : 2 entrées : par l'esplanade du château de Vincennes ou par le 118, route de la Pyramide, 75012 Paris. M. : Château de Vincennes. RER A : Vincennes. Bus n°112, arrêt « Parc Floral » ou « Stade Léo Lagrange ». ☎ 06-21-69-81-77. • parcfloral.evasion-verte.fr • Ouverture : février-novembre. • Tarifs : 16-21 € selon l'âge pour 2h. Réservation conseillée. • Âge mini : 6 ans.

3

Accrobranche de Coubron

20 km au nord de Paris

Dans la forêt régionale de Bondy, 12 parcours, du pitchoune (1m20 bras levés !) à la piste noire Ninja Warriors pour les plus aguerris (mesurer mini 1m60 bras levés). Les habitués de la discipline devraient trouver là de nouveaux défis à relever : la plupart des pistes (hormis pour les plus jeunes) allient hauteur et technicité, et alignent des ateliers dont les seuls noms invitent à en découdre : la poutre infernale, le rondin tournant, les assiettes suspendues, la tyrolienne montante ou rapide. Des installations créatives régulièrement améliorées et des activités annexes (échasses urbaines avec des ressorts pour faire des pas de 3 m et des bonds de 2m de haut).

Adresse : 2, av. Jean-Jaurès, 93470 Coubron. • Ouverture : début avril à début novembre. • Tarifs : 10-24 € selon l'âge pour un forfait de 2h + 5 € l'heure supplémentaire. Réservation obligatoire. • Âge mini : 3 ans.

4

Accrobranche Boucles de Seine

70 km à l'ouest de Paris

Au creux d'une des boucles de la Seine, on sent le vent souffler de Normandie. Giverny n'est pas loin. Là encore, l'accrobranche a été conçu en respectant le plus possible le végétal : la friche est privilégiée hors des sentiers, tandis qu'un système permet de ne pas garrotter les arbres pour qu'ils puissent se développer. Ils servent de support à sept parcours de tous niveaux qui s'élancent jusqu'à 15 m de hauteur. On alterne les postures d'équilibristes avec les sauts dans les filets et les tyroliennes. Le tout en ligne de vie continue, avec vue sur la Seine en prime. Et on termine par un Quickjump de 12 m de haut. Chiche !
À l'automne, des parcours nocturnes sont parfois organisés. Autres activités sur place : baignade, golf, tennis, paddle…

Adresse : Île de Loisirs des Boucles de Seine, 78840 Moisson. ☎ 06-21-13-14-09. • accrocamp.com • Ouverture : avril-novembre. • Tarifs : 16-28 € selon l'âge pour 3h (- 3 € en juillet-août en déduction de l'entrée payante à la base de loisirs). • Âge mini : 5 ans.

5

Aventure Floreval

35 km au sud de Paris

Un des plus grands parcs franciliens, au sud de Paris : pas moins de 14 parcours et 300 ateliers aménagés du plancher des vaches à la cime des arbres, 20 m plus haut. Entre les deux, des parcours de toutes les couleurs (blanc, gris, jaune, vert clair, bleu moyen,…) adaptés à l'âge et la taille de chacun. D'ailleurs, un bracelet est attribué à tous les participants pour identifier les circuits qui leurs sont accessibles. Ensuite, on s'éclate : en équilibre sur un skate fixé à un câble de tyrolienne, avec l'escalabre, mix entre l'escalade et la grimpe d'arbre, un parcours 100% tyroliennes sur 560 m cumulés (la plus grande glissant sur 150 m), plus un saut de 6 m à la fin. Ou encore le « parcours infranchissable », quasi uniquement à la force des bras, très exigeant. Sans oublier le parcours nocturne. Des voies pour s'amuser et tester ses limites. Notez la ligne de vie continue pour tous les circuits.
Plusieurs autres activités sur place : Cim' Ejection, Escape Game, tir à l'arc, balade en poney…

Adresse : D97, 91680 Bruyères le Chatel. • aventure-floreval.fr • Ouverture : fin mars-fin octobre Tarifs : 19-29 € selon l'âge en illimité. • Âge mini : 3 ans.

SE LANCER DANS UN JEU DE PISTE À MORET-SUR-LOING

28

La chasse aux trésors 2.0

L'ancienne place forte de Moret-sur-Loing a conservé un charme acquis au fil de l'eau du Loing. Parmi les 35 aventures du jeu de piste *Paris Région Aventures*, nous vous emmenons explorer ce pittoresque bourg médiéval.

1/2 journée

Toute l'année

Facile

Pas besoin de guide

Moret-Veneux-les-Sablons

Gratuit

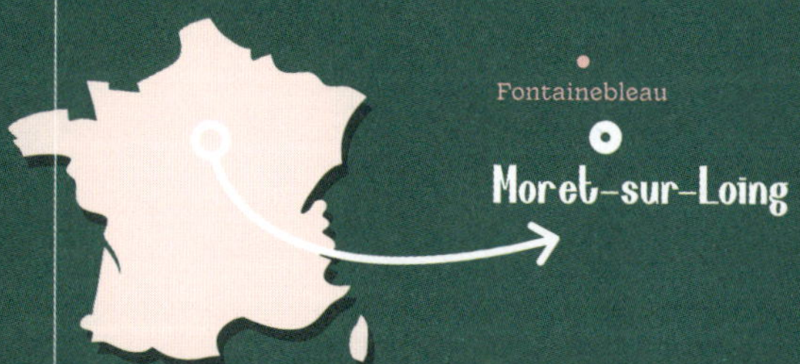

Préparer

Situation : en lisière de la forêt de Fontainebleau.

Accès : trajet en train depuis Paris-Gare de Lyon vers la gare de Moret-Veneux-les-Sablons, à environ 1 km au nord-ouest du centre de Moret (bus lun-sam). Train toutes les 30 mn environ.

Trajet : 45-55 mn.

Bon à savoir : trajet inclus dans le pass Navigo® qui est « dézoné » le week-end. Pas de supplément à payer.

Accès en voiture : parking gratuit à l'entrée de la vieille ville.

Application à télécharger : Paris Région Aventures. Appli gratuite.

Plus d'infos : office de tourisme, 4 bis, pl. de Samois. ☎ 01-60-70-41-66. • msl-tourisme.fr •

Le b.a-ba du jeu de piste

En téléchargeant l'application gratuite « **Paris Région Aventures** », qui propose un jeu de piste géant à travers l'Île-de-France, les enfants enchaînent **huit « missions » à Moret-sur-Loing** : à travers les défis lancés, on se cultive en explorant la ville. Grâce à la géolocalisation sur une carte interactive, il suffit de se laisser guider. Top départ en scannant le 1er objet mystère : la porte de Samois, devant l'office de tourisme !

Hardi petit !

La porte de Samois a été édifiée au XIIe s sous le règne d'un roi célèbre pour avoir construit une enceinte autour de Paris (on ne vous lâchera aucun indice, c'est à vous de trouver !). En répondant à la question posée par ce personnage, on peut continuer la suite de l'aventure. Pas besoin de se creuser trop les méninges, il suffit de regarder autour de soi pour trouver la bonne réponse parmi les trois proposées. Et pas d'inquiétude, en cas d'erreur, la solution est donnée, ce qui permet de passer à l'étape suivante, un peu plus loin sur la rue Grande, pavée et animée.

Celle-ci est bordée de belles maisons à colombages et de style Renaissance. Mais ouvrez l'œil, celle qu'il faut chercher pour la 2e mission est cachée dans la cour de la mairie : il s'agit de la maison Chabouillé. Sculpté sur la galerie, l'animal qu'il faut repérer est le symbole du plus célèbre roi de la Renaissance ! Au fil des énigmes et des rues tortueuses au charme intact, on découvre l'église Notre-Dame de la Nativité à laquelle le peintre Sisley consacra 14 toiles, en face de la vénérable Maison du sucre d'orge, aux vieux colombages sculptés. C'est là que les sœurs de la Charité fabriquaient les fameux sucres d'orge, toujours fabriqués à Moret selon une recette du XVIIe s, restée secrète ! Dégustation obligatoire ! La suite du jeu mènera votre déambulation vers le donjon où Fouquet fut emprisonné, avant de déboucher sur les berges du Loing. En traversant le pont de pierre bordé de pittoresques moulins, le pré de Pins, vaste étendue herbeuse, est le meilleur spot de pique-nique, avec vue imprenable sur Moret !

Où faire une pause gourmande à Moret

La Poterne : quelle situation ! Accolée à la porte de Bourgogne, La Poterne occupe une bâtisse de 1764 en surplomb du Loing, avec salle rustique et balcon offrant une bien belle vue – malgré le passage des véhicules qui empruntent le très beau pont. Quant aux galettes, bien faites et bonnes, elles méritent la mention bien !

1, rue du Pont-du-Loing. ☎ 01-60-96-91-50. Tlj sauf lun-mar 8h-14h, 19h-21h. Galettes env 6-13,50 €.

Les 1001 Glaces : glaces et sorbets artisanaux de qualité, avec une trentaine de parfums en été : en plus des classiques, pamplemousse, mojito, carottes-gingembre, ananas, coquelicot de Nemours, rose du gâtinais… Pas de salle ni de terrasse, mais les berges du Loing sont toutes proches.

13, rue de l'Église. ☎ 09-51-62-58-51. Mar-sam 10h-12h30, 14h30-18h30 ; fermé dim-lun.

ARPENTER À VÉLO LA VOIE VERTE TRANS-ARDENNES

Pédaler le long de la Meuse

Si l'industrie a marqué les rives de la Meuse dans sa traversée des Ardennes françaises, la nature y reste superbe : profondes forêts et rochers aux formes souvent étranges surplombent les boucles du fleuve.

29

Mouzon / Givet

130 km environ

3 à 4 jours (selon votre rythme)

Mai à septembre

Facile

Pas besoin de guide

Sedan

Préparer

Accès : Ligne TER Charleville-Mézières – Givet

Ligne TER Sedan – Charleville-Mézières – Reims – Paris Est

Plus d'infos : office de tourisme Charleville / Sedan en Ardenne.
· charleville-sedan-tourisme.fr ·

Bon à savoir : un carnet de route est disponible sur · francevelotourisme.com · et · cd08.fr ·

Monthermé

La voie verte Trans-Ardennes, de « La Meuse à vélo » qui traverse le département des Ardennes de Mouzon à Givet, c'est près de 130 km de bonheur simple et paisible, à travers de gentils villages et bourgades mais aussi quelques villes au passé passionnant. Bref, une chouette aventure familiale potentielle, car l'itinéraire est entièrement balisé et sécurisé, intégralement en site propre.

Étape 1 : Mouzon - Sedan, 17 km

On partira de **Mouzon,** séduisante petite cité de caractère, ville frontière dotée de fortifications qui conservent de beaux vestiges tels ceux de l'abbaye bénédictine fondée en 971 et démantelée au XVIIe s.

Le musée-atelier du feutre installé dans les anciennes étables de l'abbaye évoquent l'histoire industrielle de la ville dans laquelle le feutre occupe une place importante. La ville abrite aussi une belle église abbatiale. À l'intérieur, la nef, immense, est soutenue par des chapiteaux à décor végétal et ses trois étages offrent de superbes perspectives.

Étape 2 : Sedan - Charleville-Mézières, 27 km

On prend le temps de s'arrêter à **Sedan,** étape incontournable pour les amoureux d'architecture militaire. Son château fort est le plus grand d'Europe. Impressionnant. Un parcours de salle en salle retrace son histoire et nous plonge dans le quotidien des soldats. Une vingtaine de kilomètres plus loin, voici **Charleville-Mézières,** dont la ville nouvelle du XVIIe s s'organise autour d'une place centrale parmi les plus belles de France. C'est aussi la ville natale de Rimbaud dont on pourra visiter l'étonnant musée et la maison, où il vécut entre ses 15 et 20 ans. Reprenez votre vélo pour suivre le parcours Street Art qui lui est consacré, entre Charleville et Mézières (parcours à télécharger sur • charleville-sedan-tourisme.fr •).

Étape 3 : Charleville-Mézières - Monthermé, 23 km

On longe ensuite le chemin de halage, pour pénétrer dans la somptueuse **vallée de la Meuse,** au cœur du parc naturel régional des Ardennes, à l'atmosphère mystérieuse, avec ses massifs schisteux et ses forêts denses…

On passe par **Bogny-sur-Meuse,** bourg qui s'étire sur plus de 6 km de part et d'autre de la Meuse. Bogny a accueilli, au XIXe s, nombre de « boutiques », ces importants ateliers où l'on fabriquait notamment des boulons. Le paysage reste marqué par ce passé métallurgique.

Et on continue jusqu'à **Monthermé,** dont les maisons épousent une des plus jolies boucles de la Meuse, cernée par un remarquable amphithéâtre de forêts et de falaises : une halte charmante, avec son port fluvial au confluent de la Semoy et de la Meuse. Entrez dans l'église Saint-Léger, pour admirer ses remarquables fresques du XVIe s.

Étape 4 : Monthermé - Fumay, 31 km

À la sortie de **Monthermé,** les sites naturels spectaculaires s'enchaînent les uns après les autres. La falaise de schiste de la Roche à Sept Heures, sur la boucle que forme la Meuse autour de Monthermé appelée « La Perle des Ardennes », offre un des points de vue les plus spectaculaires des Ardennes françaises. On passe **Revin,** adorable vieille cité ouvrière.

Encore quelques méandres et apparaît **Fumay,** installée dans une boucle de la Meuse, agréable petite bourgade qui a très longtemps vécu de l'extraction de l'ardoise. La fresque des Scailleteux rend hommage à ce passé, évoquant toutes les étapes de cette activité.

Étape 5 : Fumay - Givet, 32 km

Comme Fumay, **Haybes,** est une petite cité ardoisière, avec de nombreuses exploitations au long de la vallée de Mohron. La ville distille un vrai charme, avec ses opulentes villas des années 1920-1930, dont certaines avec jardins en bord de Meuse. Et le cours de la Meuse vous offre une ligne presque droite jusqu'à **Vireux-Molhain** et **Vireux-Wallerand,** deux bourgs reliés par un pont métallique. Le camp romain, du haut de ces 216 m, offre une belle vue sur les environs.

Ceux qui ne veulent pas tout de suite achever un si agréable périple s'échapperont de la voie verte pour se rendre à **Hierges,** ravissant petit village surmonté des romantiques tours en ruine de son château. La minuscule place principale est entourée de nobles demeures en pierre, et la tranquille rue principale, pavée, conduit à une mignonne petite église du XVIe s flanquée d'un cimetière ancien.

Quant à ceux qui préfèrent l'itinéraire sécurisé, ils rejoindront, après quelques méandres, la pointe de **Givet.** La dernière ville de la vallée côté français, dominée par sa puissante forteresse, se révèle une agréable étape pour finir son périple à la frontière de la Belgique ! Après, c'est une autre histoire...

Prolonger le week-end

Prendre la tangente sur la Trans-Semoysienne

Depuis Monthermé (voir l'étape 3), cette voie longe la Semoy sur 20 km, jusqu'à la frontière belge, sur l'ancienne voie de chemin de fer qui longeait la rivière. L'itinéraire est jalonné de panneaux explicatifs, de points de vue, et de sculptures qui rendent hommage au travail du métal dans cette vallée. Elle aboutit aux Hautes-Rivières, une petite bourgade à la lisière d'une forêt propice aux randonnées où l'on peut embarquer pour une sympathique et rafraîchissante virée en canoë-kayak. *Canoë Semoy :* ☎ *06-48-35-60-07.* • *canoe-semoy.fr* •

RANDO-BIÈRE SUR LA ROUTE DES VINS D'ALSACE

Une dégustation bien méritée

30

Rando ou apéro ? Inutile de choisir, désormais on peut allier les deux plaisirs ! Car nulle sensation n'est meilleure que la fraîcheur d'une bonne bière artisanale après des heures de marche (ou même avant, on ne juge pas)…

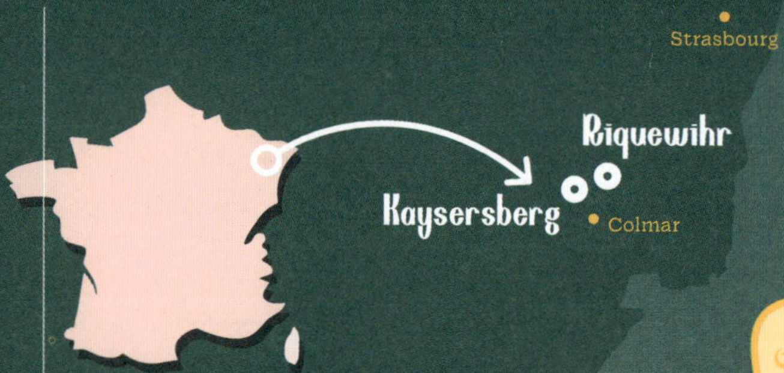

Place Gouraud, Kaysersberg / Riquewihr

20 km (dénivelé : 842 m)

5h environ (sans les pauses)

Mai à octobre

Moyen

Pas besoin de guide

Colmar puis bus

Préparer

Plus d'infos : office de tourisme du Pays de Ribeauvillé & Riquewihr, ☎ 03-89-73-23-23. • ribeauville-riquewihr.com • Office de tourisme de la Vallée de Kaysersberg, ☎ 03-89-78-22-78. • kaysersberg.com •

La Route des Vins se prête aussi merveilleusement bien à une randonnée... agrémentée de saveurs houblonnées ! On s'élance donc au cœur du parc naturel régional du Ballon des Vosges, entre montagnes, forêts et coteaux viticoles, à l'assaut des adorables villages alsaciens que sont Kaysersberg et Riquewihr et de leurs brasseries artisanales.

De Kaysersberg à Riquewihr

Avant la dégustation, d'abord l'effort ! On démarre la randonnée depuis la place Gouraud à **Kaysersberg,** avant de longer la rivière Weiss puis d'emprunter la route s'élevant dans le vignoble le long du ruisseau de Toggenbach. Le sentier se poursuit dans la forêt vosgienne, jusqu'à l'auberge Saint-Alexis, une ancienne chapelle reconvertie en restaurant et jouissant d'un cadre préservé et idyllique en pleine nature. De quoi reprendre des forces si la fatigue se fait déjà ressentir...

Depuis la montagne, on emprunte ensuite le sentier descendant vers l'authentique cité médiévale et viticole de **Riquewihr** classée parmi les « Plus Beaux Villages de France », tout en profitant de jolis points de vue. Fortifié en 1291, le village ne tarde pas à tirer profit de ses vignes, et devient un haut lieu économique et culturel durant la Renaissance, au XVIe s. Épargnés par les deux guerres mondiales, on admire les remparts de la cité, de même que les anciennes maisons à colombages construites entre les XVIe et XVIIIe s, et admirablement préservées. On arpente ses petites ruelles pavées avant d'aller se requinquer à la brasserie du Vignoble. Une pause bien méritée !

La longue histoire brassicole d'Alsace

D'abord de tradition monastique, le métier de brasseur s'autonomise progressivement au XIIIe s. Un certain Arnoldus Cervisarius fonde en 1260 la première brasserie alsacienne, mais il faut attendre 1268 pour que le corps de métier des brasseurs soit officiellement reconnu. Les brasseries alsaciennes connaissent véritablement leur âge d'or lors de l'invasion allemande entre 1855 et 1870. Les établissements industriels supplantent alors les petites brasseries familiales et artisanales et apportent des innovations majeures. En 1860, la compagnie des chemins de fer de l'Est et le syndicat des brasseurs de Strasbourg concluent un accord afin d'envoyer des convois de train entièrement dédiés au transport de la bière : la quantité de bière qui arrive gare de l'Est double alors entre 1860 et 1866. La bière est même consacrée lors de l'Exposition universelle de 1867 à Paris, où les brasseurs strasbourgeois raflent toutes les médailles d'or. En 1872, l'Alsace ne compte pas moins de 270 brasseries !

La brasserie du Vignoble à Riquewihr

Nichée au cœur du vignoble de Riquewihr, la **Brasserie du Vignoble** (la Bra'v pour les intimes), spécialisée dans la production de bières artisanales depuis 1998, vous accueille dans un décor qui vaut à lui seul le détour. Sur place, bar et *biergarten* (à la belle saison) pour profiter de ce cadre champêtre unique. Pour tout connaître sur l'art brassicole, des visites guidées de la brasserie avec dégustation sont organisées tous les samedis sur résa, à 10h et 15h. Blanche, blonde, rousse, ambrée, brune, gammes spéciales... de quoi contenter tous les palais !

8, av. Jacques Preiss, Riquewihr. ☎ 03-89-49-06-72 • brasserie-vignoble.fr • Tlj sauf mer 14h-21h.

Retour à Kaysersberg

Une fois requinqué, on s'engage depuis Riquewihr sur le chemin du retour, au milieu des vignobles, tout en profitant d'une très belle vue d'ensemble sur la plaine d'Alsace.

Au lieu de continuer tout droit jusqu'à Kaysersberg, on préfère prolonger la randonnée en passant par **le Rocher des Corbeaux** (promis, il vaut le petit détour !). Quelques efforts sont nécessaires pour atteindre le sommet, mais une fois en haut, on a de superbes points de vue sur la vallée de Kaysersberg. Allez, le plus dur est fait ! On descend ensuite direction **Kaysersberg**. Avant de rejoindre le cœur du village, on ne manque surtout pas de visiter les vestiges du **château fort de Schlossberg** en contre-haut. Construite au XIIIe s, cette forteresse de garnison offre en prime, depuis son donjon, un très beau panorama d'ensemble sur le village et le vignoble alentour.

On entame ensuite la visite du célèbre bourg médiéval, élu « Village préféré des Français » en 2017, et le moins que l'on puisse dire, c'est que cette authentique bourgade alsacienne honore son titre ! On prendra notamment le temps d'admirer l'église Sainte-Croix et la fontaine Constantin, situées sur une charmante placette cernée de maisons à colombages, là encore miraculeusement bien conservées, tout en s'enivrant du parfum des nombreuses fleurs ornant les balconnières. Après s'être émerveillés devant ce patrimoine d'exception, il ne reste plus qu'à se rendre à la brasserie Bisaigüe pour une dégustation bien méritée.

La Brasserie Bisaiguë à Kaysersberg

Établie dans une authentique maison alsacienne en plein cœur de Kaysersberg, la **brasserie Bisaigüe** propose une gamme délicate inspirée des voyages de son créateur. Jérôme Jaegle, chef étoilé du restaurant l'*Alchémille,* s'est même associé à la fameuse brasserie pour créer une bière exclusive : une blanche aromatisée au bouquet de plantes provenant directement de son jardin ! Une sacrée concurrence pour les grands crus… Sur place, on admire la cave vigneronne multi-centenaire où est installé l'atelier de production, tandis que le bar à dégustation est bienvenu après cette journée sportive.

56, rue du Général-de-Gaulle, Kaysersberg. ☎ *06-03-11-62-98.* • *brasserie-bisaigue.business.site* • *Ven-dim 15h-19h.*

Riquewihr

Parcourir la Route de la Bière dans le Bas-Rhin en quelques étapes clés

Visiter la Villa Meteor de Hochfelden

La brasserie Meteor, fondée en 1640, s'impose comme la dernière brasserie alsacienne indépendante et le plus ancien site brassicole de France. Ce haut lieu du tourisme brassicole alsacien propose des visites ludiques (payantes) retraçant chaque étape du brassage et s'achevant par une dégustation de la bière maison.

*6, rue du général Lebocq, **Hochefelden**. ☎ 03-88-02-22-44. Mer-ven et dim, 10h-12h, 14h-17h (dim 18h).*

Se balader sur le sentier du houblon de Wingersheim

Ce parcours instructif de 4,5 km (environ 2 h) mène au cœur des houblonnières d'Alsace. Des panneaux jalonnent le parcours et détaillent toutes les étapes de la culture du houblon jusqu'au breuvage ; le tout en profitant de jolis panoramas en pleine campagne.

Participer au jeu de piste « In cervisæ veritas » d'Échappée Bière à Strasbourg

Le but de ce jeu de piste est de retrouver l'endroit où Beatus Cervisius, un brasseur du XVIe s, a caché le parchemin révélant la recette secrète de sa bière… Avec dégustation à la clé (à condition de résoudre les énigmes) ! On découvre ainsi de manière ludique la longue histoire brassicole de la capitale alsacienne.

Plus d'infos :
• echappee-biere.com •

Fabriquer sa propre bière à la brasserie artisanale de Saint-Pierre

Bienvenue dans l'une des plus importantes micro-brasseries artisanales d'Alsace. Au cours d'un atelier de plus de 5 h, on se forme à toutes les étapes du brassage jusqu'à la mise en fermentation, à partir d'une recette unique élaborée sur place avec le brasseur, à base de purs malts d'orge alsaciens. À l'issue de l'atelier, on a produit pas moins de 18 litres de sa propre bière (soit 36 bouteilles de 50 cl, ornées d'étiquettes personnalisées) !

*30, rue Principale, **Saint-Pierre**. ☎ 03-88-08-85-95. Ouv lun-sam 9h-18h ; visites guidées payantes lun-sam 11h et 14h30. Tarif : 190 € (seul ou à deux).*

Notre top 5 des randos-bières

Après l'effort, le réconfort ! Il faut dire que la récompense est particulièrement alléchante : des bières artisanales variées et de qualité, à déguster au détour de ces splendides itinéraires de rando à proximité d'une brasserie locale.

1

La boucle des lacs dans le massif des Cerces et la brasserie Galibier à Valloire

Auvergne-Rhône-Alpes / Savoie

Difficulté : élevée • Distance : 14,72 km • Durée : env 6h30

Voici une magnifique randonnée d'une journée dans le massif des Cerces. Entre les pics escarpés et les nombreux lacs de montagne, on serpente parmi une faune et une flore d'altitude riches et variées, avant d'atteindre le sommet. Sacrée récompense que ce panorama grandiose sur les lacs et vallées alentours…

Brasserie Galibier : *rue de la Bonne Eau, Valloire.*
☎ *04-79-59-04-95. • biere-galibier.com • Ouv tlj.*

À 1 450 m d'altitude, dans la station de Valloire, c'est la brasserie artisanale la plus haute de France ! Brassées exclusivement à l'eau de glacier du Grand Galibier, ces bières d'altitude sont particulièrement pures et savoureuses (d'autant qu'elles ne contiennent aucun conservateur). Sur place, vente directe, dégustation, bar et terrasse.
Coup de cœur : la Matchut IPA, bière houblonnée aromatique de couleur blonde à 6 %.

2

Escapade maritime à Carantec et la brasserie Graphique

Bretagne / Finistère

Difficulté : moyenne • Distance : 17,5 km • Durée : env 4h20

Une balade au cœur de la baie de Morlaix dans le Finistère nord. Depuis le petit port de Carantec, on marche jusqu'à la ravissante île de Callot (si la marée le permet). Le sentier des douaniers mène jusqu'à la pointe de Pen Al Lann, à l'extrême est de Carantec, au gré de paysages entrecoupés de plages aux airs caribéens, d'îlots préservés et de petites criques. Alors qu'en face de nous se dressent l'île Louët et le château du Taureau, on s'imprègne de ce panorama unique sur la baie de Morlaix.

Brasserie Graphique : *22, rue Pasteur, Carantec. ☎ 06-73-74-57-18. • labrasseriegraphique.com • Jeu-sam 10h-13h, 15h-19h.*

Cette nouvelle brasserie, implantée dans une galerie d'art à Carantec, expose sa gamme de bières artisanales et biologiques aux côtés d'œuvres d'artistes locaux ou nationaux. Le concept est sacrément original : pour chaque sortie d'une nouvelle bière de la collection, un artiste est sélectionné pour concevoir le graphisme de l'étiquette, tout en exposant ses œuvres dans la brasserie. Le savoir-faire brassicole, tout un art…
Coup de cœur : l'Océano-graphique, bière blonde agrémentée de notes tropicales ; à déguster, et à admirer !

3

Le tour du mont Puget et la brasserie de la Plaine à Marseille

Provence-Alpes-Côte d'Azur / Bouches-du-Rhône

Difficulté : moyenne • Distance : 12 km • Durée : env 4h30

Depuis l'université de Luminy, cette superbe randonnée grimpe sur les hauteurs du massif du mont Puget. Le circuit offre de fabuleux panoramas sur la Méditerranée et sur Marseille. Bien sûr, il faudra fournir quelques efforts pour surplomber ce paradis bleu !

La Brasserie de la Plaine : *16, rue Saint-Pierre, Marseille. ☎ 04-91-47-32-54. • brasseriedelaplaine.fr • Mer-sam 15h-19h. Ateliers de brassage sur résa.*

Fabriquées à partir des céréales régionales, les bières de la Plaine, en plus d'être bio et artisanales, sont produites en plein cœur de la ville ; ce n'est pas pour rien qu'elles sont « estampillées A.O.Q… Appellation d'Origine de Quartier » ! La collection est à retrouver directement en boutique, et dans les bars et cavistes de la région.
Coup de cœur : la Sainte-Marthe Triple Bio, brassée avec les houblons marseillais.

4

Sur les berges du Lot : Saint-Cirq-Lapopie et la brasserie de La Ratz

Occitanie / Lot

Difficulté : facile • Distance : 10 km • Durée : env 3h

Une très belle balade qui mène de Bouziès jusqu'au magnifique village perché de Saint-Cirq-Lapopie, classé « Plus Beau Village de France ». On suit la paisible rivière du Lot en empruntant le chemin de halage, en partie creusé dans la roche, avant d'atteindre l'écluse de Ganil et de poursuivre vers le village médiéval. L'ascension vaut bien tous les efforts, car une fois en haut, c'est un magnifique point de vue sur toute la vallée du Lot qui s'offre à vous.

La Ratz : *725, av. Saint-Exupéry, parc d'activités de Cahors-Sud, Fontanes. ☎ 05-65-53-05-63. • biereratz.fr • Lun-sam 9h-18h. Visites et dégustations sur résa lun-ven à 11h et 15h, et sam à 11h.*

Une authentique brasserie lotoise qui jouit d'une réputation bien méritée ! Plusieurs gammes de bières, à retrouver dans les épiceries, restaurants et bars de Saint-Cirq-Lapopie et de la région, ou bien directement sur place (terrasse et espace bar).
Coup de cœur : la Ratz Triple, pleine de saveurs et de caractère.

5

Au Pays basque, un circuit pimenté entre campagne et montagne et la brasserie Arrobio

Nouvelle-Aquitaine / Pyrénées-Atlantiques

Difficulté : élevée • Distance : 17 km • Durée : env 6h30

Au cœur du Pays basque et de ses champs de piment, une superbe boucle qui débute de la place du marché à Espelette, et mène jusqu'au pic du Mondarrain qui culmine à près de 750 m et d'où l'on embrasse d'un seul regard les verdoyantes vallées labourdines. Au retour, s'il vous reste des forces, déambulez dans les ruelles d'Espelette (le centre est interdit aux véhicules). Les gourmets lècheront les vitrines des boutiques de produits de terroir… Mais la capitale du piment séduira aussi les amateurs de bonnes bières !

Brasserie Arrobio : *180, Plazako Karrika, Espelette. ☎ 06-16-90-07-22. • arrobio.com • Ouv tlj en juil-août, lun-ven le reste de l'année.*

À toute heure de la journée, cette brasserie accueille les amateurs. La gamme Arrobio propose une sélection de bières bio locales savoureuses et variées.
Coup de cœur : la Pittilin Gorri, bière blonde aromatisée au piment d'Espelette, naturellement !

DARE D'ART DANS LA MEUSE

pour découvrir le Vent des Forêts

À pied ou à vélo, des balades artistiques au cœur d'un des plus grands musées d'art contemporain à ciel ouvert du monde.

31

1 journée ou 1 week-end

Toute l'année (l'ambiance de la forêt varie selon les saisons)

Facile

Pas besoin de guide

Meuse-TGV puis navette pour Fresnes-au-Mont

Gratuit

Préparer

Accès : par les villages de Fresnes-au-Mont (à 8 km de Saint-Mihiel), Lahaymeix, Dompcevrin, Pierrefitte-sur-Aire, Marcaulieu.

Plus d'infos : • ventdesforets.com •

7 circuits (de 3 km-1h à 14 km-4h30) à parcourir à pied ou à VTT (voire à cheval). Énigmes à résoudre sur les circuits de *Marcaulieu* et des *3 Fontaines*. Carte et descriptif des circuits et des œuvres sur l'application gratuite *Vent des Forêts*.

Bon à savoir : prévoyez une journée pour faire au moins 2 circuits ou un week-end pour en faire au moins 4. Et il faudra revenir pour suivre les autres !

Semer des œuvres d'art contemporain au hasard des sentiers d'une profonde forêt meusienne ? Un projet qui, à ses débuts au mitan des années 1990, ressemblait fort à une utopie... mais qui a rempli toutes ses promesses.

Le département de la **Meuse** était essentiellement visité par les fans de tourisme de mémoire : la Première Guerre mondiale a, ici, laissé des traces ineffaçables. De l'Argonne à Saint-Mihiel en passant par Verdun, ce ne sont que tranchées et champs de batailles, cimetières militaires à perte de vue et solennels monuments commémoratifs. Mais au milieu des années 1990, au cœur d'une des nombreuses et superbes forêts (5000 ha pour celle-ci) qu'abrite le département, un lieu fabuleux a changé la donne.

L'idée de ce « Vent des Forêts » est venue à François Davin, sculpteur dont les œuvres dialoguent avec les lieux (citons, parmi les plus célèbres, le superbe *Arbre d'Or* de la forêt de Brocéliande) qui vivait à l'époque dans le minuscule village de Lahaymeix : inviter ses collègues du monde entier à séjourner dans des familles d'une des six petites communes de la forêt, pour y créer une œuvre puis l'abandonner à la nature. Ce qui aurait pu n'être qu'une belle utopie artistique est devenue une franche réussite, rien de moins qu'un des plus grands musées d'art contemporain à ciel ouvert du monde. Et il est gratuit !

Au hasard des **45 km de sentiers** (découpés en **sept circuits**), on découvre plus de **200 œuvres d'artistes internationaux.** Tout au long de ces sentiers d'art en nature, on marche (ou on roule) de surprise en surprise : un poing renversé en fonte de 10 tonnes signé d'un sculpteur chinois, *Hannibal,* un surprenant mammouth fait de troncs d'arbres, revêtus de tuiles en céramique, une colonne en laine de 3 m de haut érigée par une artiste taïwanaise, une pince à linge géante qui plisse une prairie. Et on en passe. Tous les courants de l'art contemporain sont représentés : du Land art pur et dur (qui n'utilise que les matériaux de la nature) à l'art conceptuel, du street art aux performances... Étonnant endroit, vraiment. D'autant que les sentiers offrent également l'occasion de percer tous les secrets de la forêt, d'arbres majestueux en plantes comestibles.

Prolonger le week-end

Super expérience que de passer (de mai à septembre) une nuit au cœur de la forêt dans deux **« maisons sylvestres »** conçues par la célèbre designeuse Matali Crasset. D'étonnantes cabanes de bois que l'on gagne à pied ou à vélo et qui peuvent accueillir jusqu'à quatre personnes. Confort minimum (pas de salle de bains, jerrycan d'eau et toilettes sèches, four à bois et lampes à dynamo), mais ce n'est pas toutes les nuits que l'on dort dans un lieu aussi conceptuel. Possibilité de commander un panier repas. *Compter 85 €/nuit, plus 15 € de frais de service. • ventdesforets.com •*

Un des plus grands musées d'art

contemporain à ciel ouvert du monde

RANDONNER DANS LES VOSGES SUR LE SENTIER DES ROCHES

autour de la route des Crêtes

32

Les Vosges sont l'un des départements les plus boisés de France… un véritable paradis naturel. Certains l'ont d'ailleurs surnommé, « le Canada français » ! Peu de coins de nature offrent à la fois un air très pur, des eaux vraiment revitalisantes (Vittel, Contrex…) et de somptueuses forêts.

Boucle depuis le parking du col de la Schlucht

10 km

1 journée

Printemps et été

Difficile

Pas besoin de guide

Munster

Gratuit

Préparer

<u>Accès</u> : le parking du col de la Schlucht est accessible en bus (liaison Munster-Gérardmer) et avec la navette des Crêtes en été (· parc-ballons-vosges.fr/navette-des-cretes ·)

<u>Attention</u> : le sentier des Roches est fermé l'hiver. Ne pas y aller si le temps est humide, les risques de glissades sont réels. On y déplore chaque année des accidents. Bonne forme physique recommandée. Le sentier des Roches est un parcours assez physique et technique, à déconseiller aux personnes sujettes au vertige.

<u>Bon à savoir</u> : les offices de tourisme proposent des docs (parfois gratuites) avec descriptif et cartes des circuits locaux. Le célèbre Club Vosgien édite également des cartes très détaillées (Top 25). L'IGN publie des cartes au 1/25 000 couvrant les secteurs les plus intéressants.

Couvertes de forêts où flottent parfois des brumes propices à exciter l'imagination, les Vosges sont une terre de légendes... et de randonnées ! Une destination de rêve : des lacs, des petites routes de montagne, ses hautes chaumes et ses tourbières.

Les Vosges, c'est l'anti-tourisme de masse : du ski sans frime, des randonnées sans queue leu leu, et du folklore sans chlore. On sort vite des sentiers battus pour côtoyer une faune unique (le lynx, le grand tétras...), une flore étonnante (des plantes carnivores !), et une gastronomie paysanne on ne peut plus authentique dans les fermes-auberges.

Les itinéraires sont nombreux, parmi lesquels plusieurs GR®. C'est à la **route des Crêtes** que l'on s'intéresse plus particulièrement ici, notamment à sa portion dite du **« sentier des Roches »**. On se lance depuis le **col de la Schlucht** (suivre les repères « rectangle bleu »). Les premiers kilomètres sont assez impressionnants : le chemin en bord de falaise équipé d'un câble (attention à ne pas glisser !) offre une vue plongeante sur la vallée de Munster et la vallée de la Wormsa. Détour possible par les jolies cascades Stolz Ablass. Le sentier débouche ensuite sur le cirque glacier du Frankenthal. Superbe ! Pause possible (et conseillée) à la ferme-auberge afin de reprendre des forces. Sur le chemin vers le Hohneck, on fait un nouveau petit détour par la grotte Dagobert (qui aurait, selon la légende, servi de refuge au roi du même nom). La rando continue (suivre les repères « triangle rouge ») jusqu'au col du Schaeferthal (1 228 m) avant d'arriver enfin au Hohneck (1 363 m) et son magnifique panorama à 360°. Le retour vers le col de la Schlucht se fait tranquillement, par un sentier moins « sportif », en passant par le **col du Falimont** (1 304 m), jusqu'au point de départ. La boucle est bouclée !

LES FERMES-AUBERGES

Les fermes-auberges jalonnent la campagne vosgienne. Arriver au crépuscule dans une de ces fermes-auberges après une journée de marche, est sans doute l'un des plus beaux moments d'une randonnée. Surtout si cette bonne ferme de transhumance fabrique son munster et sert le repas marcaire (repas typique... qui tient au corps et au cœur).

Notre top 5 des randos dans les Vosges

Pour un retour à la nature et un grand bol d'air pur, les Vosges sont l'endroit rêvé pour randonner entre forêts et lacs, tourbières et hautes chaumes à la découverte d'une faune et d'une flore préservées.

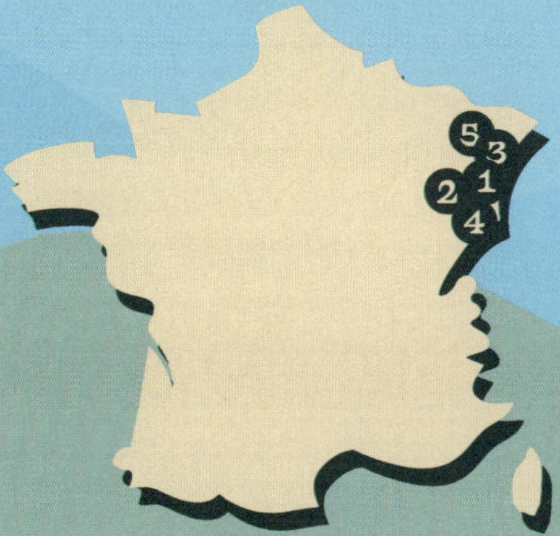

1 Le circuit des Lacs

Situation : à 30 km NE de Gérardmer • Distance : 18 km
Durée : env 6h • Dénivelé : 838 m
Niveau : difficile car quelques passages techniques. Personnes sujettes au vertige s'abstenir.

Une des plus belles randonnées des Vosges. Départ au **lac Blanc**. On monte d'abord par un sentier alpin jusqu'au château Hans (balisage rouge), d'où l'on profite d'un splendide panorama sur le lac. Rejoindre ensuite la grande crête en suivant le GR® 5. Le sentier suit l'ancienne frontière entre l'Alsace (annexée à l'Allemagne) et la France. En continuant sur **les Hautes-chaumes**, on atteint le parking du lac Vert (en croisant une route). Quitter le GR® 5 puis descendre jusqu'au lac par un chemin forestier. Pause déjeuner bien méritée. L'après-midi, suivre le sentier balisé d'un disque jaune jusqu'au lac du Forlet à 1 065 m d'altitude (45 mn de marche), aussi appelé le **lac des Truites**. Emprunter ensuite le chemin marqué d'un disque rouge pour monter au Haufenwannkopf (1 122 m). Continuer tout droit, rejoindre le **lac Noir** par un autre sentier balisé d'un rectangle blanc barré de rouge. On termine par le sentier Cornelius (balisé par un rectangle jaune), et, en 1h, on boucle notre rando au lac Blanc.

3

Le Taennchel au départ de Thannenkirch

Situation : à 19 km SO de Sélestat • Distance : 15 km
Durée : 5h15 • Dénivelé : 590 m
Niveau : moyen • Balisage : anneau rouge

Randonnée vers un haut-lieu d'énergie tellurique qui fait l'objet de nombreux mythes et légendes avec des roches spectaculaires ou insolites.

Départ du parking en direction du **Cerisier Noir.** Au niveau du rocher de la Paix d'Udine, magnifique vue sur la plaine d'Alsace avec en ligne de fond le massif de la Forêt Noire. Puis, marche au sommet en longeant le **Mur-Païen**, un muret de pierres sèches de 2,3 km entre le Taennchel Antérieur et le rocher des Géants. Le mystère demeure sur son origine et le but de sa construction. Le long du parcours, on croise de nombreux rochers aux noms évocateurs : le **rocher des Titans**, un amas de dolmens naturels, le **rocher des Reptiles** avec un magnifique panorama sur la vallée de Sainte-Marie-aux-Mines. Plus loin, le **rocher des Géants** et vue sur le Haut-Koenigsbourg. Trempez vos mains dans la **source du Losbrunnen** censée avoir des vertus bienfaisantes. Arrivé à **l'ancienne carrière Wurzel**, prenez le temps de lire les panneaux d'explications. Ensuite direction le village, en chemin une petite bibliothèque forestière et **l'oratoire Notre-Dame-de-Bois** creusée dans un chêne.

2

Le saut de la Bourrique

Situation : à 4,5 km SO de Gérardmer • Distance : 8,6 km
Durée : env 3h • Dénivelé : 255 m • Niveau : moyen
Balisage : ronds rouges

Le saut de la Bourrique est une chute d'eau du massif des Vosges près de **Gérardmer.** Son nom viendrait de l'histoire d'une bourrique qui appartenait à un seigneur. En rentrant de croisades, il fut attaqué par des bandits et, pour le protéger, l'animal se jeta sur eux au pied de la cascade où elle périt avec les mécréants. La balade démarre vers le **camping de Ramberchamp.** Suivre la route de Sapois sur 1 km environ puis emprunter le sentier à gauche. De la cascade du saut de la Bourrique, un balisage vert mène ensuite à la tête du Mérelle et à son « observatoire », d'où l'on peut admirer le lac de Gérardmer dans toute sa splendeur. Redescendre ensuite par la cascade de Mérelle. Être bien chaussé, car beaucoup de chemins sont très rocailleux et glissants.

Le Club Vosgien, à l'origine de la création des GR®

Avec plus de 18 000 km de sentiers balisés, les Vosges s'avèrent une destination idéale pour le randonneur. Cette multitude de sentiers est indissociable de l'histoire et de l'activité du Club Vosgien, fondé à Saverne en 1872. La plus ancienne organisation pédestre de France est un exemple et une référence en matière d'aménagement touristique et de protection de la nature.

4

Les tranchées Sud du Hartmannswillerkopf

Situation : à 40 km NO de Mulhouse • **Distance** : 6,5 km
Durée : 3h • **Dénivelé** : 454 m
Niveau : moyen • **Balisage** : triangle jaune
Bon à savoir : prendre une lampe de poche pour explorer les abris et cavernes. Aires de pique-nique au col de Silberloch (Nécropole) et à la grande croix Blanche «Croix de la Paix en Europe».

Le Hartmannswillerkopf (Viel Armand en français) a été l'enjeu de furieux combats tout au long de l'année 1915. Les pertes s'élevèrent à 50 000 morts, répartis entre les deux camps. Cette randonnée mène sur les traces des combattants, en parcourant une partie de leurs tranchées. Elle débute par l'ascension du massif en suivant les tranchées fortifiées allemandes jusqu'au sommet où se trouve la nécropole. Un **sentier de mémoire** (cercle rouge) permet de découvrir avec des panneaux explicatifs l'ensemble du champ de bataille. Le retour descend par le **chemin des Dames**, la partie française des tranchées.

5

La crête des Vosges, sur le GR® 53

Situation : à 70 km N de Strasbourg
Distance : 167 km • Durée : env 8 j • Dénivelé : 1 099 m
Niveau : confirmé • Balisage : rouge • Topoguide de la FFRP : *Traversée du massif des Vosges*

Il traverse la **partie nord** du massif des Vosges. Long de 167 km, son parcours passe dans le Bas-Rhin et la Moselle. Il part de **Wissembourg** pour se terminer à **Schirmeck** et traverse en partie le parc naturel régional des Vosges du Nord. Ici, la forêt domine, les vallées sont longues et le relief arrondi. Des roches spectaculaires provenant de l'érosion du grès ponctuent le parcours. Ce grès fut utilisé pour construire les châteaux du Moyen Âge que l'on aperçoit en chemin et dont il ne reste que des ruines (plus ou moins accessibles). En arrivant dans les Vosges centrales, le GR® grimpe jusqu'au **Donon,** culminant à 1 009 m, puis jusqu'au **champ du Feu.** Plus au sud du massif se trouvent les sommets les plus élevés, entre 1 200 m et 1 423 m au **Grand Ballon,** point culminant des Vosges. C'est la partie de l'itinéraire la plus escarpée, à conseiller aux plus entraînés. Le relief est ici très marqué et ponctué de cirques glaciaires, pierriers, moraines, lacs et tourbières.

UN SENTIER HISTORIQUE

Le sentier baptisé à l'origine « Rectangle rouge » est créé en 1897, à l'occasion du congrès de Saverne pour le 25e anniversaire du Club Vosgien. Il est le précurseur des sentiers de grande randonnée dont l'appellation GR® date de 1947. C'est à cette époque qu'il est numéroté GR® 5 au départ du Donon, et GR® 53 en 1950 de Wissembourg au Donon. Aujourd'hui, la **Traversée du Massif des Vosges à pied** est le 1er itinéraire national à être labellisé au niveau européen : *leading quality Trails-Best of Europe.* Une reconnaissance bien méritée pour l'ancêtre fondateur des GR®.

Les meilleures activités hivernales dans les Vosges

Dans les Vosges, en hiver, on peut pratiquer bien d'autres activités sportives ou ludiques que le ski pour profiter de la neige. D'autant plus que les rondeurs et les pentes modérées du massif sont idéales pour des activités nordiques.

1 Se balader avec des chiens de traîneau

Tiré par des huskies et encadré par un musher professionnel, faire une promenade confortablement installé dans un traîneau, autour du Ballon d'Alsace, est une expérience romantique. On rencontre d'abord la meute qui va guider le convoi, ce qui permet d'interagir avec les chiens et de poser des questions sur leur mode de vie. Pour courir, les chiens préfèrent les heures les plus fraîches de la journée, donc le matin ou la fin de journée. Se couvrir chaudement de la tête aux pieds. Selon la météo, on monte vers le sommet d'où l'on domine les vallées ou bien on s'enfonce dans les profondeurs de la forêt vosgienne sur la piste qui relie la petite station de La Gentiane. Et si l'expérience vous a plu, sachez qu'il est aussi possible de prendre des cours pour s'initier à la conduite de l'attelage.

La Meute du ballon : sommet du Ballon d'Alsace à 30 km au nord de Belfort, frontière Vosges/Haut-Rhin. Contact uniquement par SMS : ☎ 06-70-57-75-08. • lameuteduballon.fr •

LE-HUSKY-DE-SIBÉRIE — UN-CHIEN-AMOUREUX

La légende tchouktche (le peuple tchouktche du Kamtchatka en Russie est à l'origine de l'amélioration de la race) veut que le husky soit né de l'amour d'un loup et de la lune : le husky a l'apparence du loup et porte la queue en croissant de lune. Selon la légende, les soirs de pleine lune, huskies et loups hurlent ensemble pour qu'elle redescende à nouveau.

2

S'initier au biathlon à La Bresse

Depuis quelques années, grâce aux succès des sportifs français, ce sport (on pourrait presque parler de double sport) d'origine militaire qui fait partie des disciplines de ski nordique connaît un véritable engouement. La Bresse est l'une des rares stations de ski françaises qui offre la possibilité de s'initier à cette discipline combinant ski de fond et tir à la carabine. Le biathlon est accessible à tous mais il est toutefois conseillé d'avoir quelques notions de ski de fond pour commencer, une bonne endurance, et la concentration nécessaire au tir. C'est le style skating qui est normalement pratiqué pour le biathlon mais vous pouvez aussi aussi le faire en style classique.

Plus d'infos : • labresse.net •

3

S'envoler en snowkite

Le snowkite se pratique au choix à ski ou à snowboard, d'où un bon niveau requis dans ces deux sports pour vous lancer dans la discipline. Il consiste à utiliser un cerf-volant de traction pour se déplacer sur la neige. Tout un programme ! Avec ses grandes étendues sur des sommets ouverts aux vents dominants, le massif des Vosges est un terrain de jeu idéal. Certains préfèrent se lancer dans la neige fraîche ou sur les lacs gelés, d'autres préfèrent sauter ou planer. Dans tous les cas, pour débuter, mieux vaut prendre un cours. L'occasion de découvrir le matériel (dépliage, mise en place, et pliage de l'aile, sécurité...) et d'apprendre les consignes de sécurité. On passe après à la pratique avec une première manipulation de l'aile sans skis pour ensuite se lancer dans ses premières glisses aérotractées. À vous les sensations fortes !

Plus d'infos : • bol-d-air.fr • Dans les env de La Bresse.

4

Emprunter la célèbre route des Crêtes, en ski de fond

Fermée à la circulation en hiver, c'est le moment d'en profiter. Au col de la Schlucht, on chausse ses skis de fond et c'est parti pour 15 km A/R sur cette célèbre route, créée durant la Première Guerre mondiale, afin de faciliter les mouvements de troupe de l'armée française. Au cœur du parc naturel régional des Ballons des Vosges, on glisse dans le grand blanc et le silence total le temps d'une excursion dépaysante - pour un peu, on se croirait au Canada - avant d'atteindre le Grand Ballon, point culminant de la sortie. Forfait massif des Vosges valable sur tous les sites nordiques du massif des Vosges à la journée ou pour 7 jours.

POUR-SE-REQUINQUER-RIEN-DE-TEL-QU'UN

REPAS MARCAIRE

Ne cherchez pas, le nom vient de l'allemand « *Melker* » qui signifie trayeur de lait. Il s'agit d'un repas montagnard consistant et revigorant servi dans les fermes-auberges de la région. Composé habituellement d'une tourte à la viande, d'un plat principal à base de porc fumé (le collet ou l'épaule) avec des pommes de terre au lard, suivi d'un fromage de Munster ou d'une tarte aux myrtilles (fraîches en été). On vous proposera parfois le *siesskäs* : c'est du fromage blanc de Munster du jour, non affiné, arrosé de crème, de kirsch et de sucre. Ne refusez pas, c'est un régal !

SYLVOTHÉRAPIE DANS LES VOSGES

Prenez un bain… de forêt

Pour ceux qui se sentent épuisés par le rythme effréné de la vie citadine et qui veulent déconnecter, les forêts vosgiennes sont le lieu idéal pour faire une pause et se ressourcer le temps d'une expérience 100% écolo !

33

2h environ

Toute l'année

Facile

Autonomie possible mais un guide vous dévoilera les secrets de la forêt

Wingen-sur-Moder (par exemple) sur la ligne TER (ligne Strasbourg - Sarreguemines - Sarrebruck). Compter 35 mn. À 10 km de la Petite-Pierre

Préparer

Tarifs : à partir de 25€/pers pour 2h de balade en forêt.

Pour des expériences guidées :

Éric Brisbare :
☎ 06-25-04-37-01.
· unbaindeforet.fr ·

Manuela Peschmann :
☎ 06-66-76-55-93.
· therapie-forestiere.fr ·

Valérie Fichet et David Dutarte :
☎ 06-11-05-09-07. et
☎ 06-95-62-21-53.
· lecaillouquiricoche.fr ·

Sylvie Triboulot :
☎ 06-06-41-86-49.
· sens-a-sons-nature.com ·

Albane Lessard :
☎ 06-70-48-20-68.
· sortiesderoutes.fr ·

Olivier Pohl :
· olivierpohl.fr ·

La récré des stressés

Dans les années 1980, le Japon, ultra-performant sur le plan économique, voit ses employés dépérir, étouffés par la charge et le rythme de travail. C'est alors que l'Agence des forêts japonaise préconise la pratique des « bains de forêt » (*Shinrin-Yoku*). À partir des années 1990, les observations scientifiques se multiplient, accréditant les bienfaits de la sylvothérapie sur la santé. Aujourd'hui, le Japon dispose de pas moins de 150 sentiers balisés destinés à cette pratique.

Avec ses 440 000 ha de forêt, le massif des Vosges est un véritable paradis naturel surnommé, à juste titre, « le Canada français » ! Pour un retour à la nature et un grand bol d'air pur, la forêt vosgienne est l'endroit rêvé.

Les feuillages bruissent dans le vent, les feuilles mortes crissent sous vos pieds, les parfums des différentes essences chatouillent les narines. Et vos poumons se remplissent d'un air pur et suroxygéné. Le pas et l'humeur s'allègent. L'activité physiologique est stimulée et régulée, le système immunitaire est boosté tandis que le taux de cortisol – « l'hormone du stress » – et la pression artérielle baissent. Ce sont les bienfaits de la sylvothérapie que vous commencez à ressentir. Un agréable moyen de calmer son stress, d'apprendre à respirer, à vivre le moment présent et d'apprécier les bienfaits de la forêt.

Le sylvothérapeute guide la randonnée et met son savoir au service de votre expérience pour vous aider à choisir votre partenaire arboricole : les feuillus ont des vertus plutôt apaisantes, les épineux plutôt tonifiantes. Le chêne insuffle la force, le hêtre, le bien-« hêtre », le tilleul agit comme un baume pour le cœur, quand le saule pleureur joue le rôle du psy. Chaque essence a ses caractéristiques que vous découvrirez en suivant une sortie guidée par un spécialiste du soin par la forêt.

Prolonger le week-end

N'hésitez pas à explorer ce **parc naturel** qui reste encore assez méconnu. Avec 65 % de couverture forestière, il a été déclaré « Réserve mondiale de la biosphère » par l'Unesco. Pour les fous de balades, 350 km de sentiers balisés par le club Vosgien et 150 km de circuits VTT. Et beaucoup de châteaux pour baliser les itinéraires.

Plus d'infos : • parc-vosges-nord.fr •

Idée rando

Le sentier des 3 Rochers : départ de l'office de tourisme de La Petite-Pierre. Parcours de 10 km offrant un magnifique point de vue sur la vieille ville et permettant la découverte de rochers en grès des Vosges emblématiques du massif des Vosges du Nord.

Dépliant disponible à l'office de tourisme de La Petite-Pierre (2, rue du château, ☎ 03-88-70-42-30. • tourisme.hanau-lapetitepierre.alsace •)

RANDONNER DANS LES PAS DES CONTREBANDIERS

à la frontière franco-suisse

34

Au long de la haute vallée du Doubs, quatre circuits thématiques font revivre la grande époque de la contrebande. Mais, même si c'est « pour de faux », n'oubliez pas vos papiers !

Itinéraires du Colporteur et de l'Orlogeur : de Morteau à La Chaux-de-Fonds (Suisse). Itinéraire de la Bricotte : boucle au départ de Maiche. Itinéraire des Gabelous : boucle depuis Morteau ou Saint-Ursanne (Suisse).

3 à 7 jours

Mai à début octobre

Moyen

Pas besoin de guide

Besançon

Préparer

Accès : la (jolie) ligne ferroviaire dite des Horlogers relie Besançon à la Chaux-de-Fonds avec un arrêt à Morteau. Pour Saint-Ursanne, trains depuis la gare TGV Belfort-Montbéliard. Pour Maîche, bus depuis Morteau ou Montbéliard.

Plus d'infos : • pays-horloger.com/contrebande •

Application smartphone : l'appli proposée par « Les Chemins de la contrebande » est gratuite et très pratique puisqu'elle fonctionne hors connexion. Elle aide à s'orienter et à connaître les points d'intérêts du parcours grâce à des QR-codes...

Saut du Doubs

Le parc naturel régional du Doubs propose des randos ludiques de quelques jours au cœur d'une superbe nature et à la découverte de traditions bien ancrées : on pense à l'horlogerie, pas à la contrebande (quoique...).

Dans toute - ou presque - sa haute vallée, la rivière du **Doubs** fait frontière entre la France et la Suisse. Frontière qui, depuis qu'elle existe, est franchie clandestinement (dans un sens comme dans l'autre) par les contrebandiers, que traquent les *gabelous* (gentil surnom dont les douaniers ont hérité à l'époque où ils prélevaient la gabelle, l'impôt sur le sel).

Quatre itinéraires de randos en itinérance sont possibles (dortoirs, campings, petits hôtels de campagne ou chambres d'hôtes vous attendent pour l'étape), qui font marcher autant la tête que les jambes : tout au long du chemin se succèdent des indices à découvrir et des énigmes à résoudre...

Dès les premiers dénivelés, on s'y croit, on s'est glissé dans la peau de son personnage : un contrebandier de produits du quotidien (tabac, café, allumettes... que l'on appelait autrefois la *bricotte*), ou alors un de ces horlogers qui faisait traverser en douce la frontière à ses mouvements de montres, ou encore un colporteur qui, dans le double fond de son sac, passait lettres et messages secrets !

Ces balades traversent une nature aussi superbe qu'intacte. De part et d'autre de la frontière, cette microrégion est classée « Parc naturel régional » et on en contemple, chemin faisant, tous les trésors, à commencer par la spectaculaire **cascade du saut du Doubs.** Les « Sentiers de la Contrebande » permettent également de découvrir la vieille tradition franco-suisse de l'horlogerie : du fabuleux musée de la Montre de **Villers-le-Lac** au non moins fabuleux musée international de l'Horlogerie de **La Chaux-de-Fonds.**

Prolonger le week-end

Les échelles de la Mort

Le nom fait un peu froid dans le dos. Mais, rassurez-vous, ce ne sont plus les échelles un peu branlantes, bricolées à partir de troncs et de branches d'arbres avec lesquelles les contrebandiers se lançaient autrefois à l'assaut de ces très hautes falaises qui plongent dans la vallée. Aujourd'hui métalliques et bien arrimées à la roche (sujets au vertige, s'abstenir), elles permettent, au terme d'un petit effort, de s'offrir un superbe panorama sur la vallée du Doubs dans une de ses parties les plus sauvages. Pour encore plus de sensations, une via ferrata a été aménagée sur la falaise. Plutôt ludique avec plusieurs ponts de singe, ponts tibétains, poutres, tyrolienne et, évidemment, quelques échelles de bois.

À env 12 km de Charquemont (25140), l'accès est fléché. • lacombesaintpierre.com • Location de matériel à la station de loisirs de la Combe Saint-Pierre.

Notre top 4 des randos dans le Jura

Véritable poumon vert grâce à ses immenses forêts, il fait bon randonner dans le Jura. Les lacs mais aussi les belles vallées illuminent cette région qui séduira sans réserve les amoureux de la nature.

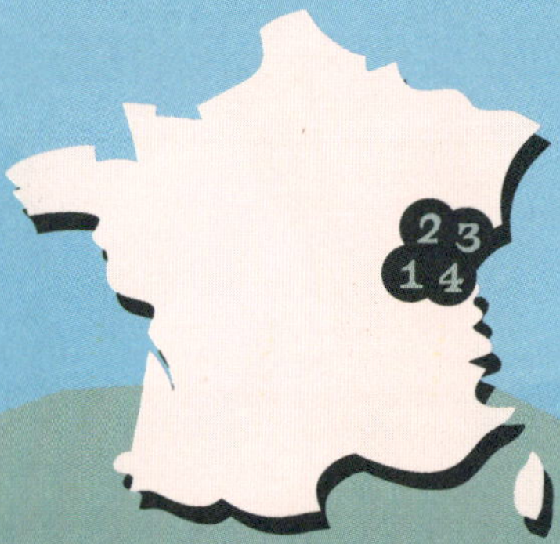

1

Les ruines du château de l'Oliferne

Boucle : accès par un chemin carrossable qui part du hameau de Boutavant, au-dessus du lac de Croiselet à Vescles.
Distance : 7,5 km • Durée : 2-3h. • Ville la plus proche : Oyonnax

La boucle, balisée en jaune tout du long, démarre en prenant le vaste chemin à droite et non en direction d'Oliferne. Ensuite, s'engager à gauche sur le sentier de la crête du Molard de Justice (quel drôle de nom !). Puis, on tournera à gauche vers l'aire de pique-nique indiquée. Après avoir cheminé sans difficulté dans la végétation, on atteint le col et le château. Posé à 807 m d'altitude sur le pic d'Oliferne et dominant la vallée de l'Ain, c'est le genre d'endroit pour lequel l'expression « nid d'aigle » semble avoir été inventée. D'ici, la vue récompense bien les efforts fournis pour la montée. Il reste encore quelques solides vestiges de ce château, construit vers 1230 et incendié au XVIe s par les troupes d'Henri IV. Aujourd'hui, des travaux de restauration sont en cours afin de les préserver. Des panneaux explicatifs permettent de découvrir l'ensemble du site qui, assurément, ne manque pas de charme.

2

Les cascades du Hérisson

Départ : depuis Doucier, une route de 9 km en cul-de-sac (la D 326, dite route des Cascades) mène à un grand parking payant. On y trouve un point info, puis la maison des Cascades. La balade à pied démarre ici avec la cascade de l'Éventail. • Arrivée : Saut Girard • Distance : 7,4 km • Durée : 2h30
Ville la plus proche : Lons-le-Saunier

Mariage de deux ruisseaux prenant leur source dans les lacs d'Ilay et de Bonlieu, pour se réunir en une série de cascades plus belles les unes que les autres, le Hérisson s'étend sur 15 km. Il traverse les lacs de Val et de Chambly avant de se jeter dans l'Ain à 2 km au sud de Doucier. Ses cascades (31 sauts) sont les plus connues du Jura. Résultat : beaucoup de monde sur les sentiers, dès les beaux jours ! Cette balade a la particularité d'offrir un accès handicapé avec la « balade confort » au départ de l'Auberge du Hérisson. Néanmoins, seuls les marcheurs pourront approcher les cascades, jalonnées d'usines qui fonctionnèrent jusqu'au XIXe s. Balade vivifiante, en sous-bois, à l'écoute d'une symphonie des eaux où chaque cascade joue sa partition avec grâce ou fureur selon son tempérament. Rien de commun en effet entre l'Éventail (65 m de chute par escalier), le Grand Saut (une cascade en queue de cheval de 60 m de hauteur), ou encore le Gour Bleu (cristallin et romantique). On aperçoit aussi une grotte au pied du Grand Saut. Attention, après une journée pluvieuse, les rochers sont parfois glissants, et les pentes un peu raides. Donc, soyez prudent, n'oubliez ni le bâton et les chaussures adéquates, ni un pique-nique, pourquoi pas !

3

Le pic de l'Aigle et le belvédère des Quatre Lacs

Boucle : partir du parking du pic de l'Aigle à Chaux-du-Dombief.
Distance : 9 km
Durée : 3h
Ville la plus proche : Lons-le-Saunier

Ça grimpe un petit peu à l'aller pour rejoindre le sommet du pic de l'Aigle à 993 m d'altitude. Néanmoins, un joli panorama à 360° vous attend : des lacs de la vallée du Hérisson jusqu'aux Alpes et le mont Blanc par beau temps. La balade aux balisages blanc-rouge et jaune se prolonge en suivant la ligne de crête, jusqu'au belvédère des Quatre Lacs. Plus loin, le plateau des Sept Lacs vaut au secteur le surnom de la « Petite Écosse » en raison de ses eaux presque turquoise bordées de falaises pour le lac d'Ilay et d'une flore exceptionnelle autour des deux lacs du Maclu, le petit et le grand. Celui de Narlay, né d'un effondrement, est, avec ses 48 m, le plus profond du massif du Jura. La boucle se fait plus ou moins facilement selon la saison mais cela reste une belle balade familiale. La baignade est en revanche déconseillée.

4

Les hautes-combes en Bourgogne-Franche-Comté : le Crêt de Chalam

Départ : accès en voiture au départ de La Pesse par la route de la Borne-au-Lion.
Arrivée : Crêt du Chalam
Distance : 9 km
Durée : 4h
Ville la plus proche : Oyonnax

La route de la Borne-au-Lion au XVIIe s, marquait la frontière entre le royaume de France, l'Espagne et la Savoie. Une plaque historique déposée en 1613 en est la preuve physique. Aujourd'hui, face à la Suisse, le crêt de Chalam n'a pas perdu son charme. Pour atteindre les 1 545 m du crêt, il faut emprunter le GR® 9 puis l'abandonner assez vite pour s'engouffrer dans la forêt, car la majeure partie du sentier balisé se fait à travers les résineux. Du haut du crêt une superbe vue se dégage sur les Monts du Jura, les Alpes et le mont Blanc pourvu que ce dernier veuille bien ôter son bonnet. La vue à 360° permet de se réapproprier les différents sommets environnants et de réviser ses classiques. Il faut néanmoins faire attention à la descente qui peut se montrer traîtresse en raison des roches parfois glissantes.

PÉDALER LE LONG DU DOUBS

35

les sacoches chargées de fromages

Sur une des plus belles portions de l'EuroVelo 6, la « Coulée Gourmande » fait, au long du Doubs (la rivière), la liaison entre les deux plus grandes villes du Doubs (le département). Aussi tranquille que superbe, voici une balade gourmande au creux d'une vallée où broutent les vaches montbéliardes dont le lait donne de fameux fromages.

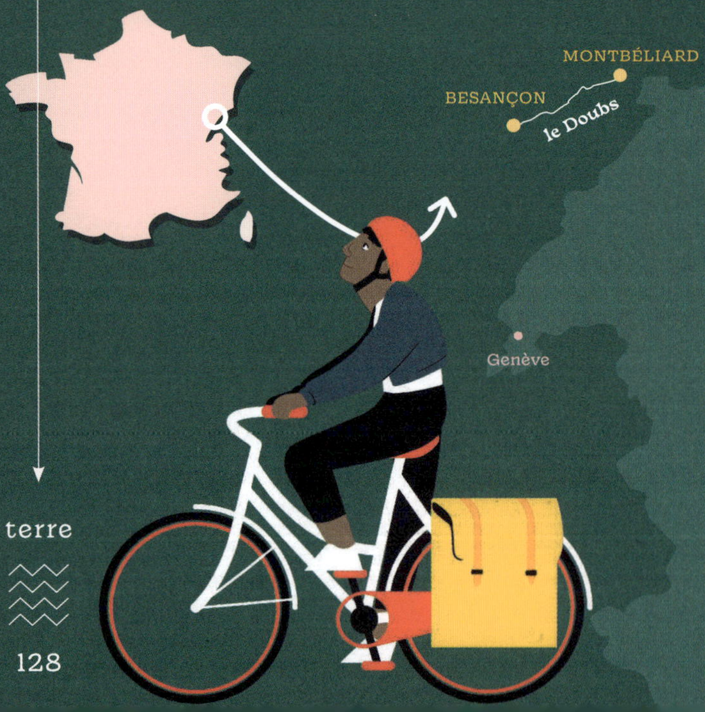

Besançon / Montbéliard

103 km

1 week-end à 4 jours

Avril à octobre

Facile

Pas besoin de guide

Besançon

Selon hébergements

Préparer

Plus d'infos : • doubs.travel • Voir également chapitre suivant pour plus d'infos sur les randos vélo-fromages.

Louer son vélo à Besançon :
- Event Bike : 5, rue du Polygone, ☎ 03-81-40-07-64.
- Besançon Services Cycles : 7, rue Voirin. ☎ 03-81-51-88-16. • besancon-services-cycles.fr •
- My Cycle : 106, Grande-Rue. ☎ 03-59-61-62-62. • my-cycle.fr •

fromages
Idéal en famille
parents
enfants

On va d'abord vous dire tout le bien qu'on pense de la petite centaine d'itinéraires récemment créés pour découvrir, à vélo, tous les fromages de France (combien de variétés, d'ailleurs, d'après le général de Gaulle ?).

Ensuite, si on a choisi celui-là, la **Coulée Gourmande,** c'est parce qu'il suit, entre Besançon et Montbéliard, la magnifique **vallée du Doubs,** le long d'anciens chemins de halage donc loin de toute circulation automobile et avec un dénivelé proche de zéro. Idéal donc en famille. Comme pas mal de cyclistes qui l'empruntent, on n'est pas loin de penser que c'est une des plus belles portions de la célèbre EuroVelo 6 (4 450 km, de la mer Noire à l'Atlantique) : de la verdure partout, de mignons villages dont les maisons anciennes se reflètent dans l'eau de la rivière ou du canal. Et moult occasions (l'idée est là) de faire le plein de fromages locaux.

On va en faire un fromage

Avant de prendre la (vélo) route, on peut poser son deux-roues, place de la Révolution à **Besançon** où, autour du passionnant musée des Beaux-Arts, se concentrent les meilleurs fromagers de la ville : joli choix de comtés à la Cave aux fromages *(2, rue Gustave-Courbet)*, vente directe des fromages (leur morbier est excellent) d'une fruitière (le nom régional des coopératives fromagères) du Haut-Doubs à un autre angle de la place *(2, rue des Boucheries)* et, sous le marché couvert, les excellentes cancoillottes artisanales de Pascal Thomas à la crémerie du marché.

Arrêt obligatoire ensuite à **Baume-les-Dames,** charmante cité de caractère en plein cœur de la verte vallée du Doubs, célèbre pour son abbaye de chanoinesse fondée au Ve siècle et qui abrite maintenant un centre culturel.

Et au village de **Soye**, la boutique de la ferme de la Garenne vend une large gamme de produits laitiers bio : yaourts, faisselles…

À Montbéliard, halte obligée à la fromagerie de Montbéliard, installée au 60, rue Jacques-Foillet, dans une ferme construite par les Mennonites (ces « immigrés » qui ont créé la race montbéliarde au XVIIIe s) : pas de comté (le secteur est hors zone AOP) mais de superbes morbiers. Dans la zone artisanale (pas franchement glamour) de l'Allan, la fromagerie Lehmann propose, elle, des cancoillottes dont on se surprend à lécher les pots.

La rando terminée, on ne manquera pas d'aller visiter à **Sochaux,** l'Aventure Peugeot, un musée passionnant consacré à la marque au lion, installé dans une ancienne brasserie.

ET SUR L'EAU ?

Pour pagayer sur le Doubs, on peut louer paddle, canoës et kayaks en aval de Besançon pour, par exemple, une jolie balade en boucle (8 km).

Plus d'infos : • woka.fr •

Notre top 5 des parcours vélo-fromages

Envie de sillonner la France à vélo, de découvrir la richesse de ses territoires, tout en se régalant de ses spécialités fromagères locales ? C'est ce que propose le concept original du vélo-fromage : allier le plaisir sportif à celui de la dégustation en se régalant des fromages fermiers de nos régions. Alors, pour pédaler au cœur du patrimoine fromager français, voici cinq itinéraires gourmands qu'on vous livre sur un plateau !

1

Sur la route du livarot et du camembert en Normandie

Départ-arrivée : boucle depuis Livarot • Niveau : difficile
Distance : 56 km • Durée : 5h

Nous voilà en plein cœur du pays d'Auge, avec, face à nous, des kilomètres de prairies verdoyantes où s'épanouissent pommiers, maisons à colombages, et vaches laitières. Juché sur votre vélo, aventurez-vous le long des sentiers qui cheminent dans cette nature paisible. À **Livarot,** on ne manque surtout pas de visiter le village fromager aménagé de Graindorge (lun-sam, 9h30-12h30, 14h-17h) où on assiste à la fabrication des deux célèbres AOP du pays d'Auge : le livarot et le pont-l'évêque. Leur recette n'aura plus de secrets pour vous ! Après cette première étape gourmande, on enfourche notre vélo direction **Camembert,** où un musée retrace toutes les étapes de fabrication de cet illustre fromage normand. Le circuit nous ramène ensuite à notre point de départ, mais on prendra d'abord le temps de s'offrir quelques pauses gustatives dans les fermes locales qui ponctuent le parcours ; celle de la Moissonnière à Fervaques, par exemple.

2

Le crottin de Chavignol au fil de la Loire

Départ : Marseille-lès-Aubigny • Arrivée : Poilly-lez-Gien
Niveau : facile • Distance : 135 km • Durée : 13h30

Cet itinéraire nous porte sur le tracé de la célèbre route de la Loire à vélo, entre **Marseille-lès-Aubigny** et **Poilly-lez-Gien**, à la découverte de la région productrice du fameux AOP crottin de Chavignol. Du Cher au Loiret en passant par la Nièvre, on pédale donc sur une partie de l'EuroVelo 6, également connue sous le nom de « Route des fleuves ». L'itinéraire est ponctué de 34 sites fromagers, parmi lesquels on retrouve, entre autres, la Chèvrerie de La Bête Noire Sancerroise à **Thauvenay** (tlj 10h-12h, 14h-19h), la fromagerie Romain Dubois à **Saint-Satur** (tlj 8h30-12h, 14h-18h30), et la Chèvrerie du grand Bardelet à **Poilly-lez-Gien** (mer-dim, 14h30-19h sauf nov-janv). De quoi apprécier les différents degrés d'affinage (mi-sec, bleu ou repassé) de ce roi des crottins ! Un plaisir gustatif qui vient amplement récompenser cette longue itinérance au fil de la Loire…

3

Escapade montagnarde en Haute-Savoie

Départ-arrivée : boucle depuis Annecy • Niveau : moyen
Distance : 55 km • Durée : 4h

Nul doute qu'en pays de Savoie, le fromage règne en maître ! Parmi les AOP du territoire – réputés à l'échelle nationale –l'abondance, le beaufort, le chevrotin, le reblochon et la tome des Bauges sont les vedettes locales. Le **tour du Semnoz** à vélo nous promet des paysages exceptionnels, entre le splendide **lac d'Annecy** et le **massif des Bauges,** le tout agrémenté de nombreuses haltes gourmandes. On s'élance donc au départ de la Venise des Alpes, avant de s'engager dans une ascension forestière jusqu'au col de Leschaux (897 m), où l'on profite d'un magnifique panorama sur les Bauges. En chemin, on peut faire une halte au GAEC Les Noisetiers (ouv tlj en été, sinon sur résa) savourer de l'abondance. On plonge ensuite dans la **vallée du Chéran** ; une autre étape gourmande peut être envisagée à la Fruitière du Semnoz (lun-sam 9h-12h, 15h-19h), puis on poursuit notre boucle jusqu'à **Lescheraines** et sa coopérative laitière (tlj 9h-12h30, 15h-19h), réputée pour sa tome des Bauges. Un circuit qui fait prendre de la hauteur et c'est ce qu'on aimeuuuuhh…

4

Échappée gourmande et culturelle à Rocamadour dans le Lot

Départ-arrivée : boucle depuis Rocamadour
Niveau : moyen • Distance : 25,5 km • Durée : 3h

Au départ de **Rocamadour,** cette très belle boucle nous emmène à la découverte du célèbre chèvre qui fait la réputation et la fierté de toute la région. Le parcours nous dévoile en prime de magnifiques paysages dotés d'un patrimoine culturel d'exception : le **causse du Quercy,** les vallées éblouissantes de l'Alzou et de l'Ouysse, ponctuées de leurs falaises et moulins, le château perché de **Belcastel** en surplomb de Lacave, de charmants petits hameaux comme celui de **Mayrinhac-le-Francal,** et on s'émerveille bien entendu devant la vénérable cité de Rocamadour. Un sacré décor… Tout le long de l'itinéraire, on prend le temps de rencontrer les producteurs du fameux cabécou de Rocamadour AOP ; et de faire escale dans les fermes de Lacoste (tlj 10h-12h, 14h-15h) et de la Borie d'Imbert (tlj 10h-17h).

5

Au cœur des monts du Cantal en Auvergne

Départ : Chalinargues • Arrivée : Ruynes-en-Margeride
Niveau : Difficile • Distance : 100 km • Durée : 10h

Avis aux sportifs et aux amoureux de la nature, ce tronçon de la GTMC (Grande Traversée du Massif central à VTT) est fait pour vous ! L'itinéraire, exceptionnel, nous mène en plein cœur des **monts du Cantal.** Si on en prend plein la vue, nos papilles ne sont pas en reste pour autant ! C'est bien connu, l'Auvergne se distingue comme l'une des plus grandes régions productrices de fromages en France. L'AOP garantit l'identité unique de cinq fromages mythiques de la région : le cantal, le saint-nectaire, la fourme d'Ambert, le bleu d'Auvergne et le salers. Pour les découvrir, on enfourche donc son VTT et on s'élance dans le **massif de la Pinatelle,** depuis Chalinargues jusqu'à Ruynes-en-Margeride, en passant par Murat, la station du Lioran, Albepierre-Bredons et Saint-Flour, avec, à la clef, des étapes savoureuse… On prendra notamment le temps de faire une halte au GAEC de Ferrand à Neussargues-en-Pinatelle (tlj 9h-12, 17h30-19h) et à la Grange de la Haute Vallée à Albepierre-Bredons (tlj 10h-12h30, 15h-18h30).

PAGAYER DANS UN TABLEAU DE COURBET AU LONG DE LA LOUE

à bord d'un canoë ou d'un kayak

36

Une promenade nautique à la découverte d'une nature sauvage et préservée.

Départ conseillé depuis Montgesoye, Vuillafans ou Ornans

9 à 18 km

1/2 journée à 2 jours

Mai à septembre

Moyen

Pas besoin de guide

Besançon et Pontarlier

Préparer

Accès : de Besançon comme de Pontarlier, un bus dessert toute la vallée de la Loue. • viamobigo.fr •

Plus d'infos : • destinationlouelison.com •

Louer son canoë, son kayak ou son paddle : Akila, route de Montgesoye à Ornans • akila-centers.com • ; Latitude Canoë à Montgesoye • latitudecanoe.fr •. Compter 26€/pers pour un kayak et 40€ pour un canoë pour 1/2 journée.

Bon à savoir : accessible aux enfants sachant nager (à partir de 8 ans ; 12 ans pour un bateau monoplace)

Attention : la navigation sur la Loue est soumise au niveau d'eau. Les loueurs vous renseigneront.

Le peintre Gustave Courbet, star incontestée du pays, a consacré pas moins de 13 toiles à la source de la Loue. Normal : la nature a superbement mis en scène la naissance de cette rivière.

Après sa source, la Loue se glisse dans de profondes gorges dans lesquelles on peut déjà mettre son kayak à l'eau. Mais pour cette partie-là, entre eaux toujours tumultueuses et affleurements rocheux, sans être médaillé olympique, il faut déjà avoir empoigné plus d'une fois une pagaye...

En revanche, en aval de **Lods** (un des « Plus Beaux Villages de France »), la Loue s'alanguit dans une large vallée et on peut suivre son cours, tranquillou, en famille. Avec quand même deux ou trois légères montées d'adrénaline en glissant au long de petits barrages ou en pagayant dans des eaux un peu plus vives. Cette balade en canoë ou en kayak (sinon en paddle, mais c'est plus sportif) traverse de superbes paysages (hautes et lumineuses falaises calcaires, vergers de cerisiers et champs à Montbéliardes - les vaches !) et des bourgs et villages de charme comme la merveilleuse « Petite Venise comtoise » qu'est **Ornans,** ou **Cléron** dont les hautes tours du château se mirent dans les eaux de la rivière. La descente peut se faire en autonomie. Si vous ne vous sentez pas vraiment sûr de vous, il est évidemment possible d'embarquer accompagné d'un moniteur. Et pour un week-end un brin dépaysant, les loueurs de bateau proposent de passer une nuit sur les rives de la Loue, sous un vaste tipi.

> Cette balade traverse de superbes paysages

Prolonger le week-end

Les « sentiers Courbet »

Huit parcours thématiques pour suivre (à pied ou à vélo) les traces de Courbet (1819-1877), à travers la petite ville d'Ornans ou à la recherche des paysages qu'il a peints dont le fameux ravin du Puits Noir et l'inévitable source de la Loue (la balade emmène également à la grotte des Faux Monnayeurs et au superbe point de vue de Renédale).

Parcours aventure

Sur le **site d'Akila à Ornans,** sont installés **six parcours acrobatiques** dans les arbres (le « Ouistiti » est accessible aux enfants à partir de 1 m) : murs de cordes, passerelles, ponts suspendus et ateliers plus ou moins physiques où l'on évolue en toute sécurité, de 1,50 m à 16 m de hauteur. 3 km de tyroliennes dont l'une fait traverser la Loue. Pour amateurs de sensations fortes : saut dans le vide depuis une tour métallique haute de 20 m. Également un mur d'escalade.

Plus d'infos : • *akila-centers.com* •

COMPTER SI LES ÉTANGS SONT BIEN 1000

sur le plateau du même nom

37

Au hasard de nos balades sur ce plateau des Vosges du sud, on les a comptés et on... compte sur vous pour nous dire si le compte est bon.

1/2 journée à 5 jours (pour faire à pied le tour du plateau, avec étapes dans de charmantes chambres d'hôtes)

Toute l'année (les brumes de l'automne nimbent le plateau d'une atmosphère toute particulière)

Facile

Pas besoin de guide

Lure (ligne Paris Est-Mulhouse) et Luxeuil-les-Bains (ligne Épinal-Belfort).

Selon hébergements

Préparer

Situation : entre Luxeuil-les-Bains et Saint-Maurice-sur-Moselle, Lure et Plombières-les-Bains.

Accès : les circuits démarrent des villages du plateau que, motorisé, on gagne côté Haute-Saône, via Lure, Luxeuil-les-Bains ou Fougerolles ; côté département des Vosges via la vallée de la Haute-Moselle et le col des Croix.

Plus d'infos : · les1000etangs.com ·

Un monde à part qui doit tout à l'homme

Envie d'ailleurs sans quitter l'Hexagone ? Le plateau des 1 000 étangs vous attend. Avec plein de petites randos en boucle qui vous emmèneront en Finlande, au Canada ou en Irlande.

Le plateau des 1 000 Étangs, un peu perdu tout au sud du massif des Vosges, est surnommé la **« Petite Finlande »**, clin d'œil au « pays des 1 000 lacs » de ce pays nordique. Et il est vrai qu'on s'y sent définitivement ailleurs, quelque part entre la Scandinavie effectivement (hautes fougères et bouleaux, cabanes de bois…) et le Canada : le millepertuis boréal ne pousse qu'ici et là-bas ! Et ce plateau vosgien ravive d'autres souvenirs de voyage : feux de tourbes et landes rases piquetées de nombreux calvaires de pierre peuvent, par exemple, évoquer l'Irlande. Un monde vraiment à part, qui doit, en fait, tout à l'homme. Dans ce paysage de creux et de bosses façonné par les glaciers du Quaternaire, ce sont les moines qui, à partir du XIe s, ont transformé tourbières et marais en étangs pour y élever carpes ou tanches… histoire d'avoir du poisson pour faire maigre le vendredi !

Les étangs sont toujours là et on vous laisse vérifier s'ils sont bien 1 000 au hasard des 250 km d'une vingtaine de circuits (pédestres ou VTT) balisés. On avoue un faible pour le bien nommé **circuit des Étangs** au départ de l'adorable hameau de Beulotte-Saint-Laurent. Mais la balade à travers le **plateau d'Esmoulières** vaut également le déplacement, comme le **sentier des Époissets** qui frôle quelques remarquables plans d'eau comme l'étang Pélevin (si vaste qu'il accueille des compétitions de ski nautique). Ou bien encore le circuit de **la Petite Finlande,** à faire en famille (même les poussettes passent).

Dans l'air au-dessus de l'eau

Pour prendre toute la mesure du plateau des 1 000 Étangs, il faut… prendre de la hauteur. La vue aérienne de cette myriade de tâches bleues au milieu du vert des landes et forêts est tout simplement saisissante. Surtout depuis la nacelle d'une **montgolfière** comme celles que fait s'envoler (sur réservation) « Ballooning Adventures ». Pas donné, certes, mais inoubliable.

Plus d'infos : • ballooning-adventures.fr •

Le festival 1 000 pas

Créé en 2003, c'est le plus ancien festival de randonnée de France. Chaque dimanche (et certains jours fériés) d'avril à juillet sont proposées des balades inédites et souvent surprenantes. Les circuits – qui changent chaque année – sont éphémères (le balisage n'est installé que le temps d'une journée) et ouvrent les portes de lieux habituellement inaccessibles : des chemins secrets, des étangs privés, un patrimoine historique qui ne se dévoile qu'à l'occasion. Et si ces balades sont payantes (la somme est modeste), on vous fournit le ravitaillement.

38

PAGAYONS AU LONG DE L'OGNON

Sûrement une des rivières françaises les moins connues et pourtant...

Nature sauvage, villages et bourgs de charme... On y est loin des embouteillages de bateaux de l'Ardèche !

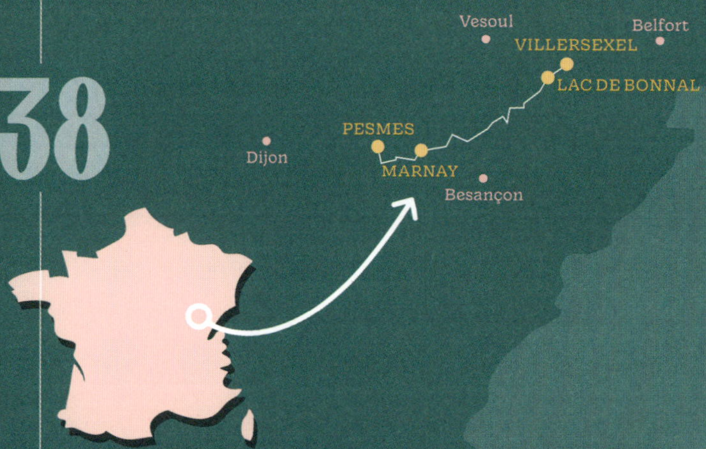

Villersexel / Pesmes

8 à 83 km

1/2 journée à 5 jours

Mai à septembre

Facile à moyen

Pas besoin de guide

Besançon ou Belfort

Préparer

Accès : il faut être motorisé. La vallée est à environ 1h des gares TGV de Besançon et Belfort-Montbéliard, à 1/2 h de Vesoul.

Départs possibles : de Villersexel, Montbozon, Voray-sur-l'Ognon, Marnay ou Pesmes.

Bon à savoir : attention, au niveau d'eau au cœur de l'été qui peut obliger ici ou là à porter son bateau. Réservé aux enfants à partir de 5 ans, sachant nager ; 12 ans pour les randos-canoës.

Louer canoës et kayaks : Plein Air et Nautisme à Villersexel et à Montbozon • pan-sarl.eu • ; Voray C-K à Voray-sur-l'Ognon • vorayck.free.fr • ; Woka à Marnay et à Pesmes • woka.fr • Compter 31 € la 1/2 journée pour 2, en canoe ou kayak.

Pesmes

Affluent de la Saône, l'Ognon naît dans les Vosges saônoises, massif d'où il dégringole plutôt furieusement (son nom vient d'ailleurs du celte *odonna,* « eau de torrent »).

Mais en aval de Lure, l'Ognon, gorgé d'une poignée d'autres petites rivières, se fait beaucoup plus tranquille et dessine de jolis méandres au long d'une bucolique vallée.

Cette paisible rivière (il y a quand même quelques rapides et des barrages pour pimenter la balade) est navigable sur 185 km. Pour une courte virée, on peut partir de **Villersexel,** jolie petite citée perchée puis descendre la rivière jusqu'aux vastes **lacs de Bonnal** ou, plus en aval, pagayer entre les adorables bourgs médiévaux de **Marnay** et de **Pesmes**.

Et pour les aventuriers au long cours, le club de canoë-kayak de Voray-sur-l'Ognon (fondé en 1964 et qui a, depuis, formé quelques champions), propose des randos-canoës d'un week-end à cinq jours, avec bivouac ou arrêts dans de petits campings idéalement posés sur les berges de la rivière.

Quel que soit votre choix, au fil de berges verdoyantes et encore bien nature, vous croiserez cygnes (ne les approchez pas trop s'ils ont des petits...), hérons, martins-pêcheurs... et pêcheurs placides sur leurs barques. Quelques petites plages de galets pour pique-niquer ou faire trempette. Et même un village qui s'appelle Venise...

Royal biscuit

On peut acheter, dans de jolies boîtes à l'ancienne, de « véritables biscuits de Montbozon » dans le petit bourg du même nom, posé sur les rives de l'Ognon. Ce cousin éloigné du biscuit de Reims, au délicat parfum de fleur d'oranger a été inventé par un certain Guichard, pâtissier particulier de Louis XVI. À la chute du roi, il était venu se planquer ici, dans une petite auberge où, sur son lit de mort, il avait confié la recette à son hôtesse. Recette au secret toujours bien gardé.

Notre bonne adresse

Cabanes Coucoo Grands Lacs : pour celles et ceux qui veulent continuer de vivre auprès de l'eau (sinon sur l'eau !), des cabanes aux formes insolites au cœur d'un superbe domaine de forêts et d'étangs qu'on peut effectivement appeler lacs. Certaines sont posées sur pilotis sur les rives, d'autres flottent tranquillement (et on y accède uniquement en barque). Si vous préférez prendre un peu d'altitude, il existe également des cabanes perchées (et, pour certaines, vraiment haut perchées !) dans des arbres largement centenaires. Une belle expérience qui fleure bon l'aventure, mais dans une version luxueuse (toilettes sèches partout, salles de bains individuelles dans une hutte à l'écart et même un spa pour les plus chères).

***La Forge-de-Bonnal,** 70230 Chassey-lès-Montbozon. ☎ 03-84-77-06-72. • cabanesdesgrandslacs.com • D'avr à mi-nov. Cabanes pour 2, env 145-310 €, avec petit déj. Quelques cabanes familiales (jusqu'à 4 pers). Possibilité de réserver un dîner.*

LE CANAL DE BOURGOGNE À VÉLO

39

Quatre jours en bicloune au bord de l'eau

Le long du canal de Bourgogne, une voie verte relie joliment Dijon à la charmante commune de Migennes, au nord d'Auxerre. En chemin, on prendra le temps de mettre pieds à terre pour visiter les petites villes de Montbard et Tonnerre.

Préparer

Accès : arriver en TGV à Dijon. Sur le chemin, gares TER à Montbard, Tonnerre ou Migennes (env 12 trains/j.). Possibilité de se déplacer en TER (place vélo gratuite).

Louer son vélo : Bourgogne évasion, à Dijon, 78, rue Monge. ☎ 03-80-26-17-12. • bourgogne-evasion.fr • Vélos à partir de 20€/j. et vélos électriques à partir de 40 €/j. Vélibourgogne, ☎ 03-86-46-24-99. • velibourgogne.fr • Système de location de VTC tout au long du canal permettant de louer un vélo dans une vélostation et de le laisser dans une autre (Migennes, Tonnerre, Ancy et Montbard). VTC 20 €/jour, vélo électrique 31 €/jour.

Bon à savoir : l'équipe d'Escapade Gourmande, • escapadegourmande.fr • propose un service de transport de bagages sur résa. Le site • francevelotourisme.com • est bien utile pour trouver des hébergements labellisés « accueil vélo » sur le chemin.

De Dijon à Pouilly-en-Auxois, 58 km

Depuis la capitale des ducs de Bourgogne, ville d'art et d'Histoire qui mérite au moins une journée de visite, on enfourche sa monture pour emprunter la voie verte aménagée le long du chemin de halage du canal. Un joli itinéraire sans difficulté pour commencer votre rando-vélo. On longe le lac Kir, puis on suit la paisible **vallée de l'Ouche.** À Pont-d'Ouche, le canal fait un coude à 120° et passe au-dessus de l'Ouche grâce à un pont-canal. On peut s'arrêter au petit port fluvial pour une halte bien méritée.

De Pouilly-en-Auxois à Montbard, 55 km

Pouilly est le point le plus haut du canal. Après avoir vu la **voûte de Pouilly,** un étonnant tunnel souterrain de 3 km qui unit la Seine et le Rhône, une halte au **Muséoparc d'Alésia** s'impose. Le bâtiment vaut d'ailleurs le détour. Sa forme circulaire coiffée d'une couronne d'arbres donne un aspect futuriste à l'édifice qui s'intègre à merveille dans le paysage. Il présente la célèbre bataille qui eut lieu en 52 av. J-C. à l'aide de technologies multimédias et de maquettes. Passionnant !

Si vous avez encore du courage, faites un détour par l'**abbaye de Fontenay** (ci-contre), restée telle quelle fut fondée par Saint-Bernard en 1118. Une merveille inscrite au Patrimoine mondial de l'Unesco.

De Montbard à Tonnerre, 60 km

Les méandres du canal vous accompagnent agréablement sur cette étape. Avant de traverser **Ancy-le-Franc,** on passe par le village de Buffon, du nom, non pas du célèbre gardien de but italien, mais bien du naturaliste français qui fit construire des forges produisant un fer d'une qualité remarquable.

Un peu plus loin, le **château d'Ancy,** exemple parfait de la Renaissance italienne, dresse sa superbe silhouette en plein Pays Tonnerrois. Posez votre vélo le temps d'une visite des appartements et pour faire un tour - à pied - dans le beau parc à l'anglaise.

L'arrivée à **Tonnerre** ne se fait pas en un éclair puisqu'il vous reste encore 32 km depuis Ancy et une farandole de beaux lavoirs où s'arrêter si vos jambes demandent une trêve.

De Tonnerre à Migennes, 45 km

Petite cité de caractère, **Tonnerre** est une étape bien agréable avec ses nombreux parcs où faire une pause et ses hôtels particuliers. À voir : l'hôtel-Dieu, l'un des plus anciens d'Europe.

On quitte le vignoble tonnerrois pour arriver à **Migennes,** une petite ville au charme discret, entre son village médiéval blotti sur les hauteurs et son patrimoine ferroviaire hérité du PLM (Paris-Lyon-Méditerranée). Ici prend fin notre aventure à bicyclette. Mais rien ne vous empêche de continuer...

À CHEVAL DANS LA PAMPA DU MORVAN

Sur les traces des Éduens

40

Pour profiter au mieux des monts du Morvan, ces montagnes russes naturelles proches de Paris, rien de tel que de chevaucher à travers la pampa bourguignonne et bivouaquer sur le mythique mont Beuvray (821 m), au pays de nos ancêtres les Eduens. En selle !

Boucle depuis le centre équestre de Courcelles

Env 80 km

2 jours avec bivouac

Printemps, été, automne

Difficile

Guide-accompagnateur obligatoire

Nevers, Avallon ou Autun (mais plus pratique en voiture)

Préparer

Adresse : domaine de Courcelles, 58120 Saint-Hilaire-en-Morvan. ☎ 06-77-73-74-18.

Accès : à 6 km au nord-ouest de Château-Chinon par la D 25.

Plus d'infos :
• domaine-de-courcelles.fr •
• cheval-morvan.fr •

Tarifs : à partir de 330 €/pers.

Bon à savoir : expérience réservée aux cavaliers confirmés, à l'aise aux trois allures.
La chevauchée inclut les pique-nique, le repas du soir, le suivi des bagages, les tentes ; prévoir matelas et sac de couchage. Nuitée la veille ou au retour possibles au centre équestre (gîte ou chambres d'hôtes).

L'emblème du parc naturel régional du Morvan ? Un cheval crinière au vent. Pas étonnant : le relief de ce massif, marqué mais peu accidenté, se révèle idéal pour la randonnée équestre et bigrement dépaysant au long des 600 km de sentiers balisés.

Dans ce petit Canada à la sauce Bourguignonne, la montée jusqu'à l'ancien oppidum de **Bibracte,** au sommet du mont Beuvray est un must : une quarantaine de kilomètres par jour et 1 000 m de dénivelé positif cumulé tout de même !

Depuis la plaine au pied de **Château-Chinon,** on se laisse porter, bien droit sur sa monture, les pieds calés dans les étriers, au hasard des chemins creux et de panoramas apaisants. Au printemps, les jacinthes sauvages tapissent les collines ondulantes, égayées du vert vif des feuillages et des forêts de châtaigniers en fleurs. L'été indien est lui aussi parfait pour partir à la conquête de Bibracte, ce totem de la culture celte, site naturel et archéologique classé « Grand Site de France ».

L'autorisation de planter sa tente, accordée par le musée de Bibracte, est un privilège. Après avoir visité le superbe Musée archéologique, et tandis que les chevaux paissent dans leur paddock improvisé, on admire un coucher de soleil panoramique qui cède la place à la voie lactée, sans aucune pollution lumineuse... À juste titre, le **parc du Morvan** a déposé un dossier pour être labélisé « Réserve internationale de ciel étoilé ». Qu'il est doux alors de songer à la redescente par d'autres sentiers prometteurs : la traversée à gué de l'Yonne, si menue mais déjà impétueuse ; ou encore le **Haut Folin,** cet Everest du Morvan (901 m) où l'on reviendra en hiver pour crapahuter à raquettes !

Y'a ski faut

Si aujourd'hui le ski de fond est encore possible sur le **massif du Haut Folin,** tout proche du mont Beuvray, on y a pratiqué le ski alpin à partir des années 1950. Pas de quoi battre des records certes, mais certains se souviennent de l'unique remontée mécanique et des 1ers canons à neige de France !

Les premières villes

Bibracte est un *oppidum,* c'est-à-dire une cité fortifiée de l'âge du fer (VIIIe-Ier s avant J.-C.). On en dénombre environ 200 en Europe, de l'Atlantique à l'Europe centrale, implantés sur un point haut du paysage ou près d'une rivière. Grandes innovations des *oppida* : des remparts, un réseau de rues, parfois des monuments. Ça ne ressemblerait pas à des villes, ça ?

Petit Canada à la sauce bourguignonne

RANDONNÉES GOURMANDES DANS LES ALDUDES

au cœur de la montagne basque

41

Nichée entre montagnes et collines verdoyantes, la vallée des Aldudes constitue la destination idéale pour ceux qui souhaitent combiner randonnées et dégustations de produits gourmands.

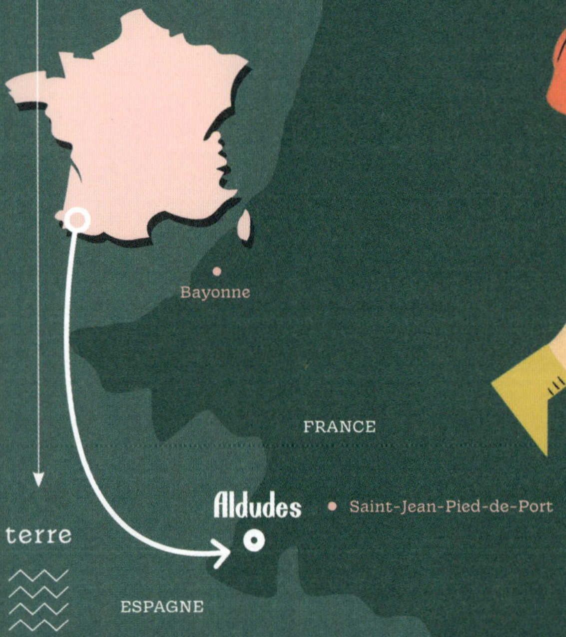

1 ou 2 jours, avec la nuit dans une auberge basque

Printemps, été, automne

Facile à moyen

Pas besoin de guide

Bayonne

Préparer

Accès : par la route, la vallée des Aldudes se trouve à environ 70 km au sud de Bayonne. Compter une bonne heure en voiture.

Plus d'infos : • en-pays-basque.fr • et • vallee-aldudes.com •

Ferme aquacole de la truite de Banka : route des Aldudes. ☎ 05-59-37-45-97. • truitedebanka.com •

Ferme-auberge Menta : route d'Esnazu (D 58). ☎ 05-59-37-57-58. • ferme-auberge-menta.com •

Pierre Oteiza : route d'Urepel. ☎ 05-59-37-56-11. • pierreoteiza.com •

Fromagerie d'Urepel : Sarl Hor-Dago, 64430 Urepel. ☎ 05-59-37-55-81.

Livres de route : se procurer le topoguide *Le Pays basque à pied* (référence P642) édité par la FFRP ; ou *Les Sentiers d'Émilie Pays basque,* aux Rando Eds.

Bon à savoir : les plus belles randos sont accessibles au départ d'Urepel ou du village des Aldudes. Le niveau de difficulté est modéré et ne nécessite pas d'équipements particuliers si ce n'est de bonnes chaussures, de l'eau et de quoi se protéger du soleil ou de la pluie.

Randonner ou se régaler, inutile de choisir !

Les truites de mon moulin

Venant de Saint-Étienne-de-Baïgorry, la route serpente le long de la Nive des Aldudes pour rejoindre le haut de la vallée, cerné par les montagnes. En montant, on découvre le village de Banca, où les sources abondent. La **ferme aquacole** de la famille Goïcoechea utilise cette eau d'une pureté exceptionnelle pour élever ses fameuses truites de Banka, que les grands chefs s'arrachent. Organisés autour d'un moulin du XVIIe s, les bassins d'élevage se découvrent à l'occasion d'une jolie balade à pied, qui se termine… dans la boutique.

Randonnée sur les crêtes

Plus haut, le village des Aldudes est constitué de fermes basques aux dimensions impressionnantes. C'est près de son église que débute la magnifique randonnée en boucle de **l'Hargibel** (balisage jaune ; 5h ; 11,5 km). On traverse d'abord des forêts de hêtres à l'atmosphère étrange, avant d'atteindre le col de Berdaritz puis de rejoindre la crête d'Hargibel. Ici se dresse la « roche basculante », un rocher légendaire. On profite de vues féeriques avant de redescendre vers Les Aldudes.

Au village, la **ferme-auberge Menta** offre une pause déjeuner de choix. Dans l'assiette, rien que des productions maison : agneau de lait ou porc basque pour les viandes ; fromage de brebis d'estive pour le dessert. Un régal !

Rencontre avec un cochon basque

En route vers Urepel, un arrêt chez **Pierre Oteiza** s'impose. Ce célèbre éleveur est l'ambassadeur du cochon du Kintoa, race basque qu'il a redécouverte. Protégé par une AOP, ce porc vit en liberté et se nourrit principalement de châtaignes ou de glands. Affiné durant 20 à 24 mois, son jambon exhale de puissants arômes.

Après avoir rencontré les porcelets de l'année, la visite se poursuit le long du **sentier de découverte du porc basque** (1h). Les dégustations de produits maison s'accompagnent de taloas garnies (crêpes de maïs).

La vie des estives

Aux confins des Aldudes, Urepel a des airs de paradis perdu. Pour profiter des paysages, rien ne vaut la randonnée en boucle **d'Elizamendi** (balisage jaune, 2,8 km). Adapté aux familles, ce circuit d'1h30 débute au cœur du village et file vers les pâturages où circulent librement des brebis. Depuis le sommet de l'Elizamendi, la vue sur le pays Quint s'avère inoubliable !

En redescendant, faites étape à la **fromagerie d'Urepel**, la seule du Pays basque à ne produire que du fromage au lait cru. Fabriqué entre décembre à juillet, il est élaboré avec du lait de brebis de race tête rousse.

Prolonger le week-end

Pour ne pas rester sur sa faim

Avant de quitter la région, faites le plein de bons produits au **marché de Saint-Jean-Pied-de-Port**, qui a lieu tous les lundis. Il regroupe les producteurs des vallées environnantes : jambons, foie gras, fromages de brebis, confiture de cerise noire, piment d'Espelette, gâteau basque ou chocolat, rien ne manque pour remplir son panier !

Notre top 5 des randos basco-béarnaises

1

Les crêtes d'Iparla

Départ : Bidarray
Arrivée : Saint-Étienne-de-Baïgorry
Distance : 17 km
Durée : 7h

Sans doute la plus belle étape du GR® 10 entre l'océan Atlantique et la mer Méditerranée, le long d'une ligne de crêtes entre les vallées de la Nive et du Bastan. Par temps clair et sec, on bénéficie d'un panorama exceptionnel sur la chaîne des Pyrénées jusqu'au pic du Midi de Bigorre. Pour atteindre le col d'Iparla, point culminant de la rando (1 049 m), il faut passer par la ferme Urdabordia et ensuite prendre le sentier à droite qui mène à Pagolépoa, dit « le col du Hêtre ». On suit le balisage et on emprunte le col d'Iparla, dernière étape avant le pic du même nom (borne 90). S'ensuivent le col de Gapelu, le pic de Toutoulia et les cols d'Harrieta, d'Astate, de Buztanzelhay et d'Apaloy qui demandent une certaine expérience de la montagne et qui sont peu recommandés aux personnes sujettes au vertige. Après toutes ces émotions, on redescend paisiblement vers Saint-Étienne-de-Baïgorry. La vue du château d'Etchaux (privé), niché non loin de l'arrivée dans la verdure, indique la fin proche de l'itinéraire.

2

Le pic d'Escurets, le toit du Béarn en vallée d'Ossau

Départ-arrivée : col de Marie Blanque à Bilhères
Distance : 5 km • Durée : 3h

Voici une magnifique randonnée dans une vallée qui garda longtemps une identité et des particularismes originaux. L'aisance des habitants de la vallée se reflète dans l'architecture des villages, comme dans la robustesse et la noblesse des demeures du XVIe au XIXe s. Le pic d'Escurets culmine à 1 440 m d'altitude mais ne demande pas de gros efforts pour l'atteindre. En grimpant, on admire la vallée d'Ossau, Bilhères d'Ossau et on croise des pottoks (à prononcer « potiok »), petits chevaux rustiques typiques de la région puisqu'ils campent ici depuis… le paléolithique. Cerise sur le gâteau basque, un panorama exceptionnel à 360° à l'arrivée. En toile de fond, la Bigorre, Pau, Lourdes et les abords de l'Espagne.

3

Le lac d'Anglas

Départ-arrivée : Gourette
Distance : 7,5 km • Durée : 4h

Belle randonnée par le GR® 10 pour profiter de l'extraordinaire panorama à 2 100 m. Il faut tout de même enquiller 600 m de dénivelé pour profiter du lac. La balade, facile à suivre grâce au balisage blanc et rouge, et sans grande difficulté, fait traverser pâturages, cascades et falaises. Une variété de paysages qui rend le chemin d'autant plus agréable. Vous apercevrez également les vestiges de l'exploitation minière d'Anglas, active jusqu'à la Première Guerre mondiale. Ne vous aventurez toutefois pas dans les galeries, les risques d'éboulements sont réels. Une fois en haut, vous pouvez pique-niquer et, si la météo le permet, vous baigner sans problème. Le retour se fait par le même chemin qu'à l'aller.

4

Le lac d'Artouste

Départ : gare supérieure d'Artouste
Arrivée : refuge d'Arrémoulit
Distance : 5 km • Durée : 1h30

Il existe plusieurs façons d'y aller. Des plus montagnards aux plus pépères, le lac d'Artouste est accessible à tous, et vaut le déplacement. C'est l'une des plus belles balades de la région. Le train d'Artouste, plus haut train touristique d'Europe, est évidemment un incontournable de cette rando-balade (• artouste.fr •). Traversée du domaine skiable d'Artouste, vue plongeante sur la vallée du Soussouéou… les paysages, marqués notamment par le pastoralisme, sont magnifiques. On vous conseille de faire la randonnée de 1h30 jusqu'au refuge d'Arrémoulit (300 m de dénivelé), d'y manger (résa recommandée au ☎ 05-59-05-31-79) et de reprendre le train plus tard. Mais attention, en juillet-août il vaut mieux réserver un billet randonneur avec l'horaire car le dernier retour est à 19h15.

5

Le pic d'Anie (2 504 m) à Lescun

Départ-arrivée : refuge de l'Abérouat
Distance : 15 km • Durée : 8h

Avoir de bonnes chaussures et de bons mollets. Voilà comment on pourrait résumer la rando du pic d'Anie. Premier sommet de la chaîne des Pyrénées à plus de 2 500 m en partant de la façade Atlantique, cette magnifique randonnée va vous prendre la journée. Elle demande une bonne habitude de la montagne mais ne présente pas de difficultés majeures, sauf s'il y a de la neige. Situé à quelques encablures de l'Espagne, le haut du sommet ouvre sur un beau panorama sur les Pyrénées-Atlantiques. Au-delà de la vue, c'est également le plus grand désert karstique d'Europe où l'eau ne trouve sa place que dans les gouffres. Pensez à en prendre assez pour l'aller-retour. Pour les moins en forme, on peut louer un âne de randonnée (seulement pour la journée) avec La Compagnie des Ânes, au départ de Lescun (☎ 07-82-50-90-99).

VIRÉE EN VAN AU PAYS BASQUE

Un road trip en toute liberté

Dites à votre moitié « on part en van au Pays basque », et vous êtes sûr (ou presque) d'avoir des cris de joie ! Ajoutez « Attention, il n'y aura ni toilettes ni douche » et vous verrez si vous êtes prêts pour l'aventure, la vraie !

42

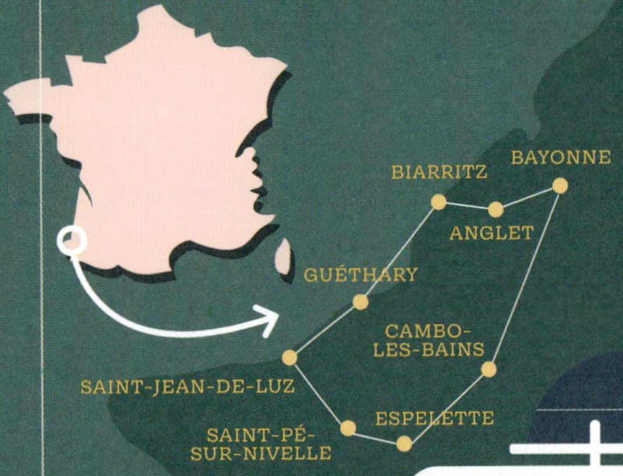

2 jours et plus si affinités

Printemps, été, automne

Facile

Pas besoin de guide

Biarritz

Préparer

Bon à savoir : pour un séjour en van, pas besoin d'être un « vanlifer » à proprement parler ou d'avoir un van à soi, suffit juste... d'avoir le permis B !

Louer un van : des loueurs professionnels et particuliers ont fleuri aux quatre coins de la France depuis quelques années pour faciliter la vie des nouveaux adeptes de ces hôtels mobiles, moins grands que les camping-cars, très faciles à manœuvrer et à garer, et plus souvent autorisés en bord de mer. Selon le type de prestation choisie, louer son van est aussi simple que de louer une voiture. De nombreux loueurs proposent aussi des locations enrichies : petits plats à réchauffer déjà prêts dans le frigo, draps fournis, toilettes en carton ou lunettes à disposition, etc. Tout dépend du confort et du budget souhaité.

Sites de location : • Blacksheep.com • Partout en France, aussi en Europe. Vans modernes et tout confort ; • txiki-combi.com • Vans vintage au Pays Basque ; autres sites de locations : • yescapa.fr • indiecampers.fr • we-van.com •

Biarritz

VANLIFE – OU L'ESPRIT DE LIBERTÉ

Très ancrée aux États-Unis et en Australie depuis les années 1960-70, la culture du van et du voyage itinérant fait de plus en plus d'adeptes en France. Symbole des hippies puis des surfeurs, le van évoque à lui seul l'évasion, la liberté et la conquête des grands espaces, en autonomie. Tout un état d'esprit... à l'instar des héros des films *Into the Wild* et *Nomadland*.

Direction Biarritz, Anglet, Bayonne (BAB pour les intimes), la mecque des surfeurs. Le loueur nous explique ses trucs et astuces. Allez, c'est parti !

Moins de 2 m de hauteur, avec la boîte automatique, le van se « pilote » aisément, et se garer dans les rues pentues de **Biarritz** devient - presque - un jeu d'enfant. À nous la liberté ! Car qui dit van, dit vie sans contrainte et... en extérieur. Les équipements (coin cuisine, réserve d'eau, voire douche) permettent d'envisager les jours à venir sereinement ; comme le chauffage stationnaire pour s'assurer des nuits tranquilles bien au chaud ! Pas d'inquiétude non plus pour les lits. Les couchettes au-dessus du toit et les lits à partir des sièges arrières s'installent facilement. Presque un jeu d'enfant. Les aménagements pour loger les tables et les chaises dans les portes coulissantes sont ingénieux et permettent de s'arrêter souvent et facilement sur les aires autorisées. On lève le camp avec la joie d'improviser et de choisir son lieu pour dormir, comme bon nous semble (ou presque !).

Première étape à **Anglet**, la patrie des surfeurs, avec 11 plages qui s'étendent de l'estuaire de l'Adour aux limites de Biarritz. La promenade littorale permet d'aller à pied de la chambre d'Amour jusqu'à celle de la Barre en longeant 1,5 km de plages au milieu des dunes. Dîner face à la mer, sur la plage dite de la Chambre d'Amour. L'occasion de se rappeler l'histoire tragique des amoureux qui se retrouvaient dans cette grotte du cap Saint-Martin où ils furent surpris par la marée. On se réveille avec la mer à ses pieds ou presque. Le bruit des vagues est un enchantement. On prépare son petit déjeuner, on fait une toilette de chat avant de repartir pour **Biarritz**.

La ville, lancée par Napoléon III et sa femme Eugénie, fut pendant la Belle Époque la plage des rois. Tout un programme ! Elle ne manque pas de cachet et on en profite pour faire le tour en passant bien sûr par le célèbre rocher de la Vierge, le port des pêcheurs et la Grande plage. Emprunter ensuite l'avenue de l'Impératrice qui aligne de superbes édifices fin XIXe, début XXe s. Coucher de soleil grandiose une nouvelle fois face à la mer, avant de réinstaller le van en mode nuit.

On lève le camp avec la joie d'improviser et de choisir son lieu pour dormir

Le lendemain, on rallie **Saint-Jean-de-Luz** en passant par Bidart et Guétary, deux villages basques typiques avec leur fronton, leur église et leurs belles villas fleuries qui méritent l'arrêt. Notre dernière échappée à Saint-Jean-de-Luz est une étape de charme. On laisse le van dans un parking autorisé et on part s'imprégner de la ville où Louis XIV et l'infante d'Espagne Marie-Thérèse se marièrent en 1660. Un événement considérable pour l'époque puisque la ville accueillit le couple royal plusieurs mois. Pour s'en souvenir, on va visiter la maison Louis XIV, histoire de faire connaissance avec la ville en visitant cet hôtel particulier richement meublé construit par un riche armateur. Saint-Jean-de-Luz est aussi un port de pêche. On en profite pour acheter du poisson sous les halles, sans oublier de saluer **Ciboure** et ses maisons basques de l'autre côté de la jetée. On quitte ensuite la côte, vers l'est. Les grandes vitres de l'habitacle nous donnent la sensation d'être immergés dans le paysage.

On se rince l'œil sur les contreforts des Pyrénées. Passage par **Saint-Pée-de-Nivelle** avec, là encore, de belles maisons anciennes place de l'église. L'Écomusée de la Pelote et du Xistera Pilotari, à l'office de tourisme, est l'occasion de se familiariser avec le sport national du pays basque. On continue, direction **Espelette** ; la route réserve de superbes vues sur les Pyrénées, et dans les prés, les pottoks, les petits chevaux basques, qui paissent paisiblement. Le village, bien connu pour ses fameux piments accrochés aux fenêtres pour sécher à partir d'octobre, aligne quelques rues bordées de pittoresques maisons labourdines à encorbellement. Profitez-en aussi pour aller déguster l'ossau iraty au centre d'interprétation et en rapporter à vos amis. À déguster avec une confiture de cerises noires, bien sûr ! Il est temps de retourner à **Bayonne et Biarritz** en remontant la vallée de la Nive via **Cambo-les-Bains,** jolie ville-jardin dont la vielle ville se mire dans la Nive.

Nos bonnes adresses

Milwaukee Café : à la fois bakery et coffee shop tenu par Wendl, originaire du... Milwaukee, l'adresse idéale pour un copieux petit déj. Cookies, brownies, cupcakes débordent sur le comptoir tandis qu'arrivent en salle bagels, sandwichs, salades et généreux burgers. Très prisé pour le brunch du week-end. *2, rue du Helder, Biarritz.*

Hétéroclito : les produits de la mer sont à l'honneur dans ce bar-resto idéalement situé, où l'on vient profiter du coucher de soleil depuis la terrasse. Ambiance Surfin'USA ! *Chemin de la Plage, Guéthary.*

Kako Etxea : un bistrot basque typique, doté d'une jolie terrasse face au marché. Particulièrement prisé des locaux, on s'y retrouve autour de quelques tapas mettant à l'honneur les produits régionaux. Également des bons plats de viande ou de poisson. *18, rue du Maréchal Harispe, Saint-Jean-de-Luz.*

LA VANLIFE...
un « van » de liberté

Un esprit communautaire existe entre « vanlifers ». Un salut de la tête, une caresse au chien, une bière partagée. Bon esprit. Mais c'est aussi un peu de préparation. Louer un van, le temps d'une virée sur les petites départementales en mode « slow tourisme », c'est vivre une belle aventure en couple ou en famille, loin des bouchons et de l'addition salée des autoroutes. Et bien sûr, profiter du temps qui passe sans regarder sa montre ou s'inquiéter de réserver l'hôtel et le resto... La liberté !

Avant de partir

On télécharge l'application participative **park4night**, indispensable aux « vanlifers » pour localiser les endroits où garer la bête pour dormir, connaître les hauteurs de véhicules autorisées et autres services disponibles. Différents modèles existent. Miser sur un modèle pas trop haut, c'est s'autoriser à stationner - presque - partout, contrairement aux campings-cars interdits de créneau et souvent... de bord de mer. Une bonne idée pour impliquer les enfants : les faire descendre du véhicule pour guider le conducteur à passer sous les barrières souvent placées à 2 m.

Côté équipement

Les vans de loc disposent d'un **coin cuisine** avec plaque de cuisson à gaz, un petit frigo juste ce qu'il faut pour conserver au frais le quotidien, un évier, une douchette extérieure (voire intérieure !), une réserve d'eau propre (volume variable selon modèle de van) et une réserve d'eaux sales. On peut se brosser les dents et faire la vaisselle. Ouf ! Pour les toilettes... on utilise les toilettes portatives en principe fournies par le loueur. Pratique, système antiodeurs inclus ! Pour les hyper-connectés, pas question de perdre le fil : nombreux ports USB, avec batteries rechargeables en route. Plus pratique encore : la découverte du chauffage stationnaire qui permet de réchauffer le véhicule même le moteur coupé, en pompant un peu sur le réservoir de gazole et un peu sur la batterie extérieure. Même par -2°C dehors, il peut faire 20° C dedans !

On peut découvrir vite émerveillé comment lever la couchette supérieure (2 places) qui se déplie au-dessus du toit avec matelas intégré et faire glisser et basculer le siège arrière pour le transformer en lit 2 places. Puis c'est au tour de la table à manger cachée le long des sièges, et l'autre table extérieure nichée dans la porte coulissante. Sans oublier les 4 sièges de camping bien rangés dans la porte du coffre. Tout est ingénieux et bien pensé. Mais ce jeu de Tétris se décline en fonction de l'aménagement d'origine.

Côté équipement, vaisselle et casseroles sont toujours fournies.

Côté pratique

Ne pas oublier un sac de victuailles rempli de pâtes et autres aliments faciles à préparer. Autre petit conseil glané sur les blogs : des petits sacs différents, un par passager. Tellement plus facile pour s'y retrouver et glisser ses vêtements, bouquins, doudous, etc. Pas besoin de vider les bagages pour trouver la paire de chaussettes qui va bien ou le jean de rechange après une vague farceuse…

Le van, c'est écolo

En van, on économise ! Pas question de rester des plombes sous la douchette, avec une réserve d'eau limitée, il faut partager. Idem pour la vaisselle qu'on ne nettoie pas à grandes eaux. Ajoutez un sens aigu de l'optimisation en produits de nettoyage (petites savonnettes biodégradables), en linge…

En pratique

Pour s'initier au van, mieux vaut le louer chez un pro ou entre particuliers. La location de vans simples commence aux alentours de 100 €/jour. Côté consommation de gazole, prévoir 8 à 10 L/100 km. Les atouts du van aménagé comparé au camping-car : la conduite est facile, on a souvent accès aux parkings des centres-villes (après tout, il n'y a pas que les bords de mer qui valent le détour !), on passe inaperçu dans un coin de nature… Et l'idée n'est pas forcément de dormir au camping. Le type d'engin à privilégier dépend donc de votre état d'esprit, de votre budget, du nombre de passagers à bord, et du type de vacances dont vous avez envie.

Plus d'infos

• vanlifemag.fr •

• levanmigrateur.com •

Guides

Partir en van, le guide pour voyager autrement, de Pierre Rouxel et Camille Visage (éd. Larousse)

Vanlife et vie nomade, Vivre, voyager, travailler… sur les routes, de Dana Tenteaa et Stéphane Boitel (éd. Eyrolles)

DESCENDRE LA LEYRE EN CANOË

43

Tra la la la Leyre

La Leyre est une rivière sauvage située dans le parc naturel des Landes de Gascogne. Sa descente au rythme silencieux des pagaies, est tout simplement extraordinaire.

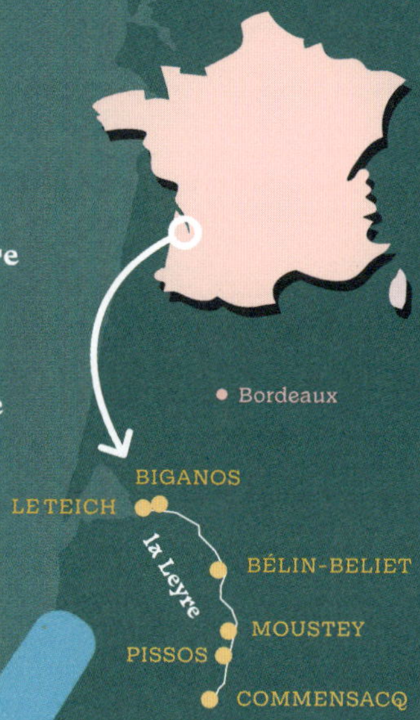

1 à 5 jours

Printemps, été, automne

Facile

Pas besoin de guide

Labouheyre (env 50 mn de Bordeaux)

Préparer

Parcours : • canoesurlaleyre.com • avec pdf explicatif.

Bon à savoir : on peut louer son canoë et organiser sa descente en fonction de l'endroit où l'on se trouve. Il existe une vingtaine de bases sur le territoire du parc et certaines d'entre elles sont ouvertes toute l'année. Elles sont présentées sur la carte-guide du parc, diffusée gratuitement. La distance entre chaque base équivaut à 1 journée de canoë.

Initiation aux manœuvres à la base de départ. Aucun danger en été car pas de courant fort ; le reste de l'année, plus de prudence est requise.

Prévoyez votre nourriture, bien que les villages ne soient pas loin des bases.

Possibilité de venir vous chercher après la descente de la rivière, d'échanger votre canoë contre votre vélo, dont le transport est assuré par la base de location, ou de vous faire accompagner en amont.

On peut passer la nuit sous tente ou en gîte forestier. Les centres disposent souvent de tentes pour ceux qui n'en ont pas.

Tarifs : env 20 €/j. par pers, navette comprise.

DÉMARRER LA BALADE

Parmi les principales bases d'accueil d'où il est possible de démarrer la balade :

Base nautique de Mexico : à Commensacq. ☎ 05-58-07-05-15. • mexicoloisirs.com • À 5 km de Sabres (rte de Mimizan). Ouv fin mars-début nov. Compter 11 €/pers la nuit sous tipi (2-8 places). Gîte 30 places 14 €/pers. Lieu idéal pour le départ de la descente intégrale de la Leyre.

L'orée du bassin d'Arcachon est tout simplement magique !

Voici donc un vrai voyage !

La Leyre, navigable sur 95 km, est un fleuve tranquille, sans barrage ni rapide, sans aucun danger donc, surtout l'été (attention toutefois aux orages qui peuvent subitement faire monter le niveau de l'eau). Il suffit de louer un kayak ou un canoë pour s'embarquer pour une balade qui s'adresse à tous, même aux enfants (seule condition : savoir nager). On traverse alors des paysages préservés : forêt-galerie, petites plages de sable au hasard d'un méandre, loutres et palombes…

La partie la plus sauvage se trouve entre **Commensacq** et **Moustey** (à découvrir en 1 à 3 jours). Mais idéalement, la descente complète se fait en itinérance de 5 jours (90 km) avec bivouac sous la tente ou nuit en gîte forestier, pour prendre le temps d'observer la faune et la flore. L'arrivée dans le delta de Leyre, à l'orée du bassin d'Arcachon, est tout simplement magique !

Reprendre des forces

Sur le bassin d'Arcachon, ce sont les **huîtres** qu'on commande par douzaines avec un verre de blanc et une tartine de beurre, dans la cabane d'un port ostréicole, à Gujan-Mestras ou à Andernos. Si les mois en « r » les huîtres sont moins laiteuses, les amateurs en consomment toute l'année !

FAIRE LE TOUR DU BASSIN D'ARCACHON À VÉLO...

...et reprendre des forces en dégustant des huîtres

44

Petits ports de pêche, haltes gourmandes, balade sur des sentiers oubliés... et tout au bout, le Cap-Ferret face à la dune du Pilat. Le circuit à vélo de 65 km permet de découvrir les lieux les plus charmants du bassin en une bonne journée.

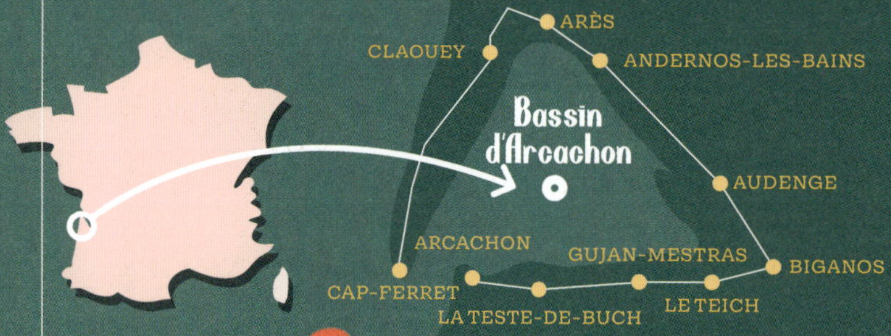

Arcachon / Cap-Ferret

65 km

1 ou 2 jours

Toute l'année

Facile

Pas besoin de guide

Arcachon

Préparer

Plus d'infos : détails du parcours sur • bassin-arcachon.com •

Louer son vélo : location de vélos et de vélos électriques à Arcachon et à la Teste de Buch.

Tarifs : à partir de 11 €/j. le vélo et 36 €/j. le vélo électrique.

Bon à savoir : possibilité d'embarquer son vélo pour la traversée en bateau de la jetée Bélisaire à Cap-Ferret jusqu'à la jetée Thiers à Arcachon. Liaisons assurées par l'UBA (Union des bateliers arcachonnais). ☎ 05-57-72-28-28. • bateliers-arcachon.com • Le parcours peut aussi bien sûr se faire dans l'autre sens.

UN POISSON AUX ŒUFS D'OR

Non content de produire des huîtres, le bassin d'Arcachon produit aussi du caviar d'Aquitaine. La France est d'ailleurs le 2e producteur mondial. D'avril à septembre, on peut visiter deux sites de production sur le bassin : le Caviar Perlita (visite de l'Esturgeonnière au Teich d'avril à septembre) et le Caviar de France (visite du Moulin de la Cassadotte à Biganos de juin à septembre).

Le bassin, avec ses 85 km de pourtour et seulement 3 km de passe qui le connectent avec l'océan, a permis le développement de l'ostréiculture et de villages charmants avec leurs cabanes en bois. À marée basse, les pinasses, ces bateaux à fond plat typiques du bassin, se reposent, pris dans la vase, en attendant la prochaine marée.

Départ **d'Arcachon** avec sa lumière unique et son atmosphère animée. La ville (ou plutôt les villes, celle d'hiver et celle d'été) est installée dans un site qui profite à la fois de la forêt, de l'océan, et du bassin. Le circuit commence véritablement à **La Teste-de-Buch** (essayer d'y passer un dimanche pour son beau marché), puis à **Gujan-Mestras**, capitale de l'huître, avec ses sept petits ports ostréicoles. Le **port de la Hume** abrite une belle plage bordée de tamaris ainsi qu'un petit port de plaisance. Le **port de Larros,** le plus grand, est aussi doté d'une jolie plage. Les curieux prendront le temps de visiter la maison de l'huître pour tout savoir sur sa culture, son histoire et le travail des ostréiculteurs.

Vient ensuite **Le Teich** et sa réserve ornithologique (voir plus loin le chapitre sur les réserves ornithologiques). Surtout, ne pas oublier de passer au **port de Biganos,** très photogénique avec ses cabanes colorées comme des maisons de poupées. De là, possibilité de louer des canoës pour descendre la Leyre (voir la micro-aventure consacrée à la descente de la Leyre p. 152). On reprend la piste cyclable vers **Audenge** et son petit port plein de charme, doté d'une amusante piscine d'eau de mer en plein air, près de la jetée, qui se renouvelle avec la marée.

On arrive ensuite à **Andernos-les-Bains**, station balnéaire avec un centre piétonnier animé. À voir : son église romane Saint-Eloi et des vestiges gallo-romains. Sur le bord de mer, petite balade sur la jetée la plus longue de France. Mais surtout, on pose pied à terre dans son petit port ostréicole avec ses cabanes d'ostréiculteurs aux toits colorés pour une dégustation d'huîtres. Quelques kilomètres plus loin, voici **Arès** doté d'un ovniport prêt à accueillir des visiteurs venus de l'espace. On ne sait jamais ! Plus sérieux, on peut aller faire un tour dans la réserve naturelle des prés salés d'Arès-Lège, accessible depuis le centre-ville en suivant la direction du port ostréicole. Mais attention, le site naturel est interdit aux vélos. Au cœur de cette réserve, on découvre une multitude de milieux : vasières, bancs de sable et roselières. C'est aussi l'occasion d'apercevoir de nombreux oiseaux. À ce niveau, possibilité de bifurquer vers l'océan pour aller se jeter dans les vagues sur la **plage du Grand Crohot.**

On arrive vraiment sur la presqu'île à la hauteur du **Claouey** entre bassin et océan. C'est ensuite une succession de petits villages ostréicoles tous plus adorables les uns que les autres avec leurs maisons en bois, serrées les unes contre les autres et entourées de roses trémières : **Le Four, Petit Piquey, Grand Piquey, Piraillan** et son quartier ostréicole **Le canon, L'Herbe...** Il va de soi que pour se balader dans ces villages et en humer l'atmosphère tranquille (sauf en été), on tient son vélo à la main ou on l'attache. D'ailleurs, certaines ruelles sont si étroites que l'on ne peut même pas s'y croiser.

Avant d'arriver au Cap-Ferret, on passe devant une étonnante chapelle de style mauresque édifiée en 1885 par l'entrepreneur qui construisit le port d'Alger. Restaurée en 2011, avec ses deux minarets et ses tuiles étoilées, elle nous transporte de l'autre côté de la Méditerranée. Avec le phare en ligne de mire, on débouche sur l'océan au **Cap-Ferret,** la station chic et branchée du bassin avec ses belles villas sous les pins. Garez votre vélo pour emprunter le sentier dunaire de 6,5 km qui part de l'allée des Dunes pour arriver aux plages de la Pointe. Il est jalonné de 26 étapes avec des photos évocatrices de cet univers marin et de la faune des dunes. À la pointe, le spectacle des dunes battues par les rouleaux est magnifique aussi bien sous le soleil que lorsque le ciel se déchaîne. La baignade, en saison, s'avère une belle récompense, mais attention aux courants ! Depuis le Cap-Ferret, la **vue sur la dune du Pilat** est saisissante... si vous avez du temps, prolongez-y votre escapade !

Prolonger le week-end

La dune du Pilat

C'est la **plus grande dune d'Europe**, d'une hauteur de 107 m, variable selon les années. Située à l'entrée du bassin d'Arcachon, elle fait face à la pointe du Cap-Ferret. Classé « Grand site », le gigantisme de ce monument naturel est saisissant, on se prend à rêver au désert du Sahara (avec toutefois, au pied de la dune, l'océan Atlantique...). Un escalier (un peu plus de 160 marches) facilite l'ascension de ce gros château de sable d'avril à début novembre. C'est juste avant le coucher du soleil qu'il faut venir. D'abord, la montée sera moins pénible ; ensuite, la vue sur la mer d'un côté et sur la forêt de l'autre, n'en sera que plus belle.

Plus d'infos : • ladunedupilat.com •

Le spectacle des dunes battues par les rouleaux est magnifique

La Vélodyssée

L'Atlantique à vélo, de Roscoff et à Hendaye

S'étendant sur plus de 1 200 km, la Vélodyssée est la plus grande véloroute de France et l'un des plus beaux itinéraires touristiques cyclables d'Europe. Elle part du Finistère, longe les berges paisibles du canal de Nantes à Brest, puis se fond avec le littoral atlantique, un long ruban déroulant plages de sable blanc ponctué de stations balnéaires vivantes et authentiques, pour finir au Pays basque. La particularité de ce parcours tient à la diversité des milieux traversés : eau salée de l'Atlantique et eau douce des lacs aquitains, forêts bretonnes de feuillus et pinèdes landaises, marais salants et parcs à huîtres, plages de sable fin et zones humides où viennent nicher les oiseaux, etc. La Vélodyssée rappelle volontiers le grand voyage d'Ulysse, mouvementé et aventureux ; alors ne perdez plus une seconde, en piste !

La Vélodyssée en chiffres

Plus de 1 200 km entièrement aménagés et balisés dans les deux sens.

Plus de 70 % de l'itinéraire sans voiture.

3 régions (Bretagne, Pays de la Loire, Nouvelle-Aquitaine) et 9 départements traversés (Finistère, Côtes-d'Armor, Morbihan, Loire-Atlantique, Vendée, Charente-Maritime, Gironde, Landes, Pyrénées-Atlantiques).

C'est 12 grands tronçons englobant 54 étapes (voir le *Routard La Vélodyssée).*

1 De Roscoff à Carhaix-Plouguer : 89 km

Après avoir humé les embruns de la baie de Morlaix, on serpente sur une paisible voie verte à travers les monts d'Arrée, où alternent bocages verdoyants et landes, saupoudrés de chaos rocheux.

2 De Carhaix-Plouguer à Pontivy : 94 km

On longe le canal de Nantes à Brest, qui sinue ici dans l'une de ses parties les plus paisibles. Un parcours ponctué des nombreux plans d'eau propices à la baignade dont le lac de Guerlédan.

3 De Pontivy à Redon : 113 km

On traverse une campagne verdoyante truffée de pépites : Pontivy, le château et la cité fleurie de Josselin, Rohan et l'adorable cité médiévale de Malestroit.

4 De Redon à Nantes : 110 km

On glisse imperceptiblement vers les Pays de la Loire, avec toujours pour guide le canal de Nantes à Brest. Celui-ci se fait ici plus large et sinueux pour rejoindre la magnifique vallée de l'Erdre.

5 De Nantes à Pornic : 103,5 km

Après l'effervescence de Nantes, ce sont d'anciens ports d'estuaire et le calme du canal de la Martinière. Enfin, on chemine vers les longues plages de l'Atlantique et le pays de Retz aux petites stations balnéaires de charme, jusqu'à Pornic.

6 De Pornic aux Sables d'Olonne : 136 km

Des forêts du pays de Monts à la côte spectaculaire qui entoure Saint-Gilles-Croix-de-Vie, des lumineux marais salants du pays d'Olonne aux immenses plages de sable blanc, c'est une arrivée magistrale au port des Sables-d'Olonne.

7 Des Sables d'Olonne à La Rochelle : 125 km

De la Vendée aux Charentes, on roule d'abord près du littoral avec d'amples plages de sable et de jolies stations balnéaires avant de contourner la vaste baie de l'Aiguillon. À partir de Marans, La Vélodyssée suit sagement le canal de Marans à La Rochelle.

8 La Côte atlantique charentaise : 144 km

Cette séquence charentaise offre des paysages d'estuaire, de marais sauvages et de parcs à huîtres, autour de sa capitale, Marennes. Mais aussi des forêts littorales ourlées par la côte sauvage où se succèdent des plages sublimes et de délicieuses stations balnéaires.

9 De Royan à Lacanau-Océan : 86 km

Après la traversée par le bac du vaste estuaire de la Gironde, sous le phare de Cordouan, on pénètre dans le Médoc. Ce triangle magique est mondialement réputé pour son vignoble, les vastes plages de la Côte d'Argent et les immenses forêts de pins maritimes. On roule cool jusqu'à Lacanau-Océan, célèbre spot de surf.

10 De Lacanau-Océan à Arcachon : 89 km

On serpente entre dunes sauvages et immenses forêts océanes. Prévoyez une pause dans l'un des nombreux villages typiques qui bordent le bassin pour une dégustation d'huîtres.

11 D'Arcachon à Bayonne : 202 km

Après la fameuse dune du Pilat, place aux grands lacs des Landes, qui, de Biscarrosse à Mimizan et Léon, ravissent les amateurs d'eau douce et offrent toutes sortes d'escapades au long des « courants » qui se jettent dans l'océan.

12 De Bayonne à Hendaye : 52 km

Dernière étape sur la côte basque. Stations balnéaires prestigieuses, authentiques ports de pêche se succèdent, avant d'atteindre la Bidassoa, ce fleuve côtier qui marque la frontière espagnole et la fin du parcours.

À SAVOIR

La *Vélodyssée* s'inscrit dans le projet européen EuroVelo et constitue la partie française de l'*Atlantic Coast Route* (ou route EuroVelo 1), qui relie le nord de la Scandinavie au sud du Portugal.

Elle est à la croisée de deux itinéraires européens (les EuroVelo 4 et 6) et de quatre véloroutes nationales (la *Loire à Vélo* et la *Vélomaritime*).

Plus d'infos : • lavelodyssee.com •

RANDO-VIN DANS LE SAUTERNAIS

Ou comment joindre l'agréable à l'agréable

45

Sauternes n'est pas qu'un nom mythique pour les grands blancs liquoreux. C'est aussi un ravissant petit pays. Une balade entre vignes et châteaux permet de concilier l'amour du beau et du bon. Santé !

Boucle depuis Sauternes

12 km

De 3h à 1 journée, en fonction du nombre de visites de châteaux

Toute l'année

Facile

Pas besoin de guide

Langon (10 km de Sauternes)

Préparer

Plus d'infos : office de tourisme de Sauternes, 7, rue Principale. ☎ 05-56-63-68-00. • tourisme-sud-gironde.com •

Cartes et infos sur les châteaux : Maison du Sauternes, 14, pl. de la Mairie. ☎ 05-56-76-69-83. • maisondusauternes.com •

Visites de châteaux : principalement sur résa ; compter env 12-30 € selon formules.

Château Guiraud : 1, Guiraud, 33210 Sauternes. • chateauguiraud.com •

Château La Tour Blanche : La Tour Blanche, 33210 Bommes. • tour-blanche.com •

Château Rayne Vigneau : 4, le Vigneau, 33210 Bommes. • raynevigneau.fr •

Château Sigalas-Rabaud : Sigalas-Rabaud, 33210 Bommes. • chateau-sigalas-rabaud.com. •

Château Lafaurie-Peyraguey : Peyraguet, 33210 Bommes. • lafauriepeyragueylalique.com •

Avant l'effort, le réconfort : une bonne rando œnotouristique commence comme de juste à la Maison des Vins, histoire de préparer un peu le terrain avant d'aller toquer à la porte des châteaux.

Quelques notions viticoles de base en mémoire et les papilles en alerte, on attaque avec un arrêt photo devant l'église et sa ravissante abside romane. Pas loin, le joli lavoir mérite également le coup d'œil. Puis c'est parti pour une plongée de quelques heures dans un océan de vignes, dont les rangées serrées épousent les ondes moutonnantes de ce pittoresque territoire.

L'or des vignes

Première étape, le **château Guiraud,** à 2 km : certifié bio, c'est un jardin où 500 espèces végétales se partagent l'espace avec une faune très variée. Il y a du raisin aussi, et du bon. Le vin est somptueux. Quant à l'étiquette noire sur la bouteille, elle symbolisait le deuil de Napoléon !

Depuis Guiraud, plein ouest à travers le vignoble pour contourner Sauternes et bifurquer vers la **Tour Blanche**. Étape obligatoire pour ceux qui veulent en savoir plus sur le vin, car ce château abrite une école de viticulture depuis 1907 et propose des initiations à la dégustation au top. On ne perd pas son temps, ses Sauternes font partie des meilleurs.

Rien à voir avec les dégustations au **château Rayne Vigneau**, à peine plus au nord. Chez eux, elles s'organisent… dans les arbres ! Le nez dans le verre et un œil sur la campagne, on aperçoit au loin des remparts crénelés.

Avec son porche et sa tour carrée, **Lafaurie-Peyraguey** en jette. Mais ce qui force l'admiration, ce sont les merveilleuses créations de la cristallerie Lalique qui illuminent la chapelle et les chais. La barrique de 300 litres justifie à elle seule le détour !

DU COUSU MAIN

Dans le Sauternais, les vendanges s'opèrent à la main et par tries successives. Ce qui signifie qu'on ne sélectionne QUE les grains prêts à être ramassés. Pour les autres, on reviendra autant de fois que nécessaire.

Pour se remettre de ses émotions, direction la belle chartreuse du XVIIe s du **château Sigalas-Rabaud,** une oasis de calme et de sérénité au cœur des vignes. L'accueil est familial, simple et sincère, à l'image de ses vins plein de noblesse qu'on savoure en terrasse en contemplant la silhouette du prestigieux voisin, **Yquem**.

Pourriture noble

On retourne à Sauternes en longeant la rivière du Ciron. Romantique, elle est surtout magique : sans les brouillards matinaux conjugués aux après-midi ensoleillés, il n'y aurait pas de champignons sur les raisins. Et sans cette pourriture noble, pas de Sauternes ! Ça fait réfléchir. Et quitte à méditer, autant le faire depuis le **château Lamothe-Guignard,** c'est l'un des points les plus élevés du Sauternais.

> **« Ici, le shérif s'appelle Yquem, le Rio Bravo, le Ciron et l'or le Sauternes. »**
>
> **John Wayne**

Quelques autres randos vigneronnes

« — Qu'est-ce que vous regardez ? C'est la carte routière ?

— Non, c'est la carte des vins. C'est pour éviter les bouchons ! »

Raymond Devos

1

Kaysersberg, un concentré d'Alsace

Grand-Est / Haut-Rhin

Kaysersberg et son vignoble star tiennent le haut du pavé en Alsace. D'emblée, la ville séduit le promeneur avec ses rues médiévales fleuries, son adorable pont fortifié et les ruines de son petit château surplombant la vallée. Profitez-en absolument pour faire le plein de kougelhopf et de bretzels avant de suivre les sentiers qui sillonnent le vignoble. Un crochet par Kientzheim, un village ravissant et typique tout proche, puis on attaque la grimpette en partie en forêt vers le Rocher des Corbeaux. Arrivé sur les hauteurs, on se félicite d'avoir fait des emplettes à Kaysersberg en savourant ses gourmandises et la vue sur le patchwork des vignes, dont celles des fameux grands crus qui trustent le coin. Le schlossberg est même le premier à avoir décroché l'appellation en Alsace, en 1975 ! Puis on redescend sans hâte vers Riquewihr, autre village emblématique, avant de revenir par les chemins longeant le Piémont vosgien, la Forêt noire en ligne d'horizon. Magique !

2

Les Riceys, entre vignes et cadoles

Grand-Est / Aube

Impossible de mourir de soif aux Riceys. C'est le seul village de France à détenir trois AOC, le coteaux-champenois, le rare et précieux rosé des Riceys et bien sûr le champagne ! La balade s'impose, pour découvrir de belles vignes donc, mais aussi la fierté du petit patrimoine local, les cadoles. En pierre sèche, toute menues et ravissantes, ces constructions pittoresques émaillant la côte des Bars ont été confectionnées par les vignerons pour les protéger des aléas climatiques. Au départ du village, où l'on n'aura pas manqué d'aller déguster un peu de vin chez quelques vignerons histoire de se mettre en jambes, on en découvre une douzaine au cours d'une superbe randonnée d'une vingtaine de kilomètres entre vignes, forêts et coteaux. La campagne est belle dans le coin, et elle le rend bien aux promeneurs. Dès mars, les anémones égayent le paysage de petites touches violettes, bientôt rejointes par les orchidées et la gentiane. Le chemin caracole au gré des collines, dévale des pentes plantées de rangs de vignes bien alignées et s'enfonce dans les creux où l'on fait une pause… dans une cadole !

3

Chablis, un grand cru

Bourgogne-Franche-Comté / Yonne

Les paysages vallonnés de Chablis offrent un terrain de jeu génial pour les randonneurs. Mais avant de se lancer, une étape s'impose à la table d'orientation de l'aire des Clos pour rêver un peu en décryptant le patchwork des prestigieuses appellations. Reste à choisir son itinéraire. Entre vignes et forêts, les circuits s'enfoncent au cœur de l'âme du Chablisien, donnant au passage l'occasion d'admirer de beaux châteaux. De retour au village, n'oubliez pas de faire main basse sur les spécialités locales, dont les célèbres andouillettes. Les amateurs ne le regretteront pas !

4

Chinon : promenade en Rabelaisie

Centre-Val de Loire / Indre-et-Loire

Bienvenue dans la terre natale de Rabelais, dont le fameux héros Gargantua a braillé dès sa naissance « à boire, à boire, à boire ! ». Sacré programme… toujours d'actualité, le vignoble étant l'un des plus fameux de France. Depuis les terrasses haut perchées du château médiéval, on ne peut qu'admirer cette belle campagne façonnée par des générations d'amoureux de la terre. Puis c'est parti pour une randonnée gourmande traversant certaines des plus prestigieuses parcelles du Chinonais. Mais il n'y a pas que de la vigne dans le coin : levez la tête, d'étonnantes maisons troglodytiques creusent le coteau comme un gruyère. Selfie obligatoire ! On enchaîne à travers bois, on prend le frais le long d'un ruisseau, puis on boucle l'itinéraire en rejoignant les rives de la Vienne.

5

À l'assaut des Baux-de-Provence

Provence-Alpes-Côte d'Azur / Bouches-du-Rhône

Les Baux-de-Provence, c'est un site unique, une formidable citadelle minérale surplombant la plaine de la Crau… mais c'est aussi une perle du patrimoine viticole provençal ! Seuls onze domaines se partagent le pactole, à peine 235 ha de vignes répartis de part et d'autre de l'imprenable muraille des Alpilles. Se perdre dans les sentiers est un must. Au départ du mas de la Dame, par exemple, on chemine d'abord au gré de chemins étroits et encaissés, louvoyant parmi des paysages bluffant de beauté. Ouvrez grand les narines, les parfums abondent dans cette mosaïque d'oliviers, d'amandiers et de garrigue, dans laquelle s'insèrent les rangs de mourvèdre, de grenache ou de syrah. Il y a des barrières à franchir ? Elles sont supposées préserver les raisins de la voracité des sangliers qui débarquent sans prévenir des Alpilles. Ils ont du goût les bougres ! Puis on entre dans le dur : les chemins partent hardiment à l'assaut du massif dentelé. On y laisse des plumes, mais les points de vue cassent la baraque et récompensent largement l'effort. Et puis, au retour, une petite dégustation chez le vigneron met tout le monde d'accord…

46

CRAPAHUTER SUR LE PLATEAU DE MILLEVACHES

entre forêts moussues, tables de granite, rivières en liberté et surprenantes plantes carnivores !

Aux confins de la Corrèze et de la Creuse, le vaste plateau des Millevaches, épicentre du parc naturel régional de Millevaches, déploie des paysages sauvages à peine effleurés par quelques hameaux et villages. Le tout sillonné par plus de 300 km de sentiers balisés !

Boucle depuis Millevaches

Variable selon le parcours choisi

1/2 journée à 3 jours

Printemps et été

Tous niveaux (de la balade familiale d'1h au bivouac de 3 jours)

Pas besoin de guide

Pérols

Préparer

Accès : Maison du parc naturel régional de Millevaches, 7, route d'Aubusson, 19290 Millevaches. À env 1h30 de route à l'est de Limoges.

Plus d'infos : · pnr-millevaches.fr · et · rando-millevaches.fr · (existe aussi en application hors connexion, très pratique).

Bon à savoir : prévoir des chaussures de randonnée, une fiche-topoguide, de l'eau (et un pique-nique), un chapeau, un pull et/ou un coupe-vent, des lunettes de soleil et un téléphone chargé.

À tout seigneur tout honneur, pour explorer ce plateau de collines et de vallons, de forêts et de bosquets, de tourbières et d'étangs, on commence par une petite visite à la Maison du parc, qui délivre toutes les infos nécessaires.

Pour se mettre en jambes, quatre sentiers en boucle partent de là. Bonne entrée en matière, le **sentier du Puy des Pouges** (balisage rose, 1h30 env, 5,6 km, D+ 86 m) traverse un bois d'épicéas jusqu'au rebord est du plateau, qui offre une belle vue sur les monts d'Auvergne, puis ramène, via des *pouges* (des chemins hauts entre deux vallées) jusqu'à la Maison du parc en cheminant entre landes sèches fleuries de bruyères et de callunes et troupeaux de brebis.

Plus sérieux, le **sentier de Millevaches aux Oussines** (balisage vert, 4h30 env, 14,1 km, D+ 316 m) taquine le lit de la Vézère et de multiples ponts, chatouille des prairies à vaches, frôle une antique cabane de berger perdue dans un mur de pierres sèches avant d'atteindre l'étang des Oussines, l'endroit idéal pour un pique-nique au bord de l'eau. On regagne son point de départ via Chavagnac et sa mignonne église du XIe s.

Pour les accros

Une grosse envie de nature vierge ? De forêts et de prairies piquées de fleurs et de brebis, sillonnées de ruisseaux ? De parcourir à grandes enjambées de vastes paysages verdoyants ? Le **GRP Millevaches** et ses 52 km fait, en gros, le tour du plateau et offre trois jours de rando dignes de ce nom. Bivouac sur les aires de camping ou logement dans les maisons d'hôtes qui le bordent, on entre là de plain-pied dans l'univers du plateau, sans oublier aucun de ses paysages et de ses milieux (tourbières comprises, avec ses drosera, marrantes petites plantes carnivores), tout en découvrant son histoire au gré des villages traversés, des clochers et des sentiers historiques remis au goût du jour (comme la Turgotière, une voie de communication est-ouest aménagée par Turgot, ministre des Finances de Louis XVI).

Et si vous en voulez encore plus, le plateau compte une bonne soixantaine d'itinéraires pédestres balisés, avec des points de départ répartis sur l'ensemble de son territoire, de Ventadour à Vedrenne et de Gioux à Lacelle. Et les VTTistes peuvent également affuter leurs mollets entre ces paysages, puisque 40 itinéraires leurs sont dédiés.

DESCENDRE LA VÉZÈRE ET BIVOUAQUER

Montignac / Les Eyzies ou Montignac / Limeuil

30 à 48 km

2 ou 3 jours

Avril à novembre

Moyen

Pas besoin de guide

Condat-le-Lardin (liaisons avec Périgueux et Brive)

Parcourir la Vézère au fil de l'eau, c'est s'offrir une plongée dans la préhistoire, dans une vallée où l'on dénombre une des plus grandes concentrations de grottes et de sites préhistoriques au monde !

47

Préparer

Accès : liaisons en train jusqu'à Condat-le-Lardin, à 10 km de Montignac, ou Brive et Périgueux. Liaisons quotidiennes en car depuis Brive, Périgueux et Sarlat. • transports.nouvelle-aquitaine.fr •

Plus d'infos : les nombreux loueurs installés au fil de l'eau vous donneront toutes les indications et sauront vous conseiller. Liste exhaustive sur le site : • dordogne-perigord-tourisme.fr/cotepratique/documentation •

Attention : il est indispensable de savoir nager et de porter un gilet de sauvetage en toutes circonstances. Certaines rivières peuvent être interdites d'accès durant quelques jours en fonction de leur niveau de crue. Bien s'informer.

La Vézère est la rivière de la « vallée de l'Homme » et de la préhistoire et sa vallée, classée « Grand site de France », n'abrite pas moins de 15 sites inscrits au Patrimoine mondial de l'Unesco. Longue de 192 km, elle prend sa source sur le plateau de Millevaches et traverse le Périgord noir pour se jeter dans la Dordogne, à Limeuil.

On peut la descendre en canoë-kayak à partir de **Montignac-Lascaux** jusqu'aux **Eyzies** en longeant les principaux sites préhistoriques de la région. Le parcours révèle des panoramas superbes sur quelque château médiéval niché dans un cadre naturel somptueux, d'imposantes falaises ou des bouts de généreuses vallées.

Là-haut, sur les parois rocheuses, c'est au tour des **villages troglodytiques** (La Roque Saint-Christophe, La Madeleine) de nous dévoiler leurs exceptionnelles architectures naturelles. De tout cela se dégage une réjouissante et apaisante beauté.

Rivière de classe 1, elle est accessible à tous - à condition de savoir nager - et ne présente aucun danger particulier, au-delà des règles de bon sens. Deux fois plus étroite que la Dordogne, elle est beaucoup plus sauvage, moins fréquentée, et ses flancs plus resserrés lui donnent un caractère puissant, notamment lorsqu'on passe au plus près des falaises de La Roque. Côté pratique, on se ravitaille facilement dans un des beaux villages du coin et on bivouaque sur les îles et îlots le long du parcours. C'est donc le terrain de jeu idéal pour une belle escapade à vivre en famille, avec un vrai goût d'aventure !

Let's go to Lascaux !

Surnommée la **« chapelle Sixtine de la préhistoire »,** cette merveille archéologique et artistique fut découverte par hasard par quatre adolescents en 1940. Après des travaux d'aménagement, elle fut ouverte à la visite en 1948 et Lascaux connut alors un énorme succès. Trop, puisque l'on s'aperçut, après une quinzaine d'années d'exploitation, que la visite de centaines de milliers de personnes avait bouleversé l'équilibre atmosphérique et le degré d'humidité de la grotte. Celle-ci fut fermée en 1963, et l'est toujours aujourd'hui. Mais pour ne pas priver le public d'un tel chef-d'œuvre, une réplique la plus exacte possible a été construite et le centre international de l'art pariétal à Montignac, devenu LE monument le plus visité en Dordogne, est à ne pas manquer ! La grotte, reproduite à échelle réelle et dans ses moindres détails, est une vraie merveille.

Plus d'infos : • lascaux.fr •

CONTRE VENTS ET MARAIS DANS LE POITOU

48

Découvertes à fleur d'eau

Se laisser glisser au gré des conches, ça fait rêver, mais nul besoin d'être un marin chevronné pour découvrir le « marais mouillé » : à pied sec aussi c'est possible ! C'est même un must avec un âne comme compagnon de voyage, surtout en famille, ou carrément depuis une montgolfière.

1/2 journée à 1 week-end

Printemps, été, automne

De facile à moyen en fonction de l'activité

Autonome pour le canoë, et guidé pour l'âne et le ballon

Niort

Préparer

Accès : Saint-Georges de Rex (ligne 21), La Garette ou Coulon (ligne 22).

Louer son canoë : Venise Verte Évasion, 66, rue des Gravées, La Garette, 79270 Sansais. ☎ 05-49-35-93-46. • veniseverte.com • Ouv avr-oct, tlj. Compter env 50 €/j. pour un canoë de 2-3 places. Également à l'Embarcadère Cardinaud, av. de la Repentie, 79460 Magné. ☎ 05-49-35-90-47. • embarcadere-cardinaud.fr •

Louer son âne : Du Coq à l'Âne. 12, rue du Moulin, 79210 Saint-Georges de Rex. ☎ 05-49-35-06-28 • ducoqalane.fr • Tlj sauf lun (tlj pendant les vac scol) ; départ le mat ou l'ap-m, sur résa. Compter 30 € l'âne. Prévoir un âne par famille (2 adultes min). Chaussures de marche de rigueur, de même que la casquette, la gourde et le goûter.

Vol en montgolfière : Terres d'Envol. 8, rue de la Petite Douve, 79510 Coulon. ☎ 06-65-09-49-92. • terres-denvol.fr • Vols sur résa à partir de 210 €/pers. Enfants de moins de 7 ans et de moins de 1,30 m interdits.

À l'eau les canards !

Si la plate est bien l'embarcation traditionnelle du Marais poitevin, tous les sportifs en quête d'un brin d'aventure lui préfèrent le canoë ou le kayak. Certes, ils sont moins stables, mais ces esquifs sveltes et légers ont l'avantage de pouvoir se faufiler dans les recoins les plus secrets du parc naturel régional.

Une bonne option, c'est de partir depuis les embarcadères de La Garette, Magné, ou Coulon, au cœur des célèbres « marais mouillés », dont les 32 000 ha de zones inondables façonnent un paysage unique d'une richesse folle. Inutile d'être équipé, de nombreux prestataires proposent tout le nécessaire. Seule condition : savoir nager et ne pas avoir peur de se mouiller !

Ce qui surprend d'emblée, c'est la densité et la complexité du labyrinthe de canaux. La Venise Verte porte bien son nom !

Pas besoin de GPS pour autant, de nombreux poteaux indicateurs sont positionnés là où c'est nécessaire. Depuis **La Garette,** c'est encore plus simple, une voie navigable bien large et pépère conduit à la Sèvre Niortaise. On rejoint ici l'axe principal pour **Coulon,** le village emblématique du marais avec ses barques alignées le long des quais fleuris. Ceux qui ont oublié la provision d'eau ou la crème solaire feront bien d'en profiter pour se ravitailler, sous peine d'y laisser des plumes à cause de la réverbération. Le sac rempli, on poursuit jusqu'au barrage du marais du Pin. Là, pas le choix, il faut débarquer pour franchir l'obstacle. Après avoir photographié la fameuse passe à poissons, direction **Magné** pour un autre selfie devant le pittoresque pont-levis. Reste à rallier La Garette par le canal du Bras de Sevreau. Le coin est tranquille, moins fréquenté, mais pas de tout repos : quelques barrages nécessitent là encore de trimballer le matériel à dos d'homme sur quelques mètres (c'est quand même aménagé, ouf !).

La Venise Verte porte bien son nom

BONNET D'ÂNE

Les ânes sont beaucoup plus relax et dociles que la légende ne le laisse supposer ! Pas d'angoisse donc, les balades se font sans problème sans guide. En revanche, observez bien les oreilles de votre compagnon. En avant, il est attentif ; en arrière, il est mécontent ; sur les côtés, tout va bien.

La Venise Verte au rythme lent des ânes rastas

Les très nombreux sentiers et le chemin de halage le long des principales voies navigables offrent une alternative géniale aux balades en barque, en kayak ou en canoë. À pied, c'est bien, mais avec un âne, c'est mieux. Et pour profiter au mieux de l'expérience, rendez-vous au **Coq à l'Âne,** stratégiquement situé au cœur du marais mouillé. Ici, la star incontestable, c'est le baudet du Poitou. Reconnaissable à son pelage laineux bien épais, « l'âne rasta » n'est pas qu'un gros doudou qu'on caresse : c'est aussi un infatigable marcheur qui supporte sans problème le poids d'un sac ou d'un enfant. Pratique et ludique !

Mais avant de partir, il faut faire connaissance. À l'asinerie de Saint-Georges de Rex, on commence par les présentations. Un âne, ça se vexe facilement ! Puis, après quelques recommandations d'usage et la remise d'un plan où figure l'itinéraire, c'est parti pour une merveilleuse balade le long des conches en sous-bois. Aucun risque de se perdre, les 4 km du circuit sont très bien balisés. En revanche, il y a fort à parier que le baudet tente sa chance d'améliorer son ordinaire en broutant quelques fleurs.

Dans ce cas, ne surtout pas tirer sur la longe, ça le bloquerait. Il faut tout simplement le pousser en lui parlant gentiment. La balade peut alors reprendre au rythme lent de sa démarche chaloupée. Un train de sénateur qui convient aux petits et aux grands, et permet d'observer la flore à loisir et surtout de surprendre les innombrables habitants de cette cathédrale de verdure : hérons et vanneaux huppés, mais aussi rainettes et anguilles. Largement de quoi faire le plein de souvenirs !

Lâcher de ballons

Rien de tel qu'une virée en **montgolfière** pour apprécier pleinement le « pays du grand silence vert ». Une fois en altitude, c'est sûr qu'on n'est pas dérangé par les voisins... Première étape, rendez-vous à **Coulon,** où l'on retrouve la joyeuse équipe de Terres d'Envol. Puis, en fonction de la météo du jour, direction le site de décollage approprié... où chacun met la main à la pâte pour préparer le matériel ! Ici, pas de touriste, chaque participant coiffe la casquette de l'aéronaute. Génial ! Mais la vraie émotion, c'est lorsque la nacelle quitte enfin le plancher des vaches pour s'élever peu à peu dans les airs. Au petit matin, lorsque le soleil pointe le bout du nez à l'horizon et que le ballon file au gré du vent, la sensation de liberté est indescriptible.

En montgolfière, les souvenirs sont à la hauteur de la dépense : au format XXL et en cinémascope ! L'avantage de la nacelle, c'est qu'on profite d'une vue à 360 °. Pas de hublot ici, on se sent plutôt comme sur un balcon, profitant du spectacle unique de la mosaïque de paysages des marais. Et comme le vol s'effectue à vitesse réduite, on a largement le temps d'en profiter sans souffrir du vertige. En 1h environ, on survole les canaux des marais mouillés, mais aussi les espaces plus dégagés des marais desséchés, avec le grand large en ligne de mire. La palette des couleurs est fascinante, toujours changeante, et les surprises abondent : ici un troupeau, là un oiseau en maraude, plus loin un moulin lové dans un creux de verdure... Un pur moment de bonheur, qui s'achève par un atterrissage en douceur autour d'un verre. Il faut bien se remettre de ses émotions et partager son expérience !

Un pur moment de bonheur qui s'achève par un atterrissage en douceur

Notre top 5 des plus beaux marais

À vos barques ! Prêt ? Ramez !

1

Le marais de Saint-Pierre-d'Oléron

Nouvelle-Aquitaine / Charentes-Maritimes

À 1 km du centre de Saint-Pierre, aux portes de la ville s'étend le marais de l'Éguille, labyrinthe d'anciens marais salants à découvrir en paddle pour être au plus près de la nature. C'est une expérience extraordinaire, dans un site classé Natura 2000. Après avoir enfilé son maillot (et une combi, prêtée, selon la météo) et reçu quelques explications pour trouver son équilibre sur la planche, c'est parti pour 2h de balade sur le vaste réseau de canaux qui quadrille cette campagne autrefois recouverte par la mer. Même au cœur de l'agitation touristique estivale, le calme y est bluffant… Explications très intéressantes sur la flore (dégustation sauvage comprise !), la faune et les petits métiers perdus comme le saunier. Passages de petits ponts et baignade en été : les grands apprécient autant que les petits !

La Salicorne : ☎ 06-69-56-42-47. • salicorne-sup.fr • Résa impérative.

2

Les marais salants de Guérande

Pays de la Loire / Loire-Atlantique

Les marais s'étendent sur plusieurs communes, principalement sur Guérande et commencent dès la sortie de la cité médiévale. Traversés par un réseau de petites routes étroites, il est très agréable de venir s'y promener à vélo, de préférence tôt le matin ou en soirée, quand le soleil est bas sur l'horizon et que les voitures s'y font plus rares. Les couleurs sont exceptionnelles avec toutes les nuances de gris, d'argent, de bleu, de vert (une seule couleur en breton : *glaz*, la couleur du ciel et de la mer), sans oublier le mauve des salicornes en fleur et le blanc du sel, bien évidemment. À Guérande, le marais a repris du poil de la bête grâce à une association d'anciens paludiers qui a formé une nouvelle génération. Une belle façon de visiter le tout à pied reste de prendre contact avec Terre de Sel - Espace Sel et Nature (☎ 02-40-62-08-80. • terredesel.com •).

3

Le parc naturel régional de Brière

Pays de la Loire / Loire-Atlantique

Deuxième marais de France après la Camargue, la Grande Brière se présente comme une mosaïque de canaux, de plans d'eau, de roselières et de prairies inondables. Elle s'étend sur 54 800 ha dont environ 20 000 ha de zones humides. Immense tourbière que les pluies d'automne transforment en une vaste étendue d'eau, ce pays permet le développement d'une faune et d'une flore spécifiques. La Brière se découvre tranquillement, à son rythme, tôt le matin ou à la nuit tombée afin d'observer au mieux oiseaux et ragondins.

Plusieurs prestataires organisent des randonnées de découverte du marais. On embarque sur un chaland ou un blin, un bateau à fond plat autrement utilisé pour transporter le bétail, poussé à la perche sur les piardes parmi les roseaux, les iris ou autres laîches. On peut choisir de manœuvrer la barque seul, mais ce n'est pas si facile. L'idéal est de s'adresser à un professionnel dont vous pourrez en plus profiter des commentaires.

Liste des guides auprès des bureaux d'infos touristiques, notamment celui de Kerhinet. Maison du Parc Village de Kerhinet : ☎ 02-40-24-34-44.

4

Le parc naturel régional des marais du Cotentin et du Bessin

Normandie / Manche

Côté Manche, le parc naturel régional des marais du Cotentin et du Bessin est compris grosso modo dans un triangle Quinéville/Lessay/Pont-Hébert. Paysage de bocages et de vastes prairies, sillonné par une multitude de rivières et d'étroits canaux, le parc naturel régional s'ouvre de part et d'autre sur la mer. Une région pittoresque qui offre une palette variée de paysages, une intéressante architecture rurale et de nombreuses occasions de randonnées. Des millions d'oiseaux migrateurs choisissent le marais du Cotentin pour se reposer ou comme zone d'hivernage et de nidification. Pour découvrir l'ensemble, on peut louer une barque électrique pour une balade d'1h ou 2h (les bateliers des marais du Cotentin, à Port Jourdan (☎ 02-33-71-65-30). Des randos thématiques accompagnées sont aussi possibles avec La Maison du Parc (☎ 02-33-71-65-30).

5

Le marais audomarois

Hauts-de-France / Pas-de-Calais

Dessinant une longue écharpe au nord de Saint-Omer, le marais audomarois s'étend sur un peu plus de 3 700 ha. Classé « Réserve de biosphère » par l'Unesco, le marais fait en outre partie du parc naturel régional des caps et marais d'Opale. Son histoire commence vers l'an 800 quand les moines des abbayes alentours, aidés de la population, drainent ces terres gorgées d'eau pour y installer des cultures maraîchères. Des colons flamands s'impliquent et dessinent un réseau de plus de 700 km de *wateringues* (« chemins d'eau »), dont 150 km navigables, desservant plus de 15 000 parcelles cultivées ! On s'y déplace en bacôve (barque) ou en escute, plus petit et instable, tous deux taillés dans le bois de chêne. Pour en avoir un bel aperçu, La Maison du marais (☎ 03-21-11-96-10) aux portes de Saint-Omer propose des visites du marais à pied ou en bacôve accompagné d'un guide.

PÉDALER D'AGEN À MONTECH

49

Bienvenue au royaume du pruneau et du cassoulet !

Un itinéraire gourmand sur un parcours entièrement en site propre, au milieu des cultures opulentes. On traverse de vieux villages accueillants et on fait étape dans de petits ports fluviaux charmants.

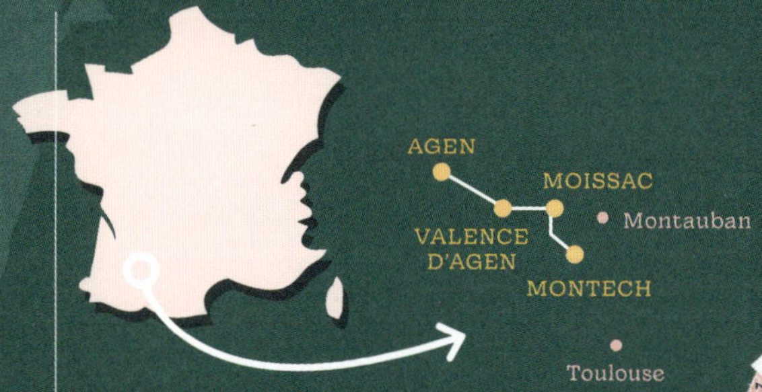

Agen / Montech

66 km

2 jours

De Pâques à la Toussaint

Facile

Pas besoin de guide

Agen

Selon hébergements

Préparer

Office de tourisme « Destination Agen » : 38, rue Garonne. ☎ 05-53-47-36-09. • destination-agen.fr •

Office de tourisme - Halte Vélo de l'Ancien Abattoir : 27, rue de la République de Valence-d'Agen. ☎ 05-63-21-79-65. Aire de pique-nique couverte, aire de repos, douches, w-c, cuisine, réfectoire. Capitainerie du port.

Office de tourisme – Terres des Confluences : 1, bd de Brienne, à Moissac. ☎ 05-32-09-69-36. • tourisme-moissac-terresdesconfluences.fr • À côté de l'abbatiale de Moissac.

Pont-canal, Agen

Étape 1 : d'Agen à Valence-d'Agen, 26,5 km

Le centre historique d'**Agen** se traverse facilement à vélo, par le boulevard de la République, pour retrouver la piste le long du canal depuis la gare SNCF, en direction de Toulouse. De là, le canal de Garonne s'étire lentement dans la plaine alluviale à l'ombre des platanes qui défilent jusqu'au petit port de Valence-d'Agen.

Prendre quand même le temps de visiter le musée des Beaux-Arts qui abrite des collections couvrant presque toute l'histoire de l'art, de la Préhistoire à nos jours, et la cathédrale Saint-Caprais d'une belle facture romane.

Agen semble indissociable des pruneaux… Et pourtant, la prune arrive de Perse, via Damas, rapportée par les croisés de la région, survivants de l'expédition de 1148… De là vient l'expression « tout ça pour des prunes ! ». Le « pruneau d'Agen », protégé par une IGP, apparaît au XVIIIe s et souligne surtout le fait que la production était autrefois expédiée vers Bordeaux par la Garonne, via le port d'Agen. Aujourd'hui, avec près de 1 500 producteurs dans la région, représentant 65 % de la production française, il reste toujours l'une des principales industries du Lot-et-Garonne.

Étape 2 : de Valence-d'Agen à Moissac, 16,5 km

C'est l'une des plus belles étapes sur le canal de Garonne, où la vallée se fait plus encaissée avec, à l'arrivée, **Moissac,** étape majeure sur le chemin de Compostelle, et ses édifices d'une rare beauté.

Aux confins du Lot-et-Garonne et du Tarn-et-Garonne, **Valence d'Agen,** ancienne bastide anglaise du XIIIe s, est une petite cité tranquille placée sous le signe de l'eau qui s'enorgueillit de ses lavoirs, dont le plus remarquable : le lavoir du Théron, de la fin du XVIIIe s. En venant des anciens abattoirs, convertis en étonnante halte pour les randonneurs, on passera par la place Nationale entourée de maisons à ambans, avec sa belle halle métallique début XXe s ; notez le pigeonnier sur les piliers, place du Colombier, et profitez des allées du jardin public avant de rejoindre le canal.

Étape 3 : de Moissac à Montech en passant par Castelsarrasin, 23 km

Une étape ponctuée de ports fluviaux, témoins de l'intense activité commerciale d'autrefois sur le canal. Autour, c'est une terre de cocagne consacrée à la culture des fruits et des céréales.

Moissac, petite cité entre plaines et coteaux, traversée par le Tarn, est célèbre pour son abbaye et son portail sculpté, sommet de l'art roman et surtout pour son cloître considéré comme le plus beau du monde avec ses 76 magnifiques chapiteaux historiés surmontant des colonnes de marbre simples ou géminées. L'ensemble est classé au Patrimoine mondial de l'Unesco. On passe aussi par le pont-canal : un des plus longs de France (356 m), remarquable par sa belle architecture alliant brique et pierre. Il permet au canal latéral à la Garonne, qui relie Bordeaux à Toulouse, de franchir le Tarn.

La petite cité de **Montech,** dont la création remonte au Moyen Âge, abrite une intéressante échelle d'écluses et sa fameuse pente d'eau. Comment faire gagner près d'une heure aux péniches qui doivent ici franchir cinq écluses successives à l'un des points les plus hauts du canal de Garonne ? On inventa alors dans les années 1970 un drôle d'ascenseur à bateaux, tracté par une sorte de Micheline, qui tirait les péniches le long d'une pente d'eau aménagée sur près de 500 m. L'engin fonctionna une trentaine d'années avant de tomber en panne, en même temps que le fret fluvial… et ne fut jamais réparé. Une péniche musée sur cale raconte son histoire (• pentedeaude montech.fr •).

Le canal de Garonne à vélo

De Bordeaux à Toulouse, le canal de Garonne se faufile au cœur du Sud-Ouest. Une terre de cocagne aux airs de Toscane, où fruits, légumes et vignes poussent en abondance. Une terre dotée d'une riche histoire qui nous a légué de remarquables abbayes et monuments. Le parcours y est très facile, principalement sur des pistes cyclables bien aménagées en continu le long du canal de Garonne. Écluses, maisons éclusières et ponts-canaux rythment le parcours de ce remarquable ouvrage du XIXe s, qui a conservé, sur une bonne partie du parcours, ses platanes ombrageant agréablement le chemin.

Le canal en chiffres

Longueur : 193 km
Dénivelé : 128 m
7 ponts-canaux et 53 écluses.

Un peu d'histoire

De tout temps, le débit irrégulier de la Garonne a compliqué sa navigation, ralentissant le transport fluvial et le rendant aléatoire. La révolution industrielle va donner l'impulsion pour lever ce frein économique. Dès 1830, une société privée bordelaise, confie la réalisation d'un pont-canal à Jean-Baptiste de Baudre, un ingénieur des Ponts et Chaussées qui mourra sans avoir vu son grand-œuvre achevé. Quoi qu'il en soit, en 1839, le fils aîné de Louis-Philippe en personne, dauphin du Roi des Français, pose la première pierre du pont-canal d'Agen. Toulouse devient accessible par voie d'eau depuis Moissac, puis Agen. Mais une ombre plane sur ces prouesses techniques : la concurrence du chemin de fer, alors en plein essor. Arrêter la construction du canal ? La question se pose. Pourtant, l'État choisira la complémentarité à la rivalité. La Compagnie des chemins de fer du Midi et du Canal latéral à la Garonne reçoit la concession du canal pour 99 ans. Et en 1856, le canal atteint Castets-en-Dorthe, d'où il se sépare de la Garonne.

Hélas, entre-temps, les frères Pereire ont absorbé la Compagnie, et leur calcul de rentabilité est déjà favorable au train. De plus, l'État leur cède, en 1858, les droits d'exploitation du canal du Midi ! Ils imposent des conditions commerciales telles que toute activité cesse sur la voie d'eau au profit du chemin de fer.

Devant l'ampleur de la catastrophe, l'État récupère la propriété du canal des 2 mers en 1898, et les bateaux reviennent progressivement, mais la Première Guerre mondiale freine cette reprise. En revanche, elle ouvre la voie aux innovations techniques : les moteurs remplacent les voiles et les chevaux-vapeur remplacent les chevaux de halage.

Quelques sites à ne pas manquer, inscrits au Patrimoine mondial de l'Unesco :

- Le phare de Cordouan
- La citadelle de Blaye et le Verrou de l'estuaire de la Gironde en tant que fortifications de Vauban
- Bordeaux et le port de la Lune
- L'abbaye de la Sauve-Majeure
- Le cloître de Moissac…
- Sans oublier les chemins de Saint-Jacques-de-Compostelle, dont certaines étapes croisent celles de notre circuit page précédente : Blaye, Bordeaux, La Sauve-Majeure, Agen, Moissac, Toulouse. • chemins-compostelle.com •

Port de plaisance d'Agen : location de bateaux sans permis auprès de Locaboat Plaisance, quai de Dunkerque ; ☎ 05-53-66-00-74. • locaboat.com •

Le pont-canal d'Agen : un ouvrage d'exception

Réalisé entre 1839 et 1843 pour permettre au canal latéral de la Garonne de la franchir (il n'est donc plus latéral ici, mais perpendiculaire !), c'est le 2e plus long de France après celui de Briare (Loiret). Il s'étend sur 580 m, en pierre de taille, avec 23 arches. Il se trouve à 10 m au-dessus de la Garonne, et 4 écluses automatiques assurent une dénivellation de 15 m.
Depuis le chemin de halage qui traverse le pont, vue rigolote d'un cours d'eau qui en traverse un autre (accès piéton depuis le haut de l'av. du Général-de-Gaulle, en direction de Bordeaux).

À VÉLO DANS LES SALINS D'AIGUES-MORTES

Boucle depuis Aigues-Mortes

30 km

1/2 journée minimum

Avril à juin

Facile

Pas besoin de guide

Aigues-Mortes (à 45 mn de Nîmes)

Quelques coups de pédale pour voir la vie en rose, au cœur d'un immense salin qui vient mourir dans les eaux bleues de la Méditerranée. Une escapade poétique et familiale qui ne manque pas de sel !

50

Préparer

Accès : à 2 km au sud d'Aigues-Mortes, par une voie verte.

Plus d'infos :
• visitesalinsdecamargue.com •

Bon à savoir : en juillet-août, il peut faire très chaud. À partir de septembre, le sel est récolté, et les bassins perdent alors leur fascinante teinte rose.

Matériel : pour cette balade, les salins ne louent pas de vélo. Venir avec son propre VTT, et prévoir un kit de réparation, les chemins ne sont pas bitumés et peuvent réserver de mauvaises surprises... Idéalement, opter pour un VTT électrique, le parcours fait 30 km (mais c'est tout plat). Si vous n'avez pas de monture, on peut en louer à Aigues-Mortes (rens auprès de l'office de tourisme, env 26 €). Prévoir aussi un gilet réfléchissant, de l'eau en conséquence, de quoi grignoter, de la crème solaire, un chapeau (sur les salins il n'y a pas d'ombre !), un maillot et une serviette si vous voulez profiter de la plage à l'arrivée.

Un camaïeu de roses, dans lequel se reflète le rempart ocre de la cité médiévale d'Aigues-Mortes. Au loin, une montagne d'un blanc éclatant, la camelle, pyramide de sel de 20 m de haut. Et au-dessus le ciel, si souvent bleu, dans lequel volent en escadrille les flamants, roses, évidemment.

Pédaler à travers les salins, c'est comme se mouvoir sur la palette d'un peintre. Plus grand marais salant de Méditerranée, les salins d'Aigues-Mortes s'étendent sur 8 000 ha, au cœur de la **Petite Camargue.** Ils forment un patchwork de bassins, les tables salantes, où l'eau de mer rosit patiemment, sous l'effet de la décantation. Un paysage irréel, cultivé à la main par les sauniers qui en extraient chaque année 250 000 tonnes de sel, et dans lequel on flâne le long d'un réseau fléché de digues, bordées d'amas de sel cristallisé.

c'est comme se mouvoir sur la palette d'un peintre

Une balade en plat pays, pour en prendre plein les yeux mais pas plein les mollets. Et tout au bout de ce panorama horizontal se mire la mer, léchant une longue plage solitaire et sauvage. De quoi se rêver Robinson sur son île, et se jeter à l'eau comme seul au monde ou presque. On resterait bien goûter au coucher du soleil, pour ajouter d'autres teintes encore à ce fascinant nuancier, mais il faut être ressorti pour la fin d'après-midi.

Ceux qui ne se sentent pas d'avaler 30 bornes, fussent-elles sur du plat, peuvent opter pour la petite balade de 12 km. Avantage, celle-ci passe au plus près de la camelle, que l'on peut alors gravir. En revanche, on ne va pas jusqu'à la plage. Autre option, la balade accompagnée par un guide naturaliste (3h). Dans ce cas, la location du VTT peut être incluse.

POUR UN AUTRE POINT DE VUE

Après les avoir vus de l'intérieur, contemplons les salins d'en haut, depuis les remparts de la cité d'Aigues-Mortes, comme surgie tout droit du règne de Saint-Louis. Avant de s'offrir un verre de rosé que l'on appelle ici gris, né d'un vignoble atypique que l'on peut visiter, ancré dans le sable et les marais salants (• domainedejarras.com •).

EN ROUTE VERS LA RUÉE VERS L'OR

51

Une expérience dont on revient riche... de souvenirs

Vous rêvez de renouer avec l'ambiance de *L'Appel de la Forêt* de Jack London ou de *La Ruée vers l'Or* de Chaplin ? Il suffit de pousser jusqu'au pied des Cévennes. Nul besoin donc de se transporter jusqu'au Canada. Même si vous vous apercevrez, dès la séance de formation qui précède ce mini-stage d'orpaillage, qu'ici, on vit aussi ce rêve américain...

1 journée

Juin à septembre, seulement le week-end

Facile

Guide obligatoire

Montpellier ou Nîmes

Préparer

Accès : après réservation, rendez-vous est donné devant le restaurant du Pont-de-Ners, 2, D 982, 30190 Boucoiran-et-Nozières. Il faut être motorisé : c'est à environ 1h de Montpellier, 30 mn de Nîmes, et 15 mn d'Alès.

Plus d'infos : • chercheur-or.com •

Tarifs : entre 30 € et 40 € / pers.

Bon à savoir : prévoir une vieille paire de baskets, une casquette ou un chapeau, de la crème solaire et une lotion anti-moustiques. Pensez aussi à préparer un pique-nique et prévoir pas mal d'eau.

ON-OBÉIT-À-NAPOLÉON

Depuis une loi impériale de Napoléon Bonaparte adoptée le 21 avril 1810 (texte inclus dans le Code minier), tout le monde a le droit de chercher de l'or en France. À condition de n'utiliser que des moyens manuels, et de faire une déclaration préalable en préfecture.

L'orpaillage ? C'est tout simplement la recherche d'or, de manière artisanale, dans une rivière. Et comme dans beaucoup d'autres gardons (par ici, toutes les rivières s'appellent… Gardon !) qui prennent leurs sources dans les Cévennes, il y a de l'or dans ce Gardon-là.

De l'or que la famille Mandrick va vous apprendre le temps d'une journée à chercher, et… à trouver, dans une joyeuse ambiance ! Chez les Mandrick, on est orpailleurs de grand-père en petit-fils.

Après une bonne marche jusqu'à la rivière, vos guides vous expliquent le maniement de la batée (ce drôle de récipient ressemblant à une cuvette, évoqué dans tous les livres et films contant la ruée vers l'or). Ensuite, c'est parti : on trempe ses pieds, ses mains (et bien vite ses fesses) dans le Gardon et on remplit sa batée de tout ce qu'on peut ramasser au fond de la rivière : terre, graviers, racines…

Puis on procède au « débourbage » : on secoue (très) fort la batée dans l'eau, pour que les matériaux lourds partent au fond. La suite est quelque peu plus technique, mais vous verrez, le mouvement s'acquiert plutôt rapidement et de minuscules et étincelants fragments ne devraient pas tarder à apparaître sur les bords de votre batée.

Mais ne rêvez pas : certes vous récolterez quelques paillettes d'or au cours de ce stage, mais vous ne repartirez pas riche, sinon de jolis souvenirs d'une journée hors du commun !

Prolonger le week-end

Le parc Parfum d'Aventure

Un parc pas comme les autres, né du rêve d'un aventurier et d'une amoureuse de la nature. On peut y passer la journée à profiter de la baignade dans l'eau fraîche du Gardon et du coin hamac, à s'essayer aux jeux en bois à l'ancienne, à sautiller sur les filets suspendus, à flâner le long des sentiers de découverte ou dans le labyrinthe du sanglier… Et on peut grimper dans les arbres. Pour toute la famille, quatre parcours de 2 à 18 m de haut avec des tyroliennes, ponts de singe, etc., sur lesquels jouer les équilibristes autant de fois que l'on veut. Dis, on recommence ? Au coin buvette, paniers pique-nique avec légumes du potager (qui se visite), pâtés et fromages de producteurs voisins. On peut aussi apporter son propre pique-nique.

***Le Roucan**, 2075, route de Mialet, 30140 Générargues ☎ 06-79-85-99-78. • parcparfumdaventure.com • Entrée parc simple : 6 € ; parcours accrobranches (accès illimité) : 10,50-24 € selon l'âge ; panier pique-nique (pour 2 pers) : 22 €.*

RANDONNER AVEC UN ÂNE DANS LES CÉVENNES

sur le chemin de Stevenson… Pas (si) bête !

52

On suit le parcours emprunté en 1878 par le célèbre auteur de *L'Île au trésor*, Stevenson, accompagné de son ânesse Modestine, qui entreprit de traverser les Cévennes pour soigner une peine de cœur !

7 jours (en moyenne)

Mai à octobre

Moyen

Guide non obligatoire (prévoir une bonne logistique)

Le Puy-en-Velay et Alès

Préparer

Départ-arrivée : Chasseradès - Saint-Jean-du-Gard

Durée : diverses possibilités de réduire ou allonger le parcours, de 1 à 14 jours de marche.

Accès/transports : en train jusqu'au Puy-en-Velay (point de départ « officiel » du sentier) ou Alès, Mende ou Chasseradès (en TER). Liaisons en car depuis Le Puy vers Le Monastier ou Langogne (sur le parcours cévenol), mais restreintes pdt les vac scol et le w-e ; liaisons également entre Florac ou Saint-Jean-du-Gard et Alès. En prime, possibilité de réserver transferts (en taxi) et transports de bagages.

Plus d'infos : • chemin-stevenson.org •

Louer son âne : plusieurs adresses dans les Cévennes et dans le Velay, recensées sur le site du chemin de Stevenson et disponibles auprès des offices de tourisme.

Bon à savoir : hors saison, certains hébergements et points de ravitaillement sont fermés (se renseigner), mais sentier accessible à raquettes et ski de fond.

Balisage : GR® 70

Ravitaillement : on trouve des restos, auberges, cafés et commerces tout le long du parcours ; certains proposent aussi des paniers pique-nique.

Conseil : réservation très conseillée (indispensable hors saison) des hébergements – ayant signé la charte d'accueil des ânes en randonnée – qui assurent la 1/2 pension et disposent d'un enclos avec fourrage. Liste complète sur le site internet et auprès des offices de tourisme.

Livres de route : utile de se procurer le topoguide *Le Chemin de Stevenson* (édité par la FFRP et Chamina), et le récit de Stevenson, *Voyage avec un âne dans les Cévennes,* qui pétille d'humour et d'intelligence !

Suivre l'intégralité du chemin de Stevenson, c'est découvrir une grande variété de paysages, à travers des pays pleins de caractère : le Velay, la Margeride, le Gévaudan, le mont Lozère et enfin les Cévennes, sauvages en diable !

De quoi en prendre plein les yeux et expérimenter la randonnée au long cours en compagnie d'un âne, qui sera à la fois d'une grande aide, puisqu'il porte les bagages (jusqu'à 40 kg) et tient agréablement compagnie, mais aussi source de quelques contraintes lorsque ledit compagnon a décidé de faire une pause prolongée ! D'une façon générale, pensez à ménager votre monture - qui est sous votre responsabilité - mais aussi son propre confort, en partant bien équipé et en réservant les hébergements avant le départ. Les étapes, de 5-6h en moyenne, sont parfois ardues, avec de sacrés dénivelés, mais rien d'insurmontable pour tout amateur de randonnée en montagne ! Et on est largement récompensé par les paysages grandioses et les villages isolés que l'on découvre chaque jour avec émerveillement... Sans oublier de bons moments de convivialité et l'occasion de se régaler des délicieux produits régionaux autour de joyeuses tablées en soirée !

Le Monastier-sur-Gazeille est le point de départ du circuit originel de Stevenson, jusqu'à **Saint-Jean-du Gard,** mais le GR® 70 est constitué d'étapes supplémentaires, au nord comme au sud, du **Puy-en-Velay** à **Alès.** Il est possible d'effectuer seulement une partie du GR®, par exemple 7 jours dans les Cévennes, de **Chasseradès** (dans le Gévaudan)

à **Saint-Jean-du-Gard** ; c'est cette partie que nous avons parcourue vaillamment et avec émerveillement !

Quelques passages délicats à manœuvrer avec son âne, comme à l'arrivée sur le **Pont-de-Monvert** ou au **col Saint-Pierre,** avec des descentes bien raides - et parfois glissantes - et de petites sections où on longe la route (vers Florac et Saint-Jean-du-Gard), mais sinon, la randonnée permet de s'immerger au cœur de ce département à la nature préservée et foisonnante, laissant des images et souvenirs impérissables. D'abord en grimpant sur le mont Lozère jusqu'au **sommet de Finiels**, massif granitique qui cache de nombreuses sources et se couvre de genêts ou de bruyère selon la saison. Arrivé tout là-haut (1699 m), on est récompensé par un panorama spectaculaire sur les Alpes, les Cévennes et le mont Aigoual... De quoi refaire le plein d'énergie avant de redescendre du Pont-de-Montvert vers **Florac**, chef-lieu du département qui offre l'occasion d'une agréable étape, pour finir le parcours en beauté à la découverte des Cévennes.

Le sentier alterne harmonieusement entre sous-bois, à travers de belles forêts de châtaigniers, rivières et sommets où domine le schiste. L'étape au petit village de **Saint-Germain-de-Calberte** est aussi un régal. On domine alors la vallée française et on goûte avec bonheur le plaisir simple d'un pique-nique préparé avec les produits du cru : charcuterie, fromage de brebis et autres gourmandises à base de miel ou de châtaignes.

En longeant la corniche jusqu'à **Saint-Jean-du-Gard,** on voit le paysage se transformer doucement, les toits de tuiles remplacent les ardoises et la végétation devient plus méridionale, chant des cigales inclus ! On a presque envie de retenir le temps pour profiter encore de ce périple, loin du tumulte des hommes et de la ville. On prend vraiment la mesure des innombrables vertus de la marche en montagne ou en forêt, de la proximité d'un animal avec qui on aura forcément créé des liens, et on se dit que Stevenson a eu une belle intuition en décidant d'arpenter ce si beau coin de France pour oublier sa dulcinée !

Sant-Julien-d'Arpaon

Envie de **retenir le temps** pour profiter encore de ce périple

loin du tumulte des hommes et de la ville

Prolonger la découverte des Cévennes

Outre le GR® 70, le parc national des Cévennes est quadrillé par **plusieurs sentiers de grande randonnée**, notamment les GR® 66 (tour de l'Aigoual), GR® 67 (tour des Cévennes) et GR® 68 (tour du mont Lozère). Des randonnées vraiment superbes, pour lesquelles de nombreux gîtes d'étape ont été aménagés chez des particuliers avec l'aide du parc. S'y ajoutent près de 300 sentiers de balade dans tout le parc : des boucles balisées accessibles à tous. Plus d'infos sur • destination.cevennes-parcnational.fr • et dans les offices de tourisme.

53

FAIRE LE TOUR DES MONTS DE L'AUBRAC

Parfois austères, toujours superbes

Classé parc naturel régional, voilà un pays d'horizons sans limites, propre à satisfaire les randonneurs assoiffés d'absolu, à réserver aux amoureux de solitude, mais qui plaira aussi aux amateurs de pêche grâce à ses nombreux lacs d'altitude.

Boucle depuis Aumont-Aubrac

109 à 180 km

5 à 8 jours

Printemps et été, pour un climat propice à la marche

Moyen

Pas besoin de guide

Aumont-Aubrac (liaisons avec Clermont-Ferrand et Béziers)

Selon hébergement

Préparer

Plus d'infos : • parc-naturel-aubrac.fr • Itinéraires et info détaillées sur les sites : • ot-aumont-aubrac.fr • et • randonnee-aveyron.fr •

Bon à savoir : les dénivelés ne sont pas très importants et la randonnée est accessible à un grand nombre. Mais on vous conseille d'être bien équipé, avec de bonnes chaussures et des vêtements coupe-vent. Il est aussi conseillé – voire obligatoire – de réserver ses hébergements avant le départ.

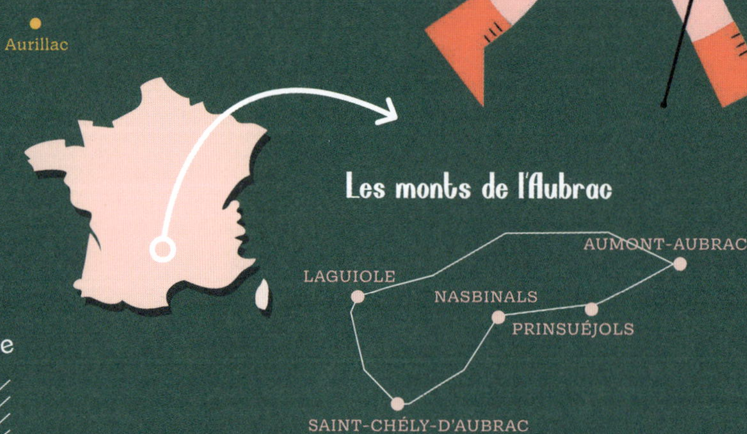

Le massif de l'Aubrac est un plateau d'une altitude moyenne de 1 200 m, délimité par les vallées du Lot et de la Truyère. Comme devant d'autres grands espaces naturels (le Sahara, la vallée de la Mort… liste non exhaustive) on reste ébahi devant l'Aubrac ! Car, aux confins du Cantal, de l'Aveyron et de la Lozère, on a la déroutante impression d'être arrivé au bout du monde.

Sur ce haut plateau dénudé et austère mais terriblement beau, pointent ici et là de vieux volcans, dômes arrondis, monts chauves couverts de prairies ou de landes, où le vent souffle parfois violemment car il n'a aucun obstacle à heurter. Rien pour stopper le regard non plus, sinon la silhouette de ces burons couverts de lauzes ou de ces clochers-peignes typiques de la région. On est trop haut ici pour faire pousser du blé, alors place aux pâtures où s'épanouissent les belles vaches de race Aubrac au pelage ocre.

Marche ou rêve…

Rien de tel que d'enfiler ses godillots de rando pour partir à l'assaut de ce territoire sauvage ! À vous le tour de l'Aubrac, que l'on débute en principe à Aumont-Aubrac. Le tour complet s'effectue en 8 jours de marche, mais il existe des variantes et la possibilité de réduire le parcours de 2 à 5 jours - avec des étapes « raisonnables » de 15 à 28 km - et le GR® 65 permet aussi de rejoindre le GR® du tour de l'Aubrac en de multiples endroits. Bref, c'est selon votre endurance. Dans tous les cas, ne pas manquer la partie entre le hameau de **Trémouloux** et **Saint-Laurent-de-Muret**, qui vaut largement d'y user ses semelles !

Les cinq fantastiques !

On a particulièrement aimé la boucle de 5 jours, qui traverse les jolis villages de **Prinsuéjols**, avec son église romane du XIIe s et le château de la Baume classé Monument national, de **Saint-Chély-d'Aubrac** et **Nasbinals**, où faire le plein de bons produits à la charcuterie *Souchon* et la boulangerie *Chassang* (hmm, les fougasses et chaussons aux pruneaux !). Tous trois sont situés sur le chemin de Compostelle.

Une autre alternative de 3 jours consiste à faire la boucle ouest, qui rejoint **Prinsuéjols**, le hameau du **Gilbertès** et le **buron des Rajas**, au pied du Signal de Maillhebiau qui culmine à 1 470 m. Déjà un bon avant-goût des paysages de l'Aubrac.

On peut opter pour le camping le long du parcours, mais des gîtes d'étape et auberges conviviales assurent plus de confort et l'occasion de rencontrer les gens du coin ; on refait le monde et le plein d'énergie en dégustant la délicieuse cuisine roborative du coin, comme le fameux aligot.

FÊTE-DE-LA-TRANSHUMANCE

Ne pas manquer cette fête haute en couleurs, lorsque les troupeaux quittent les étables après l'hiver et montent sur les dômes de l'Aubrac, pour passer l'été dans les hauts pâturages. Les vaches portent des sonnailles autour du cou ; on leur accroche des fanions, des fleurs, des branches de genévrier, des rameaux de houx au-dessus des cornes. Ainsi parées, les bêtes cheminent jusqu'à Aubrac dans le Cantal, où un jury agricole décerne un prix au plus beau troupeau.

Elle a lieu le week-end le plus proche du 25 mai, à Aubrac, village de la commune de Saint-Chély-d'Aubrac.

Plus d'infos : auprès de l'office de tourisme, ☎ 05-65-44-21-15. • aubrac-laguiole.com •

KAYAK DANS LES GORGES DE LA DOURBIE

54

Se brancher sur le courant

Taillées au cœur des Grands Causses, les gorges de la Dourbie livrent leurs rapides à qui fuit autant les rivières trop fréquentées que les descentes trop plan-plan.

1 journée

Mai à fin septembre

Moyen

Pas besoin de guide

Millau

Préparer

Adresse : le seul prestataire proposant des descentes en canoë-kayak de la Dourbie est Roc et Canyon, à Millau (base Loisirs, 155, av du Mont Aigoual). ☎ 05-65-61-17-77. • roc-et-canyon.com • Réservation obligatoire.

Tarifs : compter 17-28 €/pers selon l'embarcation (canoë biplace ou kayak individuel) et le parcours choisi.

Bon à savoir : 4 parcours possibles, de 5, 8, 13 et 17 km (temps estimé, de 2 à 6h). Les 1ers sont accessibles à tous. Les deux derniers ne sont ouverts qu'aux enfants à partir de 11 ans et aux adultes ayant déjà pratiqué le canoë-kayak.

Quel que soit le parcours, le loueur vous dépose en navette au point de départ, puis on rejoint la base en prenant le temps qu'on veut (dernière arrivée à 18h).

La Dourbie est joueuse

La Dourbie est une discrète. Échappée des pentes du mont Aigoual, elle dégringole des Cévennes puis file entre le causse Noir et celui du Larzac pour rejoindre au plus vite le lascif cours du Tarn, qui fait des ronds de jambes en approchant Millau.

Son raccourci, elle l'a taillé dans le calcaire, creusant près de 25 km de gorges secrètes et sauvages. En haut, veillent d'adorables villages, ton pierre sur pierre : Saint-Véran, agrippé tel un lézard aux falaises, Cantobre, perché sur son rocher comme un aigle. En bas, on pagaie, seul ou presque.

Si on jouait à saute-causse, comme les vautours qui planent tout là-haut, on verrait à quelques kilomètres à peine glisser les gorges du Tarn, et leurs nombreux loueurs de canoës. Sur la Dourbie, il n'y en a qu'un. Et il gère les départs comme un bison futé. Ici, on ne craint pas les bouchons.

Voie rapide(s)

Et la Dourbie est joueuse. Es piègle sur ses huit derniers kilomètres (accessibles à tous), elle se fait carrément sportive si on la prend de plus haut. Ce n'est pas l'autoroute des vacances, non, mais plutôt une voie rapide(s) ! La Dourbie est une rivière d'eau vive qu'il faut savoir lire pour la suivre où elle court, et donner de la pagaie pour épouser le courant qui slalome entre les rochers. Sinon, c'est le tête-à-queue, la panne mouillée contre un rocher obtus. Et ne comptez pas sur les écrevisses pour vous donner un coup de pince.

Mais la Dourbie sait se faire pardonner. Et tout au long de ses gorges, elle a semé de petites plages comme on susurre un secret. L'occasion de piquer une tête… qui rafraîchit les idées. Nourrie de résurgences souterraines, la rivière, cristalline, ne dépasse jamais les 20 °C, même au cœur de l'été. De quoi faire le bonheur des truites et de ceux qui les pêchent. Et seulement à la mouche s'il vous plaît ! Toujours sportive, la Dourbie…

UN VERT POUR LA ROUTE

Étroite et panoramique, la D 991 serpente au cœur des gorges de la Dourbie, entre falaises, hêtres et pins sylvestres, et dessert un chapelet de villages isolés au caractère affirmé, réfugiés sur les hauteurs (Saint-Véran, Cantobre) ou étagés à flanc de colline, les pieds dans la rivière, comme Laroque-Sainte-Marguerite. Arrêt photo au massif moulin de Corp et son pont à dos d'âne, dont on ne compte plus les siècles. Après le bourg de Nant, on part à l'assaut du versant est du mont Aigoual via le village granitique de… Dourbie.

S'AVENTURER SUR LE VÉLO-RAIL DU LARZAC DANS L'AVEYRON

55

Parcourir d'anciennes voies ferrées à la seule force de ses mollets, en voilà un principe original ! C'est ce que propose le vélo-rail, une activité familiale, ludique et écotouristique en plein essor. Tout en pédalant à notre rythme, ce petit véhicule cyclable sur rails permet de s'immerger dans les plus beaux paysages de France.

1/2 journée

Avril à octobre

Moyen

Pas besoin de guide

Sainte-Eulalie-de-Cernon

Préparer

Accès : à 26 km sud de Millau.

Parcours : « Le grand voyage » : aller-retour en vélo-rail entre Sainte-Eulalie-de-Cernon et Le Rouquet, puis aller-retour à bord du train touristique le « Larzac Express » entre Sainte-Eulalie-de-Cernon et La Bastide. 8 km de vélo-rail + 16 km à bord du « Larzac Express ».

Plus d'infos : • surlesrailsdularzac.com • ☎ 05-65-58-72-10.

Tarifs : 16-25 € (selon le parcours choisi) ; réduc ; gratuit moins de 5 ans ; résa obligatoire.

Attention : le vélo-rail n'est pas une course de vitesse. Une distance impérative de 100 m doit être respectée entre chaque véhicule.

À ne pas louper : la visite du petit village templier et médiéval de Sainte-Eulalie-de-Cernon.

Propulsés à la force de nos jambes, on chemine au sein de paysages époustouflants

Les origines de la ligne

Dès 1879, la ligne Tournemire – Le Vigan s'inscrit dans le projet de désenclavement de l'Aveyron qui ambitionne de relier la région au littoral méditerranéen. Après des années de travaux titanesques, la voie est inaugurée en 1896 : plus de 60 km de rails, 16 viaducs, 32 tunnels, et 12 gares… Au début, la desserte des voyageurs est assurée par quatre allers-retours quotidiens, puis deux, avant de cesser complètement ; la ligne est fermée aux voyageurs en 1939. Le trafic de marchandises, florissant entre les deux guerres, est finalement lui aussi abandonné en 1951. En 1999, avec le soutien des élus locaux, la voie ferrée trouve une nouvelle vocation : le vélo-rail et le train touristique. L'activité démarre en 2001, et rencontre toujours un franc succès 20 ans plus tard !

Bienvenue sur le vélo-rail du Larzac en Aveyron, l'un des plus spectaculaires de France ! Le site est doté d'un patrimoine ferroviaire exceptionnel : douze tunnels et six viaducs viennent ponctuer les 17 km des anciennes voies ferrées désormais dédiées à cette activité ludique et insolite.

L'aventure démarre de la gare du petit village templier de **Sainte-Eulalie-de-Cernon,** à 25 km du célèbre viaduc de Millau. Plusieurs parcours s'offrent à vous, adaptés à tous les niveaux : de quoi contenter petits et grands ! Opter pour le circuit **« Le grand voyage »** permettra de découvrir la totalité du site, au travers d'un itinéraire varié ; pendant une heure et huit kilomètres, on s'élance sur notre drôle d'engin à quatre roues qui file le long des rails entre Sainte-Eulalie-de-Cernon et Le Rouquet. Propulsés à la force de nos jambes, on chemine au sein des paysages époustouflants de la **vallée du Cernon,** sur le **plateau du Larzac.**

De retour à la gare, on poursuit l'expérience en empruntant cette fois le **« Larzac Express »,** adorable petit train touristique qui nous embarque dans un voyage hors du temps jusqu'à **La Bastide Pradines** (et on doit bien admettre qu'il est le bienvenu après nos efforts fournis !). On lézarde parmi les paysages spectaculaires du Larzac, agrémentés ici et là de tunnels et de viaducs surplombant la vallée… un décor à couper le souffle. En une demi-journée, le dépaysement est total ! Ce périple insolite et unique ravira chacun d'entre nous, d'autant plus qu'on peut également se décider pour des itinéraires plus courts, plus faciles ou plus sportifs, selon les envies du jour. L'expérience, qui promet sport, détente et bonne humeur, est une formule gagnante, assurément.

Découvrir la vallée du Tarn avec les Bateliers du Viaduc

Depuis le petit village médiéval de **Creissels,** à proximité de Millau, on embarque pour une descente de 9 km le long de la rivière. On admire la beauté des paysages tout en se laissant conter par notre batelier l'histoire de la région, ses traditions et curiosités, sa géologie, sa faune et sa flore. On en profitera notamment pour découvrir l'étonnant village troglodytique de **Peyre** niché dans la roche.

☎ 05-65-59-12-41. • bateliersduviaduc.com • Ouv tlj avr-sept. Résa obligatoire. Tarif : 24 €.

5 parcours de vélo-rail incontournables

Ces cinq circuits en vélo-rail nous embarquent pour des balades en famille ou entre amis dans des espaces naturels d'exception. L'occasion idéale de sillonner la France de manière originale. Évasion et plaisir garantis !

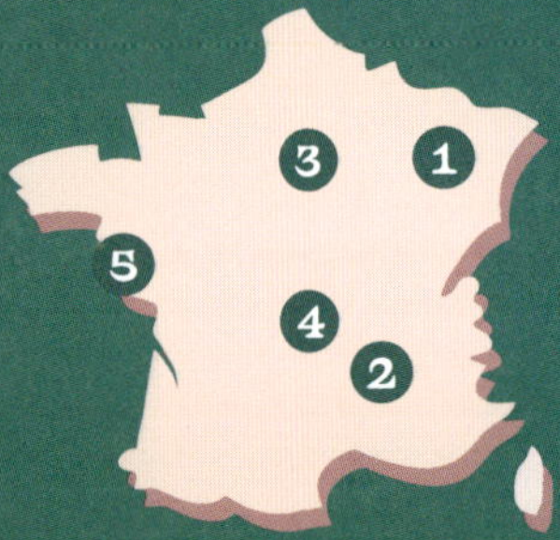

1

Vélo-rail du Val de Mortagne en Lorraine

C'est à 20 km de Lunéville, en Lorraine, que se situe le plus ancien site de vélo-rail de France, mais également celui disposant du plus grand parcours. À bord de petites draisines, on pédale à travers la vallée de la Mortagne, pour une complète immersion au cœur de ses paysages verdoyants. Les trois itinéraires proposés raviront toutes les tranches d'âge, des bambins jusqu'aux sportifs et autres habitués. À noter qu'il sera prochainement possible de prolonger le parcours de 24 km en pédalant jusqu'à Lamath, portant l'itinéraire à 30 km au total ! Une bonne nouvelle pour les adeptes du vélo-rail…

Départ : gare de Magnières • Distance : 6-24 km • Durée : 1h-3h selon le parcours Tarifs : 17 € le vélorail pour une heure - 65-80 € pour 5 ou 6h (mai-août uniquement) • Ouverture : toute l'année (oct-mars les ap-m sur résa uniquement) Plus d'infos : • velorailsvaldemortagne.jimdofree.com •

2

Vélo-rail des Gorges du Doux en Ardèche

Le vélo-rail des Gorges du Doux, qui emprunte la ligne historique du chemin de fer du Vivarais construite en 1891, s'inscrit dans un site naturel exceptionnel. Le long du sinueux tracé taillé à flanc de montagne, on découvre les magnifiques paysages préservés du parc naturel régional des Monts d'Ardèche. Au total, quatre parcours sont proposés : de quoi contenter aussi bien les débutants que les plus sportifs ! Petit plus non négligeable, on ne pédale que dans le sens de la descente, la montée se réalise sans effort en autorail diesel.

Départ : gare de Boucier-le-Roi • Distance : 8-20 km • Durée : 1h45-4h (selon le parcours choisi) • Tarifs : 17-38 € le vélo-rail (selon le parcours) Ouverture : avr-nov • Plus d'infos : ☎ 04-75-08-20-30. • velorailardeche.com •

3

Ferra Botanica en Île-de-France

Bienvenue sur le seul et unique vélo-rail d'Île-de-France, en Seine-et-Marne. Prenant place dans la vallée du Grand Morin, en Terre de Brie, le circuit emprunte sur l'ancienne voie de chemin de fer qui reliait Paris à Sézanne, et qui cessa d'opérer au milieu du siècle dernier. En saison estivale, la balade nocturne démarre à 20h, et propose à mi-parcours une soirée champêtre à la lueur des bougies, avant d'effectuer le retour à la tombée de la nuit : de quoi rendre l'expérience encore plus originale !

Départ : office de Tourisme de la Ferté-Gaucher
Distance : 13 km • Durée : 1h30 sans la pause à mi-parcours (sinon 2h30)
Tarifs : 38-45 € le vélo-rail selon la saison • Ouverture : mai-nov
Plus d'infos : ☎ 01-64-04-06-68. • ferrabotanica.com •

4

Vélo-rail des Fades dans le Puy-de-Dôme

Ce vélo-rail permet d'accéder au viaduc des Fades, spectaculaire ouvrage surplombant la Sioule à 132,5 m de hauteur ! Inauguré en 1909, date à laquelle il était alors le deuxième plus haut viaduc ferroviaire au monde, il permettait à la ligne de chemin de fer Lapeyrouse Volvic de franchir la profonde vallée de la Sioule. Ce circuit en vélo-rail permet de profiter de panoramas exceptionnels, sans difficulté particulière à l'horizon : les véhicules sont en effet équipés d'une assistance électrique... Alors, aucune raison de s'en priver !

Départ : gare des Ancizes-Comps • Distance : 15 km
Durée : 2h • Tarifs : 39 € le vélo-rail
Ouverture : avr-oct
Plus d'infos : ☎ 06-60-54-33-29. • ecoloisirs.fr •

5

Vélo-rail de Commequiers en Vendée

Autrefois lieu majeur du trafic ferroviaire vendéen, la gare de Commequiers s'est désormais reconvertie en point de départ de ce parcours de vélo-rail situé dans l'arrière-pays de Saint-Gilles-Croix-de-Vie. Durant deux heures, on plonge au cœur du littoral vert de la région à bord de notre cyclo-draisine. De Commequiers à Coëx, on profite pleinement de la quiétude des environs, et on ressort ressourcé de cette balade champêtre au cours de laquelle on traverse notamment le viaduc sur le fleuve de la Vie.

Départ : gare de Commequiers • Distance : 14 km
Durée : 2h • Tarif : 27 € le vélo-rail • Ouverture : avr-nov
Plus d'infos : ☎ 02-51-54-79-99. • velorail-vendee.fr •.

S'INITIER À L'ESCALADE ET NE PLUS TOUCHER TERRE…

…en passant la nuit à flanc de falaises

56

Envie de faire le plein de sensations et de dormir dans un lieu insolite, voici une expérience accessible à tous (à partir de 10 ans), à condition de ne pas avoir le vertige… Accrochez vos baudriers !

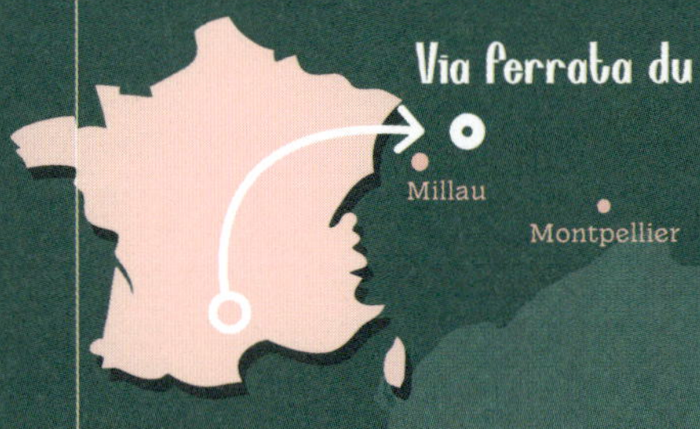

2 jours (de la fin d'après-midi au lendemain matin)

Avril à fin septembre

Moyen

Guide obligatoire

Millau

Préparer

Accès : à env 15 km à l'est de Millau, direction Montpellier-le-Vieux par la D 110, puis piste à droite (panneau « Via ferrata du Boffi »).

Plus d'infos : • aventures-occitanes.fr • Infos également auprès de l'office du tourisme de Millau • millau-viaduc-tourisme.fr •

Tarifs : env 320-450 €/2 pers. Tout le matériel, le dîner et le petit déj sont inclus. Possibilité de louer un duvet (10 €).

Point de départ de cette aventure, Millau, plantée au cœur du parc naturel régional des Grands Causses.

On sillonne en amont, comme en aval, les **gorges du Tarn**, à proximité de superbes sites à découvrir : les gorges de la Dourbie, Roquefort, La Couvertoirade, etc. Sans oublier d'aller admirer le colossal (et si aérien) viaduc, le plus haut du monde. Mais surtout, on y pratique l'escalade, le parapente ou le kayak à moins de 15 mn du centre-ville, dans un environnement sauvage assez spectaculaire. Un lieu de choix !

Un peu plus près des étoiles...

On a opté pour le forfait nuit le long d'une paroi « sensation », avec initiation à l'escalade pour se frotter d'un peu plus près aux éléments... Autre alternative, la via ferrata, un parcours constitué de câbles tendus le long des parois rocheuses, tout aussi riche en sensations.

Après une petite marche jusqu'au pied de la falaise, on découvre tranquillement les joies de la grimpe, sur de courtes hauteurs et toujours bien encadré, au point d'oublier assez vite la notion de vide. On passe ensuite la nuit sur une « tente de paroi » ou *portaledge*, sorte de lit de camp installé entre 20 et 60 m de hauteur, accrochée au relais et à la falaise à l'aide de sangles ajustables. Rassurez-vous, c'est Vincent, pédagogue et très expérimenté, qui s'occupe de tout !

Une fois installé dans ce campement en hauteur, on peut profiter de la vue extraordinaire sur les gorges et le paysage environnant. C'est l'heure de partager un verre au coucher de soleil, puis de dîner à la bonne franquette, avec les produits locaux (mmh, le petit chèvre frais et le gâteau à la broche...). La nuit perchée dans le vide se révèle plutôt agréable, bien calé au milieu de la « tente » et emmitouflé dans un gros sac de couchage (il fait frais là-haut !). Au petit matin, et avec un peu de chance, on a droit au spectacle des vautours qui planent à hauteur des yeux : magique !

Puis arrive le moment du retour sur la terre ferme, car il s'agit quand même de descendre de son petit nuage ! Plusieurs options, avec notamment une descente en rappel jusqu'au village troglodytique de **Saint-Marcellin** (sensations fortes garanties).

Une chose est sûre, on n'est pas près d'oublier cette nuit perchée dans le ciel, et on a hâte de pouvoir à nouveau enfiler un baudrier pour progresser en escalade, histoire d'aller dormir encore un peu plus haut !

Prolonger la découverte de la région

Ne pas manquer de visiter la **Cité de Pierres à Montpellier-le-Vieux**, le site naturel le plus célèbre d'Aveyron, plus connu sous le nom de chaos de Montpellier-le-Vieux (à 16 km au nord-est de Millau par la D 110, bien indiqué). En juillet-août, un petit train permet de découvrir le site. Certains sentiers sont assez escarpés, se munir de bonnes chaussures. Prévoir de l'eau et un pique-nique.

• *lacitedepierres.com* •

Notre top 5 des spots d'escalade

« (...) C'est une expression corporelle au même titre que la danse ; sauf que la chorégraphie est dictée par les prises : c'est l'opéra vertical. » Patrick Edlinger

La France regorge de spots où pratiquer l'escalade, à l'assaut de rochers et parois dans des sites naturels de toute beauté. De quoi donner envie de s'y frotter !

1

Ailefroide

Auvergne-Rhône-Alpes / Hautes-Alpes

Dans la vallée de la Vallouise, à cheval sur le parc naturel des Écrins, c'est un des hauts lieux en France pour pratiquer le bloc, type d'escalade rendu célèbre dans les années 2000. Mais le site, entouré de sommets légendaires comme la barre des Écrins, est aussi prisé pour ses falaises de granit, avec plus de 500 voies dont certaines atteignent 400 m de haut. Autant dire qu'il y en a pour tous les goûts et tous les niveaux !

Cotation : 3a à 8a.
Situation : autour du hameau d'Ailefroide, à 1 500 m d'altitude.
Accès : depuis Briançon, N 94 en direction de Gap puis D 994E vers Vallouise. Depuis Ailefroide, accès en 30 mn à pied.
Plus d'infos : • paysdesecrins.com •

2

Buoux

Provence-Alpes-Côte d'Azur / Vaucluse

Situé dans le vallon de l'Aiguebrun et dans le massif du Luberon, Buoux est LE spot d'escalade de tous les superlatifs, où ont été ouvertes des voies d'exception et qui a vu s'y confronter les plus grands grimpeurs de niveau mondial, à l'instar de Patrick Edlinger. Quasi légendaire depuis les années 1980, cette falaise de 70 m n'est pas seulement réservée à l'élite de l'escalade mais reste technique et très exigeante, avec 500 voies accessibles aux pratiquants expérimentés.

Cotation : 6a à 8c+.
Situation : sur la commune de Buoux, dans les environs d'Apt.
Accès : depuis Buoux, suivre la D 943 puis la route vers le vallon de l'Aiguebrun (panneau « Fort de Buoux ») ; env 5-10 mn à pied depuis le parking.
Plus d'infos : • buoux-village.com •

3

Ablon

Auvergne-Rhône-Alpe / Haute-Savoie

Au cœur du massif des Bornes, voici une falaise de 80 m de haut avec près de 400 voies pour l'aborder ! Un site majeur pour les grimpeurs qui apprécient les dalles sculptées de roche grise calcaire, permettant une grande variété de styles. En prime, le site est parfaitement au calme, dans un paysage d'alpages de toute beauté, avec deux autres spots d'escalade à proximité : la falaise de la Commanderie et celle de Pierre Taillée.

Cotation : 4b à 8b.
Situation : sur la commune de Dingy-Saint-Clair, au nord d'Annecy, dans les environs de Thorens-les-Glières.
Accès : passé le col des Glières, suivre une petite route (chemin du Collet et chemin des Eaux-Noires) ; env 40 mn à pied depuis le parking.
Plus d'infos : • lac-annecy.com/destination/le-plateau-des-glieres/ •

4

Le Verdon

Provence-Alpes-Côte d'Azur / Alpes-de-Haute-Provence

Site légendaire pour pratiquer l'escalade sur de longues voies (jusqu'à 350 m de haut), à l'assaut des falaises de calcaire des gorges du Verdon, un des plus beaux canyons d'Europe. Fréquenté depuis la fin des années 1960 avec l'ouverture des premières voies, on en dénombre aujourd'hui 1 500, dont beaucoup sont accessibles uniquement par le haut, en rappel… Une escalade très technique, avec toutefois des voies praticables pour les grimpeurs moins aguerris !

Cotation : 3a à 8c.
Situation : dans le parc naturel régional du Verdon.
Accès : à 60 km au nord de Draguignan par la D 955 ; depuis La Palud-sur-Verdon ou Rougon, accès en 10 mn à pied.
Plus d'infos : • verdontourisme.com • et Maison des guides du Verdon : • escalade-verdon.fr •

5

Fontainebleau

Île-de-France / Seine-et-Marne

Faire du « bloc à Bleau » est incontournable ! La tradition remonte aux années 1910-1920, quand les membres parisiens du Club Alpin Français commencèrent à venir s'entraîner ici hors saison. Aujourd'hui, on vient de partout en Europe s'exercer sur les rochers de la forêt de Fontainebleau, avec une variété considérable de voies pour tous les niveaux. On en recense 25 000 sur 200 secteurs ! Certaines sont parfaites pour s'initier avec les enfants (circuits blancs), d'autres n'ont rien à envier à celles des plus grands massifs. En outre, s'il y a foule dans certains secteurs prisés, comme le circuit des Trois Pignons, le choix est assez large pour dégoter un bloc à l'écart.

Cotation : 3a à 8c+.
Situation : dans la forêt de Fontainebleau, à env 70 km au sud-est de Paris.
Accès : depuis Paris, A6 direction Perthes (sortie N37/N7 Fontainebleau), puis N37.
Plus d'infos : • fontainebleau-tourisme.com •

Les cotations en escalade

Cotations	Niveaux
3 à 5B	Débutant : prises nombreuses et rapprochées.
5C à 6B	Intermédiaire : prises plus petites, plus espacées. On peut rencontrer de petits dévers.
6C à 7B	Avancé : prises de pieds ou de main commencent à manquer. Les premiers gros dévers apparaissent.
7B+ à 8A+	Expert : prises en nombre limité, et minuscules. Ascension très technique.
8B à 8C+	Niveau championnat du monde.
9A	Extraterrestre.

VOGUER SUR LE CANAL DU MIDI

à la vitesse d'une feuille sur l'eau et sans permis

57

De Toulouse à l'étang de Thau, une incroyable voie « vert d'eau » égrainée d'écluses aux ovales gracieux, aqueducs et ponts-canaux ingénieux, trace sa route depuis plus de 300 ans. Classé au patrimoine mondial de l'Unesco, il s'agit du plus grandiose monument d'Occitanie !

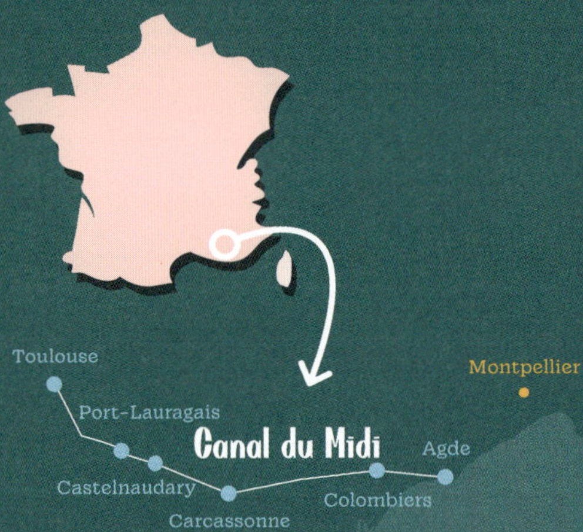

1 week-end à plusieurs jours

Avril à octobre

Facile

Pas besoin de guide

Villefranche-de-Lauragais, Castelnaudary ou Toulouse

Préparer

Départ : entre Toulouse et Castelnaudary, les départs se font de Port-Lauragais. Deux compagnies à la barre : Navicanal (• navicanal.com •) et Nicols (• nicols.com •). Plusieurs types de bateaux habitables (2-10 pers) avec couchettes et cuisine équipée. Après un petit briefing, à vous les joies de la navigation.

Entre Castelnaudary et l'étang de Thau, plusieurs compagnies également dont Les Canalous (• canalous-plaisance.fr •) ; départs à Carcassonne, Homps, Agde et Colombiers.

Plus d'infos : consulter • canalmidi.com • rubrique « découvrir », puis « en bateau ».

Tarifs : à partir de 250 €/j. pour un bateau habitable.

L'EAU-TOROUTE DU ROI-SOLEIL

Un rêve que poursuivaient déjà les Romains : relier la Méditerranée à la Garonne pour rejoindre l'Atlantique, en créant un canal qui enjamberait le seuil de Naurouze (la ligne de partage des eaux entre bassins Méditerranéen et Atlantique, à 189 m d'altitude) ! Hum, pas facile... Au XVIIe s, un certain Pierre-Paul Riquet eu une idée simple, et géniale : creuser un canal à double pente, alimenté par un robinet situé au point même de la ligne de partage des eaux. Branché sur ledit robinet, un réseau de canaux acheminant les eaux de la montagne Noire. Pour avoir de l'eau toute l'année, Riquet imagine le bassin de Saint-Ferréol, le plus grand barrage du monde à l'époque. Séduit, Louis XIV signe l'édit royal qui lance le chantier pharaonique. Dès son ouverture en 1681, c'est la ruée. De Toulouse à Sète, on commerce grâce au canal et on ne voyage plus qu'en bateau.

Le midi on s'amarre le long des berges pour déjeuner tranquillement

Découvrir le canal du Midi à bord d'un bateau est une expérience inoubliable ! Il existe des croisières commentées, mais rien n'est plus dépaysant que de louer un bateau sans permis, à la conduite étonnamment facile. Le voyage, quant à lui, est délicieusement reposant, sous la voûte ombragée des platanes.

Le long du parcours, des ragondins et rats musqués glissent entre les racines des berges, des brèmes dessinent des ronds à la surface de l'eau, un héron cendré prend son envol débonnaire... Cyclistes, promeneurs et joggeurs filent sur le chemin de halage. Tout le monde se salue, entre adeptes des mobilités douces, il y a comme une complicité !

Ces escapades s'effectuent de Pâques à la Toussaint ; mai, juin, septembre et octobre sont les mois les plus sympas (l'affluence est moindre qu'en plein été). Le reste de l'année, il arrive que le canal soit en période de chômage (comprenez : on le vide et on le nettoie).

On peut louer un bateau pour **plusieurs jours**. Dans ce cas, mieux vaut partir à quatre : il y en a toujours un qui fait son jogging sur la berge (il va plus vite que le bateau !), deux aux manœuvres pour franchir les écluses, le dernier à la barre. À deux, c'est jouable aussi : si besoin, les éclusiers donnent un coup de main et c'est l'occasion de rencontres sympas et intéressantes, et puis certaines écluses sont automatiques donc plus faciles à manœuvrer...

Le midi, on s'amarre le long des berges pour déjeuner tranquillement. Le soir, on s'arrête de préférence dans une des bases du parcours pour se ravitailler et faire le plein d'eau et de carburant si nécessaire. Le tronçon entre **Toulouse** et **Castelnaudary** est plus agréable car plus ombragé. Cela dit, on peut préférer prendre le soleil. Chacun ses goûts !

Nos meilleurs spots pour naviguer sur les canaux en mode « slow tourisme »

En profitant de la lente navigation fluviale, au rythme de 8 km/h, on prend le temps (et son temps) d'admirer les paysages qui bordent ces voies d'eau autrefois façonnées pour le transport des marchandises.

1

Sur le canal de Nantes à Brest

Bretagne / Morbihan

Départ : Glénac • Arrivée : Malestroit • Distance : 55 km
Durée : 2 jours • Nombre d'écluses : 10

Après **Glénac**, petit village tranquille, **Peillac** est un chouette petit port, où se jette un ancien bras de l'Oust. Idéal pour pique-niquer et se restaurer. Dans le village, ancienne cité gallo-romaine située sur les hauteurs des landes de Lanvaux, manoirs, chapelle, stèle celtique et ancien moulin. Quelques écluses plus loin, on accède au petit village de **Saint-Laurent** par une passerelle prolongée d'une voie verte. Du bourg, on peut rejoindre à pied, à 3 km, le superbe manoir de Balangeard datant du XVIIe s. Enfin, voici **Malestroit**, lovée au bord du canal de Nantes à Brest qui se confond ici avec la rivière. La petite cité de caractère séduit d'emblée avec ses ponts, son île et son petit barrage posés dans un écrin de verdure. Il faut s'engouffrer dans les ruelles pour découvrir son patrimoine parfaitement conservé : nobles demeures de style gothique ou Renaissance, les unes en bois à pignons, les autres en pierre avec lucarnes et gargouilles sculptées. Une halte de choix pour la nuit !

2

Sur le canal de la Marne au Rhin

Grand-Est / Moselle

Départ : Saverne • Arrivée : Niderviller • Distance : 44 km
Durée : 2 jours • Nombre d'écluses : 24

On embarque après avoir visité la Cité de roses et le « petit Versailles alsacien ». À **Lutzelbourg**, on prend le temps de se rendre aux ateliers de cristallerie Wurm pour admirer le savoir-faire des ouvriers. Mais le point d'orgue de la balade est le passage par le **plan incliné d'Arzviller.** Cet ascenseur à bateaux, unique en Europe, permet de faire monter ou descendre votre péniche sur un dénivelé de 45 m ! On peut même visiter la salle des machines. Plus loin, autre passage impressionnant, le long tunnel de 2 306 m d'Arzviller. À partir du port fluvial de **Tannenheim**, on rejoint le charmant village fleuri de **Niderviller**, connu pour sa manufacture de faïence et de porcelaine, toujours en activité depuis le XVIIIe s. Une bien jolie halte avant le retour.

3

Sur le canal latéral à la Garonne

Nouvelle-Aquitaine / Lot-et-Garonne

Départ : Agen • Arrivée : Buzet-sur-Baïse • Distance : 58 km • Durée : 2 jours • Nombre d'écluses : 14

Profitez bien d'**Agen** à l'aller ou au retour car c'est une ville qui affiche une agréable harmonie architecturale et où il règne une atmosphère paisible. Son musée des Beaux-Arts est l'un des plus beaux du Sud-Ouest. On démarre la navigation par le passage du pont-canal. Un ouvrage d'art exceptionnel de 550 m de long, posé sur 23 arches et construit au début du XIXe s pour permettre au canal latéral de la Garonne de franchir cette dernière. Et ça en jette ! Quant à **Buzet**, c'est un charmant village, capitale du vin de Buzet (profitez-en pour faire une dégustation à la coopérative) mais aussi de la navigation sur la Baïse avec son port nautique et sa double écluse. Vous pourrez y louer un vélo pour rendre visite à **Damazan**, une belle bastide du XIIIe s.

4

Sur le canal du Nivernais

Bourgogne-Franche-Comté / Nièvre

Départ : Corbigny • Arrivée : Chatillon-en-Bazois
Distance : 54 km • Durée : 3 jours
Nombre d'écluses : 40

On embarque à **Corbigny**, bourgade rurale de caractère. C'est au niveau de son port (4 km au sud du port) qu'a lieu la confluence avec l'Yonne. Cette partie du canal vous permet de passer par l'échelle des 16 écluses à **Sardy-lès-Epiry** qui forme un véritable escalier d'eau sur 4 km. Dans ce secteur, les maisons d'éclusiers sont aussi parfois des ateliers d'artistes, profitez-en ! Sur les 4 km suivants se succèdent trois tunnels longs de 758 m, 268 m et 212 m. Il aura fallu 57 ans pour percer ces voûtes de La Collancelle dans la première moitié du XIXe s. Plus loin, aux **étangs de Baye et de Vaux**, possibilité de pratiquer des activités nautiques sur le premier ; le second resté plus nature, est idéal pour pêcher. Arrivée à **Chatillon**, où vous attend son beau château et ses jardins dessinés le long du canal.

Louer des péniches sans permis :
• nicols.com • locaboat.com • lescanalous.com • leboat.fr •

58

VOYAGE AU CENTRE DE LA TERRE DANS L'AUDE

Une expédition passionnante dans les entrailles de la terre, à la découverte d'une des plus belles grottes d'Europe et de ses paysages souterrains extraordinaires. Claustrophobes s'abstenir bien entendu !

1 journée

Toute l'année

Moyen

Guide obligatoire

Ax-les-Thermes, ensuite voiture ou taxi.

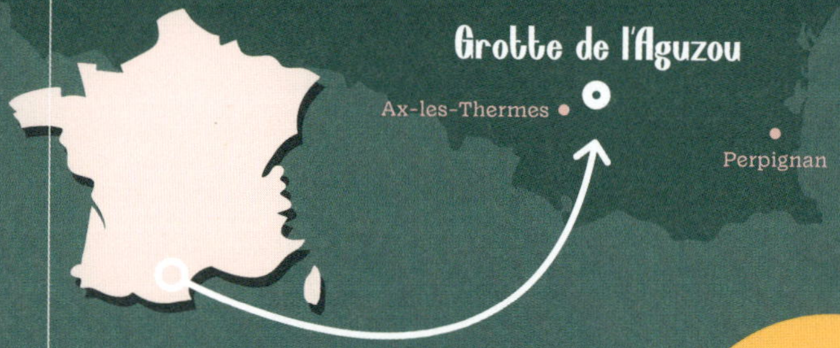

Préparer

Accès : grotte de l'Aguzou, 11140 Escouloubre.

Plus d'infos : ☎ 04-68-20-45-38. • grotte-aguzou.com •

Tarifs : 60 €/pers. 80 € pour le circuit exploration plus sportif avec des passages plus étroits. 50 % du prix à verser à la résa.

Bon à savoir : équipement spéléo fourni (casque, éclairage, combinaison). S'équiper de bottes et d'une polaire. Apporter son casse-croûte pour le déjeuner.

La diversité et la profusion minérale (aragonites, excentriques, cristaux triangulaires) font de la grotte de l'Aguzou, classée et protégée, l'une des plus belles grottes d'Europe. Une randonnée souterraine qui est aussi un formidable voyage dans le temps et l'espace.

Le rendez-vous est fixé à 9h du matin. Après s'être tous présentés, et avoir échangé quelques mots pour détendre l'atmosphère, c'est le moment de s'équiper. Une randonnée sous terre nécessite un **équipement spécifique,** tout particulièrement un casque et une lampe frontale. Chacun enfile tant bien que mal sa combinaison et trouve un casque à sa taille. Avant de pénétrer dans la grotte, le guide nous présente son histoire (premier réseau aménagé pour les curistes au XIXe s puis second réseau découvert dans les années 1960), sa configuration, sans oublier de nous prodiguer des recommandations sur la manière d'aborder ce milieu fragile : on ne touche qu'avec les yeux ! Nous voilà partis pour 7h dans les entrailles de la terre. Mais vous allez constater que sous terre, en l'absence de lumière naturelle, on perd vite la notion du temps !

Durant la balade, hormis les directives techniques pour progresser, notre guide nous explique la formation et l'évolution d'une grotte. Car, outre le plaisir des yeux et l'émerveillement devant les constructions de la nature, la visite se veut également pédagogique pour sensibiliser à la préservation de ce milieu souterrain spécifique par sa diversité, sa fragilité et sa richesse naturelle. Avec une attention toujours soutenue pour ne pas glisser et ne rien abîmer, on monte, on descend, on se tortille, on glisse dans les passages sportifs mais amusants, équipés d'échelles fixes ou de cordes, on découvre un monde extraordinaire.

Sur les **35 salles** que compte la grotte, on n'en verra que quelques-unes dont la « salle du Minaret » avec une énorme stalagmite de près de 6 m de haut (perso, on a pensé à autre chose...), la bien nommée « salle des Mille et Une Nuits » avec sa profusion d'excentriques, celle de la « Couronne de la reine » impressionnante avec ses draperies, etc.

Pause-déjeuner aux chandelles dans une salle à manger chauffée telle que vous n'en avez jamais rêvé ! On échange ses impressions et c'est le moment de poser toutes les questions à notre guide. Que dire encore de la « Galerie des fleurs » avec ses aragonites au plafond (longues fibres blanches en oursins) sans oublier stalactites, stalagmites et de nombreux cierges prismatiques. C'est d'ailleurs la seule grotte ouverte au public où vous pourrez admirer des aragonites bleues. Le guide vous expliquera la complexité de ces cristaux. Le retour à l'air libre et à la lumière du jour est une sorte de choc après ce voyage dans la pénombre et le silence.

LE MILIEU KARSTIQUE

Il définit l'ensemble des vides creusés dans les roches calcaires, dont les cavités pénétrables montrent quelques aspects. Sous l'action combinée de l'eau, du gaz carbonique et du temps, les calcaires donnent naissance à une structure organisée et hiérarchisée de fissures, de galeries et de salles.

59

RAFTING DANS LES PYRÉNÉES

Rafraîchissement et sensations garantis dans les gorges de l'Aude

Au printemps, la fonte des neiges vient grossir le débit des nombreux torrents dévalant les pentes des Pyrénées pour rejoindre les rivières qui serpentent dans des gorges grandioses. C'est le moment d'en profiter pour faire du rafting. À plusieurs, à bord d'un gros bateau pneumatique, on dévale les cours d'eau entre portions calmes et rapides plus agités.

Axat / Cavirac

14 km

1/2 journée

Printemps, été

Moyen

Moniteur obligatoire

Axat

Préparer

<u>Accès</u> : Belvianes-et-Cavirac (11500), à 10 mn d'Axat en voiture. Perpignan-Axat 1h30 en bus.

<u>Réservation</u> : • oxygen-aventure.com •

<u>Tarifs</u> : à partir de 45 €/pers la 1/2 journée.

<u>Accessibilité</u> : cette descente est accessible à partir de 6 ans, sauf le passage des gorges de Pierre-Lys à partir de 12 ans.

<u>Équipement</u> : venir en maillot de bain avec des chaussures fermées, et n'oubliez pas votre serviette de bain et un change. Le prestataire vous fournira la combinaison, le casque et le gilet de sauvetage et éventuellement des chaussons. On laisse son tel et son appareil photo au sec.

<u>Bon à savoir</u> : les rivières sont classées de 1 à 6 selon le degré de difficulté des rapides.

Après s'être équipé et avoir enfilé sa tenue d'homme grenouille ou presque, on a droit à un briefing sur la « conduite » en eaux vives et les réflexes à adopter pour éviter de dessaler.

À noter : si vous tombez dans l'eau en rafting, pour éviter de vous faire mal, il faut nager en plaçant vos pieds en avant vers le bas de la rivière… Mais il est temps de descendre notre embarcation à l'eau. Les places sont ensuite distribuées par le moniteur en fonction de la répartition des rôles dans le raft : les deux plus puissants pagayeurs à l'avant, et à l'arrière du raft le « barreur », le moniteur-chef de bord, qui guide avec un aviron. On doit obéir à toutes ses consignes sans discuter !

Très vite, on entre directement dans le vif du sujet avec la traversée des **gorges sauvages de Saint-Georges,** bordées de hautes falaises. 3 km de rapides qui s'enchaînent pour le plus grand plaisir des amateurs de sensations fortes. Ça vous soude tout de suite une équipe et ça met de l'ambiance dans le bateau ! Le courant ralentit avec la traversée des villages d'Axat (attention, baisser la tête sous le pont) et de **Saint-Martin-Lys.** Mais ne rêvez pas, on ne s'y arrête pas !

Car les passages les plus techniques arrivent juste après, dans les **gorges de Pierre-Lys.** Cette portion est réservée aux personnes aguerries, à partir de 12 ans. Pas de panique, il est possible de débarquer avant que les choses sérieuses ne débutent ! Une navette est là pour vous permettre de suivre les aventures des autres membres de l'équipe restés à bord. Et on remonte dans le bateau quand la rivière est redevenue calme. Pratique, non ?

Enfin, on finit tranquillement la descente jusqu'à la plage privée de la base. Les deux pagayeurs de l'avant sautent à l'eau et maintiennent le raft pendant que les autres descendent chacun à leur tour. Et après cette belle journée pleine de sensations, une petite baignade s'impose avant d'échanger ses impressions autour d'un verre.

Prolonger le week-end

Le château de Puilaurens

Posée sur un piédestal sauvage à 700 m d'altitude, sa silhouette se découpe sur le ciel avec ses gros donjons et ses remparts épais. Puilaurens verrouillait la haute vallée du Fenouillèdes, dont la seule route passait juste à son pied. Maîtres des lieux, les seigneurs occitans y protégèrent les cathares. Passé sous contrôle royal, en 1255, il voit ses fortifications renforcées par Saint Louis face à l'Aragon, ce qui en fit la citadelle la plus méridionale du royaume. Depuis le sommet, vue sur le pic de Bugarach, point culminant des Corbières.

☎ *04-68-20-65-26. • chateau-puilaurens.com • Entrée payante. Ouv de fin mars à mi-nov.*

AFFRONTER LE PIC DU CANIGÓ

60

Un sommet mythique des Pyrénées labellisé « Grand Site de France »

À 2 784 m, dans le Conflent, la montagne sacrée des Catalans tire son nom de sa forme (*canigó* signifierait « dent de chien »). Le Canigó promet aux randonneurs aguerris de nombreux panoramas à couper le souffle.

Vernet-les-Bains / Casteil

Env 30 km

1 à 2 jours

Printemps, été, automne

Moyen

Pas besoin de guide

Prades-Molitg-les-Bains

Préparer

Plus d'infos : ☎ 04-68-05-41-02. • tourisme-canigou.com • Météo : ☎ 0899-71-02-66.

Conseils : se munir des cartes IGN n°s 2450 Ouest et 2349 Est, au 1/25 000. Une autre carte bien détaillée : Randonnée pyrénéenne n° 10 (Canigó, Vallespir, Fenouillèdes), au 1/50 000.

Attention : il n'y a plus d'accès possible en voiture au Canigó. L'ascension du pic relevant de la pratique de haute montagne, il est important d'être préparé, informé et bien équipé. On ne part ni en tongs, ni même en baskets ; de bonnes chaussures de marche sont nécessaires. Gardez en tête que le temps change vite en montagne et que la température diminue avec l'altitude, n'oubliez donc pas de vous munir d'un pull et de vêtements de pluie. N'oubliez pas non plus une trousse de premiers soins. L'ascension se fait de préférence hors hiver et selon les conditions météo, quelle que soit la saison.

Pour les plus sportifs

Pour accéder au sommet, il faut compter un à deux jours selon votre rythme de marche et les conditions météo. Le massif du Canigó dispose de plusieurs refuges gardés qui permettent de dormir en altitude avant de reprendre l'ascension.

Pour en profiter pleinement, prendre son temps, et par expérience, on vous conseille l'ascension en deux jours, avec une marche d'approche le 1er jour et l'ascension du pic le 2e jour. C'est l'occasion de dormir dans un refuge de haute montagne, de partager ses impressions avec les autres randonneurs et de faire des rencontres.

Deux itinéraires permettent aux randonneurs aguerris d'accéder au sommet.

Le 1er en passant par le chalet des Cortalets, le plus court et le plus facile. Comptez environ 5h pour rejoindre le refuge depuis Casteil et 2h de plus pour accéder au pic. On peut aussi monter jusqu'au refuge des Cortalets accompagné d'un âne baté qui portera vos bagages.

Un autre itinéraire plus long et plus difficile, mais aussi plus spectaculaire se termine par un escalier en pierre, appelé la Cheminée. Il débute à partir du refuge de Mariailles, que l'on peut rejoindre après 2h de marche depuis le col de Jou. Puis, depuis Mariailles, comptez 4h de marche aller « seulement » pour un dénivelé de 1 300m. Déconseillé aux personnes ayant le vertige.

Les règles pour le bivouac

Si vous êtes en autonomie, avec votre tente, le bivouac est toléré à proximité immédiate des refuges. Le campement doit être monté au coucher du soleil et démonté à son lever. Le feu est autorisé aux endroits prévus à cet effet. Remportez tous vos déchets et placez un caillou sur ce que vous savez !

Et pourquoi pas en VTTAE ?

Depuis les villages au pied du Canigó, il est possible de rejoindre les refuges de Mariailles et des Cortalets à VTT électrique par les pistes historiques du Llech, de Balaig et de Mariailles. Mais attention, même assisté, l'ascension est technique et physique. Mieux vaut être bien entraîné ! Depuis les refuges, on atteint ensuite le sommet « pedibus jambus ».

Et pour ceux qui ont le pied montagnard

On peut faire le tour du **Canigó** en **six jours** (et cinq nuits, en s'arrêtant dans les cinq refuges gardés du massif). Une exceptionnelle randonnée en altitude. • tourducanigo.fr •

Au sommet, whaou !

Une croix posée par des scouts lors de la Seconde guerre mondiale marque le sommet. Évidemment – c'est pour ça qu'on y monte –, le panorama est à tomber. On embrasse toute la plaine du Roussillon, jusqu'à la Méditerranée (à l'est), ainsi qu'une partie de la Costa Brava (au sud-est), les Corbières (au nord) et différents pics des Pyrénées (à l'ouest). Une table d'orientation est là pour vous aider à reconnaître les différents sommets.

Où dormir ?

Dans les refuges gardés, résa obligatoire même pour le déjeuner. On monte avec son matériel : sac à viande et/ou duvet, tongs pour être à l'aise au refuge. Et on se présente au gardien en arrivant.

Refuge des Cortalets : à 2 150 m d'altitude et créé par le CAF en 1899, c'est le rendez-vous de prédilection des randonneurs, skieurs, alpinistes et touristes de passage. • *refugedescortalets.ffcam.fr • Ouv de fin mai à mi-oct. Résa indispensable en été. Possibilité de 1/2 pension.*

Egalement le **refuge de Mariailles** (• refugedemariailles.fr •). Pour la face sud, le refuge de Batère (• refugedebatere.fr •), le refuge des Conques (• refugi-lesconques.com •) et le refuge de Sant Guillem (• refugesantguillem.com •).

Préparer son bivouac

Dormir en pleine nature, s'imprégner du silence et des bruits de la nuit. Une expérience unique et 100 % nature, extra après une bonne journée de marche.

Petite précision préalable, pour ne pas s'emmêler les sardines… de tente : bivouac ou camping sauvage ? Contrairement au bivouac, le camping sauvage peut compter plusieurs nuits, et les campeurs motorisés, disposent d'un confort moins spartiate. Le bivouac évoque un campement plus éphémère. Vttistes, randonneurs, trekkeurs, ou même alpinistes, s'installent entre coucher et lever du soleil, plus loin de la « civilisation », sous tente ou parfois à la belle étoile. Dans les deux cas on parle de moments magiques, mais quelques règles s'imposent.

1 Renseignez-vous !

Le mieux est d'avoir anticipé l'endroit où l'on va se poser pour la nuit et surtout de vous être renseigné sur les **réglementations** de la zone où vous allez bivouaquer. Les parcs nationaux, les parcs naturels et autres zones protégées ont chacun leur propre réglementention sur le bivouac et le camping, qu'il soit sauvage ou non. Certains parcs nationaux tolèreront par exemple le bivouac à proximité des refuges, du coucher au lever du soleil, et d'autres non. Sur le terrain d'un particulier, demandez l'autorisation avant de poser votre barda. Quant aux plages, on peut en principe y dormir avec un duvet, mais pas y camper. Mais de nombreuses villes éditent des arrêtés municipaux qui interdisent d'y dormir !

Pour vous assurer de camper en toute légalié, consultez la règlemention des parcs sur le site • lecampingsauvage.fr •

2 Faites bien votre sac !

Lampe frontale, sac de couchage adapté à l'altitude et aux températures locales du moment, tapis de sol ou matelas gonflable (ou autogonflant), réchaud à gaz, couteau multifonction, paille filtrante pour ne pas trimbaler plusieurs gourdes d'eau, sacs poubelle pour ne rien laisser traîner, savon biodégradable… Bref, avec un sac correctement préparé et équilibré – ne chargez pas trop la mule ! – vous vivrez une aventure magique !

3

Choisir sa place et son heure

Prévoyez d'atteindre votre lieu de bivouac une bonne heure avant la tombée de la nuit. Rien ne vaut de monter sa tente (l'ouverture à l'abri du vent) à la lumière du jour, pour, ensuite, profiter tranquillement du coucher du soleil.

Repérez un endroit plat, à l'écart d'une zone humide où il fait toujours plus frais, mais pas trop loin d'un point d'eau (ni trop près d'ailleurs, en cas de crue subite !), pas dans un champ où paissent des bêtes… Bref, faites preuve de bon sens et, même si l'endroit vous semble idéal, réfléchissez avant de déballer votre matériel. Quant à l'orientation, à vous de choisir selon que vous voulez assister au coucher ou au lever du soleil. Cornélien !

Maintenant, plantez votre tente solidement, quitte à la lester avec des pierres pour parer à tous coups de vent.

Voilà, il ne vous reste plus qu'à préparer votre frichti et admirer la voûte céleste, loin de la pollution lumineuse des villes.

S'il fait beau et chaud et que la nuit promet d'être douce, vous pouvez aussi vous la jouer cow-boy à la belle étoile en vous enveloppant dans une couverture près du feu (si la réglementation locale le permet) et en imaginant le son d'une guitare…

Bonne nuit les petits !

4

Quand crépite le feu de camp

On a tous le souvenir de chamallows grillés lors d'une veillée à la guitare autour d'un feu de bois. Mais ça c'était avant ou dans vos rêves.

Aujourd'hui, en France, le feu de camp est strictement réglementé, voire interdit. Encore une fois, il est donc impératif de bien se renseigner, dans les zones sensibles. Durant l'été, la bête noire, c'est l'incendie, surtout près de forêts. Mais les plages n'échappent pas à la règle .

En admettant que cela soit autorisé là où vous bivouaquez, voici quelques conseils :

- Ne créez pas de nouveau foyer s'il y en existe déjà un. Sinon, utiliser des pierres (à condition d'en trouver) pour le délimiter, à l'abri du vent. Ramassez du petit bois, des brindilles et quelques petites buches, tout cela bien sec. Ensuite, faites un tas de brindilles, assemblez le petit bois dessus comme une tente. Ajoutez-y des aiguilles et des écorces de pins qui aident au démarrage. Une fois votre feu allumé, gardez toujours un œil dessus et éteignez-le avant de fermer… les deux yeux.

- Cela dit, on vous signale en passant que les réchauds sont nettement plus pratiques et plus fiables, surtout si vous avez prévu de manger chaud !

- Et bien sûr, en partant, assurez-vous que le feu est totalement éteint. Remportez vos déchets et enterrez vos excréments.

- En somme, faites vous discrets et ne laissez aucune trace derrière vous par respect pour la nature et pour les randonneurs suivants. Le principe même de la micro-aventure !

RETOUR AUX SOURCES (CHAUDES !) DANS LES PYRÉNÉES

61

Passage par les sources sulfureuses de Mérens-les-Vals

L'eau est une composante à part entière des Pyrénées et chaque vallée ou presque a son centre de thermoludisme. Mais rien de tel qu'une baignade dans une source d'eau chaude pour se relaxer en profitant de la nature et du bruit du vent dans les arbres.

Autant de temps qu'on veut

Toute l'année

Facile

Pas besoin de guide

Ax-les-Thermes

Gratuit

Préparer

Accès : départ depuis l'église de Mérens-les-Vals sur le GR® 10 (10 km d'Ax-les-Thermes). Compter 1h30 de marche A/R. Prévoyez de bonnes chaussures et un peu d'énergie car 200 m de dénivelé vous attendent. Pour en profiter au maximum, allez-y tôt car le site est très fréquenté, particulièrement en été.

Règles à respecter : éviter de parler fort ou de mettre de la musique. Les bains naturels sont des lieux de relaxation, pas des aires de jeux. Le nudisme et le naturisme sont interdits. Et, cela va de soi, on ne laisse aucune trace de son passage.

Les eaux sortent naturellement chauffées de la Terre, par une chaudière géothermale. Elles s'écoulent ensuite à flanc de montagne. En France, les Pyrénées-Orientales sont l'une des régions où la concentration de sources d'eau chaude riches en soufre est la plus forte.

Les eaux chaudes de Mérens-les-Vals sont situées dans les montagnes ariégeoises à 1 300 m d'altitude entre montagne et forêt. Cette source, chauffée à 40° C toute l'année et riche en soufre (d'où l'odeur d'œuf pourri) est encadrée par quatre petits bassins, au beau milieu des arbres dans lesqueles on a plaisir à faire trempette. Rien de bien spectaculaire certes, mais le plaisir de se détendre dans une baignoire naturelle avec pour cadre la montagne environnante est hors du commun.

Les sources d'eau chaude sont des sites exceptionnels qui invitent à la méditation et au lâcher-prise. Alors quelques règles élémentaires sont à respecter (voir rubrique « Préparer »).

THERMES

Si vous préférez une baignade plus aménagée, rendez-vous aux bains du Couloubret à Ax-les-Thermes. Ces thermes d'un style « néo-pompéien » se composent de 3 000 m² de bassins d'eau thermale dont la température varie entre 34 et 38° C, équipés de geysers, jacuzzi, hammam, frigidarium, caldarium et vaporium. À l'extérieur, deux bassins avec vue sur la montagne. Également un espace bien-être.

Promenade Paul-Salette. ☎ 05-61-02-64-41.
• bains-couloubret.com • Ouvert toute l'année.

Prolonger le week-end

Balades incontournables dans la réserve d'Orlu et autour :

L'étang d'En Beys (1 970 m) : pour partir à la rencontre de la faune des Pyrénées (isard, marmotte, aigle royal, grand tétras) dans un paysage de toute beauté. Attention : l'itinéraire est souvent enneigé au printemps.

Départ depuis le parking du Fanguil, à 6 km d'Orlu ; au hameau des Forges, prendre la route qui monte à gauche sur 3,5 km. Compter 6h A/R.

Le pic du Tarbésou (2 364 m) : marche assez facile qui offre une très belle vue des trois étangs, Noir, Bleu et Rabassoles, ainsi que des sommets environnants, dont la Dent d'Orlu, le roc Blanc et le pic de Balbone.

Départ du col de Pailhères, à 15 km d'Ascou en direction de Quérigut (D 25). Compter 3h30 A/R.

TRANSHUMER VERS LES ESTIVES DANS LE COUSERANS

1 à 3 jours selon la transhumance

1er w-e de juin

Facile

Pas besoin de guide

Mieux vaut être véhiculé

Que la montagne est bêêêlle !

62

Accompagner une transhumance, c'est vivre des moments hauts en couleur et se donner l'occasion d'approcher la réalité du pastoralisme. Et tout le monde est le bienvenu ! Allez, on joue à saute-moutons ?

Préparer

<u>Accès</u> : Toulouse-Bethmale : compter 1h45 en voiture

<u>Plus d'infos</u> : office de tourisme du Couserans • tourisme-couserans-pyrenees.com •

<u>Tarifs</u> : gratuit, sauf le repas en soirée (environ 20 € ; on n'est pas obligé de ripailler mais ce serait dommage !).

<u>Bon à savoir</u> : il existe quatre transhumances dans le Couserans : celle de Bethmale, du Haut-Salat, de Biros, du massatois. Celle de Bethamle est la mieux organisée.

<u>Équipement</u> : prévoir de bonnes chaussures.

Prêt pour participer à une tradition immuable du Couserans, pays de montagne et d'élevage ariègeois par excellence ? « Aééé » ! Partez !

C'est avec ce cri de ralliement que s'ébranlent, un week-end de juin, dans une atmosphère chahutée et bousculée, troupeaux de brebis, moutons, chevaux et bovins. Les bergers sont concentrés, les chiens n'ont d'yeux que pour des centaines de têtes à cornes, des milliers de sabots ! Tous ces (b)routards quittent la plaine pour passer l'été dans les estives et se goinfrer d'herbe grasse. Ils ne redescendront qu'en octobre, avec les premières gelées.

Après avoir enfilé ses chaussures de marche au petit matin, il n'y a plus qu'à suivre le mouvement, où plutôt les bêlements, sonnailles et clarines. La transhumance dans la vallée de la Bethmale est la plus importante et l'une des plus traditionnelles du Couserans. Les chevaux partent de **Saint-Lizier,** passent près de **Saint-Girons, Castillon,** se reposent à **Les-Bordes-sur-Lez,** pour rejoindre le lendemain le **cirque de Campuls**. Les bovins partent du lac de Bethmale. Dans la journée se déroulent une foule d'animations (démonstrations de chien de berger, de tontes...). Et pour terminer en beauté, les festivités s'achèvent par un repas champêtre en pleine nature ou dans un village avec concerts. Charcuteries, fromages (du Bethmale de préférence !), ballons de rouge pour trinquer. Un très grand moment de convivialité !

ÇA-VAUT-BIEN UN-FROMAGE

L'Ariège est l'un des plus gros producteurs de fromages des Pyrénées. Et ça tombe bien, une grande partie de la production se trouve dans le Couserans. Ce serait dommage de ne pas en profiter ! En tête d'affiche, la tomme des Pyrénées. Parmi les fromages à la solide réputation : le moulis, le bethmale, le pic de la Calabasse... Plusieurs éleveurs pratiquent la vente directe.

Une bonne adresse : la fromagerie La Core, à Samortein-en-Bethmale. Une minuscule échoppe d'affineur qui flatte les narines à peine la porte franchie. De quoi prolonger le plaisir des moments partagés !

☎ 05-61-04-05-55. • fromage-montagne-pyrenees.com •

Au pays des sabots

Décidément, le Couserans a un faible pour les sabots ! Il se raconte même une drôle d'histoire... Un homme de la vallée de Bethmale qui possédait des sabots très effilés, tua sa fiancée et le coquin qui l'avait séduite. Il se promena alors avec les deux cœurs enfilés sur la pointe des sabots en criant : *« Aouita pla aco, catin ! Equé servichio dé leçoun ! »* (Regardez bien, filles infidèles ! Que cela vous serve de leçon !). L'histoire ne dit pas si d'autres sabots servirent de piques à brochettes mais, pendant longtemps, la tradition voulait qu'on les offre à sa fiancée avec un cœur gravé. On vous rassure, la légende remonte au IXe s, et l'on ne trouve plus personne pour embrocher le cœur des belles, ni celui des visiteurs ! On peut rendre visite à un sabotier dont l'atelier se trouve dans le village d'**Aret** *(☎ 05-61-96-78-84. • artisan-bois-sabots.fr •).*

63

AVOIR LA TÊTE DANS LES ÉTOILES

au sommet du pic du Midi de Bigorre

La pollution lumineuse est un véritable obstacle pour l'observation du ciel : le flux lumineux généré par nos sociétés actuelles gêne les observations. En 2013, à l'initiative d'un groupe d'astronomes du pic du Midi, la Réserve internationale de ciel étoilé du pic du Midi a été créée. C'est la 1re en Europe à avoir été labellisée par l'International Dark-Sky Association.

1/2 ou 1 journée

Toute l'année sauf novembre et mai

Facile

Pas besoin de guide

La Mongie (car)

Préparer

Accès : par le téléphérique au départ de la station de La Mongie, 6 km après le sommet du Tourmalet, en venant de Barèges. 1er départ à 9h30 et dernier départ à 16h ; le matin, il y a moins de monde, et la luminosité est meilleure.

Plus d'infos :
☎ 0825-002-877.
(prix d'un appel local).
• picdumidi.com •

Tarifs : ticket A/R incluant la découverte du sommet : 45 € ; 5-12 ans 27 € ; forfait famille intéressant ; gratuit - de 5 ans. Tarif randonneur (sans téléphérique) : 20 €. Compter 10 € supplémentaires pour le planétarium et la coupole de l'observatoire. Départs ttes les 15 mn mais parfois beaucoup de monde en été. Résa en ligne recommandée.

Petite précision : même s'il ne fait pas beau sur votre lieu de résidence, n'hésitez pas à vous renseigner sur les conditions météo au pic (vidéo en direct sur le site web du pic), il arrive souvent que l'observatoire soit au-dessus des nuages : vous serez alors peu nombreux à profiter du site !

Bon à savoir : la température moyenne annuelle au sommet est de 1 °C. Il est donc essentiel de bien se couvrir.

IDÉE RANDO

En été, on peut accéder au sommet à pied par un sentier partant au niveau de l'avant-dernier lacet avant d'arriver au col (en venant de Barèges), fléché « Lac d'Oncet-Toue ». Compter environ 2h30. Pas de difficulté majeure. La partie supérieure du sentier correspond à l'ancien chemin des porteurs, mais sachez tout de même que ce n'est pas une simple balade du dimanche : être bien chaussé et prévoir suffisamment d'eau (le soleil tape fort à ces altitudes !), une casquette, des lunettes de soleil et de la crème solaire. En arrivant au pied du pic, emprunter le chemin qui bifurque à gauche en direction de la grande antenne blanche. Les plus courageux peuvent aussi monter depuis Artigues (environ 5h). Une terrasse est réservée aux randonneurs qui frappent à la porte...

quand le ciel est dé ga gé

Ouvrez bien grandes vos mirettes car le trajet de 15 mn en téléphérique est grandiose et sensationnel ! À une vitesse de 45 km/h, on atteint très vite le premier sommet, le Taoulet, à 2 431 m. Puis il faut changer de cabine pour un trajet plus impressionnant encore avec 320 m de vide sous les pieds !

Et vous voilà arrivés à l'observatoire. Ce vaisseau posé au sommet du pic a été créé en 1878 et dispose aujourd'hui de huit coupoles.

La pureté du ciel a permis de transformer le pic en haut lieu d'études astronomiques. Il abrite le plus puissant télescope de France métropolitaine (2 m de diamètre). On y accède par une plateforme panoramique d'où l'on bénéficie d'une vue à 300 km à la ronde par très beau temps, ce qui représente 10 % du territoire national !

Plusieurs tables d'orientation pour décrypter l'horizon (indispensable !) et tables d'interprétation y sont installées. Des animateurs sont là pour fournir des informations sur le site, le panorama, la chaîne des Pyrénées et l'observatoire. Sinon, chaque visiteur dispose d'un *histopad*, une tablette tactile avec plein d'infos sur le pic du Midi et son histoire. Quelques lunettes d'observation dont une pour visionner le soleil en direct.

L'espace Expériences permet de découvrir à travers une présentation ludique les thèmes forts de la recherche au pic du Midi : le soleil, les rayons cosmiques, les étoiles... La coupole Baillaud, la première à avoir été construite en 1908, accueille un **planétarium** pour des séances de 20 mn (supplément). Dans la **coupole de l'observatoire** (la seule accessible aux visiteurs), on prend place sous un télescope pour une séquence de prises de vue du soleil par des instruments professionnels (durée : 20 mn ; supplément). Enfin, le **Ponton dans le ciel**, une passerelle métallique de 12 m de long suspendue au-dessus du vide (!), offre un point de vue unique et vertigineux quand le ciel est dégagé. Une visite passionnante.

Pour se restaurer, **Le restaurant 2877**, avec terrasse s'il fait beau, propose une cuisine maison créative, élaborée avec des produits régionaux (prix raisonnable, résa à faire dès l'arrivée au sommet). Vue imprenable sur les Pyrénées. Également un espace de restauration rapide.

Passer la nuit la tête dans les étoiles

Il est possible de passer une nuit sur le site ! Les quelques privilégiés accompagnés d'un spécialiste ont alors accès à une observation nocturne au télescope 500. Sur réservation longtemps à l'avance car maximum de 27 personnes. La meilleure période d'observation est en hiver, mais l'expérience est toujours soumise aux aléas climatiques. Bon, compter quand même 500€...

Notre top 5 des observatoires

À défaut de pouvoir embarquer dans une navette comme Thomas Pesquet, on se contentera d'observer le ciel et les étoiles depuis le plancher des vaches. On vous propose quelques lieux où les conditions sont réunies pour observer l'infiniment grand dans un ciel sans pollution nocturne.

1

L'observatoire des Baronnies provençales

Provence-Alpes-Côte d'Azur/ Hautes-Alpes

Le site se trouve dans les Hautes-Alpes au cœur d'une zone de 320 km² protégée de la pollution lumineuse par décret. Si la coupole se visite le jour, le plus intéressant est de s'y rendre en soirée et de participer à des observations ; nuit étoilée, week-end étoilé, mission exoplanète…

Le Mas des Grès, 05150 Moydans. ☎ 06-86-38-84-72. • obs-bp.net • Hébergement possible à côté pour une immersion totale.

2

L'observatoire astronomique associatif de Saint-Véran

Provence-Alpes-Côte d'Azur / Hautes-Alpes

Labellisé « Plus Beaux Villages de France », Saint-Véran est aussi considéré comme la commune la plus haute d'Europe (2 042 m). Situé dans le parc naturel régional du Queyras, le plus haut télescope d'Europe est planté au sommet du pic de Château-Renard, à 2 936 m d'altitude. On peut visiter l'observatoire à certaines périodes de l'année, et en été, l'association AstroQueyras organise des « Nuits découverte ».

Accès à pied seulement depuis Saint-Véran (plusieurs possibilités depuis le village selon la saison ; compter environ 3h30). ☎ 06-60-31-23-33. • astroqueyras.com •

3

L'observatoire de Rocbaron

Provence-Alpes-Côte d'Azur / Var

À 40 km au nord de Toulon, au cœur de la Provence verte et dans une réserve de ciel étoilé, l'observatoire de Rocbaron ouvre ses trois coupoles au grand public lors des « Nuits des étoiles ». À cette occasion, les curieux peuvent découvrir la lunette astronomique de 232 mm d'ouverture (l'une des plus grandes de France) qui fait la fierté de l'observatoire. Également des soirées d'observation pour initier le public aux mystères du ciel.

L'observatoire de Rocbaron se situe sur le domaine de la Verrerie, derrière le restaurant La Bergerie à Fortcalqueiret. ☎ 06-74-32-59-88 (André Cassèse) ou ☎ 06-37-43-61-64. (Jean-Baptiste Faupin).
• observatoire-rocbaron.com •

4

Centre astronomique des Yvelines - observatoire de Triel - le parc aux Étoiles

Île-de-France / Yvelines

Le parc aux Étoiles est situé à Triel, le point le plus haut des Yvelines. Accompagné d'un animateur, on parcourt les 30 vitrines dioramas en lumière noire qui présentent les profondeurs de l'univers et font revivre les grandes étapes de la conquête spatiale. Et si les conditions météo le permettent, on peut observer le soleil grâce à la grande lunette astronomique. Des observations de nuit sont aussi proposées.

2, rue de la Chapelle, L'Hautil, 78510 Triel-sur-Seine.
☎ 01-39-74-75-10.
• parcauxetoiles.agglo2rivesdeseine.fr •

5

Dans les Cévennes

Occitanie / Lozère

Dans le parc national des Cévennes, certains propriétaires d' hébergements (gîtes, campings, chambres d'hôtes) ont prévu des espaces spécialement destinés à l'observation des étoiles. Ils ont non seulement la marque Esprit parc national, un gage de qualité et d'éco-responsabilité, mais ils pourront également vous conseiller et vous orienter sur le monde de la nuit puisqu'ils sont partenaires de la **Réserve internationale de ciel étoilé** (RICE).

Liste sur : • cevennes-parcnational.fr •
Mais aussi : Azimut voyages propose un séjour astronomie (7j./6 nuits) en itinérance avec des ânes accompagné par un astronome.
• azimut-voyage.fr •

Deux applis pour regarder les étoiles

Dark Site Finder pour trouver un spot sans pollution lumineuse et ***Star Walk 2*** pour savoir quelles constellations vous êtes en train d'observer depuis votre spot.

C'est quoi une « réserve internationale de ciel étoilé » ?

Selon la définition de l'International Dark-Sky Association, « une RICE est un espace public ou privé de grande étendue jouissant d'un ciel étoilé d'une qualité exceptionnelle et qui fait l'objet d'une protection à des fins scientifiques, éducatives, culturelles ou dans un but de préservation de la nature ». En France, il y en a trois : le parc national des Cévennes, le pic du Midi et le territoire Alpes-Azur-Mercantour.

Le parc du Morvan, l'une des rares zones sombres de la moitié nord de la France, a déposé en 2019 un dossier de candidature pour obtenir, lui aussi, le label. En attendant, le meilleur endroit pour observer le ciel dans ce parc est le mont Beuvray.

RANDONNER DANS LA VALLÉE (PRESQUE) SECRÈTE DU LUTOUR

et tenir compagnie aux marmottes en passant la nuit en refuge

64

À Cauterets, les cartes postales du bureau de tabac vantent les beautés du Pont d'Espagne et du lac de Gaube. Un must, il est vrai. Mais ce lac, très fréquenté en saison, éclabousse de sa beauté - et de sa notoriété - la vallée du Lutour, plus secrète, et tout aussi belle.

La Fruitière / lac d'Estom

12,5 km

2 jours (avec la nuit au refuge)

Toute l'année

Facile

Pas besoin de guide

Cauterets (6 km de La Fruitière)

Préparer

Dénivelé : 450 m

Bon à savoir : compter 1h30 pour arriver au lac. Prévoir de bonnes chaussures et de l'eau.

Le refuge d'Estom : gardé de début juin à début oct ☎ 05-62-92-07-18. • refuge-estom.csvss.fr • ; fermé en hiver. Résa indispensable.

Plus d'infos : office du tourisme de Cauterets, ☎ 05-62-92-50-50. • cauterets.com •

Tarifs : prévoir : 20 €/pers la nuit ; réduc enfant ; repas et panier pique-nique. CB refusées.

L'arrivée au lac d'Estom, par beau temps, provoque l'extase

C'est à la Fruitièro, à 6 km de Cauterets et aux portes du parc national des Pyrénées, que débute la randonnée.

On accède au point de départ en voiture, sans problème. Sur place, un agréable (et bon !) restaurant sera très utile à ceux qui n'auraient pas prévu le pique-nique ! Juste avant, arrêt obligatoire à **la Raillère,** au pied de la cascade du Lutour, histoire d'essuyer quelques postillons rafraîchissants.

Bien chaussé, gourdes remplies, barres chocolatées en poche, jumelles au-dessus du sac et vêtements chauds au fond, lunettes et chapeaux de soleil en été, vous voilà fin prêts pour une randonnée facile et extrêmement agréable, jusqu'au **lac d'Estom,** à 1 804 m d'altitude. Le sentier bien balisé suit le lit caillouteux du gave du Lutour. Paysages sauvages, ourlés de pâturages où évoluent des troupeaux de chevaux. Tout est harmonie. Oh ! Regardez les marmottes qui vous matent ! Sortez les jumelles, un gypaète barbu fend le ciel. Avec un peu de chance, des isards pointeront le bout de leurs petites cornes (mais pour ça, mieux vaut être un lève-tôt). En revanche, les bouquetins sont plus haut perchés. Pour les voir, il faut monter beaucoup, beaucoup plus haut. Après 2h de marche, l'arrivée au **lac d'Estom,** par beau temps, provoque l'extase ! Les pics flamboyants qui se mirent dans les eaux émeraude du lac valent toutes les cartes postales du monde.

Y passer la nuit, tellement qu'c'est beau !

Le refuge d'Estom, une modeste maisonnée avec ses quelques tables de jardin et parasols, vous attend au bord du lac. En journée, on s'y requinque autour d'un verre, d'une garbure, omelette, planche de charcuterie et de fromage, pâtisserie maison, etc. Le soir, lorsque les derniers randonneurs redescendent vers **Cauterets,** tout devient délicieusement calme. C'est alors le moment de faire le tour du lac : 15 mn de bonheur assuré. Au repas, c'est menu requinquant et convivialité ! Avant de rejoindre le dortoir, il faut marcher dans le silence et la fraîcheur de la nuit, bénis par un ciel constellé. De quoi s'endormir des étoiles plein les yeux. Au matin, après un bon petit déj, on rebrousse chemin, ou on poursuit vers la hourquette (fourche) d'**Ossoue** au pied du Petit Vignemale, mais là, c'est une autre affaire !

Plus belle la nuit

On vous conseille de découvrir le site du **pont d'Espagne** labellisé « Grand site Occitanie » et situé à 5 km de la vallée du Lutour sous un autre jour, en partant de nuit ! Il suffit de télécharger l'appli *Patrimoine en balade* et de se laisser guider pour s'initier au patrimoine étoilé du site. Balade d'1h30 ; 3,7 km. Sympa et original !

Notre top 5 des randos dans les Pyrénées

De la Méditerranée à l'Atlantique, les Pyrénées offrent une diversité de paysages et de culture à explorer au gré des randonnées entre pics et lacs de montagne.

1

Les lacs des Camporells

Pyrénées-Orientales / Dans les environs de Formiguères

Départ-arrivée : boucle au départ de la barrière sur la piste DFCI n°31, à 5,3 km à l'est de la station de Formiguères (piste forestière carrossable).
Distance : 15,5 km • Durée : 5h • Dénivelé : 850 m

Une randonnée d'altitude (à réserver aux randonneurs aguerris) dans des paysages de haute montagne de toute beauté : rivières, cascades et lacs à la pelle). Le **chemin des Mortiers** offre de magnifiques points de vue sur la douzaine de lacs du site. Arrivée au pic du Mortier, descente par le même chemin. Possibilité de bivouac ou de nuitée au refuge des Camporells (• refuge-camporells.com •).

2

Le mont Valier

Ariège / Entre Seintein et Castillon

Départ-arrivée : au parking du Pla de la Lau
Distance : 19 km • Durée : 10h • Dénivelé : 1 980 m

Avec ses 2 838 m, le seigneur des lieux (photo ci-contre) domine la **vallée du Riberot.** À vos pieds, l'Espagne ! Les principaux sommets ariégeois, les monts Maudits… les diverses **vallées du Couserans** et bien loin, au fond, Toulouse. On peut faire la rando (réservée aux randonneurs aguerris) en une journée, mais en deux jours, c'est mieux. Dans ce cas, dormir au refuge des Estagnous (• refuge-les-estagnous.com •), pour un moment hors du temps.

3 Le pic du Pibeste

Hautes-Pyrénées / Dans les environs d'Argelès-Gazost

Départ-arrivée : au parking à la sortie du village d'Ouzous.
Distance : 12 km • Durée : 5h30 • Dénivelé : 850 m

Cette rando, assez difficile, offre de très beaux points de vue et donne l'occasion de découvrir la plus vaste réserve naturelle régionale de France (5144 ha) : celle du Pibeste. Le massif du Pibeste-Aoulhet (situé entre Lourdes et Argelès-Gazost) est l'amorce des Pyrénées, ainsi qu'un véritable balcon sur la **vallée d'Argelès-Gazost**, avec quelques sommets, de grandes prairies ensoleillées et beaucoup de forêt. Pour une mise en jambes plus douce, le **sentier de découverte** (départ du parking de la Maison de la Réserve naturelle à Agos-Vidalos, compter 3h30 ; dénivelé 350 m) est une bonne alternative. Précisons enfin que les sentiers de la réserve présentent l'avantage, pour une partie en tout cas, de rester praticables toute l'année.

4 Le sentier Ramond

Hautes-Pyrénées / Dans les environs de Gèdre

Départ-arrivée : à côté du Bureau des Géologues à Gèdre.
Distance : 14 km • Durée : 5h • Dénivelé : 730 m

Cet itinéraire, jalonné de plusieurs panneaux d'interprétation, suit en partie celui emprunté par le géologue, botaniste et précurseur du pyrénéisme, Ramond de Carbonnières, lors de sa 1re ascension du **Mont-Perdu** en 1802. Il rejoint le barrage et le lac des Gloriettes, dans la **vallée de Héas**. Attention, ce n'est pas tout à fait une promenade de santé, mais une fois sur le beau **plateau de Coumély**, entre les marmottes, les papillons, les fleurs et les granges, votre regard aura mille endroits où se poser.

5 Randonnée Caillau - Pic de Labigouer

Pyrénées-Atlantiques / Dans les environs de Lescun

Départ-arrivée : depuis le parking d'Aumet.
Distance : 17 km • Durée : 6h30 • Dénivelé : 1 100 m

Malgré le dénivelé, la rando ne présente pas de difficulté particulière, les montées sont régulières. Vous êtes au cœur du **parc national des Pyrénées**, dans des terres habitées par des colonies de marmottes et survolées par les vautours fauves et les gypaètes barbus. De là-haut, panorama à 360 ° avec, à l'ouest, le pic d'Annie, la table des Rois et les aiguilles d'Ansabère et, à l'est, le massif de l'Ossau et son fameux pic du Midi d'Ossau.

ET POURQUOI PAS À VÉLO ?

LA BOUCLE DES 2 CATALOGNES

Une boucle de 89 km (dénivelé 1 475 m) à entreprendre au départ de Céret à vélo. Alors oui, ce n'est pas de tout repos, mais on peut opter pour le vélo électrique ! Bel itinéraire qui passe par le Perthuis, puis emprunte les petites routes sinueuses des Pyrénées espagnoles et enfin vous ramène côté français au col de Coustouges, où l'on embarque pour une longue descente dans le Haut-Vallespir avec, en face, le mont Canigó. Une belle mise en jambe pour qui voudrait entreprendre la Pirinexus, une autre boucle transfrontalière passant par la Costa Brava et Gérone, mais de 360 km celle-là !

FAITES LE MUR DANS L'ALLIER

à Street Art City

Un lieu rêvé pour les amateurs d'art urbain, au cœur de la campagne auvergnate ! Plus de 20 000 m² de graffs, de fresques et de murs peints, réalisés par des artistes venus du monde entier. Bienvenue à Street Art City !

1 journée

Fin mai à début novembre

Facile

Pas besoin de guide

Saint-Pierre-Le-Moûtier (liaison depuis Nevers, 20 mn, et Moulins, 45mn)

65

Préparer

Adresse : Béguin 5, 03320 Lurcy-Lévis.

Accès : à 45 km de Nevers et de Moulins. Voiture indispensable pour s'y rendre. Service de restauration sur place. Fermé nov-mai.

Plus d'infos : ☎ 06-44-95-59-86. • street-art-city.com •

Tarifs : 20 €/adulte ; 10 € pour les 6-16 ans.

Bon à savoir : pour les Franciliens, le long du canal Saint-Denis, plus de 35 fresques jalonnent le paysage industriel sur 5 km le long de la *Street Art Avenue*. Et des murs sont laissés libres d'accès pour que des street-artistes anonymes s'expriment. À découvrir à pied ou à vélo. Voir également nos coups de cœur page suivante.

UN LIEU DE RÉSIDENCE POUR ARTISTES

Street Art City est aussi l'endroit parfait pour les artistes : ils sont accueillis ici durant plusieurs semaines (voir plus !), logés, nourris et le matériel utilisé (bombes, peinture...) leur est offert. Une bulle de confort idéale pour puiser l'inspiration ! Chaque saison, la structure est à la recherche de nouveaux talents pour les accueillir en résidence. Alors... Pourquoi pas vous ?

Après New-York, Montréal ou Berlin, Lurcy-Lévis deviendra-t-elle la nouvelle capitale mondiale du graff ? Installée sur le site d'un ancien centre de formation de France Télécom laissé à l'abandon depuis les années 90, Street Art City est aujourd'hui la seule résidence artistique au monde 100 % dédiée à l'art urbain ! Au total, plus d'une centaine d'artistes, professionnels ou amateurs, sont venus peindre, graffer, taguer ou exposer, ici !

Un immense terrain de jeu artistique, idéal pour déambuler en famille, à la découverte d'œuvres et de bâtiments étonnants : des fresques évoquant New-York sur un ancien bus, une locomotive géante peinte sur l'ancienne gare du site, un gigantesque pochoir de Brassens sur un bunker ou encore un portrait de Van Gogh, plus vrai que nature, dessiné à même le sol.

Autre passage obligé : « l'Hôtel 128 », là où résidaient les stagiaires du centre de formation. Chaque chambre a été confiée à un artiste pour laisser libre court à son imagination ! Une expérience immersive où l'on se plaît à découvrir chaque recoin coloré dans ce dédale de béton, en se laissant guider par les histoires imaginaires racontées sur les murs. Au rez-de-chaussée : galeries éphémères, ateliers et expositions régulières. Certains artistes vivant sur les lieux, il est tout à fait possible de les rencontrer, échanger et discuter avec eux... Et pourquoi pas faire naître des vocations ! Autant de facettes à découvrir dans ce lieu hybride, original et inoubliable, qui nous fait voyager tout autour de la planète graff !

Notre top 5 des murs peints

Une nouvelle façon de parcourir la ville

Pas une ville qui ne soit dotée de murs peints par des graffeurs locaux ou internationaux. Le street art, ou plus précisément « muralisme », rebelle et identitaire, peint à l'abri des regards a désormais droit de cité et s'expose au grand jour. Graffiti, pochoir, fresque, affiche, la rue est un nouveau support de la création artistique et donne lieu à des parcours colorés dans l'univers urbain.

1 Paris 13e

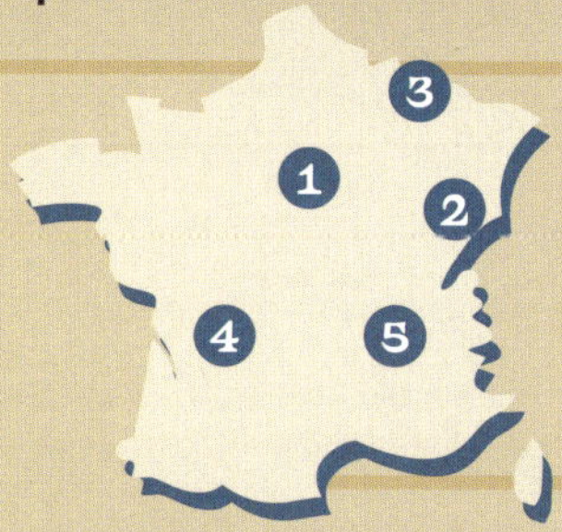

Parmi les quartiers parisiens, le XIIIe arrondissement est un des plus riches en la matière. Le boulevard Vincent-Auriol n'affiche pas moins de 26 œuvres monumentales. Pour vous aider, on vous donne quelques adresses bien qu'elles soient difficiles à louper. Au n° 171, une fresque de **Cryptik**, adepte du calligraffiti ; au 155 une femme haute en couleurs de 25 m de haut de **Turncoat** ; au 141 une œuvre de **Shepard Fairey**, l'un des plus grands artistes urbains américains, qui rend hommage aux victimes des attentats du 13 novembre. Il a imaginé une œuvre avec la devise de la République française. On vous laisse découvrir les autres et faire un détour par les deux murs peints de la place Pinel et la rue Esquirol pour voir le monumental portrait de la meneuse de revue américaine Evelyn Nesbit (1884-1967) par l'artiste **BToy**. Retour boulevard Vincent-Auriol aux 131 et au 81, dont *La Madre Secular 2* de l'artiste chilien **Inti**.

Emprunter ensuite la rue du Chevaleret jusqu'au n° 87 pour retrouver le *Castor* de **Bordalo II**, réalisé avec des déchets trouvés dans la rue. Ne pas manquer non plus la fresque de **Seth** au 110, rue Jeanne d'Arc (photo ci-dessous). On vous laisse ensuite flâner dans le quartier des Grands Moulins à la découverte des petites œuvres de street art qui ponctuent sols et murs. Enfin, on se retrouve au **Lavo//matik**, galerie-boutique dédiée au street art. La foule d'objets vendus vaut le détour ! Un peu plus loin, voir aussi la galerie ***Itinerrance***, à l'origine de nombreux projets d'art urbain à Paris, pour admirer les œuvres de grands artistes internationaux, dont ceux qui ont investi le quartier, et notamment le boulevard Vincent-Auriol.

Lavo//matik : 20 bd du Général-d'Armée-Jean-Simon. Ouv mardi-sam 12h-19h.
Galerie Itinerrance : 24 bd du Général-d'Armée-Jean-Simon. Ouv mardi-sam 12h-19h.

2 Mulhouse

Mulhouse, et le street art, une histoire qui ne date pas d'hier, puisque les premières œuvres remontent au XVIe s. La très centrale place de la Réunion offre, par exemple, plusieurs trompe-l'œil anciens dont ceux, superbes, de l'hôtel de ville, réalisés en 1698. Autre fresque historique, le portrait d'un ancien bourgmestre (1893), orne la tour du Bollwerk. Et d'autres personnalités de l'histoire de Mulhouse ont été immortalisées sur les murs de la ville par le célèbre muraliste **Fabio Rieti** ou par le graffeur **Shaka**. La ville a ouvert ses murs aux artistes urbains du monde entier comme le chilien **Inti**, auteur d'une fresque aux couleurs chatoyantes inspirée par les collections du musée de l'Impression sur étoffes. Chaque mois, son M.U.R (Modulable, Urbain, Réactif) accueille une œuvre différente (la photo ci-dessus est une fresque réalisée au 9, rue de la Moselle par l'artiste Sekuouane). Pistez les œuvres de **C215** qui habillent les boîtes aux lettres, de **Clet Abraham** qui a investi de façon humoristique des panneaux de signalisation, et de **Zer** et **OakOak** qui ont laissé leur patte en ville. Autre lieu de création, Graffitipolis, le parking du cinéma Kinépolis, accessible gratuitement, où une soixantaine d'artistes ont déjà investi les murs. Enfin, le long de l'Ill, une piste cyclable permet de profiter d'une galerie d'art à ciel ouvert ! Vous en redemandez ? Rendez-vous au festival de Mécaniques Urbaines, chaque année en juin.

• tourisme-mulhouse.com •

3 Charleville-Mézières

La ville natale de **Rimbaud** rend hommage au célèbre poète à travers un parcours street art qui s'enrichit chaque année de fresques géantes réalisées par des artistes urbains autour de son œuvre, à découvrir entre Charleville et Mézières. Gageons que Rimbaud aurait apprécié ce télescopage entre son œuvre si moderne pour son époque et cette nouvelle forme d'expression populaire. À l'entrée du cimetière de la ville où il est enterré, une boîte aux lettres où laisser un message au poète et une vaste fresque qui revisite façon graff *Le Dormeur du val*.

Parcours à télécharger sur
• charleville-sedan-tourisme.fr •

4 Angoulême

Angoulême n'est pas la capitale de la **bande dessinée** pour rien. Outre son célèbre festival et un passionnant musée, des murs entiers sont consacrés, depuis la fin des années 1990, au 9e art. Discrètes ou imposantes, ces fresques murales mettent en situation quelques mythiques personnages de B.D. (*Natacha, Gaston Lagaffe*…) ou sont des œuvres originales de dessinateurs célèbres comme Philippe Druillet ou Frank Margerin. Aujourd'hui, plus d'une vingtaine de murs peints (dont beaucoup sont dus à la coopérative d'artistes CitéCréation) s'affichent à Angoulême, dont un constitué d'images très grand format projetées sur une façade à la tombée de la nuit.

5 Lyon

Abritant une bonne centaine de fresques (ici encore signés en grande majorité CitéCréation), Lyon aime les **murs peints**. Quais de Saône, immanquable *Fresque des Lyonnais* qui réunit toutes les stars locales, de sainte Blandine au cinéaste Bertrand Tavernier ; côté Croix-Rousse, voir le *Mur des Canuts*, fourmillant de détails. Il faut ensuite pousser jusqu'au quartier des États-Unis, où le parcours à ciel ouvert du musée urbain Tony Garnier révèle une vingtaine de fresques monumentales peintes entre 1989 et 1997 sur les murs d'une « cité idéale » conçue dans les années 1930. Et Lyon offre aux curieux encore bien d'autres murs peints, dans le quartier de Gerland, notamment.

Sans oublier **Grenoble** et son festival annuel Street Art Grenoble-Alpes Fest, le plus important en France
• streetartfest.org •

DESCENDRE L'ALLIER EN CANOË

Une des dernières rivières sauvages d'Europe

On a choisi de vous inciter à découvrir l'Allier dans... l'Allier, pour comprendre pourquoi c'est une « rivière sauvage ».

66

Vichy / La Charité-sur-Loire

Variable selon l'option choisie

1/2 journée à 3 jours

Avril à octobre

Facile

Pas besoin de guide

Moulins ou Vichy

Préparer

Accès : en train, par la ligne dite du Bourbonnais ; depuis Paris-Bercy, Moulins (env 2h30), Vichy (env 3h) : depuis Clermont-Ferrand (env ½ h jusqu'à Vichy, env 1 h jusqu'à Moulins).

Louer son canoë ou son kayak : Vichy Aventures • vichyaventure.com • ; ASPTT Moulins • ckmoulins.com • ; Allier Canoë • allier-canoe.fr • et au camping Deneuvre • camping-deneuvre.fr • Compter 18€/pers la 1/2 journée.

Bon à savoir : pour une rando de plusieurs jours, le bivouac est autorisé le long des berges sauf dans les réserves naturelles.

Tranquille, en famille

Pour une demi-journée en canoë sur l'Allier, on peut partir de **Vichy** (prenez le temps de visiter la ville). Premier arrêt au pont-barrage de l'Europe où est installé l'Observatoire des poissons migrateurs dont les fameux saumons qui, d'avril à juin, remontent le cours de l'Allier. Truites, ombles, brochets, intrigantes lamproies ou silures peuplent à l'année ce gigantesque « aquarium » (22 bassins immergés dans la rivière). En aval, on a rendez-vous avec d'autres bestioles (tortues d'eau, castors, hérons...) dans l'espace naturel sensible de la Boire des Carrés. On accoste enfin au pied du joli village médiéval de **Billy** que surplombe une solide forteresse du XIIe s. Vous pouvez y grimper (pour la vue et la visite) et, s'il faut encore vous dépenser, remonter jusqu'à Vichy à VTT.

Une autre possibilité de balade (à la journée, cette fois) vous fait descendre la rivière de Châtel-de-Neuvre à **Moulins** à travers la vaste réserve naturelle du val d'Allier, une des plus riches de France en oiseaux (hirondelles de rivage, cigogne, sternes...).

Rendez-vous avec la Loire

S'il est évidemment possible de cumuler les courtes balades à la journée pour s'offrir une descente au long cours, on vous conseille (en un week-end minimum) le *trip* entre **Le Veurdre** et **La Charité-sur-Loire,** pour jouer à saute départements et naviguer aussi sur la Loire.

On démarre donc du Veurdre (dans l'Allier) pour rejoindre **Mars-sur-Allier** (dans la Nièvre) où le sentier pédagogique des Cigognes (boucle de 3 km) emmène à la découverte de la faune et de la flore. Se dresse ensuite, sur la rive, **Apremont-sur-Allier** (dans le Cher !), charmant village classé parmi les « Plus Beaux Village de France », avec son château entouré d'un superbe parc à l'anglaise. On porte ensuite son bateau (oui, oui !) pour franchir un barrage au pied du surprenant pont-canal du Guétin qui permet au canal latéral à la Loire de franchir l'Allier. Quelques kilomètres en aval s'ouvre la vaste étendue du **bec d'Allier** où l'Allier rencontre la Loire et où l'arrivée, au fil de l'eau, a quelque chose de magique. Le fleuve vous emmène ensuite jusqu'à la jolie petite cité de **La Charité-sur-Loire** dont l'église est inscrite au Patrimoine mondial de l'Unesco (tout comme la ville de Vichy depuis peu d'ailleurs).

Se poser sur les rives de l'Allier

Camping Deneuvre : au bord de la rivière (avec une « plage » en saison) et au cœur de la réserve naturelle du Val d'Allier, donc dans un environnement très nature. On peut y louer canoës comme kayaks avec possibilité de transferts (personnes et matériel) jusqu'à Moulins, Chazeuil et Billy.

Les Graves, route de Moulins, 03500 ***Châtel-de-Neuvre.*** *☎ 04-70-42-04-51. • camping-deneuvre.fr • Avr à mi-oct. Pour 2, forfait env 14-17 € ; location de pod, coco-sweet et DK'Bane.*

Camping Beau Rivage : joli camping bien ombragé, en bord de rivière et à l'orée du lac d'Allier. Nombreuses activités nautiques donc (canoë-kayak, paddle...) et espace aquatique avec piscine couverte et chauffée, toboggan. Resto. Location de vélos.

15, rue Claude-Decloître, 03700 ***Bellerive-sur-Allier.*** *☎ 04-70-32-26-85. • camping-beaurivage.com • Avr-début oct. Forfait 2 pers, 23 € en hte saison. Location d'appartements, de mobile homes, d'un dôme et de tentes-lodges Kenya.*

Apremont-sur-Allier

CHASSER LE CÈPE DANS LA FORÊT DES COLETTES

67

À la recherche du roi des champignons entre Montluçon et Vichy

Les pluies ont été abondantes, le soleil est de retour depuis quelques jours, la chaleur aussi. Au-dessus de la forêt des Colettes, les astres s'alignent enfin dans le ciel d'automne. C'est parti pour une cèpes-party !

1/2 journée

Mai à novembre

Facile

Pas besoin de guide

Louroux-de-Bouble (TER depuis Montluçon en 55 mn et Clermont-Ferrand en 1h15)

Gratuit

Préparer

Accès : depuis les communes de Coutansouze, Bellenaves, Louroux-de-Bouble, Lalizolle, Échassières et Chirat-L'Église. En voiture, env 50 mn depuis Montluçon ou Clermont-Ferrand.

Bon à savoir : munissez-vous d'un panier et d'un couteau, et prenez toujours garde à ne pas couper le champignon mais à le cueillir en entier. Cueillette limitée à 5 kg/pers.

Attention : méfiez-vous des jeunes espèces dont la forme naissante peut porter à confusion. En cas de doute, demandez l'avis d'un mycologue ou d'un pharmacien. Attention également aux jours de chasse en forêt !

Un chasseur sachant chasser est avant tout un chasseur bien équipé. Chaussures de marche, panier en osier, couteau, ciré, bâton, téléphone chargé à bloc et vêtement de couleur clair pour ne pas être confondu avec un gibier. C'est paré à toutes les éventualités (y compris un retour bredouille !) que l'on prend la route en direction de la forêt des Colettes, réputée pour abriter moult espèces de champignons.

Une fois la voiture laissée dans le petit village de **Coutansouze,** on s'engage sur les sentiers de la forêt, à l'ombre des chênes rouvre, les yeux rivés sur le sol. Pour dénicher des cèpes, chacun a ses techniques, mais il existe tout de même quelques règles de base à connaître. Les bordures de chemin, bien exposées au soleil, sont par exemple de bons « spots » à champignons. C'est d'ailleurs là que l'on fait la première prise de la journée, après seulement 20 mn de marche. C'est un cèpe de Bordeaux, autrement dit, la Rolls-Royce des champignons. Les spores blanches visibles sous le chapeau indiquent qu'il s'agit d'un cèpe jeune : cela tombe bien, ce sont les plus goûtus !

5 kg autorisés par personne

Plus loin, toujours en bordure de chemin, d'autres cèpes viennent garnir le panier (surtout pas de sac plastique, cela dénature le goût des champignons). On grimpe en pente douce jusqu'à la partie la plus haute de la forêt, où les chênes laissent place à de majestueux hêtres. L'endroit est d'ailleurs considéré comme l'une des plus **belles hêtraies naturelles d'Europe**. Tiens, tiens... les hêtres ne sont-ils pas, au même titre que les châtaigniers, les chênes et les résineux, d'excellents pourvoyeurs de cèpes ? Cette réputation ne tarde pas à se matérialiser avec l'apparition de très beaux spécimens. Ce n'est plus une cueillette, c'est un open-bar ! En quittant la forêt des Colettes, quelques heures plus tard, le panier flirte avec les 5 kg réglementaires (seuil autorisé par personne dans les forêts domaniales et communales). On salive déjà à l'idée de la sublime omelette aux champignons que l'on va déguster d'ici quelques heures...

Le cèpe, roi des forêts... et des fourneaux !

De retour à la maison, **ne surtout pas les passer sous l'eau**. Opération nettoyage avec un chiffon ou un pinceau : on retire la terre et les morceaux abîmés avant de les couper en morceaux. Le cèpe peut tout à fait être congelé sans trop perdre de sa saveur, mais l'idéal reste évidemment de le consommer frais, le jour-même. Pour les recettes, c'est simple : il se marie avec tout, ou presque.

Et si jamais vous rentrez bredouille... nos bonnes adresses :

Hôtel La Croix des Bois : petite maison de bord de route, mais à l'orée de la forêt des Colettes. Chambres colorées et bien entretenues. Dans l'assiette, des plats faits maison et de tradition servis dans une salle classique ou sur la terrasse avec une gentille vue sur la vallée de la Sioule et, quand le soleil s'invite, la chaîne des Puys.
☎ *04-70-90-41-55. • lacroixdesbois.com • Double 62 €. Menus 14 € (déj en sem), puis 25,50-29,50 €.*

Hostellerie du Château : grandes chambres fraîches et mignonnettes, avec vue sur le beau clocher pour certaines. Terrasse et jardin au calme pour cette auberge entièrement rénovée où l'on déguste une agréable et copieuse cuisine de terroir.
☎ *04-70-58-37-19. • hostellerie-chateau-bellenaves.fr • Doubles 64 €. Menus 15 € (déj en sem), puis 28-31 € (soir et w-e).*

Notre top 5 des forêts à champignons

L'Hexagone regorge de champignons, et leur cueillette, hors des sentiers fréquentés, est l'activité automnale par excellence ; pas seulement en forêt d'ailleurs, mais aussi dans les prairies, lieux marécageux. Au préalable, renseignez-vous sur les recommandations des pros : arracher le champignon en entier et non pas le couper… Quelques pistes pour vous mettre l'eau à la bouche…

1
La forêt de Sarlat

Nouvelle-Aquitaine / Périgord

À en croire certains mycologues avertis, ce serait dans les forêts périgourdines que pousseraient les champignons les plus savoureux, notamment à Beaupouyet, Bessède, Lanmary et surtout Sarlat-Campagnac, où cèpes, girolles et morilles pullulent à l'automne. En hiver, avec du flair et pas mal de bol, on peut même croiser la route de la fameuse truffe du Périgord ! De quoi booster singulièrement sa poêlée sarladaise…

Accès : Sarlat • Meilleure période : septembre-octobre (décembre-février pour les truffes)

2
La forêt de l'Ill'Wald

Grand-Est / Bas-Rhin

Certains la surnomment le « paradis du champignon », rien que ça ! Cette forêt, nichée au sein de la réserve naturelle du Ried de Sélestat, est le domaine de pas moins de 80 espèces de champignons. Il faut dire que question humidité, nos petits amis à chapeau rond et collerettes sont ici copieusement servis. L'Ill'Wald (« forêt de l'Ill » en alsacien) est en effet l'une des plus grandes forêts alluviales (qui pousse sur les rives d'un cours d'eau) de France. Mais la concurrence est féroce : les daims, qui sont près d'un demi-millier à peupler la forêt, se nourrissent essentiellement… de champignons. Que le meilleur gagne !

Accès : Sélestat • Meilleure période : août-octobre

3
La forêt de Rambouillet
Île-de-France / Yvelines

À moins d'1h de Paris, cette forêt de chênes et de pins regorge de cèpes, bolets rouges, girolles et pieds bleus (champignon très recherché par son goût légèrement sucré). Un tuyau ? Les girolles aiment la proximité humide de l'étang du Coupe-Gorge... On n'en dira pas plus ! Prudence, cependant, la forêt de Rambouillet est également l'hôte de nombreuses espèces toxiques, parmi lesquelles l'amanite phalloïde, mais aussi le moins connu paxille enroulé (champignon couleur cannelle au bord du chapeau qui s'enroule).

Accès : Rambouillet • Meilleure période : septembre-octobre

4
La forêt d'Orléans
Centre-Val de Loire / Loiret

Plus vaste forêt domaniale du territoire français (35 000 ha), elle combine plusieurs arguments pour attirer le chaland (en l'occurrence, le champignon) : beaucoup de feuillus (chênes, hêtres, noisetiers), des résineux (pins sylvestres, pins laricio) et un sol humide favorisé par la présence de nombreux étangs et une absence de relief. C'est simple, dans la forêt d'Orléans, on trouve des champignons quasiment 365 jours par an ! Cèpes, trompettes de la mort, pieds de moutons, ainsi qu'une rareté très prisée des mycologues : l'amanite des Césars. En dépit de sa ressemblance troublante avec sa très toxique cousine l'amanite tue-mouche, ce champignon au chapeau orangé et au pied élégant est réputé pour son goût... impérial.

Accès : Orléans • Meilleure période : août-novembre

5
La forêt d'Iraty
Nouvelle-Aquitaine / Pyrénées-Atlantiques

La plus grande hêtraie d'Europe étale son ramage des deux côtés de la frontière : un tronc en Espagne, l'autre en France. Forêt légendaire, antre du Basajun (une créature qui, selon la croyance locale, protège les promeneurs qui s'y aventurent), Iraty est connue pour ses dolmens et ses cromlechs, mystérieux cercles de monolithes verticaux, plantés là depuis l'âge de bronze ! Ses sols humides sont particulièrement favorables à la pousse des cèpes.

Accès : Larreau • Meilleure période : septembre-novembre

INTOXICATIONS : LES BONS RÉFLEXES
POUR ÉVITER L'ACCIDENT

On dénombre, chaque année, une vingtaine d'intoxications mortelles liées à l'ingestion de champignons. À moins d'être fin connaisseur, le risque zéro n'existe pas (on dénombre près de 35 000 sortes de champignons sur le sol français !). Alors, avant de se lancer en cuisine, pensez à :

- faire identifier votre récolte pas un spécialiste (pharmacien ou mycologue).

- photographier votre cueillette avant cuisson (identifier le champignon peut s'avérer décisif pour soigner une intoxication).

Toutes les infos à propos des champignons toxiques sur • mycofrance.fr •

L'application mycoldent permet d'identifier les champignons grâce à une simple photo.

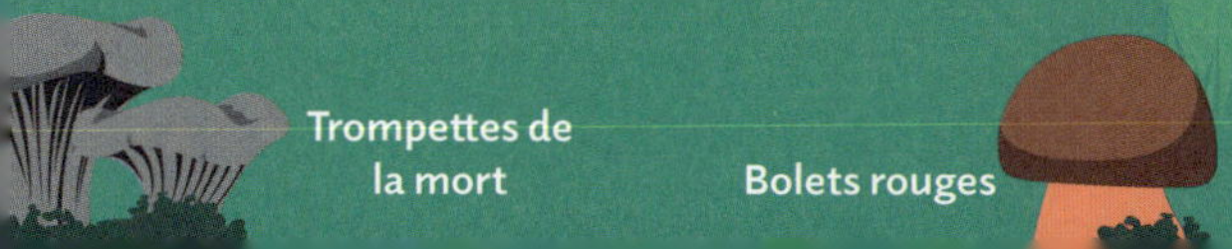

DESCENDRE LES GORGES DE LA SIOULE

68

à la cool

Entre Auvergne et Limousin, on laissera le haut de cette rivière aux plus sportifs pour s'offrir, en aval, une balade tranquille au cœur d'une superbe nature, en longeant châteaux et bourgs médiévaux.

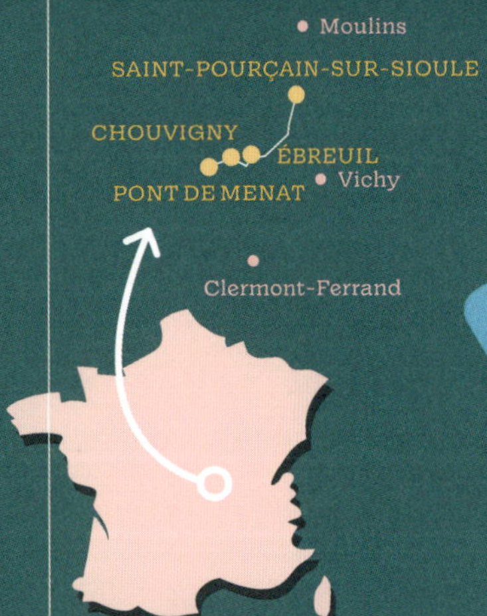

Menat / Chouvigny ou Saint-Pourçain-sur-Sioule

10 à 45 km

1/2 journée à 2 jours (avec bivouac)

Avril à fin septembre

De facile à moyen

Pas besoin de guide

Clermont-Ferrand, Vichy ou Moulins

Préparer

Accès : il faut être motorisé. De Clermont-Ferrand ou Vichy compter env ½ h ; 1 h depuis Moulins.

Départ : nombreux depuis les bases des loueurs (transport en minibus).

Louer son canoë, son kayak :
- Aqua Canoë à Ébreuil et Saint-Gal-sur-Sioule : • canoe-sioule.com •
- Sioule-Loisirs à Saint-Rémy-de-Blot : • sioule-loisirs.com •
- Sioule-Canoë à Ébreuil : • sioule-canoe.fr •

Compter 20€/pers adulte la 1/2 journée.

Les gorges de la Sioule n'ont pas la réputation de celles de l'Ardèche, du Tarn ou du Verdon. Et pourtant… Cette rivière qui naît au cœur des volcans d'Auvergne avant de suivre son cours entre Auvergne et Limousin est un vrai petit paradis pour la pratique du canoë-kayak.

La Sioule est navigable depuis **Pontgibaud,** mais on laissera les premières gorges que creuse la rivière, aux eaux un chouia tumultueuses, aux kayakistes sportifs et confirmés…

En revanche, après la pause que s'offre la Sioule (contrainte et forcée : deux barrages ont été construits sur son cours), les deuxièmes gorges dans lesquelles s'engage la rivière s'avèrent idéales pour une balade en famille ou entre potes. Avec, grand classique du coin, la descente entre **Menat** (et son vieux pont du XIIe s, longtemps seul moyen de passer d'une rive à l'autre) et **Chouvigny** qu'un château domine avec superbe depuis le XIIIe s.

Après Chouvigny, la rivière s'agite à nouveau quelque peu (quelques sensations garanties) jusqu'à **Ébreuil,** cité de caractère qui abrite une superbe abbatiale romane. La Sioule serpente ensuite gentiment jusqu'à **Saint-Pourçain-sur-Sioule** et sa non moins superbe église Sainte-Croix. Et si vous êtes aussi nature que patrimoine, vous allez vous régaler tout le long du parcours : l'ensemble du bassin de la Sioule est classé en zone Natura 2000. Il n'est pas rare de partager la rivière avec loutres ou castors, et vos pagaies vont frôler une multitude de poissons qui font le bonheur des martins-pêcheurs (et des pêcheurs tout court). Quant à la flore, elle est assez exceptionnelle entre hêtraies et landes de bruyères.

AMAZONIAQUE !

Vers Queuille, la Sioule dessine un superbe méandre, long de 2 km. De grosses collines à la luxuriante végétation enveloppent une petite presqu'île. Pour comprendre pourquoi ce sublime paysage évoque à beaucoup l'Amazonie, grimpez jusqu'au bien nommé belvédère du Paradis.

Il n'est pas rare de partager la rivière avec loutres ou castors

Prolonger le week-end

Naviguer autrement sur la Sioule

Il existe quelques autres façons de naviguer sur la Sioule. Aqua Canoë (voir « Préparer ») propose des descentes sportives en rafting sur la Haute Sioule et du paddle sur le tranquille plan d'eau d'Ébreuil.

Activités nautiques sur le lac des Fades

Créé par un barrage sur la Sioule, le plan d'eau des Fades-Besserves, plus grande étendue d'eau du département du Puy-de-Dôme, offre tous les loisirs nautiques : plages (donc baignade), ski nautique, voile, paddle… • lacdesfades-auvergne.fr •

Vélorails

Il en existe plusieurs dans le secteur (voir p. 192). Celui de la Sioule (• eco-loisirs.fr •) traverse notamment le **viaduc des Fades** et surplombe la rivière de 132,50 m (c'est le plus haut de France et le 2e dans son genre en Europe).

FAIRE LE TOUR DU CÉZALLIER

sur de hauts plateaux aux airs de Mongolie

Appelé aussi le « Tour des vaches rouges », cet itinéraire traverse les hauts plateaux entre monts du Cantal et du Cézallier, des paysages qui évoquent par endroit les steppes d'Asie mineure. Dépaysant en diable !

69

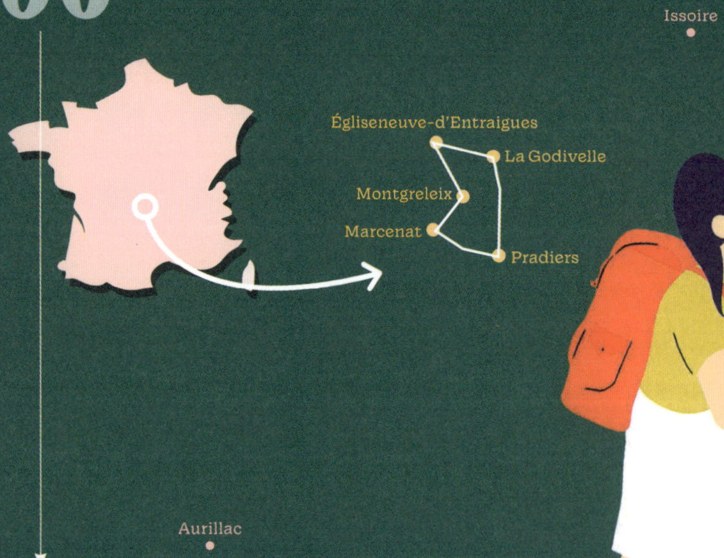

Boucle ouest au départ d'Égliseneuve-d'Entraigues

80 km

5 jours (boucle intégrale possible en 8 jours)

Mai à octobre

De moyen à difficile

Pas besoin de guide

Issoire

Selon hébergement

Préparer

Accès : liaisons en train jusqu'à Clermont-Ferrand et Issoire, puis bus ou transport privé (infos sur le site du massif du Sancy).

Plus d'infos :
· hautesterrestourisme.fr/fr/le-tour-des-vaches-rouges · sancy.com ·

Hébergement : camping possible à certaines étapes et divers hébergements assurant la 1/2 pension (voir la fiche détaillée sur le site de Hautes Terres Tourisme).

Bon à savoir : la grande piste pastorale coupe l'itinéraire de Pradiers à Boutaresse et fait aussi partie de la Grande Traversée du Massif central à VTT : avis aux amateurs ! Par ailleurs, les chiens sont interdits (même en laisse). Altitude moyenne de 1200 m et sentier accessible à tout randonneur un peu aguerri, mais se munir d'un équipement adapté. Penser aussi à se procurer un topoguide détaillé.

Entre les monts Dore et les monts du Cantal, au cœur du parc naturel régional des Volcans, le Cézallier est un vaste ensemble de plateaux basaltiques, avec une terre dure, ascétique, dont la seule richesse est l'herbe grasse qui donne au lait des vaches un goût singulier. Une terre austère, qui fait pourtant rêver, à condition de bien l'appréhender.

Vastes étendues de pâturages en altitude, plateaux granitiques et troupeaux en liberté, les paysages du Cézallier font écho aux steppes de Mongolie… Rien de mieux que de l'arpenter à pied (ou à vélo), pour toucher l'herbe nue, éprouver le vent frais et admirer les panoramas où la nature s'épanouit ici en toute liberté.

Point de départ du tour, **Égliseneuve-d'Entraigues**, minuscule porte de passage entre Cantal et Puy-de-Dôme, qui n'était autrefois peuplée que l'été. C'est l'occasion d'acheter du délicieux cantal, salers et saint-nectaire à la *Maison des fromages d'Auvergne*, parfaits pour garnir les sandwichs à la pause pique-nique ! Les randonneurs aguerris peuvent opter pour la boucle intégrale, que l'on effectue en huit jours (135 km), mais il existe deux variantes (boucles est et ouest) qui réduisent le parcours à cinq jours et offrent déjà une très belle incursion dans ces territoires vastes et isolés. On vous décrit plus en détail la boucle ouest, mais la boucle est, à entreprendre au départ d'Allanche, est tout aussi intéressante et variée !

Jour 1

Dès la 1re étape (16 km et un peu plus de 5h de marche), on est récompensé par une vue splendide sur les monts du Cantal et le massif du Sancy, avant d'atteindre **La Godivelle**, hameau blotti entre deux lacs, celui d'en haut, installé dans un cratère, et celui d'en bas, d'origine glaciaire, sorte de marécage formant une zone humide propice à l'épanouissement de la faune et de la flore. Ces 24 ha constituent l'une des plus intéressantes tourbières de la région et voient passer chaque année de nombreux oiseaux migrateurs. On rejoint enfin le minuscule hameau de **Brion**, ancienne motte féodale qui domine un paysage ouvert, s'étendant à perte de vue. C'est aussi un champ de foire aux bestiaux réputé dans cette région d'estives.

Jour 2

Le 2e jour est l'étape la plus longue du parcours (près de 7h et 21 km), mais fournit son lot de points de vue spectaculaires, de montagnes parsemées de burons et de bourgs isolés, sans oublier ses troupeaux de vaches aubrac ou salers, typiques du pays. On admire d'abord la cascade de Jassy, puis celle de Boutaresse, qui marque la jonction pour couper la boucle de huit jours. Encore 4h30 de marche (14 km) pour rallier **Pradiers**, en empruntant la grande piste pastorale, qui culmine à 1 450 m et offre un panorama exceptionnel sur le plateau du Cézallier et le massif du Sancy, voire les monts du Cantal si le ciel est découvert…

UN-JURASSIC-PARK AUVERGNAT

Les alentours de La Godivelle regorgent de droséras, une plante carnivore fantasmatique qui digère les insectes ayant eu la malencontreuse idée d'aller butiner dans ses bras. Et les droséras attirent des insectes et des protozoaires (organisme unicellulaire) jamais observés dans le monde.

Lac d'en Haut, la Godivelle

Les burons

Ces petites constructions en pierres, typiques du Cantal et des plateaux d'altitude en Auvergne, servaient d'abri aux bergers où ils y faisaient leur fromage en été. Aujourd'hui, la plupart des burons ont été reconvertis en refuges ou restos, ou tristement abandonnés.

Jour 3

Après avoir repris des forces, on attaque le 3e jour du parcours, environ 5h de marche (15 km) en grimpant d'abord au sommet du plateau du Cézallier jusqu'à la **roche d'Apcher,** un chaos basaltique classé «espacenaturelsensible.Onpourrait aisément imaginer Gengis Khan arpenter ce paysage austère et rocailleux... Étape ensuite au **hameau du Greil,** avant de traverser l'estive du buron de Marquizat et de descendre dans le vallon jusqu'à **Marcenat**, joli bourg typique du Cantal. Il abrite aussi de belles demeures historiques, anciennes propriétés des marchands de toile qui firent la renommée du village.

Jour 4

Un peu moins de 15 km relient Marcenat à **Montgreleix** et on prend alors le temps de visiter au passage le monastère orthodoxe au lieu-dit **La Traverse,** et de marquer une pause à la **cascade du Sailhant.** Au buron de Naufonts, on jouit encore d'un panorama à couper le souffle sur le Sancy et les monts du Cantal, entre autres, avant d'atteindre Montgreleix, chef-lieu perché à 1 230 m d'altitude.

Jour 5

La dernière étape de cette boucle est presque une promenade de santé : 11,8 km et un peu plus de 3h30 pour rejoindre **Entraigues** ! L'étape est assez courte pour permettre d'explorer tranquillement des **hameaux** bourrés de charme (La Bastide, Labro, Lavergne, etc.) avant de grimper doucement à travers bois jusqu'au point d'arrivée.

Le tour du Cézallier, c'est un peu les montagnes russes, avec pas mal de dénivelés et de quoi faire chauffer vos mollets, mais c'est aussi un fabuleux condensé de nature et de patrimoine, un *must* pour tous les amoureux des grands espaces !

7 lieux pour faire le tour du monde… en France

On peut se dépayser sans franchir de frontière et l'Hexagone n'a pas fini de nous surprendre : Les Caraïbes, l'Ouest américain, le Sahara, c'est ici même (ou à deux pas de chez nous) !

1

La plage du Lodo (*Lotu*) et le désert des Agriates… Plonger dans les Caraïbes !

Corse / Haute-Corse

Située en plein désert des Agriates et difficile d'accès, la plage du Lodo se trouve dans l'un des coins les plus préservés de Haute-Corse, non loin de la plage de Saleccia. Eau translucide, sable blanc, soleil ardent… Les rivages font penser aux paysages idylliques des Caraïbes, les palmiers et le lait de coco en moins. Cette région isolée, pratiquement vierge, entre la Balagne et le cap Corse a vraiment des airs de bout du monde.

Situation : au nord-ouest de Saint-Florent. • Accès : en bateau (20 mn de traversée) depuis Saint-Florent, ou à pied par le chemin des douaniers (env 4h de marche). Plus d'infos : • corsica-saintflorent.com •

2

Roussillon et Rustrel… Se retrouver en plein Far West !

Provence-Alpes-Côte d'Azur / Vaucluse

Rouge, ocre, jaune et autres couleurs vives se déclinent dans ce paysage surnommé le « Colorado provençal ». Le village de Roussillon et le site se confondent, car les maisons sont aux couleurs de l'ocre extraite des carrières voisines depuis la fin du XVIIIe s. Promenez-vous dans le village et ne ratez pas le panorama près de l'église, ni les rues donnant sur le val des Fées (falaises rouges). L'illusion est saisissante dans le village voisin de Rustrel, réputé pour ses carrières d'ocre. Il ne manque plus que Clint Eastwood !

Situation : dans le parc naturel régional du Luberon.
Accès : Roussillon est à env 13 km au nord-ouest d'Apt par la D 4 ; Rustrel à 10 km au nord-est par la D 22.
Plus d'infos : • roussillon-en-provence.fr • rustrel.fr •

3

Le parc naturel régional de Camargue… Sillonner la pampa et l'altiplano sud-américains !

Provence-Alpes-Côte d'Azur / Bouches-du-Rhône

Voir des flamants dans des lagunes colorées, des taureaux dans de grands espaces, des rizières et des gauchos - pardon des *gardians* ! -, la Camargue est l'un des coins de France les plus dépaysants. Sans oublier la musique et le folklore gitans, qui évoquent l'Andalousie, le mistral qui nous emporte au loin, les étendues de sable à l'infini de Beauduc qui font écho aux plages désertes du Nordeste brésilien… La Camargue, c'est l'invitation permanente au voyage !

Situation : au sud d'Arles, au bord de la Méditerranée.
Accès : à env 10 km d'Arles en direction des Saintes-Maries-de-la-Mer, par la D 570.
Plus d'infos : • parc-camargue.fr •

4

Les Orgues d'Ille-sur-Têt… Être transporté en Cappadoce !

Occitanie / Pyrénées-Orientales

Des « cheminées de fée », il n'y en a pas qu'en Turquie mais aussi tout près de Perpignan, où s'élèvent ces falaises de sable et d'argile qui, soumises au ruissellement d'eaux de pluie, ont pris l'aspect d'orgues fossilisées. Un décor féerique avec des colonnes de roche érodées dont les formes sont aussi diverses que surprenantes. Ce site étonnant compte incontestablement parmi les merveilles naturelles de France.

Situation : entre Perpignan et le parc naturel régional des Pyrénées catalanes.
Accès : à env 25 km à l'ouest de Perpignan par la N 116.
Plus d'infos : • tourisme-pyreneesorientales.com/orgues-dille-sur-tet •

5

Gérardmer et les Vosges… S'échapper vers les pays nordiques !

Grand-Est / Vosges

Lacs et résineux, denses forêts et montagnes, neige en hiver et randos sportives en été : le massif des Vosges évoque les paysages de la Suède. Station de ski tout aussi agréable en été, Gérardmer est l'épicentre de la vallée des Lacs, la reine de la Vologne et la capitale de la jonquille ! La ville possède de gros chalets typiques, étagés sur ses coteaux. D'autres perles dans les alentours, comme les lacs de Longemer et de Retournemer ou les cascades de Tendon.

Situation : dans les Hautes-Vosges, proche de la frontière allemande.
Accès : en train jusqu'à Épinal, Saint-Dié-des-Vosges ou Remiremont, puis liaisons en bus ou voiture.
Plus d'infos : • tourisme.vosges.fr •
• gerardmer.net •

6

Calanques de Marseille et Cassis... Mettre le cap vers la Grèce !

Provence-Alpes-Côte-d'Azur / Bouches-du-Rhône

Roches blanches, bleu méditerranéen, garrigue et rares habitations, dont certaines aux volets bleus, nichées au bord de criques... La Grèce débute aux portes de Marseille ! Sortes de fjords méditerranéens, ce sont des failles profondes et escarpées dans la roche calcaire, dans lesquelles s'engouffre l'eau de mer. Magnifique lieu de promenade et de vacances, les calanques sont aussi un site naturel protégé, classé parc national.

Situation : à Marseille (peuchère !) et Cassis, à env 30 km à l'est par la D 559 ou la A 50.
Accès : en bateau depuis Marseille (départ quai des Belges) ou Cassis ; à pied, le GR® 98-51 longe la ligne de crête, mais d'autres sentiers permettent de les rejoindre.
Plus d'infos : • calanques-parcnational.fr •

7

Archipel des Glénan et île de Groix... Se croire dans les Seychelles !

Bretagne / Finistère

La Bretagne n'a pas fini de surprendre le voyageur : voici un archipel d'une dizaine d'îles et d'îlots plus polynésiens que bretons ! Sable blanc, eau translucide et émeraude... Tout y est, Avec quelques degrés de moins toutefois ! Nécropole à l'âge du bronze, repaire de pirates jusqu'au XVIIe s, disputé sous la Révolution par les Français et les Anglais, l'archipel des Glénan est aujourd'hui surtout connu pour sa mythique école de voile et un site classé Natura 2000.

Situation : à env 18 km de la côte, au sud de Fouesnant.
Accès : d'avr à sept, en bateau depuis Concarneau, Bénodet, Loctudy, Port-la-Forêt et Fouesnant.
Plus d'infos : • iles-du-ponant.com/archipel-des-glenan •

BOUCLER LA BOUCLE DES DÔMES

au pieds des volcans d'Auvergne

49 km de marche sur les terres de l'Auvergne, autour des volcans éteints de la fameuse chaîne des puys… Une superbe balade entre terre et cratères, à faire sur deux ou trois jours, selon l'humeur et l'envie.

70

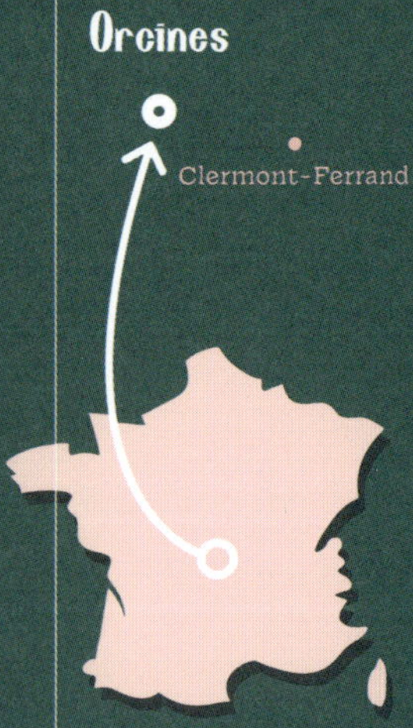

Boucle depuis Orcines

49 km

2-3 jours (14 h de marche)

Printemps, été, automne

Difficile

Pas besoin de guide

Clermont-Ferrand

Préparer

Accès : 1h15 de bus depuis Clermont-Ferrand.

Balisage : vert et blanc.

Où dormir : gîte communal de Mazayes : ☎ 04-73-88-90-95. Camping Les Dômes à Nébouzat : ☎ 04 73 87 14 06.

Une rando en compagnie des puy de Pelat, puy de Mercœur, puy de Monteillet, puy de Pourcharet, puy de Montjuger, puy de Côme, puy de Dôme, puy de Lassolas, puy de la Vache, puy du Pariou, puy du Grand Suchet et puy… c'est tout !

Jour 1

Un épais brouillard enveloppe **Orcines** en ce matin d'avril. C'est donc dans une ambiance très mystique que le top-départ est donné, peu avant 9h, depuis le parking pour camping-cars situé au-dessus de la gare du Panoramique des Dômes. Comme toute rando itinérante qui se respecte, la Boucle des Dômes débute… par une bonne petite montée ! On se chauffe donc les mollets en grimpant jusqu'au sommet du **col de Ceyssat** (1 077 m), via le joli bois de Rochetoux. Heureusement, en arrivant en haut, le brouillard décide de tirer sa révérence. On devine, dans les brumes matinales qui se dissipent, les silhouettes des volcans de la **chaîne des Puys.** Première récompense… On redescend en pente douce jusqu'au mignon village de **Laschamp** pour y casser la croûte. Dans l'après-midi, les forêts laissent place à de vastes prairies ou paissent nonchalamment vaches et moutons. On salue au loin une belle brochette de volcans (puy de Pelat, Mercœur, Monteillet, Porcharet et Montjuger) avant de poser le sac à dos à **Nébouzat.** Première étape bouclée en un peu moins de 5h de marche (19 km quand même !).

Jour 2 : le puy de Dôme en apothéose

Le 2e jour s'annonce comme une balade de santé, ou presque. Un peu moins de 12 km à parcourir, le long du GR® 441, dans un paysage bucolique à souhait. Le sentier, qui alterne passages forestiers et champêtres, traverse une kyrielle de jolis petits hameaux aux maisons bâties en pierres volcaniques. Arrêt au stand à **Olby** pour faire le plein de victuailles, puis nuit au gîte communal de Mazayes. On s'endort avec la vue sur le Puy-de-Dôme, l'objectif de la journée du lendemain.

Jour 3

La dernière étape est la plus longue (22 km), la plus exigeante (1 000 m de dénivelé positif) mais de loin la plus exaltante ! Au programme : des passages en forêt, puis la quasi-ascension du puy de Côme (1 253 m), superbe volcan reconnaissable à ses deux cratères emboîtés. Après un déjeuner avec vue sur le Grand Suchet, on s'attaque au dernier (gros) morceau de l'aventure : la star des stars, le puy de Dôme. La montée jusqu'au sommet (1 465 m) se fait par un escalier en pente (plus ou moins) douce.

Il n'y a plus qu'à redescendre et la boucle est bouclée !

Prolonger le week-end

Et si on terminait la micro-aventure par… une autre aventure ? Une fois au sommet du Puy de Dôme, il y a ceux qui redescendent à pied, ceux qui préfèrent prendre le Panoramique des Dômes et enfin, dernière catégorie, ceux qui repartent en volant ! Le sommet du volcan est en effet un site très prisé des **parapentistes**. Une rando itinérante qui s'achève par un vol en parapente… non seulement ça rime, mais en plus ça fait rêver !

• *clermontauvergnetourisme.com* •

Notre top 5 des randos en Auvergne

L'Auvergne fait partie des destinations vertes privilégiés par ceux qui se sentent proches de la nature. Une nature particulièrement volcanique ici car où que l'on soit, on est toujours entouré de volcans. Vous le remarquerez lors de vos randos dans la région.

1

Le puy de Sancy via la vallée de Chaudefour

Puy-de-Dôme

Considérée à juste titre comme LA star des randonnées en Auvergne, cette marche exigeante (1 000 m de dénivelé positif) démarre dans la superbe **vallée de Chaudefour.** On chemine ensuite par les crêtes, entre le puy des Crebasses et celui de Cacadogne, jusqu'au **col de Cabane,** avant d'atteindre le sommet (point culminant du Massif central, avec ses 1 885 m). Par temps clair, panorama époustouflant, vous l'aurez deviné ! L'itinéraire, en boucle, offre quelques beaux cadeaux sur le retour, avec le puy Ferrand, le puy de la Perdrix et le puy de Champgourdeix en ligne de mire.

Départ : Chambon-sur-Lac • Niveau : difficile
Durée : 6-7h • Distance : 17 km

2

Le puy Mary depuis le col de Serre

Cantal

Plus haut volcan d'Europe (1 783 m), le puy Mary règne comme un monarque sur les **sept vallées glaciaires** qui rayonnent autour de lui telles les branches d'une étoile. Son statut particulier en fait l'un des sommets les plus fréquentés du Cantal. Il n'est pas rare qu'en été, le sentier du Pas de Peyrol, aménagé avec un escalier, soit d'ailleurs littéralement embouteillé aux « heures de pointe » ! L'itinéraire qui part du **col de Serre** est plus long, mais au moins, on est tranquille pendant une bonne partie du chemin. Le sentier offre de splendides vues sur la crête du volcan et le **puy de Peyre Arse**. Les marcheurs les plus aguerris (et peu sujets au vertige) pourront emprunter un itinéraire bis, via la fameuse **brèche de Roland**, l'une des crêtes les plus aériennes du Cantal.

Départ : col de Serre • Niveau : moyen
Durée : 4h • Distance : 9,7 km

3

Le lac Pavin

Puy-de-Dôme

Surnommé le « lac du Diable », le lac Pavin est sans doute le plus légendaire des sites auvergnats. Il faut dire qu'avec ses 92 m de profondeur et ses eaux sombres, ce lac d'origine volcanique (on appelle ça un « maar », en géologie) a des allures de trou noir insondable... Si l'on peut se contenter d'en faire le tour, l'idéal est de partir du joli village de **Besse-en-Chandesse** et de suivre l'itinéraire du GR®30. Possibilité, depuis le bord du lac, de grimper jusqu'au sommet du **puy de Montchal** pour admirer, de là-haut, la couleur si troublante des eaux du « Loch Ness » auvergnat.

Départ : Besse-en-Chandesse • Niveau : facile/moyen
Durée : 3h (avec la montée au sommet du Puy de Montchal) • Distance : 8 km

4

La cascade de la Beaume

Haute-Loire

Cette magnifique cascade, haute de 27 m, se cache au sein de la belle **forêt d'Agizoux**, au milieu des pins maritimes, des ormes et des fleurs sauvages. Plusieurs itinéraires permettent d'accéder à ce petit paradis : les familles opteront pour un départ du parking du Reynardou (2 km de marche seulement), les plus sportifs emprunteront un chemin autrement plus corsé, depuis le village de **La Beaume**. Le tracé débute par une solide montée et se poursuit sur un sentier en balcon parfois étroit et vertigineux, en surplomb des falaises de calcaire qui dominent le village. On redescend ensuite par la forêt pour atteindre la cascade. Quel que soit l'itinéraire choisi, bonnes chaussures indispensables et, aux beaux jours, maillot de bain de rigueur !

Départ : village de la Beaume • Niveau : moyen/difficile
Durée : 4h • Distance : 8 km

5

La vallée des Saints

Puy-de-Dôme

Pas besoin d'aller jusqu'au Colorado pour admirer des paysages tout droit sortis d'un western de John Ford. Avec ses roches aux couleurs oscillants entre l'ocre, le rose et le rouge, **la vallée des Saints** est une petite merveille de la nature auvergnate, aussi improbable que fascinante. On conseille la balade en fin de journée, de préférence l'été : lumières éminemment photogéniques ! En point d'orgue, ces **cheminées de fées** qui se découpent dans le ciel, au-dessus des vignobles de Boudes. Des saints et des fées : on a connu pire comme compagnons de marche...

Départ : Boudes • Niveau : facile
Durée : 1h30 • Distance : 4,8 km

71

SE GLISSER AU CREUX DES GORGES DE LA LOIRE

Un des derniers fleuves sauvages d'Europe

En canoë ou en kayak, la descente des premières gorges creusées par le fleuve est si dépaysante qu'elle fait vite oublier qu'on est aux portes de Saint-Étienne.

Aurec-sur-Loire / Saint-Just-Saint-Rambert

7, 14, 24 km selon trajet

1/2 journée à 1 journée

Mai à fin septembre (selon le niveau d'eau : plus sportif au printemps, tranquille en été)

Facile à moyen

Pas besoin de guide

Aurec-sur-Loire (sur la ligne Saint-Étienne-Châteaucreux-Le Puy-en-Velay)

Préparer

Plus d'infos :
• gorgesdelaloire-tourisme.fr •
• saint-etienne-hors-cadre.fr •

Louer son canoë ou son kayak : Loire Semène Loisirs (30 a, rue de la Rivière, 43110 Aurec-sur-Loire, ☎ 04-77-75-00-75.) ; club nautique de Saint-Étienne (1390, rue du Port, 42230 Saint-Victor-sur-Loire, • cnse.fr •) ; base de loisirs Loire-Forez (prom. du Guittay, 42170 Saint-Just-Saint-Rambert, • b2lf.com •).

Pas bien loin de Saint-Étienne, on plonge sa pagaie dans les eaux de la Loire qui, dans ses premières gorges, mérite bien son surnom de « dernier fleuve sauvage d'Europe ».

Après sa source (au pied du mont Gerbier-de-Jonc, souvenez vous de vos cours d'histoire-géo), le fleuve Loire s'est tracé un chemin à travers le granit en creusant de premières gorges qui font « frontière » entre les départements de la Haute-Loire et de la... Loire. Y glisser en canoë ou en kayak est le meilleur moyen de vivre pleinement ce fleuve... sauvage. Avec, en outre, un choix d'ambiances différentes selon l'endroit où vous embarquez. En amont d'**Aurec-sur-Loire,** la rivière offre son lot de sensations au travers de quelques rapides (faciles à passer, on vous rassure). La balade est plus tranquille sur le **lac de Grangent,** créé par un barrage au milieu des années 1950, où l'on peut également pratiquer voile ou paddle. On retrouve les eaux vives entre le barrage de Grangent et **Saint-Just-Saint-Rambert.** Au fil du fleuve, on croisera les premiers châteaux de la Loire : le pittoresque château médiéval de Grangent, isolé sur une île, et sur les hauteurs, le château d'Essalois qui abrite un centre d'interprétation des gorges de la Loire, si vous voulez en savoir un peu plus sur cette portion du fleuve. Et partout, une superbe nature... Peut-être arriverez vous même à surprendre une loutre. Et à la pause pique-nique, sur l'une ou l'autre des petites plages de sable qu'abritent les rives, on a définitivement oublié que l'industrielle métropole stéphanoise n'est qu'à quelques kilomètres...

Prolonger le week-end

Randonnées

Pas mal de balades, évidemment, dans les gorges de la Loire, notamment dans la réserve naturelle régionale (• reserve-regionale-gorges-loire.fr •) où, au long des sentiers, on lie connaissance avec l'azuré du serpolet (un papillon) ou le sonneur à ventre jaune (un crapaud) entres autres espèces de bestioles et de plantes. Un GR® de pays (entre deux et quatre jours de rando) fait également le tour des gorges.

Escalade

Les falaises abruptes des rives des gorges de la Loire offrent, autour du lac de Grangent, plusieurs spots d'escalade qui, pour varier les plaisirs, sont accessibles à pied comme en canoë-kayak. Par exemple, le rocher de Mousset qui compte 11 voies dont un « parcours montagne », proche de la via ferrata donc accessible aux débutants, ou les « Révotes », superbe site pour grimpeurs aguerris.

GRIMPER AUX SOMMETS DU MÉZENC

72

en famille, sur les points culminants d'Ardèche et de Haute-Loire

Tout le monde a, dès l'école primaire, entendu parler du mont Gerbier-de-Jonc et à ses pieds, des sources où naît un fleuve roi : la Loire. Pourtant, s'il n'est pas aussi starifié, son proche voisin le mont Mézenc (pour info, on prononce mézain) mérite, comme on dit, le détour.

1/2 journée

Mai à septembre

Facile

Pas besoin de guide

Le Puy-en-Velay

Gratuit

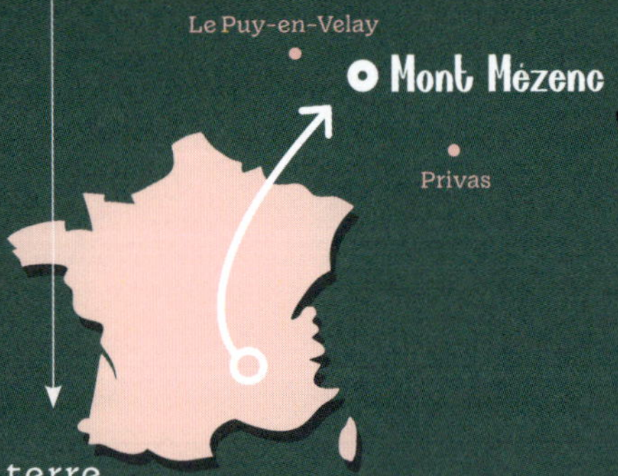

Préparer

Départ : en Ardèche depuis le parking de la Croix de Boutière (entre les villages des Estables et de Borée) ; en Haute-Loire depuis celui de la Croix de Peccata, fléché depuis Les Estables (ou, s'il est complet, depuis le parking de la maison forestière).

Durée : compter d'1h à 1h30 A/R pour l'ascension de l'un ou l'autre sommet du mont Mézenc, 2h15 pour faire le tour des deux (3 h min si vous partez de la maison forestière).

Plus d'infos : • gerbier-de-jonc.fr • • mezencloiresauvage.com •

Bon à savoir : il est possible de faire la balade à raquettes l'hiver.

On ne grimpe pas tous les jours sur deux sommets en à peine quelques heures. Encore moins sur les points culminants de deux départements, pile sur la ligne du partage des eaux ! Ce vieux volcan (il affiche quelque 7 millions d'années) possède un « sommet double » que l'histoire a décidé de partager entre Ardèche (où le Mézenc pointe à 1 753 m d'altitude) et Haute-Loire (qui se contente de 1 744 m).

La balade (on ne peut pas franchement parler de randonnée…) peut démarrer en **Ardèche** comme en **Haute-Loire** (les deux sommets ne sont distants que d'un kilomètre). On grimpe d'abord tranquillement en forêt encouragé par le chant des oiseaux puis on gagne l'un ou l'autre sommet entre pelouses et landes qui abritent une flore assez unique et des marmottes introduites ici dans les années 1980. Depuis les deux sommets, panorama exceptionnel sur les hauts plateaux qui ondulent, tapissés de prairies fleuries et piquetées de bosquets qui résistent au vent violent de l'hiver (la fameuse burle), de vieilles chaumières couvertes de genêts, l'étrange suc (piton) volcanique du Gerbier de Jonc, venu d'un autre âge… Et au loin, par temps très clair, les puys auvergnats, le Ventoux, les Alpes… Côté Ardèche, belle table d'orientation gravée dans le basalte, histoire de s'y retrouver dans ce somptueux paysage. Côté Haute-Loire, la croix de Peccata érigée par des habitants du coin, rescapés des camps de travail allemands de la Seconde Guerre mondiale.

Au cœur de l'été, montez plutôt aux sommets en fin d'après-midi pour éviter les foules et profiter de couchers de soleil d'anthologie. Et redescendez en fredonnant « Que la montagne est belle… ».

Une nuit sur le mont Mézenc

La « jeune fille rangée » des années 1920 l'a été un peu moins par la suite. Mais de toutes ses nuits, Simone de Beauvoir, écrivait, dans *La Force de l'âge*, que celle qui lui avait « laissé le plus vif souvenir » avait été passée au sommet du mont Mézenc. Où, randonnant au cours de l'été 1936, elle avait dormi dans une cabane de pierres et « dans une haute solitude ».

Prolonger le week-end

Un cocktail d'activités nature

Parapente : on peut également s'envoler depuis le massif du Mézenc. Le spot des Narces de Chaudeyrolles est l'un des plus connus de la région : aux beaux jours, pas mal de voiles tournent dans le ciel au dessus d'un paysage qui, entre landes et tourbières, n'est pas sans rappeler l'Irlande.

Pour une initiation, un vol biplace : Altitude Parapente • altitudeparapente.fr • Chaud'Eole • chaudeole.fr •

Escalade : l'étonnant relief volcanique du coin (du suc de la Roche Pointue au mille-feuilles d'andésite du Rocher Tourte) offre pas mal de jolis sites naturels (mais équipés et sécurisés) pour débutants comme pour grimpeurs confirmés.

• mezencloiresauvage.com •

Lugik Park : au-dessus du plus haut village du Massif central, on « luge » (jusqu'à 40 km/h) le long d'une piste métallique et d'un parcours plutôt unique en son genre avec tunnel, moult virages…

Les balcons du Mézenc, 43150 Les Estables. • lugikparc.com• Toute l'année.

Tarz'aventure : une petite dizaine de parcours-aventure dans les arbres. Pas moins de 170 ateliers, très variés : échelles, cordes, câbles, filets, poutres, ponts de singes ou pendules. 30 tyroliennes et un parcours « noir » aux sensations fortes garanties.

Lieu-dit Jean, 43150 Les Estables. • parcours-aventure-tarzan.com • À partir de 3 ans.

FAIRE LE GRAND SAUT EN PARAPENTE

dans le massif de la Chartreuse

73

S'offrir un baptême de parapente, c'est sentir souffler un vent de liberté et faire le plein de sensations fortes. Le massif de la Chartreuse se prête merveilleusement à cette expérience... Alors, on s'envoie en l'air ?

1/2 journée

Toute l'année

Facile

Moniteur obligatoire

Grenoble

Préparer

Accès : Saint-Hilaire-du-Touvet (38660) à 27 km au nord-est de Grenoble. Accès en funiculaire depuis Monfort ou par la A 41 puis la D 30.

Tarifs : 65-75 € /pers.

Plus d'infos :
· chartreuse-tourisme.com · parc-chartreuse.net ·

La Coupe Icare

C'est le premier rassemblement mondial de vol libre, rien de moins ! Il a lieu chaque année, le 3e week-end de septembre. Concours de déguisement en plein vol, festival international du film de vol libre, salon des sports aériens sur 5 000 m² et nombreuses animations dans les rues. Quatre jours de fête, 10 000 pilotes et quelque 80 000 visiteurs certaines années. Ça décoiffe !

• coupe-icare.org •

Un environnement privilégié et protégé

Entre Grenoble et Chambéry, **Voiron** et la **vallée du Grésivaudan**, le plus petit des massifs préalpins est surtout connu pour sa célèbre liqueur, et le non moins célèbre monastère qui en détient la re cette. Heureux Grenoblois qui, à deux pas, bénéficient d'une réserve de chlorophylle exceptionnelle et d'une nature quasiment intacte ! Le **parc naturel régional de Chartreuse** a d'ailleurs été créé en 1995, pour préserver ce riche patrimoine naturel et culturel. Situé sur le plateau des Petites-Roches, à 970 m d'altitude, le village de **Saint-Hilaire-du-Touvet** a longtemps été connu pour ses sanatoriums et autres centres de rééducation. Il se revendique aujourd'hui capitale du vol libre et des sports aériens, accueillant chaque année le premier rassemblement mondial lors de la Coupe Icare.

Prendre son envol !

Il y a trois aires d'envol à Saint-Hilaire, mais la plus connue est celle jouxtant la gare haute du funiculaire. Assister au départ des parapentistes est un spectacle gracieux qui a de quoi susciter des vocations, et donner envie de se lancer en effectuant un **vol en biplace** ! Après quelques instructions données par le moniteur, celui-ci s'occupe de nous harnacher avec un baudrier agrémenté d'un renfort pour s'assoir une fois dans les airs. C'est lui qui déploie le parapente et d'une façon générale, leur enthousiasme et professionnalisme mettent parfaitement en confiance.

On prend un peu d'élan en faisant quelques pas sur la terre ferme, avant de se sentir soulevé comme par magie ! Et nous voilà dans les airs, le vent soufflant dans les oreilles et les jambes ballotant dans le vide, mais sans appréhension car la sensation de légèreté fait très vite oublier la hauteur. Quelques virages en douceur, pour admirer le paysage, surplombant la vallée, passant au-dessus de la cascade de l'Oule et du funiculaire. La vue est grandiose ! On a à peine le temps de s'extasier que la descente s'annonce. Briefé par le moniteur installé derrière nous, on se prépare à accompagner le mouvement pour l'atterrissage, qui se fait sans embûche.

Quelle joie d'avoir survolé le massif à hauteur d'oiseau ! On tenterait bien à nouveau l'expérience, ici ou dans un des nombreux sites en France, quitte à faire un stage d'initiation pour goûter seul au plaisir du vol en parapente.

Prolonger le week-end

Le funiculaire : plus pittoresque que la voiture, le funiculaire (en place depuis 1924) vous fait grimper les 700 m de dénivelé qui séparent la vallée du plateau des Petites-Roches en 20 mn (pente maximale 83 % au passage du tunnel). À mi-chemin, un arrêt intermédiaire permet l'accès à la **via ferrata** de la cascade de l'Oule. Visite de la machinerie à la gare haute. À la station de Saint-Hilaire, le **laboratoire d'Icare** est un petit espace muséographique (gratuit) sur l'histoire du funiculaire, les secrets de l'air, de la gravité et du vol. Bornes interactives, simulateurs de vol avec deux sellettes et films sur la célèbre Coupe Icare. Possibilité de redescendre à pied par le **sentier du Pal de Fer**, en un peu moins de 1h30. Pas de réelle difficulté, mais un gros dénivelé de 700 m.

☎ *04-76-08-00-02. • funiculaire.fr • Départ de la gare basse à Montfort, entre Crolles et Lumbin (sur la D 1090). Tlj juil-août et vac de la Toussaint ; w-e et certains j. fériés en avr-juin et sept-nov. Tarifs : env 12 € l'aller simple, 18 € l'A/R.*

Autres activités : selon les saisons, ski alpin et ski nordique, nombreux itinéraires de randonnée, **via ferrata**, deux sites d'escalade, parc aventure dans les arbres, balades à dos d'âne, VTT, parcours d'orientation, etc.

Notre top 5 des spots de parapente

« Quand vous aurez goûté au vol, vous marcherez à jamais les yeux rivés vers le ciel. »
Léonard de Vinci

Tenté par l'expérience, débutant ou déjà mordu par le vol en parapente, voici cinq sites naturels qui méritent de prendre de la hauteur ! Mais on pourrait citer encore les falaises d'Étretat en Normandie, les gorges du Verdon, le val d'Azun dans les Hautes-Pyrénées ou le lac d'Annecy en Haute-Savoie… Tous ces sites disposent des infrastructures - écoles et clubs avec moniteurs diplômés d'État - pour se lancer dans l'aventure !

1

Le Markstein et Gérardmer

Grand-Est / Vosges

Situation : dans le massif des Vosges.
Accès : liaisons en car (40-50 mn) vers Gérardmer depuis Épinal (gare TGV), Remiremont et Munster. Le Markstein est à env 45 km au sud-est de Gérardmer, par la D 27.
Plus d'infos : • tourisme.vosges.fr • gerardmer.net •

Posée sur un plateau d'altitude (1 260 m), la station du Markstein n'a rien de grandiose comparée aux grandes stations de sports d'hiver des Alpes, et tout son charme vient de sa modestie ! C'est une étape incontournable pour les randonneurs à pied ou à skis, et Oderen, situé au pied du Markstein, est considéré comme le plus grand site de vol libre du nord de la France. Autre option dans le massif des Vosges : Gérardmer, l'épicentre de la vallée des Lacs, la « perle des Vosges », où le survol du lac est un must !

2 Le puy de Dôme

Auvergne-Rhône-Alpes / Puy-de-Dôme

Situation : dans le parc naturel régional des Volcans d'Auvergne. • **Accès** : à env 14 km à l'ouest de Clermont-Ferrand par la D 941 ; parking à la Maison du site ou au col de Ceyssat. • **Plus d'infos** : • volcan.puy-de-dome.fr • parcdesvolcans.fr •

La chaîne des Puys aligne sur une quarantaine de kilomètres plus de 80 volcans, formant un gigantesque collier où les nuances de vert se déclinent à l'infini. Parmi la myriade de puys, on compte huit dômes dont le plus haut est le puy de Dôme fier de ses 1 465 m. Au printemps et en automne, il est fréquent de contempler depuis le sommet une mer de nuages d'où pointent les autres puys, comme autant de petites îles perdues dans un océan de coton. L'autre spectacle, si le temps s'y prête, c'est le vol des parapentistes qui mouchètent le ciel : on dénombre pas moins de huit zones de décollage correspondant aux différentes orientations du vent. Grisant !

3 La dune du Pilat

Aquitaine / Gironde

Situation : au sud d'Arcachon et de la plage de la Corniche, au bord de l'océan, sur la commune de la Teste-de-Buch. • **Accès** : à env 12 km d'Arcachon par la D 259 ou D 217 (route du littoral). Parking sur place. **Plus d'infos** : • ladunedupilat.com •

La dune du Pilat est la plus grande dune d'Europe, d'une hauteur de 107 m, mais variable selon les années. Située à l'entrée du bassin d'Arcachon, elle fait face à la pointe du Cap-Ferret. Classés site et monument naturels, le gigantisme des lieux est saisissant ! Un vol en parapente depuis le sommet de la dune permet ainsi de profiter d'une vue exceptionnelle sur le banc d'Arguin, la forêt des Landes et l'océan Atlantique… Aux beaux jours, opter pour le dernier vol de l'après-midi, lorsque la lumière s'adoucit et accentue les contrastes. L'expérience est mémorable.

4 Mieussy

Auvergne-Rhône-Alpes / Haute-Savoie

Situation : dans la vallée du Giffre, à env 60 km au nord-est d'Annecy et 35 km à l'est de Genève. • **Accès** : navettes en saison avec les gares de Cluses et Annemasse. Liaisons par la A 410 depuis/vers Annecy (env 50 mn). • **Plus d'infos** : • prazdelys-sommand.com • mieussy.fr •

À 630 m d'altitude, à l'entrée de la vallée du Giffre, Mieussy est un petit village typique, avec ses maisons serrées autour du clocher à bulbe de l'église gothique, sa fruitière et sa Maison du goût. Il est surtout connu comme capitale historique du parapente, puisque c'est ici qu'a été créée la 1re école de parapente en France, *Les Choucas*, en 1978, par trois enfants du pays. Elle est toujours en activité et le site reste un des lieux réputés pour tous les pratiquants de parapente.

5 Chamonix-Mont-Blanc

Auvergne-Rhône-Alpes / Haute-Savoie

Situation : proche de la Suisse et de l'Italie, dans la vallée éponyme. **Accès** : par la A 40 ; liaisons en train avec le Mont Blanc Express et le Léman Express. **Plus d'infos** : • chamonix.com •

Cernée par de mythiques sommets aux reliefs escarpés, « Chamoni » (ne pas prononcer le x) est située au pied du… mont Blanc, qui culmine à 4 807 m. Dans ses rues, les alpinistes aguerris croisent des familles de toutes nationalités, venues elles aussi profiter du panorama exceptionnel depuis la mer de Glace ou l'aiguille du Midi, mais sans cordes ni crampons. Car Chamonix, c'est aussi la haute montagne à la portée de tous ! Plusieurs spots sont réputés pour le vol en parapente, avec des aires de décollage facilement accessibles en remontées mécaniques, comme le plan de l'Aiguille ou le couloir du Pas de Chèvre, où l'on s'élance à plus de 3 300 m d'altitude.

74

PASSER UN WEEK-END DE TRAPPEUR

avec des chiens de traîneau dans le Vercors

À vos moufles et bonnet pour vous installer dans le traîneau ! Celui du musher, ce conducteur de traîneau passionné qui vit en symbiose avec la nature et ses chiens. Mieux que le père Noël, puisqu'on peut l'accompagner en menant un attelage à travers 60 km de pistes sur le plus grand domaine de France, de Autrans-Méaudre jusqu'à Vassieux-en-Vercors.

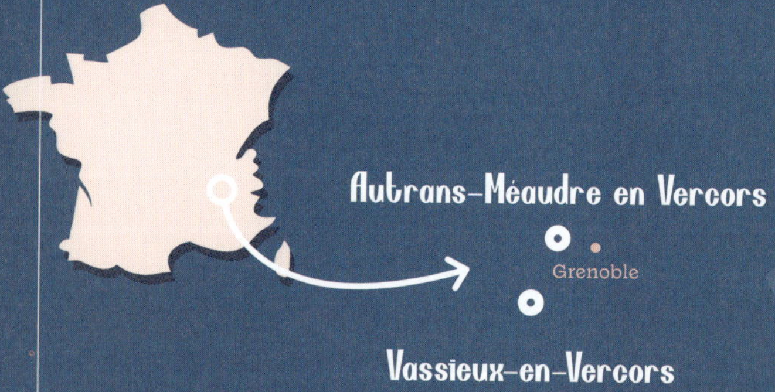

De 30 mn à 2 jours

Décembre à mars, tant qu'il y a de la neige !

Facile

Guide obligatoire

Grenoble

Préparer

Départ : Autrans-Méaudre.

Accès : bus de Grenoble et également des bus de la gare de Valence TGV en hiver.

Écoles de muschers : deux écoles à Autrans pilotées par des mushers passionnés ! • alpen-team.fr • ou • revearctic.com •

Tarifs : à partir de 60-80 €/pers pour un baptême de 30-45 mn env assis dans le grand traîneau (jusqu'à 4 pers). Compter env 170 € la ½ journée en conduite d'attelage et 500 €/pers le stage musher de 2 jours, hébergement non compris.

Équipement : bonnet, lunettes, gants, après-skis. Prévoir son pique-nique pour les sorties à la journée.

Accessibilité : enfants à partir de 3 ans assis dans le traîneau ; à partir de 10 ans pour la conduite d'attelage, qui est sportive mais accessible à tous.

Bon à savoir : pendant un week-end fin janvier à Méaudre, 70 attelages se défient lors de L'Aventure Polaire, une course de chiens de traîneaux qui réunit plusieurs centaines de chiens.

glace

Dans le traîneau ou maître à bord ?

Selon l'âge, le budget et la motivation, on a le choix entre plusieurs formules. Pour commencer, le **baptême** en tant que passager confortablement assis dans le traîneau offre une première expérience qui donne un avant-goût des expéditions plus longues. Être tracté par une douzaine de chiens, c'est féérique !

Les trappeurs en herbe se réjouissent aussi des présentations prolongées avec la meute : des chiens Alaskan (à poil court), bergers hollandais ou australiens, huskys, groënlandais… Si vous les confondez, le musher vous rappellera les prénoms, en vous renseignant sur le caractère et la place de chacun dans l'attelage. Génial pour une sortie en famille, notamment avec de jeunes enfants qui poursuivent l'expérience en nourrissant les valeureux canidés ! Pour se lancer dans la **conduite d'un attelage**, il faut prévoir au minimum ½ journée d'odyssée.

Le briefing commence à peine mais les chiens aboient déjà pour signifier leur impatience de partir ! Cette fois-ci, on est seul aux commandes, avec trois à quatre chiens à atteler. Eh oui, on participe à la mise en place de l'attelage, on charge le pique-nique dans les sacs puis on lève l'ancre à neige, on pousse, on patine, on apprend à tenir le chien de tête et on glisse dans les traces du musher en essayant de ne pas se faire distancer. Au rythme des chiens, on parcourt aisément 15-20 km dans la matinée à travers les paysages grandioses du parc naturel régional du Vercors !

Le Vercors, paradis de l'itinérance

La direction ? Le **col de la Croix Perrin**, le **col de Chironne**, le **plateau de la Molière** à travers forêts et alpages enneigés, en bordure des grands plateaux et parfois sur l'itinéraire de la GTV, la Grande Traversée du Vercors et jusqu'au col de Rousset, entre 1 200 et 1 600 m d'altitude. En prime, panorama à 160° sur le Vercors et l'Oisans. C'est dans une cabane du parc qu'on déballe le pique-nique après avoir donné à boire aux chiens et allumé un feu autour duquel on se réchauffe les os en échangeant sur la santé des animaux et les compétitions auxquelles participent nos mushers. Décidément, la vie de chien dans la neige est grisante !

Où dormir ? Où manger ?

Refuge de Gève : en lisière de forêt, accessible aussi bien à pied qu'à skis, le refuge vous accueille en dortoir ou dans des petits chalets (7 couchages) qu'il est possible de privatiser. Cuisine maison traditionnelle et produits locaux : soupe, ravioles, raclette, fondue, gratin de crozets ou de ravioles… Le bonus, c'est le bain nordique face aux montagnes !

5101 route de Gève, 3880 Autrans. ½ pens 55 €/pers. ☎ 04-76-95-33-89. • refugedegeve.com •

EXPLORER LE LAC D'ANNECY, À BOUT DE BRAS, EN PADDLE

L'été est là, la chaleur est écrasante… Qui n'a jamais rêvé d'une balade rafraîchissante sur un lac, les pieds dans l'eau ? À Annecy, elle est turquoise et les montagnes offrent un cadre fabuleux pour s'essayer au paddle.

75

1 journée

Mai à octobre

Facile

Pas besoin de guide

Annecy

Préparer

Tarifs : pour une location, compter environ 17 €/h (tarif dégressif).

Bon à savoir : plusieurs centres nautiques louent des paddle sur le lac d'Annecy pour un parcours en autonomie, et proposent balades accompagnées et/ou séances de paddle-yoga. On vous conseille celles implantées au sud, dans le « Petit Lac » : Gliss'Cool au milieu des campings de Talloires (ouv 20 mai à début sept ; • stand-up-paddle-annecy.com •) et Arena Watersports sur la berge opposée près du château de Duingt (fin avril à fin octobre ; • arena-watersports.com •). Sinon, il y a aussi NCY SUP Paddle Center à Sevrier, également rive gauche, dans un site naturel délicieux, avec hamac et chaises longues pour profiter du panorama (de mai à mi-octobre ; • ncy-sup.com •)

Au nord, le vieil Annecy, bardé de géraniums, serre sa carte postale entre rivière et canal, avant de buter sur la délicieuse promenade littorale. En toile de fond : les eaux émeraude du lac d'Annecy, enserrées dans une impeccable corolle de montagnes, aux sommets enneigés jusqu'après Pâques.

Étiré sur 14,6 km, le plan d'eau se rétrécit dans sa partie méridionale, formant le « petit Lac », plus préservé et spectaculaire encore. C'est là, idéalement, qu'il faut mettre le cap pour s'offrir une matinée ou un après-midi de paddle, au rythme de la pagaie.

Un peu d'échauffement n'est pas inutile, même s'il faut raison garder : le paddle demande de l'énergie, il faut la conserver ! *Leash* (sangle) passée au mollet, on file à l'eau, agréablement douce en été (20 à 26° C), bien fraîche aux intersaisons (10 à 13° C)… Grimper sur la planche est le plus délicat. À genoux d'abord. Puis debout. Il s'agit de bien positionner les pieds de part et d'autre de la poignée centrale, jambes légèrement fléchies, puis de lancer la pagaie loin vers l'avant. Les muscles des épaules tirent, puis s'habituent à mesure que l'on positionne mieux l'aviron, perpendiculairement au corps — et qu'on l'enfonce bien jusqu'à la garde. Allez zou, c'est parti !

Prêts pour la Glagla Race ?

Si l'été, c'est fun, l'hiver, c'est fou ! Organisée sur trois jours en janvier, cette course de paddle réunit des centaines de participants du monde entier pour une boucle longue distance de 15 km au départ de Talloires, d'une rive à l'autre et retour. Les petits bras se contentent des parcours de 6,5 ou 3 km — ce qui n'est déjà pas si mal compte tenu du vent glacial et de la température de l'eau (4° C). En prime : des itinéraires techniques et par équipes et même… des séances de paddle-yoga. • glaglarace.com •

Le lac est un miroir reflétant les cimes

Cinq coups à gauche, autant à droite. Une heure plus tard, le pli est pris et le **roc de Chère** approche. Protégée par une réserve naturelle, la falaise, nappée de forêt, dévale droit dans les eaux translucides, offrant ses auvents de roche et ses anfractuosités aux explorateurs. Une grotte et sa « plagette », même ! Sur la rive opposée, au pied du massif des Bauges, une masse sombre se détache : le **château de Duingt,** arrimé à son presqu'îlot. La traversée n'est pas longue ; à cet endroit, seuls 800 m séparent les deux berges. On atterrit en douceur sur la plage voisine, le temps de reprendre des forces (le village vaut le coup d'œil, aussi !) avant de s'enquiller la traversée retour vers **Talloires**. Splendide journée.

La presqu'île de l'Imaginaire

Voilà 1 000 ans qu'un château occupe l'**îlot de Duingt**, devenu presqu'île. L'édifice actuel (privé) a été entièrement remodelé au siècle des Lumières par des marquis passionnés d'art. Son parc accueille chaque été différents spectacles de danse, des concerts, du théâtre ou d'autres créations. Magique ! • chateaudeduingt.fr •

Tous en paddle
ou comment marcher sur l'eau.
Lève-toi et rame !

Aucun moteur, aucun bruit, aucune atteinte à l'environnement : le stand up paddle (SUP) est l'instrument idéal, l'été, pour se lancer sur les eaux en profitant pleinement – et lentement – des plus beaux paysages lacustres ou marins de France. Tous à l'eau !

1

Paddle et huîtres sur la rivière du Bono

Bretagne / Morbihan

Vannes n'est pas loin et, pourtant, la tranquillité règne au Bono. Si, sur sa rivière, les forbans sont devenus rares, un drôle d'engin a pris le relais : le paddle. Sinuant dans une courte ria entre les berges boisées, le cours d'eau (de son vrai nom : Le Sal) est tour à tour rempli et vidé par les marées. On en profite pour dériver sans effort sur sa planche, avec l'aide du courant, du jusant ou du vent… Seule l'étale oblige à pagayer ! En amont du vieux pont suspendu, la quiétude est totale. Passent quelques vieux gréements, les coques d'un cimetière de bateaux se dissolvant dans un coin de crique, de vastes estrans et prés salés, puis le divin petit port du Traon (et sa plagette). En aval, le courant entraîne vers la rivière d'Auray, plus fréquentée, puis la marée montante pousse jusqu'au divin petit port de Saint-Goustan, pétri par les siècles. Une destination parfaite pour avaler une (excellente) crêpe – à moins de choisir l'option paddle avec dégustation d'huîtres !

• aladerive.fr •

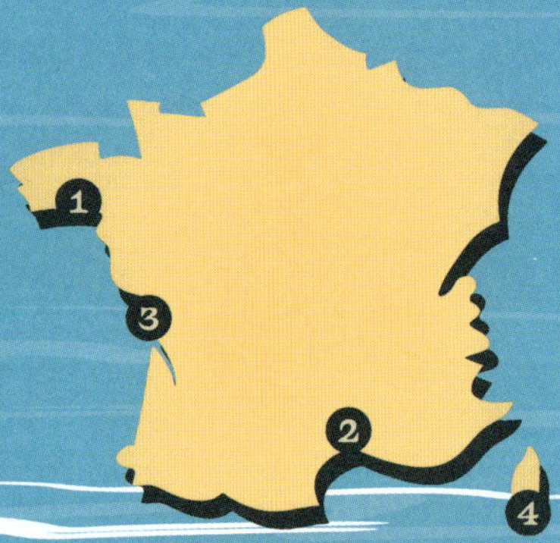

2

Prendre son bain au lac du Salagou

Occitanie / Hérault

Le cagnard tape et le lac du Salagou étincelle. Comment résister à l'envie de se lancer à l'eau ? Elle est certes un peu vaseuse par moments mais, en août, sa température atteint des sommets : jusqu'à 28° C ! On trouve une base nautique sur chaque berge (nord et sud). Créée à la fin des années 1960 par la construction du barrage du Salagou, cette mini-mer (7,5 km²) est encadrée de rocs noirâtres et de hautes collines sauvages, dont la terre rouge ferreuse (baptisée *ruffe* dans le coin) contraste avec le vert d'une végétation précieuse. Sous les yeux, au rythme du *floc floc* de la pagaie, défilent doucement des rideaux de roseaux, d'innombrables anses et mini-baies, menant vers la grande presqu'île de Rouens, sur la rive méridionale avec ses faux airs de volcan.

• base-nautique-salagou.com •

4

Paddle entre Méditerranée et mers du Sud

Corse

À l'extrémité sud-est de la Corse se dessinent les bouches de Bonifacio et, aux avant-postes, une baie divine, sorte de lagon aux eaux (chaudes !) d'un précieux turquoise laiteux : Piantarella. Les windsurfeurs adorent le spot, où l'on peut aussi s'essayer au *foil* (planche décollant 40 cm au-dessus de l'eau) et aux nouvelles *wings*, tenues en main. Invariablement plus serein, le paddle permet de voguer doucement sur cette grande baignoire vers les rivages tout proches de l'isula Piana. Les plus audacieux choisiront une randonnée accompagnée dans les délicieuses Lavezzi, après une traversée en bateau. Une autre option, encore : explorer les grottes des falaises de Pertusatu, où se termine vraiment la Corse, au pied d'un phare.

• bonifacio-windsurf.com •

3

À travers les marais salants d'Oléron

Nouvelle-Aquitaine / Charente-Maritime

Le pont, survolant l'océan est vite franchi. Oléron est là, avec ses plages, ses maisons basses et blanches, ses cabanes et ses parcs ostréicoles, son vieux puzzle de terres et d'anciens marais salants. On se contente généralement d'observer ces patchworks de loin. Mais pourquoi ne pas s'y immerger ? Séparant les bassins aux géométries (encore souvent) impeccables, les grands chenaux-aortes, nourris par la marée, font figure de chemins pour le paddle. Le calme est envoûtant, tout juste troublé, parfois, par le lourd vol de quelques cygnes ou la silhouette gracile d'une aigrette blanche. Passe un carrelet. Un petit pont. La balade est douce et l'effort limité : à l'abri du vent et des vagues, la progression est aisée, pour tous.

• oleron-stand-up-paddle.fr •

PARLONS MATOS

L'été, tout est simple. L'eau est assez chaude pour se passer de combi en Néoprène (essentielle hors saison !), même si un shorty peut s'avérer utile. Plus essentiels : une casquette et de la crème solaire (ça cogne !) ; un sac étanche pour placer eau, snack et vêtements secs ; une pochette flottante à glisser autour du cou pour le portable et la carte d'identité (voire les clefs) ; un gilet de sauvetage pour les enfants. Les débutants ne se mettront pas à l'eau si le vent dépasse 7-8 nœuds (15 km/h) ; au-delà, la surface se ride et la progression devient éreintante, surtout à contrevent.

76

RANDO PANORAMIQUE FACE AU MONT BLANC

À l'assaut du lac Blanc

Situé au cœur de la vallée de Chamonix-Mont-Blanc, le lac Blanc est un incontournable pour tous les amateurs de randos estivales. Certes, ce n'est pas le spot le plus secret des Alpes, mais l' époustouflant panorama vaut largement le déplacement, avec sa succession de glaciers et de massifs montagnards... et le mont Blanc, bien sûr, toujours en ligne de mire !

Boucle depuis Chamonix

8 km

1 ou 2 jours

Printemps et été

Moyen

Pas besoin de guide

Chamonix

Préparer

Accès : la télécabine de la Flégère est accessible à pied (env 30 mn) depuis la gare de Chamonix.

Télécabine : trajet Les Praz vers Flégère (compter 20 € /pers A/R).

Refuge : refuge du lac Blanc, ☎ 06-35-19-23-50. • refuge-lac-blanc.fr • 60 € /pers en 1/2 pension. Dortoir. Sac à viande obligatoire. Paiement uniquement en espèces.

Bivouac : le bivouac est autorisé et gratuit, le temps d'une nuit, de 19h à 9h. Feux interdits. Emportez vos déchets.

Conseil : les températures à l'arrivée ne sont pas celles du fond de la vallée, même en plein été : prévoir donc des vêtements chauds et des chaussures de randonnée. Dans son sac à dos, glisser gourde, crème solaire, doudoune légère, veste coupe-vent (type gore-tex®), lunettes de soleil et casquette.

POUR LES PLUS SPORTIFS

Pour les plus sportifs, le lac Blanc est aussi accessible via Tré-le-Champ. Cet itinéraire est plus sauvage et plus calme, mais aussi plus éprouvant car il comporte des passages escarpés avec une série d'échelles fixées à la paroi à escalader... Tout est très sécurisé, mais les randonneurs sujets au vertige éviteront.

Cernée par de mythiques sommets aux reliefs escarpés, Chamonix (sans prononcer le x), ou « Cham » quand on veut faire celui qui y vient souvent, n'est pas un village mais une ville, certes petite mais très touristique et dynamique, au pied du... mont Blanc.

La vallée de Chamonix-Mont-Blanc, c'est surtout des panoramas fantastiques accessibles aux non-alpinistes, l'ivresse des sommets à portée de tous...

Le grand incontournable des amateurs de randonnée est sans aucun doute le célèbre lac Blanc, dont les eaux cristallines reflètent superbement le mont Blanc. Situé au cœur de la **réserve naturelle des Aiguilles Rouges,** il n'est pas rare d'y croiser marmottes et autres bouquetins (en général le matin, quand il n'y a pas foule).

La randonnée débute au **hameau des Praz** où l'on vous conseille de prendre la **télécabine de la Flégère** afin d'éviter 2h30 de montée sans grand intérêt. À l'arrivée (à 1 877 m), le chemin, grandiose, jusqu'au lac Blanc est ponctué de points de vue sur de nombreux glaciers : le glacier du Tour, le glacier d'Argentière, la mer de Glace, le glacier des Grands Montets. Sous vos yeux, un panorama de carte postale avec les plus beaux sommets de Haute-Savoie dont, bien évidemment, le mont Blanc lui-même.

Après 2h de marche, c'est la stupeur quand apparaissent les eaux cristallines du lac Blanc dans lequel se reflètent les montagnes ! Peut-on trouver plus bel endroit pour casser la croûte ? Le panorama est époustouflant, l'air est pur... mais il faut déjà penser à rentrer. À moins de prolonger la balade avec une nuit à la belle étoile (pourquoi se refuser ce plaisir ?). Le bivouac est autorisé et gratuit (pas à proximité du lac Blanc en revanche), ce qui vous offre la possibilité d'un tête à tête avec les sommets mythiques et de vous réveiller dans le plus beau des paysages ! Sinon, pensez au refuge du lac Blanc.

Le chemin du retour nous fait passer par les **lacs des Cheserys,** en empruntant le sentier derrière le refuge. La descente jusqu'aux lacs est assez raide (mais sans danger particulier), donc prudence avec les enfants. Compter environ 2h45 pour arriver jusqu'à la Flégère.

Où manger ? Où boire une bonne mousse ?

Le Paradis des Praz : une buvette en plein air, le cadre est idyllique par beau temps ! Dans une clairière et au bord d'une rivière, quelques tables disséminées sous les arbres et d'autres dans une petite salle. Bref, un lieu ultra-champêtre pour casser la croûte.

☎ 06-63-10-42-38. • leparadisdespraz@gmail.com • À côté du golf (parking). Traverser le petit pont qui enjambe l'Arve et suivre le sentier dans les bois sur 200 m. De mi-avr à sept, tlj 10h-19h. CB refusées.

La Microbrasserie de Chamonix : un des spots animés en station. Tenue par des Canadiens (d'où le logo en feuille d'érable) qui ont installé leurs cuves à deux pas de la gare. Déco de bric et de broc, ambiance débridée (et, Chamonix oblige, anglophone...) et bonne bière brassée sur place.

365, route du Bouchet, Chamonix. • mbchx.com •

Notre top 5 des randos dans les Alpes

« La montagne nous offre le décor… À nous d'inventer l'histoire qui va avec ! »
Nicolas Helmbacher

Pour prendre un peu de hauteur, on commence par… se baisser pour enfiler ses chaussures de rando ! La montagne offrant bien plus que ski ou alpinisme, à vous de jouer !

1

La Pinéa : une vue imprenable

Auvergne-Rhône-Alpes / Isère

Départ : col de Porte, près de Grenoble. Parking en face de l'hôtel des 3 Sommets
Niveau : moyen • Durée : 3h • Dénivelé : 460 m

Cap sur la piste forestière et la forêt. Après une bonne heure de pente raide, la forêt se fait tout à coup moins dense. La dernière portion pour rejoindre le sommet se fait en grande partie dans les rochers, parfois glissants à cause du passage répété des randonneurs, donc prudence. La montée pourrait vous décourager, mais croyez-nous, du sommet, souvent survolé par les rapaces, la vue à 360° est splendide ! D'un côté, le massif de la Chartreuse ; de l'autre le mont Blanc, la chaîne de Belledonne, et enfin le Vercors.

2

La Dent de Crolles, au sommet du Grésivaudan

Auvergne-Rhône-Alpes / Isère

Départ : col du Coq, à 1h de route au nord de Grenoble, massif de la Chartreuse • Niveau : moyen • Durée : 4h
Dénivelé : 660 m

Trônant à 2 062 m au-dessus du Grésivaudan, la Dent de Crolles est le 2e sommet de Chartreuse. Plus impressionnante que difficile, cette randonnée offre un joli balcon avec un large panorama sur la chaîne de Belledonne, Grenoble et le Sud du massif de la Chartreuse. Dès le départ, on a le sommet de la Dent de Crolles sous les yeux (enfin, un peu au-dessus quand-même…). Sous-bois, alpages… Vous aurez peut-être la chance de croiser un troupeau de moutons (ou de chamois en hiver). Pour vous soulager dans les montées, prévoyez peut-être des bâtons, notamment pour la dernière ligne droite ! Au sommet, on atteint la croix sommitale au prix d'un dernier effort. Gare à la falaise abrupte, juste derrière !

3

Le Fer-à-Cheval, le cirque aux 1001 cascades

Auvergne-Rhône-Alpes / Haute-Savoie

Départ : à 6 km du bourg de Sixt-Fer-à-Cheval. Parking payant (5 €) de mai à septembre. • Niveau : facile
Durée : plusieurs balades à partir de 1h. Accès au « Bout du Monde » en 1h40
Dénivelé : 305 m

Grandiose, le cirque du Fer-à-Cheval en impose avec son amphithéâtre de falaises calcaires transpercées de cascades hautes de 500 à 700 m qui dégringolent dans un bruit d'enfer dès la fonte des neiges. Comparable à Gavarnie dans les Pyrénées, c'est le plus grand cirque de montagne des Alpes. Un lieu emblématique à découvrir dès le petit matin, sans oublier de se couvrir : le départ est à l'ombre, et l'on se sent bien petit avec cet un alignement de majestueux sommets comme la Corne du Chamois et le pic de Tenneverge (2989 m).
Depuis l'amphithéâtre de pierre qu'on ne se lasse pas de contempler, plusieurs sentiers de randonnée balisés : le Bout du Monde est accessible à tous en suivant le Giffre que l'on enjambe grâce à la passerelle du fond de la Combe, en remontant la rivière jusqu'à sa source. Une balade démocratique et panorama grandiose.

4

Le mont Jovet, au cœur du parc de la Vanoise

Auvergne-Rhône-Alpes / Savoie

Départ : à Villemartin (hameau du village de Bozel), suivre « La Cour » et « Mont Jovet ». Le parking est un peu plus haut, au Pont du Ruisseau du Jovet
Niveau : difficile • Durée : 6h30
Dénivelé : 1 160 m si retour par les crêtes

Pas la plus facile des randos, mais que ne ferait-on pas pour s'offrir le sublime point de vue depuis la cime - peut-être le plus beau des Alpes ! À 360°, sur les alpages, les massifs du Beaufortain et du Mont-Blanc, les Alpes du Valais, la Vanoise et jusqu'à l'Oisans… Le sentier nous fait d'abord traverser une forêt, avant que l'environnement ne devienne plus ouvert. Les paysages sont donc variés, ponctués d'anémones, de myosotis… Ouf, on peut s'attabler au refuge du mont Jovet, le temps de se requinquer avant de viser le sommet du mont Jovet, qui pointe à 2 558 m.
Pour le retour, on peut revenir sur ses pas (recommandé aux marcheurs sujets au vertige), ou faire une boucle.

5

Le saut du Laire, le territoire des marmottes

Auvergne-Rhône-Alpes / Hautes-Alpes

Départ : hameau de Prapic (05170 - Orcières), se garer au parking puis monter en direction des auberges.
Niveau : facile • Durée : 3h • Dénivelé : 400 m

Une randonnée familiale, incontournable de la région du Haut-Champsaur, dans le parc national des Écrins (quelques règles à respecter ; renseignez-vous). Du hameau préservé de Prapic, vos pas vous mèneront à travers pâturages et prairies de fauche, sur le territoire de marmottes - peu farouches ! - jusqu'à la célèbre cascade du Saut du Laire.
Asphodèles, troupeaux de moutons… on chemine tranquillement. La randonnée continue le long d'une faible pente herbue dans le vallon très ouvert du torrent du Drac noir. Puis une montée un peu plus soutenue (mais rien de féroce) permet d'accéder à la touchante petite chapelle de la Saulce. Un peu plus loin, la cascade du Saut du Laire est en vue ! Allez, un dernier effort ! On rentre par le même chemin, ou une variante partielle.

PASSER UNE NUIT DANS UN IGLOO

Une expérience complètement givrée en Haute-Savoie

Dormir dans un igloo, c'est la promesse d'une expérience totalement inoubliable ! Alors, pour rendre son séjour à la montagne mémorable, on vous emmène dans le massif des Bauges pour une nuit en pleine nature dans cet hébergement éphémère. Les amoureux des grands espaces seront comblés...

77

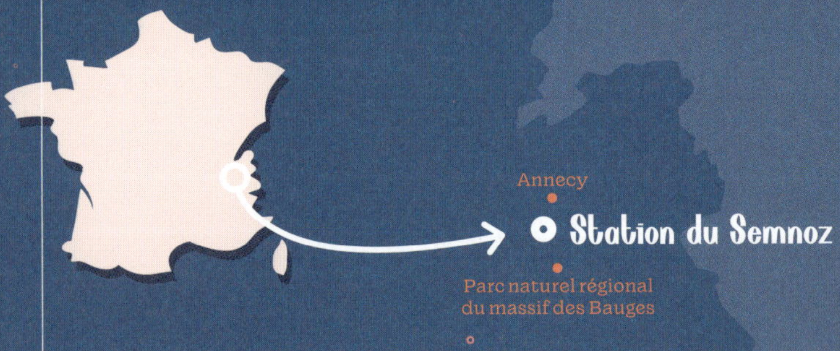

1 jour et 1 nuit

Décembre à début avril

Facile

pas besoin de guide

Annecy

Préparer

Accès : station du Semnoz, 20-30 mn en voiture depuis Annecy. En bus, consulter les horaires sur • sibra.fr •

Avec qui partir : Alpes Bivouac, 15, chemin du crêt pessey, 74600 Seynod. ☎ 09-82-22-94-95. • contact@alpes-bivouac.com • alpes-bivouac.com •

Tarifs : à partir de 189 € /pers pour l'Expérience Bivouac, qui inclut une balade en raquettes, une marche aux flambeaux, un dîner traditionnel avec apéro, le petit déjeuner et les équipements (pack couchage, raquettes et lampes frontales).

Équipement : adoptez le principe des multicouches pour les vêtements : une tenue étanche, un vêtement chaud type polaire, et de bons sous-vêtements thermiques. Munissez-vous également d'un sac à dos, de chaussures chaudes et imperméables, de gants, bonnet, écharpe, lunettes de soleil, crème solaire...

Direction la Haute-Savoie, dans la station du Semnoz, pour une expérience atypique au cœur de l'Eco-Bivouac Village d'Igloos. Situé dans le parc naturel des Bauges, à 1 700 m d'altitude, ce camp de base se dévoile après une superbe promenade en raquettes dans la forêt.

À la lueur de la lune (et des lampes frontales), on serpente derrière les traces du guide, avant d'allumer les flambeaux et d'atteindre l'Eco-Bivouac. Complètement isolé en pleine nature, ce village d'igloos loin de la frénésie urbaine est séduisant !

Après l'effort, le réconfort : on s'installe autour du feu de bois, à l'abri du vent, et on profite de ce cadre naturel exceptionnel autour d'un apéro mettant à l'honneur vins, bières, saucissons et fromages savoyards. Voilà qui réchauffe ! Un bivouac au confort 4-étoiles !

Le dîner est servi dans une belle structure en bois chauffée au poêle à bois surmontée d'un toit panoramique. Sous la voûte céleste, on finit quand même par lâcher les étoiles des yeux pour savourer le repas montagnard...

La soirée continue autour du feu, à contempler la voie lactée, avant de rejoindre l'igloo construit en neige naturelle, pour une nuit qui s'annonce frisquette ! Mais pas de panique, la neige isole bien du froid et protège des températures extérieures glaciales. Reconnecté à la nature, des étoiles plein les yeux, on s'endort, apaisé par la quiétude et la sérénité des lieux. Au réveil, le panorama sur le massif des Bauges est de toute beauté. On savoure cette impression de bout du monde autour d'un excellent petit-déjeuner. Repus et comblés par l'aventure hors norme que l'on vient de vivre, on peut alors s'élancer à l'assaut des chemins de randonnée, le mont Blanc en ligne de mire.

La petite histoire de l'igloo

Apparus il y a plus de 5000 ans, ces petits refuges arctiques ont été conçus par les Inuits pour se protéger des températures extrêmement rudes de la banquise. Il est difficile de croire qu'on se réchauffe sous ces dômes de neige et de glace. Pourtant, la neige particulière dont ils sont composés (une neige de grains fins) aide à piéger la chaleur : à l'intérieur, il peut ainsi faire entre 4 et 15 °C de plus qu'à l'extérieur !

Prolonger le week-end

À **Valmorel,** on apprend à construire son propre igloo, encadré par un moniteur ! Tous les vendredis, de 17h à 19h, entre mi-décembre et mi-avril.

Tarif : 25 € /pers. Bureau ESF du Mottet, Valmorel. ☎ 04-79-09-81-86.

DÉVALER LA VALLÉE BLANCHE À SKIS

Se lancer dans une inoubliable descente

78

**Une descente mythique que tout bon skieur rêve de faire au moins une fois dans sa vie : 20 km, 2 800 m de dénivelé depuis l'aiguille du Midi, à 3 700 m (passage délicat de l'arête), des panoramas féériques !
Il est primordial de faire la vallée Blanche avec un guide de haute montagne, parce qu'on skie sur glacier, et qui dit glacier dit crevasses…**

1 journée

Janvier à mai (selon les conditions)

Difficile

Guide indispensable

Chamonix

Préparer

Accès : par le téléphérique de l'Aiguille du Midi. Compter 20 mn de montée.

Plus d'infos :
• chamonix-guides.com •

Tarifs : compter 120 € pour la descente encadrée (sans les remontées mécaniques, téléphérique + train pour lesquels il faut ajouter env 70€).

Attention : il est évidemment plus que recommandé de faire la descente avec un guide de haute montagne qui vous assurera la sécurité nécessaire. Le ski sur glacier n'est en rien comparable au ski sur piste. Il est important d'être en bonne condition physique. Une bonne partie de la descente se fait à plus de 3 000 m, et les effets de l'altitude peuvent se faire ressentir. Un bon niveau de ski alpin sur piste rouge est requis.

Le téléphérique est interdit aux moins de 3 ans et déconseillé (à notre avis) aux moins de 6-7 ans à cause de l'ascension rapide à haute altitude.

Bon à savoir : pour prolonger l'expérience, possibilité de passer une nuit au refuge des Cosmiques avant la descente.

La montée avec le téléphérique donne le ton. On passe en 20 mn de 1 000 m à près de 3 800 m, de quoi se sentir un peu chancelant arrivé en haut. Mais quel paysage : on surplombe les crevasses et séracs du glacier des Pèlerins et on défie l'aiguille Verte, les Grandes Jorasses, la dent du Géant.

À la sortie du téléphérique et avant de commencer la descente proprement dite, il faut passer l'arête de l'Aiguille du Midi à pied, avec skis accrochés dans le dos. Passage impressionnant et vertigineux mais obligatoire avant de commencer la descente. On regarde bien devant soi en prenant son temps pour avancer.

Compter ensuite de 4 à 6h pour la descente de l'itinéraire « classique ». La tradition veut que l'on s'arrête pique-niquer à la Salle à Manger… Tout le long, panorama absolument exceptionnel.

L'arrivée sur la mer de glace a lieu, là-encore, dans un paysage superbe, toujours propre à frapper les imaginations, même si le glacier se rétracte et même s'il est très fréquenté. Le retour à Chamonix se fait avec le mythique train du Montenvers, après avoir marché 20 bonnes minutes et grimpé les 400 marches qui permettent d'accéder à la station. Exceptionnellement, si les conditions le permettent (enneigement suffisant), le retour peut se faire à skis jusqu'à Chamonix. Génial !

RANDONNÉES EN ÉTÉ

Si vous êtes là en été, il y a évidemment de quoi user quelques paires de chaussures avec 350 km de sentiers, mais inutile de vous préciser que vous ne serez pas tout seul. Quelques grands classiques : le lac Blanc (voir p. 260), traversée du plan de l'aiguille au Montenvers (2h30 environ) avec descente par le train, le refuge Albert-Ier… Attention, on grimpe vite en altitude et le mal des montagnes, ça existe… Plein de balades familiales également de 40 mn (cascade du Dard) à 2h (chalet des Pyramides).

Infos à l'office de tourisme et à l'office de haute montagne ; guide avec carte des randonnées en vente à l'office de tourisme.

Passage impressionnant et vertigineux

PÊCHE À LA MOUCHE À BEAUFORT

79

Jusque-là réservée aux pêcheurs aguerris, la pêche à la mouche, technique certes, mais pas si compliquée, a été largement popularisée par la sortie du film *Et au milieu coule une rivière* avec Brad Pitt et Robert Redford. La pêche à la mouche se pratique en mer ou en rivière. Pratiquée en rivière, dans des paysages sauvages, elle procure des sensations inédites auxquelles s'ajoute un vrai défi : ferrer le poisson ! Nous vous emmenons, au bord d'eaux calmes et translucides, et non dans un torrent.

1 journée

Avril à septembre

Facile

Guide obligatoire

Lyon ou Valence

Préparer

Adresse : parcours des Fontaines, 40 chemin du Lavoir, 38270 Beaufort.

Accès : TER ou location de voiture depuis Lyon ou Valence.

Avec qui s'initier : virée organisée par Sébastien Charmetant, guide de pêche passionné et passionnant, au sein de Fish & Trip (· fishandtrip.fr · ☎ 06-88-77-54-07). En solo, à deux ou en petit groupe ; excursion presque sur mesure, selon son âge, son niveau de pêche… et ses envies.

Tarifs : en solo : 190 € la journée ; à deux : 170 €/pers ; à trois : 150 €/pers. Le tarif comprend l'entrée au parcours des Fontaines, le casse-croûte du midi, le guide, l'assurance durant la séance, le prêt du matériel de pêche (canne, moulinet, soie, etc.) et la fourniture du petit matériel (fil, mouches, nymphes, etc.)

Équipement : le matériel de pêche est fourni mais s'équiper au minimum pour une activité d'extérieur.

LES-5-COMMANDEMENTS-DU-BON-PÊCHEUR-À-LA-MOUCHE

- Amoureux de nature tu seras pour apprécier ce formidable bain de verdure.
- Œil de lynx tu devras avoir pour « lire » la rivière et repérer tes proies.
- Comme Brad et Robert (c'est stimulant !) tu délieras le bras pour lancer ta canne avec art et manière.
- Connaître les poissons et leur nourriture (type d'insectes) tu devras pour adapter les bonnes mouches.
- De patience il faudra t'armer : le poisson aussi est malin... parfois plus que nous !

Situé à Beaufort, entre Lyon et Grenoble, le parcours des Fontaines est le royaume des pêcheurs à la mouche. Niché au cœur d'un vaste domaine naturel de 8 ha, il est constitué de différents bras de rivière et de deux étangs, ce qui est parfait pour se lancer et découvrir la technique de la pêche à la mouche. On s'offre là une bulle de nature et de silence, à l'écart de l'agitation du monde. Idéal pour se glisser dans la peau de Brad et Robert !

Rendez-vous avec Sébastien, notre guide, à 8h45 pour un café pas trop matinal... ouf ! Matériel en main, on se familiarise avec les termes de cette pêche très spécifique : canne, moulinet, soie..., avant de monter la mouche et le bas de ligne aux abords de la rivière. Pas besoin de bottes pour cette aventure, on ne se jettera pas (tout de suite) à l'eau. De simples chaussures de marche suffisent ! Prêt ? Parez... on lance ! Truites arc en ciel et farios peuplent les bras d'eau translucides et frais du parcours des Fontaines. En transparence, on peut observer sa mouche dériver à hauteur du poisson. Et hop, celui-ci décolle alors du fond de la rivière pour aller chercher la mouche en surface, il ouvre en grand sa gueule hors de l'eau, gobe la mouche et replonge... on a gagné !

Sur ce parcours de pêche sportive, les partenaires de jeu, les poissons, devront pour la plupart être rendus à la rivière... Le midi, on savoure le casse-croûte concocté avec des produits locaux, installé dans cet environnement paisible et naturel, au bord de la rivière. L'occasion de débriefer et comparer ses prises avec les amis !

À l'aise dans nos vêtements de pêcheur, nous voilà en parfaite symbiose avec la nature. Bienheureux que nous sommes, le mouvement s'assouplit, et on fait mouche à tous les coups !

Prolonger le week-end

Vous maîtrisez la technique, la mouche n'a plus de secret pour vous et le poisson mord presque à tous les coups ? Alors c'est parti pour une aventure plus longue et périlleuse ! Sébastien propose d'autres types d'excursions à la journée et des stages de pêche en eaux rapides sur plusieurs jours. **La Bourne**, **l'Arc**, **la Gère** et **la Fure** sont autant de destinations de pêche possibles dans la région.

PLONGER SOUS LA GLACE À TIGNES

Envie d'une activité, à la fois, insolite et poétique à la montagne ? Alors déchaussez les skis, rangez la luge et optez pour… la plongée sous glace ! Une expérience hors du temps, à la découverte d'un monde mystérieux et envoûtant.

80

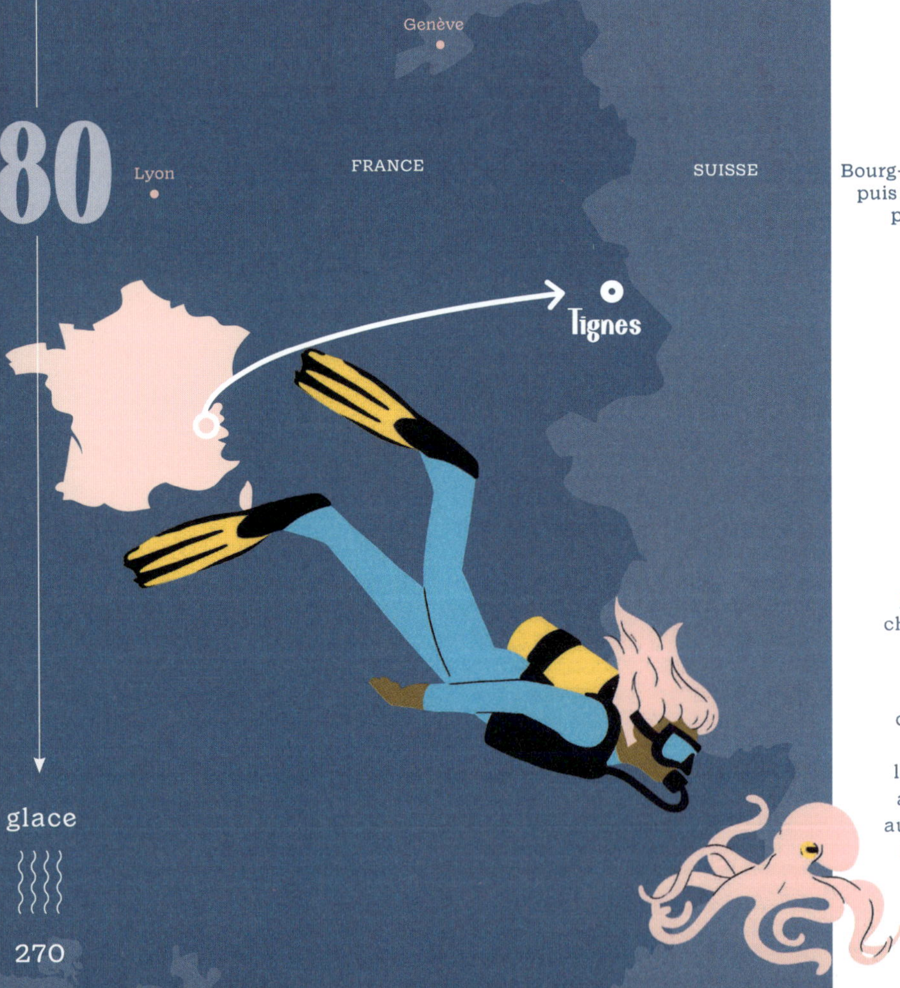

glace

1h

Décembre à mi-avril

Moyen

Guide obligatoire

Bourg-Saint-Maurice, puis liaison par bus pour Tignes

Préparer

Accès : lac de Tignes, à 5 mn à pied du centre ville de Tignes !

Plus d'infos : ☎ 07-60-82-10-12. • evolution2.com/tignes •

Tarifs : de 99 à 130 €, combi et matériel de plongée fournis.

Équipement : pensez à prendre chaussettes épaisses, collants et sous-vêtements techniques.

Bon à savoir : Tignes est sans doute le spot incontournable et le plus connu de la région pour la plongée sous glace. Mais il n'y a pas que lui ! Pratique possible aussi aux lacs Robert en Isère, au lac du Lou et au lac de Sollières en Savoie ainsi qu'au lac de Montriond en Haute-Savoie.

C'est l'un des spots de plongée les plus hauts d'Europe : bienvenue au lac de Tignes, au cœur des Alpes françaises, à 2 086 m d'altitude.

Températures ressenties en hiver : entre -5 et -10° C en extérieur, et à peine 3 ou 4° C dans l'eau ! À cette saison, le lac se drape d'une épaisse couche de glace et se transforme en extraordinaire bocal pour la plongée sous glace ! Militaires et scientifiques viennent d'ailleurs régulièrement s'y entraîner. Mais bonne nouvelle : pour cette activité de loisir, aucun niveau de plongée n'est exigé, même les débutants sont acceptés. Le principal défi sera de déjouer nos craintes les plus primitives : le froid, la peur de l'enfermement sous la glace, la perte de repères et le silence total.

C'est parti ? Alors, on enfile sa combinaison étanche (histoire de ne pas se transformer en glaçon !), pour rejoindre la « porte d'entrée » de ce monde inconnu : un trou creusé dans la glace, d'à peine un mètre de diamètre, à travers lequel il faut se faufiler pour passer de l'autre côté du miroir ! Accompagné par un moniteur, on évolue dans l'eau, le long d'un fil d'Ariane qui délimite la zone accessible. Impossible de se perdre, la sécurité est totale !

Dans cet environnement silencieux, aucun poisson, pas de végétation… Mais contrairement aux idées reçues, il ne fait absolument pas noir sous la glace ! Au fil de notre exploration subaquatique, on découvre des jeux d'ombres et de lumières dessinés par la glace à la surface, transformée en gigantesque vitrail naturel. Par ici, une teinte de bleu, par-là, du vert émeraude… On s'amuse à jouer avec les bulles ou les tourbillons qui se forment à la surface de la glace ou dans l'eau. Nous voilà totalement happés par ce décor poétique et surprenant, où les bruits sont étouffés. Un moment de zénitude, où le temps semble s'être arrêté et où nos repères sont bouleversés. Une expérience unique à faire aussi… de nuit. Avec les rayons de la lune comme seuls guides, c'est encore plus magique !

VU-AU-CINÉMA !

Le saviez vous ? Tignes a servi de décor pour le long métrage de Luc Besson *Le Grand Bleu* (1988). Au début du film, Jacques (interprété par Jean-Marc Barr) plonge sous la glace pour les besoins d'une recherche scientifique. Une scène censée se dérouler au Pérou mais qui a pourtant été tournée, ici, au lac du Chardonnet, au cœur des Alpes françaises !

Il ne fait pas noir sous la glace !

RANDO GLACIAIRE DANS LE MASSIF DE LA VANOISE

81

Avec quelques préjugés, on pourrait vite redouter que la randonnée glaciaire ne s'adresse qu'aux têtes brûlées. Chassez les idées reçues, cette activité givrée se pratique aussi en famille, et nul besoin d'être un alpiniste chevronné pour accéder à l'univers grandiose et silencieux de la haute montagne. Cramponnez-vous, c'est parti !

2 jours

Juin à septembre

Moyen (à partir de 10-12 ans pour des jeunes motivés)

Guide obligatoire

Moutiers (puis navette)

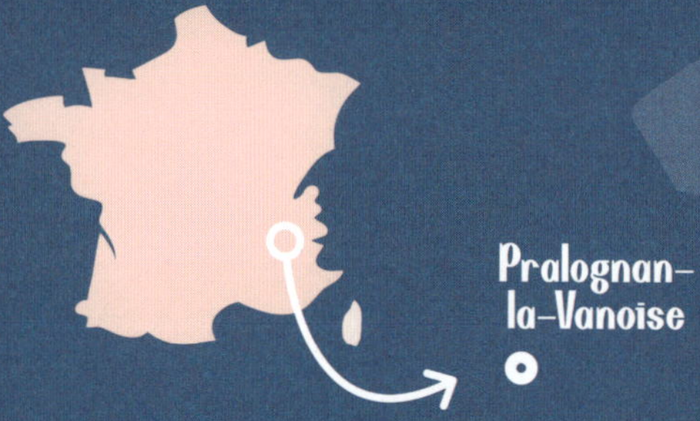

Préparer

Bureau des guides et accompagnateurs : ☎ 04-79-08-71-21. • guides-pralognan.com •

Tarifs : à partir de 138 €/ pers (base de 6 pers) en formule collective, prêt de baudrier et crampons inclus ; 380 € avec un guide privé (matériel à louer en station).

Équipement : vêtements chauds, lunettes de soleil, protection solaire, chaussures de randonnée avec semelles rigides. Prévoir sac de couchage ou sac à viande.

Durée de l'ascension : 3-4h depuis le refuge. Départ vers 4h, retour vers 11h.,

Refuge du col de la Vanoise : . compter env 57 €/pers la nuit en ½ pension. ☎ 04-79-08-25-23.

glace

Pour s'extraire du plancher des vaches et aller taquiner les sommets, Pralognan-La-Vanoise (Pralo pour les intimes) s'impose comme le camp de base idéalement situé aux portes du Parc national de la Vanoise.

Autour, pas moins d'une trentaine de sommets à plus de 3 000 m, aux flancs scintillants de glace. Si l'univers des neiges qu'on pensait éternelles fascine, on le redoute tout autant avec ses crevasses et ses séracs. Passage obligatoire par le bureau des guides pour se faire cornaquer. Pas de difficulté pour autant, la randonnée glaciaire s'apparente plus à une initiation qu'à une course en montagne. Un avant-goût de l'alpinisme ! Objectif : la **pointe de la Réchasse,** à 3 212 m ou le **col de la Grande Casse,** à 3 096 m, deux randonnées sans difficultés techniques qui dévoilent un somptueux panorama sans qu'on ait besoin d'en baver. Une magnifique expérience pour partir à l'assaut d'un « 3 000 m » !

Nuit en refuge : on se conditionne !

Départ la veille, le temps de s'acclimater à l'altitude et pour vite décaniller au petit matin. Une grimpette le long du GR® 55 mène en 3h au refuge du **col de la Vanoise.** Si on tombe un jour où le télésiège du Génépy est ouvert, on gagne 1h de marche ! Perché à 2 518 m, le refuge jouit d'une situation exceptionnelle : on est au pied de la **Grande Casse,** le plus haut sommet de Savoie (3 855 m). Les vrais aventuriers, ce sont les conquérants des débuts qui l'ont gravi pour la 1ère fois en 1860 ! Nous, on savoure le confort du refuge récent et confortable qui sert en plus une généreuse popote. Avant une nuit qu'on sait déjà trop courte, dernier tour dehors pour s'imprégner des montagnes. Tiens, voilà des marmottes et une harde de bouquetins plus loin ! Le réveil avant l'aube pour partir dans la nuit, frontale vissée sur la tête, pique un peu. Les jours de pleine lune, pas besoin de lumière artificielle. En approchant du glacier de la Grande Casse, quand le soleil darde ses premiers rayons sur les étendues immaculées, on fixe les crampons sous les chaussures de randonnée (hautes) puis on progresse en cordée. La démarche est gauche au début, le temps de trouver son équilibre. Après un passage plus aérien sur du rocher, c'est gagné ! La pointe de la Réchasse apparaît. Depuis le sommet coiffé d'une statue de la Vierge, le panorama sur le massif de la Vanoise est grandiose ! Le sentiment de triomphe est de courte durée, il faut déjà penser à redescendre…

ET S'IL PLEUT ?

La patinoire olympique conçue pour les JO en 1992, au sein du complexe multi-loisirs Le Cristal : espace aquatique avec espace ludique, spa, salle multisports, bowling. Impossible de rester de glace devant les innombrables possibilités !

• aquice.fr •

Notre bonne adresse à Pralognan-la-Vanoise

Hôtel Les Airelles : un gros chalet aux balcons fleuris l'été (le jardin autour de la piscine l'est aussi !) qui abrite des chambres toutes mignonnes, à la déco montagnarde. Excellent accueil et ambiance détendue. Cuisine de région au resto. Au sous-sol, billard, babyfoot, sauna et jacuzzi. Une adresse reposante.

418, rue des Darbelays. ☎ 04-79-08-70-32. • hotel-les-airelles.fr • Doubles 100-130 €. Menu env 30 € ; carte env 40 €.

82

S'ESSAYER AU FAT BIKE

En roue libre aux Saisies, en Savoie

Venu d'Alaska où sa pratique a débuté sur les pistes pour suivre les chiens de traîneaux, le fat bike, avec ses pneus extra larges, se généralise sur des terrains de jeux meubles : les plages et la montagne. Sur la neige, les pneus surdimensionnés et peu gonflés apportent adhérence et stabilité. Outre un parfum d'aventure, une franche rigolade est au programme !

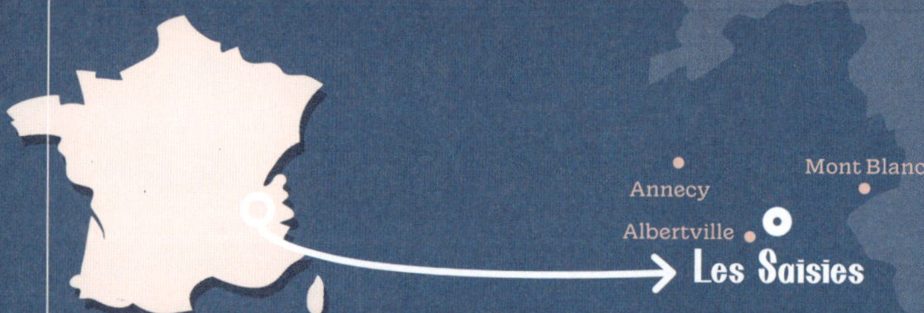

2h environ

Décembre à mars

Facile à difficile

Guide obligatoire

Albertville

Préparer

Accès : gare d'Albertville (3h40 depuis Paris) puis bus jusqu'aux Saisies.

Plus d'infos : ☎ 04-79-38-91-28. • vtt-beaufortain.fr •

Tarifs : 70 € casque inclus.

Conditions d'âge et de taille : à partir de 12-13 ans ; 1,55 m min.

Bon à savoir : aux Saisies, la pratique libre du fat bike est formellement interdite sur les pistes de ski quand elle n'est pas encadrée. En revanche un itinéraire piéton et trois itinéraires raquettes non damés sont autorisés aux fat bikes en accès libre. Mais pas de loueur sur place, il faut alors avoir son propre matériel.

À 1650 m d'altitude, la station familiale des Saisies prend des airs de Laponie en hiver ! Quand les alpages disparaissent sous la neige, le ski et la luge n'ont plus le monopole des activités hivernales !

Le fat bike s'est imposé dans la sphère des loisirs à fort pouvoir d'attraction ! À moyenne altitude, la randonnée en fat bike sous la houlette d'un éducateur sportif a un parfum d'aventure, le danger en moins. Bonne nouvelle : l'assistance électrique rend l'activité accessible à tous.

Entre les roues chaussées de pneus XXL (4 à 5 pouces) qui assurent une excellente portance et l'assistance électrique, on vous garantit un maximum de distance et de dénivelé au prix d'un minimum d'efforts, même pour ceux qui sont loin d'avoir des mollets d'acier ! Le guide choisit son itinéraire au gré des conditions climatiques et de la visibilité. De la **Croix de Pierre,** on peut grimper vers le **mont Bisanne** (1 941 m) ou vers le **Chard du Beurre** (1 889 m), une petite colline en patois savoyard. Sur les pistes de ski ou à travers les itinéraires raquettes pour un circuit plus engagé techniquement et physiquement, on ne se lasse pas d'entendre les pneus crisser sur la neige. Qui a dit qu'il fallait souffrir pour mériter la vue ? L'avantage aux Saisies, c'est qu'on ne perd pas souvent le **mont Blanc** des yeux. Le panorama sur la chaîne des Aravis et le Beaufortain est magique !

Prolonger le week-end

Le domaine nordique des Saisies, l'un des plus vastes d'Europe, relève du gros calibre avec son stade de biathlon et son tracé entre 1 600 et 1 750 m d'altitude. Depuis les JO d'Albertville en 1992, c'est un site de référence. D'ailleurs, l'équipe de France de ski de fond s'est préparée ici avant les JO de Pékin en 2022.

Le **ski de fond** est la discipline reine aux Saisies : les pistes variées déroulent sur 120 km à travers forêts d'épicéas et plateau remarquable, sous la silhouette altière du mont Blanc et du massif des Aravis. Les petits plus ? Le site nordique bénéficie d'un bon ensoleillement et d'un enneigement digne des stations de haute altitude ! Initiations de 2h avec l'ESF et possibilité de défier le chrono d'une championne de la discipline.

Nos bonnes adresses

Chambres d'hôtes Le Chalet d'Éleonore : tenu par Leïla Piccard (ancienne championne de ski et sœur de Franck Piccard), voici un « chalet d'hôtes » à l'atmosphère familiale, un peu chic mais pas choc pour autant. Belles chambres spacieuses et l'une d'elles peut accueillir quatre personnes.

☎ *06-20-05-04-89. • chaleteleonore.com • Doubles 120-140 €.*

Chalet Mignod : accessible en 15 mn à pied depuis le village ou à pied ou à VTT par la piste Lovely Woods et aussi à skis, ce chalet d'alpage a gardé une atmosphère rustique malgré sa jolie déco. On y vient pour les spécialités régionales revisitées (croquettes de croziflette panée, polenta avec poêlée de champignons et mascarpone…) mais surtout pour la vue à couper le souffle.

☎ *06-09-67-14-00. Ouv tlj en saison d'hiver et d'été.*

AVIEZ-VOUS SAISI ?

Le nom des Saisies serait à prendre au sens propre : autrefois, les paysans surveillaient depuis le signal de Bisanne l'arrivée du percepteur ou des douaniers venus du col pour saisir les biens des mauvais payeurs ou des contrebandiers.

83

OBJECTIF 3 000 OU GRAVIR SON PREMIER SOMMET

Le mont Thabor

Pour le randonneur occasionnel comme pour le montagnard aguerri, franchir la barre des 3 000 mètres d'altitude provoque toujours une émotion ! Direction le mont Thabor, en Maurienne, pour une expérience sans difficulté technique et un panorama grandiose... On vous rassure, pas besoin d'être un alpiniste chevronné pour entreprendre l'ascension de ses 3 178 mètres. Allez, on ne perd plus de temps !

Boucle depuis le parking du Lavoir, Modane

23 km (dénivelé : 1 593 m)

1 ou 2 jours

Juillet et août

Moyen

Pas besoin de guide

Modane

Gratuit

Préparer

Refuge : possibilité de passer une nuit au refuge du Mont Thabor : infos et résa au ☎ 04-79-20-32-13.

Bon à savoir : le sentier est parfaitement balisé, sans difficultés particulières si ce n'est la longueur et les effets liés à l'altitude. Compter 5h30 pour l'ascension jusqu'au sommet du mont Thabor.

Attention : les conditions météo et les résidus neigeux peuvent rendre certains passages délicats.

Situé dans le massif des Cerces, aux confins de la Savoie et à deux pas de l'Italie, le mont Thabor culmine à 3 178 m d'altitude.

Le départ de notre randonnée - plutôt raide, avouons-le ! - s'effectue depuis le parking du Lavoir, à **Modane** (1 923 m), via le GR® 5 qui grimpe jusqu'au col de la Vallée Étroite. Le sentier s'élève ensuite de manière régulière et ne présente pas de grandes difficultés ; le mont Thabor apparaît ainsi comme l'un des sommets les plus propices pour gravir son premier 3 000 m.

Après plus de 2h d'ascension, on atteint le col de la Vallée Étroite (2 434 m), qui nous régale déjà par la beauté de ses cimes. On peut alors décider de passer la nuit au **refuge du mont Thabor,** à 15 mn de là, si l'on préfère répartir ses efforts sur deux jours. Entouré des lacs Sainte-Marguerite, le site, complètement isolé, est de toute beauté !

Que l'on décide de marquer une étape ou non, la randonnée se poursuit dans tous les cas le long du GR® 57. Avec encore un bout de chemin à parcourir (plus de 3h de marche), on entame la traversée du vallon du Peyron, qui abrite un magnifique lac émeraude dans lequel se reflètent les monts alentours. Le cadre est splendide, il faut l'avouer, et c'est un excellent stimulant pour poursuivre la montée longue et régulière jusqu'au col des Méandes (2 727 m).

Débute alors la dernière portion de l'ascension jusqu'au sommet, qui s'annonce un brin plus sportive ! Dernière ligne droite, le mont Thabor en ligne de mire, reconnaissable à sa petite chapelle ancienne (et défraîchie) qui culmine à son sommet. C'est là, par une messe, que s'achève un pèlerinage entrepris tous les ans. D'où les nombreuses croix tout le long du parcours. De là à en déduire que la randonnée a dû se transformer en chemin de croix pour certains, il n'y a qu'un pas...

De là-haut, le panorama sur les massifs alpins des Écrins et de la Vanoise est exceptionnel. On savoure ce spectacle de la nature, fier d'être parvenu à franchir la barre symbolique des 3 000 m. Notre sommet dans la poche, on peut entamer, satisfait, la descente par le même itinéraire.

La beauté du cadre est un excellent stimulant pour poursuivre l'ascension

SAUVEZ NOTRE-DAME-DES-SEPT-DOULEURS !

Notre-Dame-des-Sept-Douleurs, qui culmine à 3 171 m d'altitude sur le mont Thabor, se revendique comme la plus haute chapelle de France. Construite au XVe s, elle fait pourtant grise mine depuis de longues années, menacée par le réchauffement climatique qui fait fondre le permafrost sur lequel elle a été bâtie. Mais italienne ou savoyarde ? Personne ne sachant répondre à cette question, la petite chapelle a donc été laissée dans son piteux état... Servant de refuge pour les randonneurs par mauvais temps, elle est également un important lieu de pèlerinage annuel depuis l'épidémie de typhoïde en 1860 (année de rattachement de la Savoie à la France) qui poussa la population à implorer la protection de la Vierge Thabor. Aujourd'hui, à deux doigts de s'effondrer, c'est plutôt elle qui aurait besoin d'être protégée ! Ses prières ont peut-être été entendues. En 2020, elle a finalement été reconnue propriété de la commune italienne de Bardonecchia, bien que située sur le territoire français. Une équipe d'experts en architecture et géologie a donc (enfin !) pu être engagée pour la restaurer. Une seconde jeunesse en perspective ?

S'oxygéner à 3 000 m.
Notre top 5 des sommets « faciles »

À défaut de pouvoir planter votre drapeau sur l'Everest, voici quelques idées de sommets à gravir plus modestement dans l'Hexagone. Mais n'oubliez pas que même sous nos latitudes, une telle aventure ne s'improvise pas. Cela demande une bonne condition physique, le matériel adéquat, et surtout la présence d'un guide pour vous accompagner à l'assaut de votre 3 000 m.

1

Le mont Buet (3 096 m) dans le massif du Giffre

Auvergne-Rhône-Alpes / Haute-Savoie

Départ-arrivée : parking de la gare du Buet, pas loin de Chamonix
Distance : 18 km • Durée : 8h30

Il est surnommé le « mont Blanc des Dames » car trois jeunes Anglaises l'ont gravi en août 1786 au même moment qu'eut lieu l'ascension du mont Blanc. Depuis la gare du Buet, on accumule déjà 1 800 m de dénivelé, ce qui en fait un sommet difficile à gravir. Deux options s'offrent à vous : soit y grimper en une journée si vous bénéficiez d'une très bonne condition physique, soit en 2 jours en s'arrêtant pour la nuit au refuge de la Pierre à Bérarde, à 1 924 m (n'oubliez pas de réserver : ☎ *04-50-54-62-08*).

Depuis le refuge, on vous conseille de choisir l'itinéraire de Vallorcine par l'arête de la Mortine qui est, de fait, le plus facile. Toutefois, vous rencontrerez sûrement de la neige même en été, donc équipez-vous en conséquence. L'arrivée au sommet est longue et difficile mais une fois en haut, le spectacle vaut largement la peine avec une vue sur le massif du mont Blanc qui lui fait face. La descente, non moins compliquée, se fait par le même itinéraire.

Pour faire la randonnée accompagnée :
☎ *04-50-53-92-78. • chamonix-guides.com •*

2

La pointe des Fours (3 072 m)

Auvergne-Rhône-Alpes / Savoie

Départ-arrivée : Pont de la neige à proximité de Bonneval-sur-Arcs
Distance : 15 km • Durée : 4h30

Aux portes du parc de la Vanoise, voilà une belle occasion de gravir un 3 000 m sans trop souffrir. Avec un dénivelé faible (600 m), cette ascension, très bien signalisée, ne présente qu'un passage exigeant où il faut faire usage de ses mains. Du point de départ, suivez le chemin qui mène au col des Fours à 2 976 m, jusqu'à ce que le sommet s'offre à vous en prenant le sentier à gauche jusqu'à la pointe des Fours. En haut, quelques beaux sommets comme la pointe du Méan Martin, le mont Blanc ou encore, côté Tarentaise, le vallon des Fours. Durant l'ascension, il n'est pas rare de croiser (ou d'entendre) les habitants de ces lieux, des marmottes malicieuses ou des chamois agiles. La descente se fait par le même trajet.

Pour faire la randonnée accompagnée :
☎ *07-77-08-09-76. • guides-montagne-valdisere.com •*

3

Le mont Chaberton (3 131 m) dans le massif des Cerces

Auvergne-Rhône-Alpes / Savoie

Départ-arrivée : Montgenèvre • Distance : 17,5 km • Durée : 7h

Drôle d'histoire que ce mont Chaberton. Investi par les Italiens afin de menacer la France et notamment Briançon, le mont fut transformé en fort dès 1910. Néanmoins, il ne fut jamais utilisé ; lors de la Première Guerre, les canons furent transférés sur le front austro-hongrois, et en 1940, les Français le mirent hors de combat juste avant l'Armistice du 24 juin. À la Libération, De Gaulle insista pour redélimiter les frontières avec l'Italie et annexer le mont. Chose fut faite ! Pour en revenir à l'aspect purement technique, le « cuirassé des nuages » se gravit depuis Montgenèvre ou il faut suivre le chemin des Baisses. À l'intersection qui se matérialise par le Rio Secco, prendre à droite afin d'atteindre le col du Chaberton. Ensuite, laissez-vous guider par les lacets et vous arriverez au fort… fort bien conservé. Attention : il n'y a ni ombre, ni eau tout au long du trajet, donc prévoyez quelques litres. La difficulté de l'ascension est moyenne malgré les 1 288 m de dénivelé.

Pour faire la randonnée accompagnée :
☎ 04-92-20-15-73. • guides-briancon.com •

4

La pique d'Estats (3 143 m) dans le massif du Montcalm

Occitanie / Ariège

Départ-arrivée : parking de l'Artigue dans les alentours d'Auzat-Vicdessos
Distance : 20 km • Durée : 10h

Voici le plus haut sommet de la Catalogne et de l'Ariège. En effet, ce pic fait office de frontière entre la France et l'Espagne mais, plus qu'un point de séparation, c'est un point de rendez-vous pour les amoureux de la montagne. Le parcours, bien fléché blanc-rouge, n'est pas très dur malgré quelques névés persistants en été (en fonction des années), mais reste très long… Vous avez le choix de le faire en deux jours et une nuit en vous arrêtant au refuge de l'étang du Pinet, qui s'atteint en 3h depuis le point de départ. Ensuite, vous arrivez à l'étang du Montcalm avant de franchir le col de la Coumette, du Riufret puis d'enchaîner avec le pic du Montcalm (3 077 m) et celui de Verdaguer (3 131 m) pour finalement atteindre la pique d'Estats. Là-haut, magnifique vue européenne, sur la France, l'Espagne et l'Andorre.

Pour faire la randonnée accompagnée :
☎ 05-61-01-90-62. • guides-ariege.com •

5

Le pic du Taillon (3 144 m)

Occitanie / Hautes-Pyrénées

Départ-arrivée : col des Tentes • Distance : 16 km • Durée : 8h

C'est un des sommets les plus faciles du cirque de Gavarnie ; une randonnée accessible, même si en montagne, il est nécessaire de rester vigilant. C'est en été qu'il est plus aisé de le gravir. Des névés persistent toute l'année et il est parfois nécessaire de s'équiper de piolets. Néanmoins, les paysages sont grandioses et le refuge des Sarradets offre une très belle vue sur l'imposante brèche de Roland. Brèche que l'on retrouve un peu plus tard pour atteindre le Doigt de Dieu. On se sent soudainement tout petit face à ces parois impressionnantes. Les derniers mètres du sentier sont bien indiqués et l'ascension devient plus longue que difficile. Une fois au sommet, la vue sur des monuments des Pyrénées s'offrent à nous : le mont Perdu, le Vignemale, le pic de Néouvielle, etc.

Pour faire la randonnée accompagnée : ☎ 05-62-92-87-28. • guides-luz.com •

SKI DE RANDONNÉE À ARÊCHES-BEAUFORT

84

Le paradis !

L'alliance du ski et de la randonnée ne cesse de faire des adeptes. À travers des espaces sauvages, le plaisir de la balade conjugué à un effort un peu cardio fait doublement savourer la descente sur des pentes vierges ! Pour s'initier, de plus en plus de stations aménagent des pistes dédiées à cette discipline. Embarquement pour l'une d'elles : Arêches-Beaufort.

Minimum 2h

Décembre à mi-avril

De moyen à difficile

Guide obligatoire

Albertville

Préparer

Accès : la gare TGV d'Albertville est située à 25 km d'Arêches-Beaufort. Puis 40 mn de bus jusqu'à la station. • altibus.com •

Encadrement : la Maison des Guides d'Arêches-Beaufort organise des sorties encadrées par des guides et des excursions nocturnes de 2h env. Infos et réservations à l'office de tourisme : • Areches-beaufort.com • ou ☎ 04-79-38-15-33.

Tarifs : location de skis, chaussures et peaux : environ 40-50 €/ jour. Sortie collective de 40 €/ pers (nocturne) à 90 €/pers. Engagement privé 320-400 €/ jour (jusqu'à 6 pers).

Attention : sécurité oblige, on ne part pas sur les secteurs hors-pistes sans être accompagné d'un professionnel de la montagne.

Équipement : pelle, sonde, DVA (détecteur de victime d'avalanche), couteaux (parfois prêtés par les guides) à glisser dans son sac en plus d'une polaire ou doudoune compacte, et un morceau de beaufort, pardi ! Quant aux skis, s'ils sont légers, la montée n'en sera que plus facile. Si le loueur vous propose une paire un peu lourde (free skis), vous serez plus stables dans la descente.

Un terrain de jeux immense

Arêches-Beaufort n'a pas tout sacrifié au ski, loin de là. La grosse affaire reste bel et bien la fabrication du… beaufort, ce roi des fromages fabriqué avec le lait de la vache tarine et abondance.

Les deux villages savoyards de **Beaufort-sur-Doron** et **Arêches,** 300 m plus haut, forment, avec un chapelet de hameaux authentiques, la station d'Arêches-Beaufort, où l'on skie sur les contreforts du mont Blanc, en surplomb des chalets à l'architecture traditionnelle. Seulement 50 km de pistes de ski alpin mais un terrain de jeu immense pour les amateurs de *freeride* (ski hors piste).

Au départ du **col de la Forclaz,** on bascule sur l'autre versant pour dévaler vers les trois lacs, un des itinéraires mythiques le long d'une magnifique combe qui plonge vers les lacs Cornu, Seston et Tournant. La glisse se poursuit dans un canyon avant de rejoindre le Planay. Quant au Grand Mont, il offre une multitude d'itinéraires plus ou moins techniques pour se faire plaisir, à découvrir aussi accompagnés d'un guide.

Ceux qui préfèrent se familiariser avec les peaux de phoque avant de se lancer sur des voies plus engagées débuteront sur les quatre itinéraires balisés et sécurisés secteur du Planay (jusqu'à la Grande Combe) ou secteur Grand Mont. Ces itinéraires *La Trace* ont rendu la pratique de ce sport accessible à tous à Arêches-Beaufort. Et ça chauffe déjà les cuisses !

PIERRA-MENTA

Pendant quatre jours en mars, la crème des alpinistes gravite sur les pentes du Grand-Mont pour la légendaire course de ski-alpinisme. 10 000 m de dénivelé positif à avaler. Réservée à l'élite, forcément, mais rien n'empêche de profiter de la course et d'encourager les coureurs !

Prolonger le week-end

Pour des rêves un peu givrés

Nuit en **igloo** à 2 000 m d'altitude, sous le col de la Forclaz et à proximité des pistes. Accès à ski alpin ou de randonnée par le télésiège du Grand-Mont puis en suivant la Trace rouge, un parcours de 300 m de dénivelé accessible même aux débutants. Ceux qui ne sont pas en jambes prendront le télésiège Bonnets rouges. Douche et toilettes dans le chalet d'alpage voisin. Couettes douillettes pour passer la nuit en tribu (4 pers /igloo), soirée autour du feu et repas savoyard inclus. Même la lampe frontale est prévue : difficile de rester de glace !

Infos à l'office de tourisme : ☎ 04-79-38-37-57 et résas en ligne • areches-beaufort.com/activites/une-nuit-en-igloo •

Compter 120 €/pers ou 370 € à 4 en ½ pension (dîner et petit déjeuner inclus).

Tout savoir sur le ski de randonnée

Coup de projecteur sur cette activité qui ne cesse de grimper.

1

Ski de rando ou ski de fond ?

Rien à voir, il s'agit de deux activités différentes. Leur point commun : le talon est détaché dans les deux cas (à la montée seulement pour le ski de rando). Alors que le ski de fond se pratique sur des domaines dits « nordiques », le ski de randonnée permet d'évoluer en dehors des pistes aménagées, et les efforts de la montée sont récompensés par un point de vue souvent grandiose. Sans parler de l'euphorie de la descente dans la poudreuse !

2

Le b.a.-ba du ski de rando

Lors de la montée, avoir le talon libéré permet une poussée alternative sur les skis qui accrochent la neige. Pour grimper des pentes quelle que soit l'inclinaison, on colle sous la semelle des skis des « peaux de phoque » qui n'en portent que le nom car elles sont en matière synthétique ou en mohair (laine de chèvre angora) et antidérapantes. Grâce à ces peaux, on peut attaquer l'ascension à un rythme régulier sans glisser en arrière. Au sommet, on prend le temps de déchausser, de décoller les peaux (à ranger dans son sac) et de régler les fixations en mode descente. Une fois le talon fixé au ski, il devient alpin. Après le coup de chaud de la montée, on se refroidit vite : on enfile la petite laine à ne pas oublier avant de savourer la descente à travers combes sauvages, forêts et espaces vierges !

3

L'art de la conversion

Il ne s'agit pas de retourner sa veste mais ses skis. Dans une pente un peu raide, il est plus facile de monter en zig-zag. En arrivant au bout, la conversion (en souplesse s'il vous plaît) permet de changer de cap en ramenant ses skis dans la direction opposée. Un pli à prendre, qu'on adopte assez vite surtout si un premier de cordée aguerri vous décortique la manœuvre. Pas de panique si vous plantez l'arrière du ski dans la neige, on est tous passés par là !

4

C'est tranché : pas de sortie sans couteaux

Si vous sortez des pistes balisées, il est prudent de glisser dans votre sac des « couteaux », qui s'utilisent comme les crampons des alpinistes. Avant d'attaquer une zone verglacée et raide, ou quand les peaux n'adhèrent plus à la neige (surtout quand elle a gelé), on fixe les couteaux au niveau de la fixation afin que les crans s'accrochent dans la neige. Bien pratique pour éviter les dérapages dans les passages périlleux ! Si les plus entraînés essaient toujours de se passer de cette manipulation, ne faites pas l'impasse : une fois engagé sur un terrain escarpé, on est moins à son aise pour sortir son matériel. Arrivé au sommet, il suffit de décoller les peaux, de fixer le talon en position descente et, dans la neige fraîche, se laisser porter. Waouh !

DORMIR DANS UNE ŒUVRE D'ART !

dans les Hautes-Alpes

Qui n'a jamais rêvé de passer une nuit dans une cabane, en pleine nature ? Et quand, en plus, cette cabane est une œuvre d'art, on dit doublement oui ! C'est ce que propose le Parcours des Fées, dans les Hautes-Alpes. Une aventure étonnante et ressourçante, dans un cadre à couper le souffle !

85

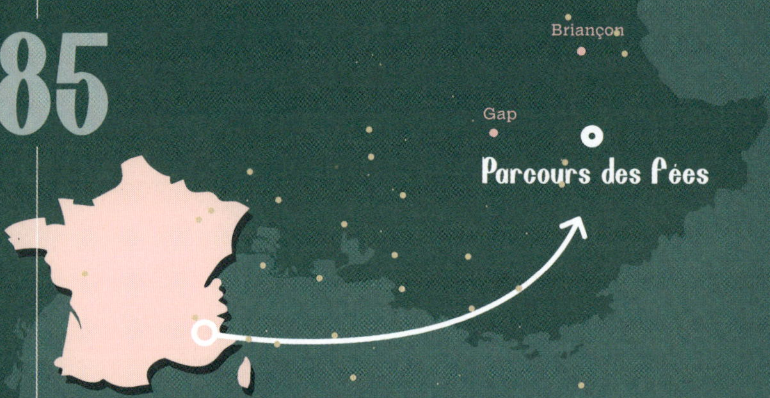

1 ou 2 jours

Toute l'année pour le Parcours des Fées, juin-sept pour les nuits en cabane

Facile

Pas besoin de guide

Embrun

Préparer

Adresse : pont du Plan, 05200 Crévoux/La Chalp.

Accès : à 13 km d'Embrun (navette pour Crévoux de janvier à mars seulement) et 25 km du lac de Serre-Ponçon. Voiture conseillée.

Plus d'infos :
☎ 04-92-43-63-69.
• parcours-des-fees.fr •

Tarifs : Parcours des Fées : 2 € ; nuit dans une cabane : 95-97 € pour 2, (résa obligatoire). Draps inclus.

Bon à savoir : prévoir pique-nique ou repas pour le soir et ne pas oublier sa lampe frontale. Pour la rando, bonnes chaussures de marche, eau et crème solaire (en été) conseillés.

Le Parcours des Fées est une idée de doux dingues comme on les aime : faire sortir l'art contemporain de ses lieux habituels en exposant des œuvres en pleine nature et ainsi, le rendre accessible au plus grand nombre.

Chaque année, plusieurs artistes et plasticiens internationaux ont ici carte blanche pour enrichir un parcours comprenant déjà près de 35 œuvres, avec leurs sculptures, photos, installations…

Un **musée à ciel ouvert**, entre forêts, cascades, rivières et montagnes, dans lequel on retrouve vite son âme d'enfant : chaque œuvre découverte est une surprise et un enchantement. Certaines sont bien cachées (levez les yeux !). On se croirait à une chasse au trésor géante en pleine nature. Une **rando facile** (boucle de 2h30 env), pour toute la famille, à la fois originale, artistique et poétique !

Pour rendre l'expérience encore plus inoubliable, il est possible de passer une nuit dans une de ces œuvres, réaménagée pour l'occasion en **chambre éphémère.** L'artiste français Frédéric Ollereau a par exemple repensé une cabane de berger, avec comme thème principal la laine, qu'il décline sous différentes formes et couleurs. À moins que vous ne préfériez la Cabane au Cube, refuge tout confort qui se fond parfaitement dans la nature, grâce à ses parois-miroirs. Depuis chacune de ces cabanes, on jouit d'une vue incroyable sur la vallée de Crévoux, sur les pelouses d'alpages et la forêt de mélèzes. Féérique ! Habiter une œuvre d'art, dans ce cadre exceptionnel à 1 800 m d'altitude, avec le ciel comme seul horizon : c'est le paradis qui vous ouvre ses portes !

CRÉVOUX PIONNIÈRE DES STATIONS DE SKI FRANÇAISES

Au delà du Parcours des Fées, c'est aussi pour son vaste et somptueux décor naturel que Crévoux est incontournable. Situé au pied du pic Saint-André (2 857 m), ce village traditionnel est dominé par des falaises de schiste et par sa jolie petite église coiffée d'un clocher à bulbe (le seul dans le coin !). C'est aussi ici que fut inaugurée, en 1937, l'une des premières stations de ski familiales du pays ! Nombreux points de départ de randonnées (notamment vers le col de Parpaillon). À 25 km de Crévoux, passage obligé par le somptueux lac de Serre-Ponçon, l'une des merveilles naturelles de la région et paradis des amateurs d'aventures nautiques !

Notre top 5 des parcours Land art entre nature et culture

Le Land art est une tendance de l'art contemporain utilisant le cadre et les matériaux de la nature pour les transformer en œuvre d'art, tantôt pérenne, tantôt éphémère. Le plus souvent, les œuvres sont installées en extérieur et donc disparaissent avec le temps ; n'en reste que leur souvenir sur des photos et des vidéos. Les premières œuvres ont été réalisées dans les paysages désertiques de l'Ouest américain à la fin des années 1960. Avec les artistes du Land art, la nature n'est plus simplement représentée et l'œuvre créée *in situ* nous interroge sur notre rapport à la nature.

1

Le château de Chaumont-sur-Loire

Centre-Val de Loire / Loir-et-Cher

Le château accueille depuis 1992, du printemps à l'automne, le « festival international des jardins » pendant lequel des designers, architectes, paysagistes et scénographes transforment la nature en œuvre artistique, selon la thématique annuelle. Mais l'art est aussi présent toute l'année sur les 32 ha de ce magnifique site, avec une quarantaine de sculptures et d'installations pérennes, disséminées dans le parc historique de **Chaumont-sur-Loire** et les prés du Goualoup : ici, un chemin fait de racines rampantes ou bien des huttes fantastiques formées de branches entremêlées ; là, des échelles ou des cabanes dans les arbres…

• domaine-chaumont.fr •

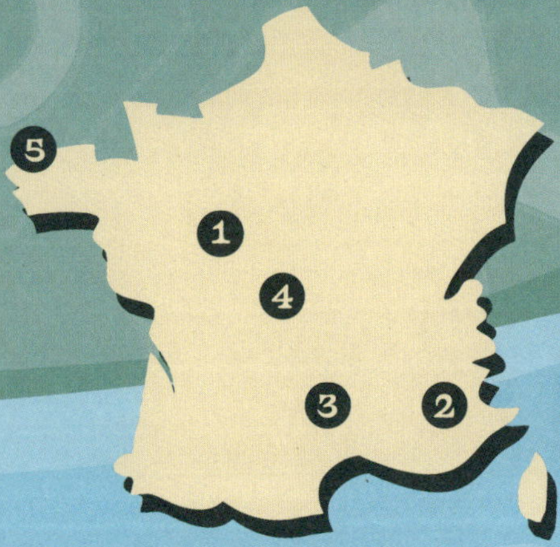

2

Le musée-promenade du Géoparc de Haute-Provence

Provence-Alpes-Côte d'Azur / Alpes-de-Hautes-Provence

Dans les environs de **Digne-les-Bains**, sur les hauteurs, le Musée-promenade fait partie du Géoparc Unesco de Haute-Provence : un vaste territoire qui constitue la plus grande réserve naturelle géologique d'Europe. Les différents parcours du musée à ciel ouvert sont jalonnés d'œuvres contemporaines dont celles du Britannique Andy Goldsworthy, qui a aménagé le sentier des Cairns en 1998, structures de pierres sèches empilées où l'eau circule parfois. Il a aussi construit un concept encore plus large, au sein du Géoparc : le « refuge d'art », qui s'étire sur 150 km, au fil d'une randonnée permettant d'explorer patrimoines naturel et culturel.

• geoparchauteprovence.com •

3

Les balcons de l'Aigoual

Occitanie / Gard

Au cœur du **parc national des Cévennes**, « les balcons de l'Aigoual » est un parcours pérenne de Land art proposé par la Filature du Mazel, fabrique artistique de la haute vallée de l'Hérault. En toute saison, la promenade en forêt permet de pister des créations originales qui s'intègrent à la nature environnante. *Tout là-haut*, de Guth Joly, est composé de fragiles échelles accrochées aux arbres. Le dossier du banc en bois de Marie-Hélène Richard semble vouloir toucher les nuages. Pour son *Équilibre précaïrn*, Aurélien Dupuis détourne avec poésie et humour les cairns qui servent de repères aux randonneurs. De bien belles rencontres !

• sudcevennes.com •

4

L'île de Vassivière

Nouvelle-Aquitaine / Creuse

Dans le parc naturel régional limousin du plateau de Millevaches, à Beaumont-du-Lac, à 55 km à l'est de Limoges, **l'île de Vassivière**, reliée à la berge par une longue passerelle piétonne, accueille une soixantaine d'œuvres contemporaines, collection constituée depuis les années 1980 et qui interroge sur le rapport entre nature et culture. En effet, il s'agit d'un lac artificiel formé par un barrage hydroélectrique bâti dans les années 1950 : l'îlot est donc, en réalité, le sommet d'une colline en grande partie engloutie, tout comme plusieurs villages autour. Andy Goldsworthy, figure emblématique du Land art, a d'ailleurs érigé un mur en pierre qui s'enfonce sous l'eau, en hommage à ces localités disparues. Certaines créations artistiques s'immergent elles aussi dans l'environnement, adoptant une sorte de mimétisme avec les rochers, souches, bûches ou racines.

• lelacdevassiviere.com •

5

Les Ribin de l'Imaginaire

Bretagne / Finistère

Entre terre et mer, les visiteurs de la **Côte des Légendes** peuvent découvrir des œuvres d'art aux abords des chemins de randonnée. À raison de deux œuvres par an, le projet des Ribin' de l'Imaginaire (« Ribin » signifiant « petit chemin » en breton), réinvente les légendes des communes et propose aux randonneurs un véritable chemin artistique ; une occasion originale de découvrir le patrimoine local. Un œuf de dragon à Plounéour-Brignogan-Plages, l'œil ailé de Guénolé à Saint-Frégant, l'arbre creux de *Salaün ar Fol* au Folgoët, un troupeau de transats à l'île aux Vaches à Kerlouan. Une invitation à se laisser surprendre, le temps d'une pause, par ces installations grandeur nature !

• fabriquedimaginaire.bzh •

AFFRONTER UNE CASCADE DE GLACE DANS LES ÉCRINS

86

Quand le mercure passe en dessous de zéro, les riantes cascades de montagne se figent, prisonnières de la glace, pour former des rideaux de cristal aux formes mouvantes. Avis aux amateurs, même les débutants peuvent partir à l'assaut de ces impressionnantes parois verticales. On vous emmène dans la vallée de Freissinières, l'un des sports majeurs du Pays des Écrins.

1/2 journée ou 1 journée

Janvier à février

Facile à difficile

Guide obligatoire

L'Argentière-Les Écrins

Préparer

Accès : gare de l'Argentière-Les Écrins, train de nuit depuis Paris gare d'Austerlitz (env 11h) ou TGV Paris-Valence, puis TER (env 6h15). La vallée de Freissinières est ensuite à une dizaine de kilomètres.

Adresse : l'agence Roc Écrins (à 3 mn à pied de la gare) véhicule ses clients et fournit le matériel (ce qui n'est pas la norme).

Plus d'infos : Roc Écrins. ☎ 04-84-13-14-08. • roc-ecrins.com •

Tarifs : env 85 €/pers pour ½ j. en collectif (8 pers max) ou 230 €/pers/j. pour un engagement avec 2-3 personnes ; engagement privé env 370 €/j. Baudrier, crampons et piolets inclus.

Équipement : sac à dos de 30 L, lunettes de glacier, pantalon d'alpinisme et collant, doudoune, coupe-vent, chaussures de haute montagne, gants, casque. Liste à compléter et à affiner avec le guide.

Bon à savoir : si le ciel bleu n'est pas indispensable, éviter les jours de grosse neige. On vous conseille de partir pendant la Ice climbing Écrins, un festival majeur autour de la cascade de glace.

glace

Cascade naturelle ou artificielle ?

Avant de se lancer en grande voie, il est préférable, pour le citadin débutant, de commencer par ½ journée sur une cascade artificielle histoire de se familiariser avec le matériel. Les cascades artificielles ont en plus l'avantage d'être facilement accessibles, sans marche d'approche. C'est le cas de la nouvelle structure dans le **hameau de Freissinières** : l'imposante tour de métal qui culmine à 18 m de haut disparaît sous la glace qui épouse ses contours. L'eau projetée dessus se transforme en une cascade qui ressemble à celles que l'on trouve en pleine nature. Idéal pour démarrer ou se perfectionner sous l'œil expert d'un guide !

Sur les 350 cascades de glace que comptabilise le **pays des Écrins,** une cinquantaine sont disséminées dans ce vallon encaissé qu'est Freissinières, paisible échancrure taillée à l'entrée du parc national des Écrins.

Impossible de rester de glace devant ces voies éphémères de 200 à 300 m de dénivelé. Un univers s'ouvre ! Chaque coup de piolet qui entaille la glace dans l'axe du corps, suivi par un crampon planté avec la pointe du pied permet de s'élever progressivement, en souplesse, tout en étant assuré. Ceux qui pratiquent déjà l'escalade sont forcément avantagés. La récompense de ces efforts, outre la vue du tonnerre ? Un décor de mille feux quand le soleil se reflète sur les stalactites, un cadre grandiose et la satisfaction de s'être dépassé ! Si vous doutiez de la renommée du site, sachez que chaque année se déroule en janvier la Ice climbing Écrins, un des plus grands festivals autour de la cascade de glace qui réunit familles et glaciairistes chevronnés. Au programme, des ateliers glace pour découvrir ou se perfectionner et des animations pour tous. À vos piolets !

Prolonger le week-end

Avec du **ski alpin** à **Puy-Saint-Vincent,** à une vingtaine de kilomètres au nord de la vallée de Freissinières. À flanc de montagne, la station familiale a préservé son authenticité et compte 75 km de pistes. Formidable panorama, notamment depuis la chapelle Saint-Romain, au nord du village.

87

RANDONNÉE AU CŒUR DU QUEYRAS EN AUTOMNE

aux couleurs de l'été indien

Le Queyras est l'une de nos destinations préférées dans les Alpes du Sud. Son relief accentué l'a longtemps isolé du reste du monde. Les pics et vallées qui le constituent créent des paysages aussi époustouflants qu'inaccessibles. En automne, quand les mélèzes se drapent de couleurs flamboyantes, on enfile ses chaussures de rando pour répondre à l'appel de la forêt !

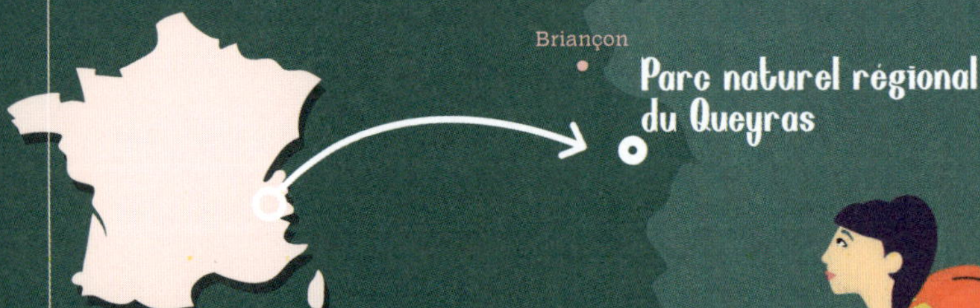

Boucle depuis Ceillac

12 km

1 petite journée

Avril à octobre

Facile

Pas besoin de guide

Montdauphin-Guillestre

Gratuit

Préparer

Accès : gare de Montdauphin-Guillestre : sur la ligne Paris-Briançon (train couchettes), Grenoble-Briançon (avec correspondances à Gap ou à Veynes), Valence-Briançon, Marseille-Briançon ou Paris-Milan (arrêt à Oulx – gare TGV, en Italie, puis navette).

Depuis la gare de Montdauphin-Guillestre, correspondance par car pour les villages du Queyras. Également des liaisons en bus vers les quatre vallées du Queyras (2-3 A/R par j. en été et en hiver).

Plus d'infos :
☎ 04-92-46-88-20.
• pnr-queyras.fr •

Bon à savoir : en automne, le Queyras se pare de superbes couleurs orangées assez uniques. C'est pas le Canada, mais pas loin !

Le Queyras, avec en point d'orgue l'Italie et le mont Viso (3 841 m, bonjour là-haut !), est l'une des régions habitées les plus élevées des Alpes, et Saint-Véran, avec ses 2 040 m est la plus haute commune d'Europe. C'est bien sûr le paradis des randonneurs et des amoureux d'une nature préservée.

On ne se lasse pas de ses superbes paysages, qui conjuguent influences méditerranéennes et alpines. Les milieux naturels y sont d'une grande diversité et d'une grande richesse. Et myrtille sur la tarte, le climat du Queyras, l'un des plus ensoleillés des Alpes, permet le développement d'une flore et d'une faune particulières et parfois endémiques : astragale queue-de-renard, salamandre de Lanza, ou encore jonc arctique des abords du Viso... Chamois, mouflons, bouquetins (réintroduits), loups (de retour) et marmottes y batifolent. Et l'aigle royal fend son air pur.

Parmi les nombreux itinéraires de rando, celui menant au **lac de Sainte-Anne** est un must du coin ! Logez alors à **Ceillac,** village de la vallée du Cristillan qui affiche une physionomie particulière pour un pays de montagne : c'est le plat pays ! Et pourtant, la montagne est bien là : à 2h à pied du village, le lac d'altitude de **Sainte-Anne,** aux eaux turquoise, reflète le majestueux pic de la Font Sancte, plus haut sommet du Queyras, qui culmine à 3 385 m. C'est tout simplement époustouflant... Avec son petit centre chaleureux, sa jolie fontaine, sa vénérable mairie et sa curieuse église à six cloches apparentes, Ceillac est un agréable village.

Départ de la randonnée au hameau Le Pied-du-Mélézet, à 2 km de Ceillac. Le début est un peu raide (ça force pas mal sur les mollets) mais aucune difficulté majeure pour autant. Comptez 700 m de dénivelé au total. Montez par le lac Miroir, pour rejoindre le GR® 5 et redescendre ensuite sur Ceillac. Il faut environ 5h pour faire l'aller-retour.

Autre possibilité : se garer au parking de Chaurionde, qui compte de nombreux départs de randos ; de là, compter 1h30 pour atteindre le lac (500 m de dénivelé). En famille, avec des enfants, mieux vaut suivre cette seconde option. Au lac, le panorama est grandiose ! On y trouve la chapelle Sainte-Anne qui fait l'objet d'un pèlerinage populaire tous les 26 juillet.

Venir en hiver

L'hiver, ce sont les itinéraires de **ski de fond et nordique** qui sont à l'honneur dans le Queyras. C'est même l'un des plus beaux domaines qui soient pour la pratique de ce sport, qui réclame avant tout un cadre naturel de qualité (bien présent ici !). Les inconditionnels pourront chausser leurs skis alpins dans les stations qui sont d'abord de **« vrais » villages habités** et authentiques, à l'architecture souvent remarquable. C'est là tout l'attrait et l'originalité de ce parc naturel, et c'est pour cela que le Queyras nous plaît tant !

88

MERVEILLEUSE RANDONNÉE À BORD DU TRAIN DES... MERVEILLES

Au fil d'improbables ouvrages d'art, cette ligne ferroviaire historique enfile comme autant de perles villages perchés, gares insolites, gorges et hauts sommets. Tous à bord s'il vous plaît, pour une découverte merveilleuse et pleine d'entrain à bord d'un tortillard parmi les plus panoramiques d'Europe !

Nice / Tende

1 ou 2 jours

Toute l'année

Facile

Pas besoin de guide

Nice

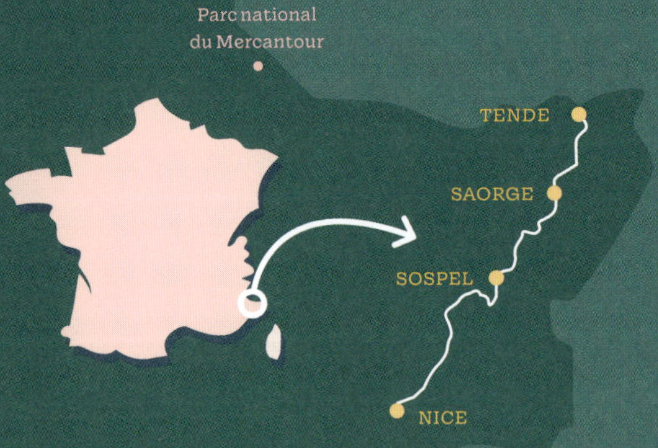

Préparer

Plus d'infos : ☎ 0800-11-40-23. (tlj 7h-21h30 ; appel gratuit depuis un poste fixe) ou • ter.sncf.com/sud-provence-alpes-cote-d-azur •

Tarif : trajet A/R Nice-Tende, 28 €.

Musée des Merveilles (Tende) : av. du 16-Septembre-1947. ☎ 04-89-04-57-00. • museedesmerveilles.com • Tlj sauf mar et certains j. fériés 10h-18h (17h hors été). Fermé 13-25 nov. Gratuit.

Débutée en 1883, la ligne a connu bien des vicissitudes avant son achèvement en 1928 : 45 ans de soupçons d'espionnage entre Français et Italiens et une guerre mondiale. Une centaine de ponts et de tunnels la composent. Une prouesse technique vu le terrain montagneux.

Au départ de Nice, sur les traces de l'ancienne Route du sel, on traverse un paysage saupoudré de pittoresques villages perchés, Peillon, Peille, L'Escarène, jusqu'à Sospel, avant de s'enfoncer dans la **vallée de La Roya.** Tantôt sur la rive gauche, tantôt sur la rive droite, la rame s'élève au cœur de la montagne par un tunnel hélicoïdal avant de franchir la rivière et de s'engouffrer dans un nouveau tunnel. Déboussolant et vertigineux parcours au sein du **parc national du Mercantour.** On passe en moins de 100 km du niveau de la mer à une altitude de 1 000 m. Les tuiles romaines cèdent peu à peu aux lauzes de pélite pourpre ; les oliviers aux mélèzes... Soudain, le village de **Saorge** apparaît, tel un funambule dominant de magnifiques gorges. Superbe !

Plus loin, la gare de **Saint-Dalmas-de-Tende** affiche un style triomphal voulu par Mussolini pour frimer lorsque ce bourg, alors italien, marquait la frontière. Terminus à Tende, dont les ruelles entremêlées sont ponctuées de passages voûtés, de placettes et de fontaines rafraîchissantes, surplombé par les ruines chancelantes du château. Ne partez pas sans avoir visité le musée des Merveilles. Son intéressante muséographie valorise les trésors préhistoriques de la vallée des Merveilles voisine.

Nos bonnes adresses

Hôtel Le Prieuré : ce prieuré transformé en hôtel est un lieu paisible et charmant qui propose des chambres tout confort, doublées d'une cuisine créative et riche en spécialités du cru. Rapport qualité-prix irréprochable.

Rue Jean-Médecin, 06430 Tende. ☎ 04-93-04-75-70. • leprieure.org • Resto tlj. Doubles 69-89 €. Menus 15-21 €.

La Margueria : dans une salle toute de bois vêtue, des plats qui vont bien avec le décor (fondue, raclette...), de généreuses pizzas et autres classiques de la cuisine italienne.

29, av. du 16-Septembre-1947, 06430 Tende. ☎ 07-76-14-90-79. Tlj (sauf mar hors été). Pizzas 10-14 €, plats 13-21 €.

UN-TRAIN-DES-MERVEILLES, MERVEILLEUX !

Chaque jour, un guide conférencier accompagne et commente, sans supplément de prix, le trajet en train du matin (départ à 9h15 de Nice, arrivée à 11h24 à Tende). La faune, la flore, l'histoire, le rattachement tardif de la haute-vallée de la Roya à la France, tout est détaillé. Passionnant !

Déboussolant et vertigineux parcours au sein du parc national du Mercantour

Peillon

LA VALLÉE DES MERVEILLES, UNE RANDO À GRAVER DANS LA MÉMOIRE !

89

La vallée des Merveilles est un lieu hors du temps et de l'espace, perdu dans la haute montagne : on y a relevé 36 000 gravures protohistoriques, courant de l'âge du cuivre juqu'aux années 1950-1960 ! À découvrir avec un guide (obligatoire) sous l'œil débonnaire des chamois et bouquetins qui foisonnent sur ces pentes.

Boucle depuis le lac des Mesches

25 km

1 ou 2 jours

Mi-juin à septembre

Facile

Guide obligatoire

Saint-Delmas-de-Tende

Préparer

Accès : accès au lac des Mesches (parking au départ de la rando) : par la D 91 depuis Saint-Delmas-de-Tende (ligne de bus interrompue jusqu'à nouvel ordre).

Durées des randonnées : 3h du lac des Mesches jusqu'au refuge des Merveilles, 4h A/R jusqu'au bout de la vallée en solo ou 8h avec guide.

Plus d'infos : ☎ 04-83-93-98-82 (office de tourisme de Tende). • vallee-merveilles.com • mercantour-roya.com •

Réservation (obligatoire) : • reservation.vallee-merveilles.com •

Tarif : 15 €.

Équipement : chaussures de randonnée, vêtements chauds, gourde... Les bâtons de marche sont proscrits sur le site.

La flore et la faune foisonnent

L'accès au paradis se mérite ! Depuis le lac des Mesches (à 15 km de Tende), on enfile les chaussures de randonnée pour 3 h d'une très belle marche d'approche jusqu'au refuge des Merveilles.

La vallée s'ouvre juste au nord, encaissée entre le **rocher des Merveilles** et le **mont Bégo.** C'était le dernier lieu à la mode chez nos ancêtres ligures, de l'âge de cuivre à l'âge du bronze ancien, qui attribuaient au lieu des vertus liées à la fertilité. Et, de fait, ils ont enfanté une incroyable production de gravures protohistoriques en plein air, inspirant au passage des graffitis aux pasteurs de la période romaine, et même durant les années yé-yé.

Seul, on peut certes voir quelques gravures situées au bord du chemin. Mais un guide s'impose pour pénétrer le site à cœur et observer les plus beaux ouvrages. Quel touchant témoignage venu du fond des âges !

Chaque gravure a été « baptisée » : le *sorcier*, le *Christ* ou le *chef de tribu*. C'est d'ailleurs un exercice amusant que d'essayer de saisir l'inspiration de ces sobriquets !

Pour ne rien gâcher, on évolue au cœur du parc national du Mercantour, donc... Donc la flore et la faune foisonnent. On n'échappe pas, bien entendu, au sifflet d'alerte des marmottes replètes. Mais le *must* est évidemment d'assister aux bonds espiègles des graciles chamois, que l'on observe facilement en début et en fin de journée, ou de repérer les longues cornes en cimeterre des bouquetins placides. Quant au ciel, il est le royaume de quelques espèces d'aigles et de vautours, dont l'impressionnant gypaète barbu.

UN CHEF DE TRIBU ATTACHANT

D'une valeur inestimable, la stèle du chef de tribu fut rapatriée à Tende par un hélicoptère de l'armée de terre, en octobre 1988, malgré la tentative de « résistance » d'un ethnologue niçois déchaîné, qui s'y enchaîna !

Nos bonnes adresses

Refuge des Merveilles : refuge de montagne avec ses tablées franches et rigolardes qui enchaînent sur des concerts de ronflements en dortoir.

Dans la vallée des Merveilles. ☎ 04-93-04-64-64. • refugedesmerveilles.ffcam.fr • Dortoir 21,50 €/pers, petit déj 8,50 €, dîner 19 €.

Hôtel Les Mélèzes : chambres à l'ambiance très montagne, les moins chères avec douche et w-c sur le palier. Les autres, avec balcon et vue sur la montagne. Très bonne table dans la tradition avec une touche d'originalité. Accueil vraiment adorable.

À Castérino. ☎ 04-93-04-95-95. Resto tlj sauf mar-mer. Double 73 €. ½ pens 150 € pour 2. Menus 30-36 €. La route entre le lac des Mesches et Castérino sera coupée une partie de 2022, se renseigner.

SAFARI PHOTO NOCTURNE DANS LE MERCANTOUR

90

Une micro-rando les pieds sur terre, la tête dans les étoiles

Au cœur du parc national du Mercantour, voici l'occasion unique de vivre de nuit un rêve éveillé. Un safari-photo plein cadre sur l'exceptionnelle voûte céleste de la réserve internationale de ciel étoilé Alpes Azur Mercantour. Alors que s'active la faune nocturne, on se projette dans une autre dimension : l'infiniment grand !

1 ou 2 jours

Toute l'année

Facile

Guide obligatoire

Nice

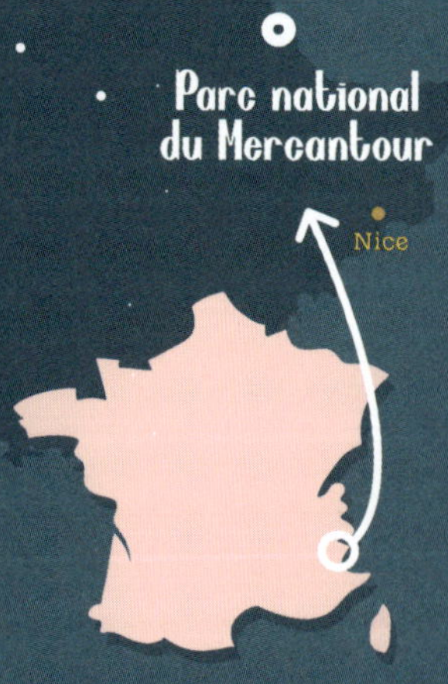

Préparer

Accès : Saint-Étienne-de-Tinée, à 100 km au nord-ouest de Nice (1h50 en bus).

Plus d'infos : ☎ 07-82-02-46-71. · guidestineemercantour.com ·

Tarif : 40 €.

Meilleure période : au cœur de l'été.

Matériel : son propre matériel, adapté à la photo nocturne. Apporter aussi de bonnes chaussures et une petite (ou grosse) laine.

Un livre 5 étoiles : *L'Empreinte du ciel étoilé des Alpes à la Méditerranée,* Anthony Turpaud (photo), Cyrille Baudouin (textes scientifiques), éditions Gilletta, 2021.

LA RÉSERVE DE CIEL ÉTOILÉ

En 2019, le convoité label RICE a été décerné à un territoire de 2 300 km² couvrant le parc naturel régional des Préalpes d'Azur et une partie du parc national du Mercantour. 3e territoire labellisé en France et 14e au monde, la qualité nocturne de ce ciel est ainsi reconnue pour sa pureté. On y observe jusqu'à 3 000 étoiles à l'abri des pollutions. La nuit tombe ? Ouvrez grands les yeux !

À l'heure ou l'apéro aiguise les faims de soirée, un petit groupe s'agrège autour d'Anthony Turpaud. Professionnel de la montagne le jour, il en explore une autre facette la nuit.

En guise d'échauffement, on tire le portrait du coucher de soleil, avant de s'enfoncer sur un sentier, dans le crépuscule, en grimpant jusqu'à 2 800 m : l'altitude et l'air sec font des Alpes du Sud un haut lieu de l'observation astronomique.

En attendant que dame Lune ne fasse son apparition, les échanges fusent autour d'un pique-nique sympa : focale, objectif, sensibilité. Beaucoup de sensibilité, justement, dans le spectacle qui se joue là-haut. Pour en percer au mieux les secrets, il faut une vingtaine de minutes, toutes lumières éteintes, pour que l'œil s'adapte. Une attente propice à l'immersion, aussi, dans le bruit de la nuit : froissements, jappements, frôlements de la faune nocturne du Mercantour.

Première à apparaître, **Vénus,** l'étoile du berger, ouvre le bal de milliards de points lumineux qui constellent le ciel à tour de rôle. **Mars,** reconnaissable à sa couleur orangée, **la Voie lactée** que seul un tiers de notre planète a la chance d'apercevoir… Puis **la Lune** entre en scène. Qu'elle soit pleine, rousse, opale, blême, elle sera la star de la soirée et la cible de nos photographes passionnés, sous les conseils avisés d'Anthony. Le firmament vous vampirise plus vite qu'il ne faut pour le dire : après 6h d'observation pavée de jolis clichés, on revient sur Terre les yeux… pleins d'étoiles !

Prolonger le week-end

Le **col de Bonette-Restefonds** (2 715 m) est autoproclamé localement « plus haut col d'Europe ». C'est un poil exagéré, mais cela n'enlève rien à la beauté sauvage de la route et au panorama dont on jouit depuis tout là haut sur les vallées de La Tinée et de l'Ubaye. Situé dans la Réserve internationale de ciel étoilé, ce col aimante les astronomes tout l'été.

Notre bonne adresse

Chambres d'hôtes Les Toits Rouges : cinq chambres d'hôtes atypiques au confort montagnard sont allées paumer leurs toits rouges tout là-haut, à flanc de montagne. Accueil aux petits oignons de Véronique et Yves dans un environnement préservé. À table, du bio, dont une bonne partie venant du potager. Sauna et bassin pour se rafraîchir. Un coup de cœur.

À Douans-le-Haut, 06660 Saint-Étienne-de-Tinée. ☎ 06-50-50-82-49. • lestoitsrouges.fr • Double 89 €.

SE PRENDRE POUR UN RAPACE À LA COLMIANE

en s'essayant à la tyrolienne la plus longue de France

91

Dévaler la tyrolienne la plus longue de France compte parmi les expériences les plus planantes du haut-pays niçois. Un survol exceptionnel des pentes du massif du Mercantour, vertes et fleuries à la belle saison, couvertes de neige et piquetées du vert profond des sapins en hiver. Alors, on y vaaaaa ?

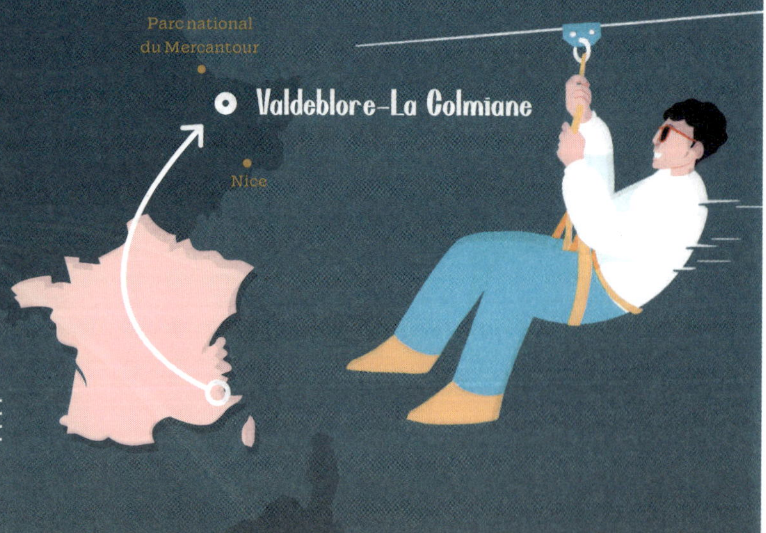

1 ou 2 jours

Toute l'année

Facile

Guide obligatoire

Nice

Préparer

Accès : Valdeblore-La Colmiane, à 8 km de Saint-Martin-Vésubie (60 km au nord de Nice).

Plus d'infos : ☎ 04-93-02-83-54. • colmiane.com •

Tarif : 35 €.

Conditions d'âge et de poids : 8-11 ans (+ de 30 kg) admis en duo avec un adulte, sinon + de 12 ans (+ de 35 kg).

Matériel : fourni par Ferrata sports • ferratasports.fr • ☎ 04-93-02-80-56.

On vous sent prêt à aligner les sensations fortes et les records ! L'aventure a lieu à La Colmiane, micro-station familiale à taille humaine juchée sur une crête entre Vésubie et Tinée. Au cœur de la « Suisse niçoise ».

Un télésiège grimpe jusqu'au départ de la tyrolienne, une plateforme d'où l'on domine une vue à couper le souffle. On est plein champ face à l'immensité du **Mercantour,** mais aussi face à ses propres doutes : ça fait haut, quand même !

Harnaché, casqué, revêtu d'une combinaison lorsque la température passe sous les 8° C, on pendouille en position horizontale, accroché à un filin que l'on voit courir à l'infini, sans en distinguer l'extrémité. Et zou, c'est parti pour le plus beau vol plané de votre vie !

Le premier tronçon vous fait flotter, libre comme l'air, sur 1 876 m d'une pente à 13,5 % (250 m de dénivelé). Ces chiffres ne vous parlent pas ? Une sensation de chute, un vrai vol en piqué dans un impressionnant bruit de vent. **On fend l'air à 130 km/h** au-dessus des pistes et de la vallée. Au-delà, gaffe à l'amende pour excès de vitesse ! Grosse séquence émotion lorsque le câble tutoie la cime des mélèzes.

Après deux minutes trente chrono, on atteint la plateforme intermédiaire d'où part le second tronçon qui, en proportion, semble plus pépère : « seulement » 784 m de long pour une pente à 6,5 %. Au passage, on se mire dans deux petits lacs artificiels nichés au fond de la vallée. À l'extrémité, **atterrissage en douceur** sur le plancher des vaches. Carrément top !

Encore plus de défis !

Ceux qui comptent aligner les performances ne seront pas déçus à **La Colmiane.** La station propose également une **via ferrata** sportive qui grimpe à l'assaut du Baus de la Frema (2 246 m). Compter 5h30 de parcours, au total. Autres sensations au programme sur le **parcours de luge d'été le plus long de France.** On dévale 400 m de dénivelé sur un rail long de 1 670 m. L'hiver, le ski prend le relais.

Notre bonne adresse à Saint-Martin-Vésubie

La Bonne Auberge : hôtel confortable et (bien) tenu de père en fils, dans une belle maison en pierre. Les chambres sur jardin sont les plus agréables. Cuisine traditionnelle et goûteuse servie sur une terrasse ombragée en contrebas de la rue.

98, allée de Verdun. ☎ 04-93-03-20-49. • labonneauberge06.fr • De mi-fév à mi-nov. Resto tlj sauf dim soir et lun. Doubles 69-75 €. Menus 28-35 €

Fais comme l'oiseau !

Porté par la tyrolienne, on partage le ciel avec le plus noble des rapaces présent dans le Mercantour. Fort d'une envergure pouvant aller jusqu'à trois mètres, le gypaète barbu peut fendre l'air à 50-70 km/h. Ça le fait doucement marrer, tous ces gentils gugusses suspendus à leur filin !

SAFARI DANS LA RÉSERVE DES MONTS D'AZUR

Sur les traces des bisons sauvages

92

Welcome à la réserve biologique des Monts d'Azur. Un incroyable tableau animalier où s'ébat toute une faune sauvage de chevaux de Przewalski, bisons d'Europe, cerfs, chamois, blaireaux... Une plongée, en plein air et en toute liberté, dans l'univers des peintures rupestres de Lascaux.

1 ou 2 jours avec la nuit en écolodge

Toute l'année

Facile

Guide obligatoire

Nice

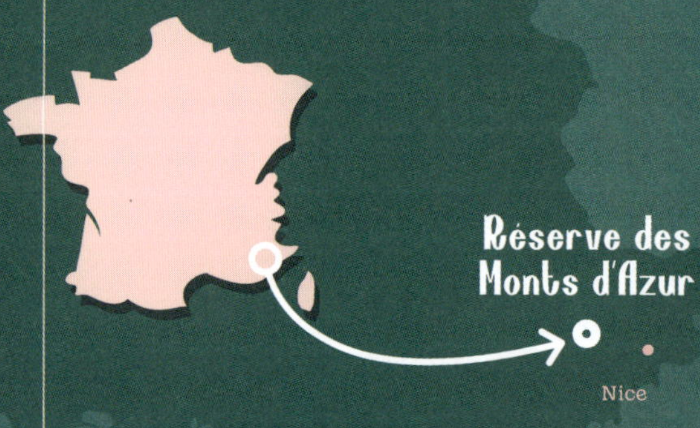

Préparer

Adresse : 2651, route des Châteaux, 06750 Thorenc.

Accès : à 5 km à l'est de Thorenc (35 km au nord de Grasse).

Plus d'infos : ☎ 04-93-60-00-78. • reserve-biologique.com •

Tarifs : safari guidé à pied ou à raquettes : 24,50 € ; en calèche ou en traîneau : 27 €.

Séjour en ½ pension avec visite du musée et accès à la piscine : 115 €/pers.

Nuitée au petit manoir avec petit déj : 99 €/pers. En éco-lodge, de mi-mai à oct, avec un safari à pied et accès à la piscine : 155 €/pers.

Bon à savoir : Fermeture annuelle 12-30 nov.

LE + DE LA RÉSERVE

Outre les safaris, de nombreuses activités sont proposées pour toute la famille : balade en calèche en été, cabanes d'observation et affût photo, piscine naturelle, mur d'escalade et aire de jeux pour les enfants. La réserve est également un lieu d'étude pour les universitaires et les scientifiques spécialisés dans la biodiversité.

Pas d'enclos, ~~pas de barreaux.~~

Depuis sa construction au XVIe s, ce domaine du Haut-Thorenc en aura vu : ferme, puis colonie de vacances, il accueille désormais une expérimentation d'éthologie des plus originale.

Patrice Longour, vétérinaire ayant exercé dans les réserves africaines, a réintroduit dans ce coin de l'arrière-pays le bison d'Europe et le cheval de Przewalski (un cheval jamais domestiqué). Ceux-là mêmes que nos lointains ancêtres peignaient déjà sur les parois de leurs grottes.

La rencontre est fascinante avec ces animaux sauvages qui faillirent bien disparaître et se refont une place parmi les espèces natives : martres, blaireaux, compagnies de sangliers, hardes de biches et de cerfs, et, bien plus discrets mais rôdant dans ces hautes collines, lynx et loups.

Les safaris proposés sont captivants et les guides passionnés vous expliquent l'histoire des animaux sauvages, leur action sur l'environnement et vous aident à reconnaître leurs empreintes… On approche bisons et chevaux à moins de 20 m, à pied ou en calèche. Voire à raquettes ou en traîneau l'hiver, lorsque la nature se couvre d'un manteau blanc et que le temps semble suspendre son vol.

À deux pas du strass de la Côte d'Azur, cette réserve conjugue tourisme responsable et écologie, dans un milieu où l'homme n'est pas le maître, mais bel et bien un humble invité de la faune et de la flore sauvages.

On peut loger sur place au manoir et les plus hardis établiront le camp dans un éco-lodge : dodo sous une tente douillettement aménagée, bercé par le gentil remue-ménage des animaux nocturnes…

Prolonger le week-end

La réserve est située dans le parc naturel régional des Préalpes d'Azur. C'est l'occasion de s'immerger dans de magnifiques paysages de gorges et vallées profondes. On pourra s'aventurer sur d'étroites routes virageuses en diable, de village perché en village perché et s'adonner aux joies des sports de plein air (canyoning, escalade, etc.). **L'Estéron** est l'une des rares rivières sauvages de France : descendre sa vallée est une expérience unique !

Notre bonne adresse

Les Ormeaux - Chez Margareta : un adorable bistrot où Margareta s'affaire aux fourneaux pendant que Michel œuvre en salle. Cuisine généreuse pour combler les faims de loup sans que le portefeuille rende gorge.

125, pl. des Ormeaux, 06620 Cipières. ☎ 04-93-58-78-70. Tlj sauf sam, le midi seulement (le soir sur résa). Résa conseillée. Plats 15-20 €.

93

MARCHER AU-DESSUS DU VIDE

en empruntant la via ferrata de la Grande Fistoire

Si vous êtes sujet au vertige, mieux vaut passer tout de suite à la page suivante. Pour les autres, direction les Alpes-de-Haute-Provence et la via ferrata de la Grande Fistoire, pour un shoot d'adrénaline qui fait grimper très haut au rideau !

Marseille

1/2 journée

Toute l'année

Difficile

Guide conseillé

Sisteron (TER depuis Aix-en-Provence et Marseille)

Préparer

Accès : sur la commune du Caire (04250), à 25 km au nord-est de Sisteron (100 km d'Aix-en-Provence).

Plus d'infos : ☎ 04-92-68-40-39. • viaferrata-alpes.com • résa obligatoire.

Tarifs : accès 6,50 € / location matériel : 15,50 €.

Conditions d'âge et de poids : 12 ans minimum. Le matériel de location est conçu pour des personnes de 50 à 100 kg (préciser lors de la réservation si en dehors de ces fourchettes).

Bon à savoir : en cas de problème ou de fatigue, plusieurs « sorties de secours » sont prévues le long du parcours.

C'est tout près du Caire, petit village situé à 25 km au nord-est de Sisteron, que se dresse non pas des pyramides, mais un défi de taille : la via ferrata de la Grande Fistoire.

930 m de long, 300 m de dénivelé, 2 à 4h d'effort… On a connu plus tranquille, comme dimanche matin ! Le parcours est d'ailleurs réservé aux personnes en bonne condition physique. Sur le parking, tandis que l'on s'équipe (casque, baudrier, longes, poulie, mitaines, etc.), le guide explique les principes de base de la **via ferrata.** Relié en permanence par deux mousquetons à une ligne de vie qui court tout le long du parcours, il faut, à chaque point d'arrêt du câble, faire passer les mousquetons l'un après l'autre afin de respecter LA règle fondamentale : rester toujours attaché !

« Vous appelez ça un pont ? »

Allez, c'est parti ! Sous un doux soleil matinal, dans l'air baigné de parfums de thym et de genêts, on débute par la section la plus facile. Globalement, il suffit de se hisser en s'agrippant à des barreaux de fer. Facile, ok, mais ça tire déjà sur les bras et surtout, on se retrouve très vite avec le vide qui vient nous lécher les orteils ! La deuxième partie envoie « plus de gaz » précise le guide avec un sourire malicieux. Dans le jargon, cela veut dire que question passages vertigineux, on n'est pas au bout de nos peines. Il dit vrai… On se retrouve bientôt collé à une paroi verticale, avançant en crabe, avec une bonne centaine de mètres de précipice sous les pattes ! Un peu plus loin, le **passage du « Bombu »**, particulièrement raide, fait sérieusement travailler les biceps. En arrivant au sommet de ce dévers bien vénère, on souffle et on admire la vue, époustouflante. Prochaine épreuve de ce parcours du combattant ? Une passerelle de 60 m de long, perchée à 90 m du sol, façon Indiana Jones. Pas très stable, ni très large, mais c'est une partie de plaisir comparé au pont népalais qui attend juste derrière. Enfin, un pont, façon de parler, puisqu'il s'agit seulement de trois câbles : un pour les pieds et un pour chaque main ! Sensation inoubliable que de jouer les funambules à 100 m de la terre ferme… La via ferrata s'achève sur un kiff ultime : un enchaînement de trois tyroliennes (respectivement 150 m, 130 m et 220 m de longueur) qui nous ramènent en bas à toute vitesse. À l'arrivée, les muscles sont endoloris et le sourire figé par l'adrénaline. On a fait le plein de sensations fortes pour l'année !

Une alternative

Pour les familles et/ou ceux qui cherchent une via ferrata plus accessible, le parcours des **Ammonites** est installé juste à côté de la Grande Fistoire. D'une durée max de 2h, cette via est ouverte aux enfants à partir de 7 ans et ne présente aucune difficulté particulière. Compter 16 €, location de matériel compris.

Notre top 5 des plus belles via ferrata

Pas besoin de chercher des prises, avec la via ferrata, vous avez des échelles, des cordes et des rampes pour vous faciliter l'ascension. Alors, on grimpe !

1

Via ferrata de Liaucous

Occitanie / Aveyron

Au cœur de la région des **Grands Causses,** surplombant les gorges du Tarn et de la Jonte, cette via ferrata propose deux parcours d'1 km de long, l'un accessible aux débutants, l'autre plus exigeant. Dans les deux cas, ambiance vertigineuse garantie et nombreux « ateliers » tout au long de l'itinéraire (pont de singe, pont népalais, tunnel dans une grotte, tyrolienne), le tout au milieu d'un impressionnant chaos de rochers. En bonus, on a parfois le droit à une escorte de vautours fauves…

Situation : Mostuéjouls • Niveau (selon parcours) : peu difficile à difficile

2

Les Échelles de la Mort

Bourgogne-Franche-Comté / Doubs

Dominant les belles **gorges du Doubs,** ce parcours s'avère moins redoutable que son nom, « Harrypotterien » en diable, ne laisse présager. Sur le flanc d'une roche calcaire, on progresse à travers un itinéraire très ludique (échelles, poutres, ponts de singe, ponts népalais, etc.), sans difficultés majeures. Le paysage, entre la vallée du Doubs et les sommets suisses au loin, est absolument magnifique. En prime, le parcours se termine par une tyrolienne longue de 60 m. Pour la petite histoire, le tracé est celui qu'empruntaient il n'y a encore pas si longtemps les contrebandiers pour circuler incognito entre la Suisse et la France. Faute de via ferrata, ils utilisaient à l'époque des échelles de bois fixées à flancs de falaises. Les fameuses échelles de la mort…

Situation : Charquemont • Niveau (selon parcours) : facile à assez difficile

3

Via ferrata de la grotte à Carret

Auvergne-Rhône-Alpes / Savoie

Considérée à juste titre comme l'une des plus difficiles de l'Hexagone (elle est classée ED+, pour « extrêmement difficile »), cette via ferrata s'adresse aux sportifs accomplis. Mais pour les courageux qui se lancent plein gaz sur ce parcours très aérien, quelle récompense ! Vue somptueuse sur la **vallée de Chambéry** et, au loin, le mont Granier et ses 1 933 m d'altitude. Au programme : des surplombs et des dévers en pagaille, une ascension exigeante (la Grande Faille), un pont népalais hyper-vertigineux et surtout, très peu d'endroits où se reposer. Bref, un vrai parcours du combattant !

Situation : St-Jean-d'Arvey • Niveau : extrêmement difficile

4

Via ferrata du rocher du Saint-Julien

Auvergne-Rhône-Alpes / Drôme

L'une des plus belles et des plus longues (1,7 km) d'Europe. En plus d'une vue imprenable sur le mont Ventoux et l'entrée des **gorges d'Ubrieux,** cette via ferrata offre quatre itinéraires distincts et de difficulté progressive. Les plus aguerris iront se frotter à la Thiousso (« la coriace ») et ses 460 m d'efforts ou, plus ambitieux encore, à la Rompo Quieu. Cette voie, longue de plus de 640 m, porte bien son nom (littéralement : « casse-cul » !) : nombreux obstacles à franchir, devers vertigineux et surplombs bien physiques au menu.

Situation : Buis-les-Baronnies • Niveau (selon parcours) : peu difficile à extrêmement difficile

5

La panoramique

Occitanie / Pyrénées-Orientales

Une vue (panoramique, on l'aura deviné) sur le **mont Canigó,** la mer (par ciel dégagé) et les sommets pyrénéens, voilà l'écrin proposé par cette via ferrata physique et aérienne, dont la majeure partie se fait le long d'une belle montagne calcaire. Le parcours débute par une mise-en-bras qui donne le ton : un mur de 25 m, raide comme la Justice ! Le reste s'avère moins éprouvant mais tout aussi palpitant, avec un enchaînement de ponts de singes, ponts népalais, passages en dévers ou en crête, goulet… Et la descente, avec vue sur la vallée de l'Aude, est tout simplement sublime.

Situation : Saint-Paul-de-Fenouillet • Niveau (selon parcours) : assez difficile à difficile (taille minimum requise : 1m70 bras levés)

AQUA… RANDO DANS LES GORGES DU VERDON

La cassure du Verdon, c'est comme un coup de hache qu'aurait donné un géant dans les hauts plateaux de Provence. Le canyon demeure très sauvage et son accès nécessite de mouiller la chemise : l'occasion de se rejouer *Rivière sans retour* (revenez quand-même !), sous le vol majestueux des vautours et des aigles !

94

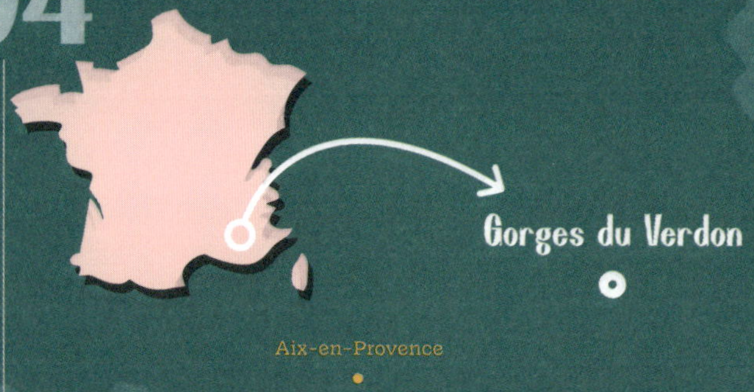

1 journée

Avril à octobre

De facile à difficile

Guide obligatoire

Manosque ou Marseille (puis 2h50 de bus)

Préparer

Accès : La Palud-sur-Verdon, à 100 km au nord-est d'Aix-en-Provence et 90 km au nord-ouest de Saint-Raphaël.

Plus d'infos : • verdontourisme.com • qui recense l'ensemble des prestataires proposant des activités de plein air.

Tarifs : 45-140 € (durée : 2-8h).

Bon à savoir : vérifier que l'aquarando se déroule bien dans les gorges du Verdon, certaines sont proposées dans le parc régional du Verdon mais pas dans les gorges mêmes.

LONGUE-HISTOIRE AU-FIL-DE-L'EAU

Les hautes falaises des gorges du Verdon abritaient de nombreuses grottes préhistoriques. Des fouilles furent entreprises avant que certains sites ne soient noyés par les eaux de retenue des barrages sur le Verdon, entre 1948 et 1975. Un musée décrypte ce riche et lointain passé à Quinson, dans les basses gorges du Verdon.

Contrairement au canyoning, la randonnée aquatique déroule le fil d'une rivière de façon très horizontale. Équipé d'un gilet de sauvetage, d'un casque et d'une combinaison, on se laisse porter par le courant, tel un bouchon, dans des méandres inaccessibles autrement.

Out les rafts, canoës et autres rafiots, l'aquarando, c'est indéniablement une façon de s'offrir l'exclusivité de certains coins de nature magnifiques réservés aux seuls courageux.

Le canyon du Verdon déroule le ruban vert de sa rivière riche en fluor entre des à-pics vertigineux de strates calcaires auxquels s'accrochent des bouquets de verdure. Façonnée, creusée, ravinée par cet impétueux torrent, la roche adopte des formes parfois torturées, percée de mille vasques auxquelles l'eau bouillonnante confère un aspect de jacuzzi naturel. Sous le soleil de Provence, cet univers est tantôt baigné par une lumière crue, tantôt plongé dans une ombre ténébreuse.

Vos aventures aquatiques se déroulent dans un parc naturel régional riche en faune et en flore. Entre autres, l'impressionnant lézard ocellé, long d'un demi-mètre, totalement inoffensif. Survol assuré par des escadrilles de libellules avec, bien plus haut, le tournoiement de vautours moines ou fauves, de rares aigles de Bonelli et de gypaètes barbus.

Certains passages du périple permettront aux plus téméraires de sauter du haut d'un rocher dans quelque piscine naturelle, jusqu'à 10 m plus bas. Rien d'obligatoire, les parcours sont calibrés pour toutes les envies. Ivresse assurée de 7 à 97 ans !

Prolonger le week-end

À l'ouest, le magnifique village de **Moustiers-Sainte-Marie** se love telle une crèche dans un cirque de hautes falaises. Il est une référence française en matière de faïence, au décor raffiné. Au débouché des gorges, le magnifique **lac de Sainte-Croix** développe un fascinant nuancier de bleus, dominé par le **plateau de Valensole** couvert de champs de lavandin à perte de vue (floraison de juin à mi-juillet).

Notre bonne adresse

L'Auberge du Point-Sublime : une institution locale, dans la même famille depuis 1946. Le grand-père de l'actuelle propriétaire a d'ailleurs établi la 1re carte de rando du coin ! Chambres simples mais confortables et au goût du jour. Certaines donnent sur une vaste terrasse d'où l'on a une vue sublime (évidemment !). Côté resto, cuisine ménagère bonne et classique servie sous une tonnelle ou dans une salle joliment moderne.

Le Point-Sublime, 04120 Rougon.
☎ 04-92-83-60-35. • auberge-point-sublime.com • Tlj, sauf mer et jeu midi. Ouv mai-oct. ½ pens possible.

Notre top 5 des plus beaux spots de canyoning

En été, si beaucoup aiment se prélasser sur la plage, d'autres préfèrent les activités plus sportives et rafraîchissantes. Amateurs de sensations fortes, le canyoning est fait pour vous ! Le but ? Descendre le cours d'un torrent en franchissant cascades, falaises, vasques, le long d'un canyon en toute sécurité (cordes de rappel). Voici une sélection des meilleurs sites naturels de France pour pratiquer ce sport ludique tout en profitant de splendides paysages.

1

Canyon d'Angon

Auvergne-Rhône-Alpes / Haute-Savoie

Niveau : débutant à confirmé selon la formule
Durée : 1h30-3h30 selon la formule. • Tarifs : 50-70 €
O'Speed Canyoning : 42b, av de Novel, Annecy.
☎ 06-74-10-11-35. • ospeed.fr •

Tout près du lac d'Annecy, à **Talloires,** ce canyon se distingue par sa formation géologique unique. Plusieurs parcours sont possibles selon ses envies et son niveau : les débutants pourront ainsi opter pour la formule découverte, tandis que les plus expérimentés se tourneront vers le parcours sensation, voire expert. La formule sensation démarre de la passerelle depuis laquelle on admire la majestueuse cascade d'Angon. On s'élance d'emblée dans un rappel vertigineux de 40 m : le moins que l'on puisse dire, c'est que ça commence fort ! Le rappel suivant de 18 m en fil d'araignée précède un goulot, puis un toboggan, pour rejoindre finalement la partie la plus simple du parcours au niveau du toboggan « boîte aux lettres », particulièrement insolite. Pour les plus sportifs qui souhaiteraient suivre le **canyon d'Angon** dans son intégralité, le départ s'effectue en amont du pont des fées, puis le parcours progresse dans les gorges du canyon jusqu'au sommet de la cascade d'Angon ; là, une descente en rappel de pas moins de 60 m nous attend ! Adrénaline garantie. Avec en prime, un panorama saisissant sur le lac d'Annecy.

2

Canyon des Ecouges dans le Vercors

Auvergne-Rhône-Alpes / Isère

Niveau : débutant à expert selon le parcours
Durée : 3h-8h selon le parcours • Tarifs : 50-120 €
Destination Canyon : Saint-Martin-de-Clelles. ☎ 06-74-46-11-97. • destination-canyon.com •

À une soixantiane de km de Grenoble, le site des Ecouges, situé dans le **parc naturel régional du Vercors,** offre un cadre exceptionnel pour la pratique du canyoning. L'environnement montagnard préservé de la région se prête on ne peut mieux à la pratique de ce sport en eaux vives, dont on explore toutes les facettes : toboggans naturels, descentes en rappel (jusqu'à 28 m), tyroliennes, sauts... Le canyon est notamment réputé pour ses nombreuses cascades (dont une vertigineuse de 70 m) qui rythment l'ensemble du parcours. Si le canyon des Ecouges s'affirme incontestablement comme l'un des plus beaux sites de canyoning en France, il s'agit également de l'un des plus exigeants (si on le réalise dans son intégralité). Mieux vaut donc avoir un peu d'expérience en la matière avant de s'y engager... Cependant, les Ecouges se divisent en deux parties : la partie haute est réservée aux confirmés, la partie basse, plus facile et ludique est ouverte à tous. Ouf, on a ainsi le choix entre plusieurs formules s'adressant à tous les niveaux. On saute à pieds joints dans cette aventure.

3

Canyon de Chassezac dans les Cévennes

Occitanie / Lozère

Niveau : tous niveaux • Durée : 3h-6h selon la formule
Tarifs : 55-75 € • Mont Lozère Aventures : 5, rue de la Bourgarde, Villefort. ☎ 06 07 71 29 03.
• canyoning-lozere.fr •

Situé en Lozère, tout proche de l'Ardèche, le **canyon de Chassezac** est surnommé la « Perle des Cévennes », à juste titre. Impressionnant de beauté, il offre divers parcours au sein de ses gorges profondes de 300 m. La descente dans son intégralité est longue (il faut compter près de 6h), mais les efforts sont amplement récompensés par la splendeur du site. Le parcours est très varié et comporte notamment plusieurs sauts de 9 et 10 m, qu'on alterne avec de la nage et des descentes en rappel, en toboggans. Une chose est certaine, on ne s'ennuie pas ! Le canyon est néanmoins accessible à tous et aucune expérience préalable en canyoning n'est exigée pour s'y engager. D'ailleurs, si l'on ne se sent pas de le réaliser en entier, d'autres descentes plus courtes sont également proposées : tout le monde y trouvera son compte !

4

Canyon de Purcaraccia

Corse / Corse-du-Sud

Niveau : tous niveaux • Durée : 3h • Tarif : 55€
Corsica Canyon : Solaro. ☎ 06-22-91-61-44.
• canyoncorse.com •

Direction l'île de Beauté pour s'élancer dans le canyon de Purcaraccia, un incontournable ! Situé sur le **col de Bavella,** à proximité de la ville de **Zonca,** il est réputé comme étant l'un des plus beaux spots de canyoning de France. Difficile en effet de rester de marbre face à de tels paysages : le parcours, splendide, est ponctué de descentes en rappel parmi une dizaine de cascades entrecoupées de piscines naturelles... L'eau cristalline, est une véritable invitation à la baignade. Un décor de rêve qui présente en plus l'avantage d'être accessible à tous. Une marche d'approche de 1h30 est à prévoir au départ. Celle du retour est de 45 mn.

5

Canyon de Riolan

Provence-Alpes-Côte d'Azur / Alpes-Maritimes

Niveau : tous niveaux • Durée : 4h • Tarif : 75 €
Couleur Canyon : 31, rue nationale, Castellane.
☎ 06-08-14-93-91. • couleurcanyon.fr •

Véritable paradis pour les amateurs de canyoning et de rafting, le canyon de Riolan, situé à proximité de **Castellane,** est réputé pour son décor spectaculaire. Très encaissé, doté d'immenses parois verticales qui peuvent atteindre les 250 m de haut, il offre aux plus intrépides plusieurs occasions de sauts qu'il est possible d'esquiver. La descente est sportive mais les débutants ne sont pas exclus. Toboggans naturels et descentes en rappel et à la nage viennent rythmer ce parcours atypique qui se distingue par ses passages labyrinthiques et ses vasques couleur bleu émeraude. Entre sport et contemplation, l'expérience est palpitante !

CAVALE À TRAVERS LA CAMARGUE

Là où s'unissent le ciel et la terre, là où se fondent l'eau et la matière, là ton cheval t'emmènera poursuivre l'horizon reculant toujours sous tes foulées… Ce n'est pas qu'une histoire à lire aux enfants, c'est la promesse que tient la Camargue aux centaures en herb(ag)e.

4-5 jours

Toutes saisons (en hiver aussi, bien s'équiper contre le froid !)

Moyen à difficile

Guide obligatoire

Nîmes

95

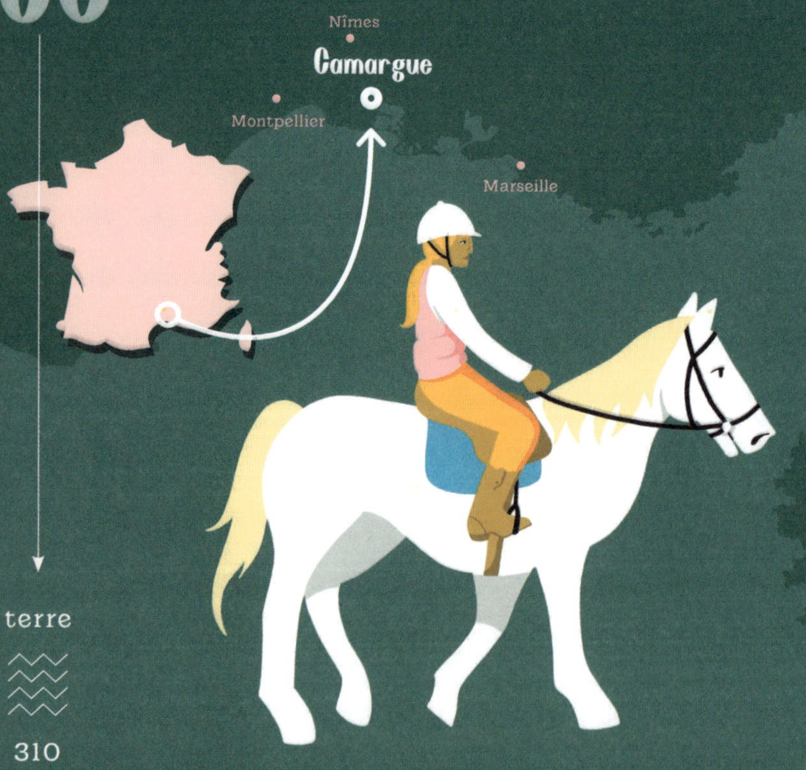

Préparer

Avec qui faire la rando : connaissance du terrain, relation avec les fermes équestres, sécurité : ce genre d'expédition ne se fait qu'avec l'encadrement de professionnels locaux. Le plus simple est de se tourner vers une agence de voyage à cheval – comme Cheval d'Aventure (• cheval-daventure.com •), un des piliers du secteur – qui a elle-même ses contacts sur place.

Tarif : à partir de 750 €/pers.

Bon à savoir : on panse, on selle et desselle son cheval. On va le chercher au pré. On peut le nourrir et l'abreuver. Avoir donc une bonne connaissance de l'animal.

Matériel : apporter votre bombe (port obligatoire).

Attention : tout participant doit maîtriser les 3 allures (pas, trot, galop) et savoir monter en extérieur et sur des terrains variés pendant plusieurs heures (2-6/jour).

Entre oiseaux et chevaux, comme au premier matin du monde

On ne visite pas la Camargue : on la ressent

On ressent la liberté de ces oiseaux qui survolent en grand nombre le sol où s'arriment mammifères quadrupèdes et bipèdes. Entre autres canards et poules d'eau, hérons majestueux, pélicans insatiables, cygnes toujours élégants et surtout flamants roses emblématiques, picorant dans les lagunes les algues qui leur donnent cette coloration flashy.

On ressent le pouls de cette terre à peine émergée, de cette « île » née des alluvions déposées au fil des millénaires par le plus puissant des fleuves français – c'est l'endiguement définitif du Rhône à la fin du XIXe s qui a permis son émergence, entre le petit Rhône à l'ouest et le grand Rhône à l'est. La terre craquelée des **sansouires**, espaces fleuris de salicorne, obione et autres végétations halophiles à la belle saison, inondés d'eaux limoneuses en hiver, à peine protégée du vent par les roselières. Une terre innervée par un subtil réseau de canaux et de fossés (dites « **roubines** », vous ferez tout de suite plus couleur locale), qui lui donne la géométrie d'une œuvre d'art contemporain, un Mondrian terra cotta. C'est ce système d'irrigation, construit avec patience et ingéniosité, qui a permis la création des rizières émaillant le territoire.

On ressent l'harmonie entre cette terre et ces taureaux qui ne connaissent pas l'étable, masses noires en camaïeu sur les gammes d'ocre et de vert du paysage, choisis, élevés, choyés par leurs **gardians** (éleveurs) pour leur caractère fougueux aux jeux (ne vous y frottez pas !), pour leur chair savoureuse dans la gardiane de taureau (la daube des gardians : viande de taureau donc, mijotée dans du vin rouge corsé, avec ail, oignon, thym et laurier. Mmmh, le soir au mas, l'estomac dans les talons...).

Mais ce monde de sensations ne s'ouvre qu'à qui se met au diapason, se fait animal parmi les animaux, ombre parmi les roseaux. La formule magique ? La **symbiose avec le cheval camarguais.** Avec sa robe gris pâle et son crin blanc, son caractère équilibré, il est l'autre emblème du delta et le plus précieux allié de l'homme, son véhicule, son outil et son ami.

Le taureau camarguais

Il se reconnaît à ses longues cornes en forme de lyre, noirâtres aux extrémités, le front étroit, l'œil vif et saillant. L'encolure mince et allongée, les hanches serrées, la cuisse longue, il dépasse rarement 1,30 m et ne pèse pas plus de 400 kg. En hiver, il prend des allures de minibison avec son poil frisé. Sa constitution le prédispose aux jeux, dont la course camarguaise – ou course à la cocarde – est le sommet (tout village digne de ce nom organise ses courses). Mais pas question de mise à mort ici. La tradition remonte au XVIe s. Les fermiers s'ennuyaient le dimanche, après la messe ; ils se mirent à braver le taureau !

LE CHEVAL CAMARGUAIS

Autochtone, comptant parmi les plus anciennes races connues, le cheval de Camargue est comme le taureau, rustique, élevé au grand air plutôt qu'à l'écurie, idéal pour la randonnée. Sa selle confortable, conçue avant tout pour le travail, dispose de renforts à l'avant et l'arrière. Parfait pour chevaucher sans fatigue, sans interruption.

Car dès lors les explorations n'ont pas plus de limites que l'horizon. Parcourir les sansouires, observer oiseaux et taureaux au rythme d'un pas chaloupé, découvrir les cabanes de gardians aux toits de chaumes, parfois réaménagées en élégantes résidences secondaires ; trotter le long des digues du Rhône ; déjeuner au milieu de l'immensité à la pause méridienne ; franchir avec lui le Petit Rhône - pas de noyade : on emprunte le pittoresque **bac du Sauvage** avec sa monture, et on est prioritaire, oui Monsieur ! On monte encore en grade dans la communion en se jetant à l'eau ensemble : on pénètre dans les lagunes, de l'eau jusqu'au genou (du cheval, rassurez-vous !) pour émerger sous le soleil sur une petite île déserte... Plaisir ultime, griserie suprême, on se lance au galop sur des plages comme infinies. Vent dans la face, sable jaillissant des sabots, une danse à trois temps aux parfums de sel et d'absolu.

Prolonger le week-end

Explorer la Camargue à pied ou à vélo

Il n'y a pas que le cheval pour explorer la Camargue.

Cette « île » ne manque ni de ponts ni de bacs pour la quadriller. N'hésitez pas à prendre les chemins de traverse.

Pour observer les animaux, patte de velours et discrétion sont de mise. Pensez à vous munir de bonnes jumelles et d'un appareil photo adapté. 350 espèces séjournent en Camargue à différentes périodes de l'année, mais vous n'en verrez en abondance que d'août à mars, le printemps n'étant propice qu'à quelques oiseaux nicheurs. Les flamants roses restent, eux, toute l'année.

Puisqu'on parle de bestioles, celles que vous êtes sûr de rencontrer sont les... moustiques, particulièrement en forme de mai à juin et de septembre à novembre : prenez vos précautions. Les eaux de certaines plages abritent également des vives, sympathiques poissons planqués dans le sable, dont l'arête dorsale provoque de très vives piqûres si l'on marche dessus. Sandales conseillées.

Notre top 4 des spots où faire du cheval

Compagnon autant que moyen de transport et de labeur (voire de labour), le cheval regagne aujourd'hui des terrains que l'invention du moteur lui avait retirés. Cet animal paradoxalement passe-partout, n'émettant guère que du crottin qui enrichira les sols, permet de voir le monde d'un peu plus haut que d'une voiture basse de caisse ! Des vallées les plus civilisées aux montagnes les plus fières, la randonnée équestre renoue au rythme des trois allures les liens entre humains et paysages.

1

Comme un seigneur le long de la Loire

Les vallées du Cher et de la Loire se prêtent idéalement à une randonnée dans le temps autant que dans l'espace. Château royal comme celui de **Chambord**, atelier d'artiste XXL comme le **Clos-Lucé**, château de dames comme **Chenonceau**, jardins de **Chaumont-sur-Loire**, partout on arrive en entendant résonner les cors sur son passage, partout on se sent tel un Illustre de la galerie du **château de Beauregard**. Et on peut même se prendre pour un capitaine Haddock ayant maîtrisé le roulis de l'assiette devant le château de **Cheverny** ! Des sites où l'on peut faire escale avec sa monture, avec de vastes pelouses où les chevaux également peuvent se restaurer et se reposer pendant les visites.

De beaux itinéraires sont proposés par Rando Cheval (• randocheval.com •), en compagnie des franches-montagnes (purs ou croisés) ou des purs-sangs arabes.

2

Comme un éleveur en Normandie

S'il vaut mieux s'adresser à Dieu qu'à ses saints, alors il vaut mieux se tourner vers la Normandie plutôt qu'ailleurs pour découvrir l'univers du cheval en France. La relation au plus noble des animaux y est attestée depuis le Néolithique ! Haras - dont le célèbre haras du Pin - hippodromes où accros et touristes jouent aux courses, comme à **Deauville**, jeux et concours internationaux, la région produit autant d'excellents chevaux que d'excellents cavaliers. Il n'est cependant pas nécessaire d'être l'un d'entre eux pour parcourir le pays au pas, au trot ou au galop. On peut onduler entre pâturages et champs de colza, se promener en forêt, par exemple dans la forêt de Brotonne, tremper les sabots de sa monture dans la Manche sur la plage de **Cabourg** comme un dandy du XIXe s… *Last but not least*, le nec plus ultra, traverser la baie du mont Saint-Michel à cheval ! La qualité de l'encadrement vous évitera de vérifier si la marée remonte effectivement à la vitesse d'un cheval au galop…

Cheval d'Aventure (• cheval-daventure.com •) et Rando Cheval (• randocheval.com •) vous proposent cette expédition, en particulier en compagnie d'Irish Cob.

3

Comme un berger au Pays basque

Sur cette terre de montagne et d'élevage, les chevaux trouvent naturellement leur place entre vaches, veaux, cochons presque sauvages et moutons… Et puis, il y a quelque chose d'enivrant à franchir une frontière à cheval, puisqu'en oscillant entre nord et sud du Pays basque à travers les Pyrénées, on passe allègrement de France en Espagne ! Alors comme à la transhumance, on découvre la montagne de **Basse-Navarre** et ses immenses pâturages, les forêts de hêtres, de chênes et de sapins, les régions semi-désertiques et arides du sud de la Navarre, le climat et le relief doux du **Labourd** et son littoral. En revanche, on ne rêve pas - ou on ne s'inquiète pas : on ne montera pas les **pottoks**, ces petits chevaux sauvages endémiques, qu'on croisera sans doute en cours de chevauchée. Leur petite taille, proche de celle d'un poney, et leur caractère sauvage constituent de sérieux freins.

Une aventure à vivre avec Olhaldea (• olhaldea.com •) par exemple.

4

Comme un héros de Giono en Provence

Au galop à travers la garrigue, *Le Hussard sur le toit* fuyait le choléra — aujourd'hui, distance et espace obligent, la randonnée à cheval est un excellent moyen de fuir d'autres réalités ! Car où sentir un air plus pur, une lumière plus intense, un relief plus acéré que dans les **Alpes-de-Haute-Provence** ? Vous ne croisez plus guère que mouflons et chamois. Vous intriguez peut-être une marmotte, décevez sans doute un aigle royal en quête de proie plus facile… Mais de crêtes en falaises, de combes en cols, vous vous immergez dans une nature préservée, aux couleurs chatoyantes - ocre de la vallée du Vançon, blanc éclatant du calcaire, et partout du vert sur le bleu du ciel tranchant comme un couteau. Par-ci par-là, quelque chapelle ou village médiéval servent de prétexte à la pause… Le rêve pour les amateurs de wilderness (bivouac inclus !).

Un rêve que réalise par exemple Cheval d'Aventure (• cheval-daventure.com •).

96

SNORKELING DANS LE PARC NATIONAL DE PORT-CROS

Le bonheur est dans le bleu !

Devant l'île de Port-Cros, le sentier sous-marin balisé de la Palud est un formidable prélude à la découverte de ce luxuriant sanctuaire, pur joyau de la Méditerranée.

1 journée

Avril à octobre, selon la météo

Facile

Pas besoin de guide

Hyères-les-Palmiers

Gratuit

Préparer

Accès à Port-Cros : toute l'année, traversées quotidiennes avec la compagnie maritime TLV-TVM (• tlv-tvm.com •) depuis le port d'Hyères (1h). En saison, nombreuses liaisons depuis d'autres villes du littoral et avec d'autres compagnies. Une fois débarqué à Port-Cros, il faut marcher 45 mn le long du sentier de l'Estissac pour gagner la plage de la Palud, sur la côte nord. Compter ensuite 40 mn pour accéder au sentier sous-marin.

Bon à savoir : le parc organise ponctuellement durant l'été des découvertes guidées du sentier sous-marin. Une plaquette immergeable est aussi vendue par les maisons du parc, permettant d'identifier les espèces en toute autonomie.

Règle d'or aux îles d'Or : respecter absolument cet environnement délicat, ne touchez à rien et ne nourrissez pas les poissons.

Plus d'infos : parc national de Port-Cros • portcros-parcnational.fr • et office de tourisme de Hyères-les-Palmiers • hyeres-tourisme.com •

Jetez-vous à l'eau sur le sentier sous-marin de la Palud pour un snorkeling d'anthologie dans des eaux cristallines ! Émerveillement garanti dès le premier battement de palme face à cette vie sous-marine riche et ludique.

Devant la **plage de la Palud,** étroite langue de sable bordée de végétation, le célèbre sentier sous-marin de Port-Cros est jalonné par six bouées numérotées, flottant à l'intérieur d'un triangle sécurisé qui s'étire jusqu'à l'îlot du Rascas. Comme autant d'étapes successives, chaque bouée porte un panneau pédagogique - à lire sous l'eau - expliquant les caractéristiques du site : géologie, flore, faune, etc. L'ambition étant de sensibiliser le public à la sauvegarde de cet environnement sublime.

Monde parallèle insoupçonné

À travers la vitre du masque, une foule de poissons rutilants et peu farouches se faufile harmonieusement entre les rochers peuplés d'anémones colorées, d'éponges, d'oursins, de poulpes et de rascasses, et dans les herbiers de posidonies d'où émergent quelques grandes nacres. Des bancs de sars, girelles, saupes, labres et castagnoles, auxquels s'invitent souvent loups, dorades, serrans, dentis et sérioles. Mais aussi des corbs et mérous, deux espèces emblématiques de la Méditerranée qu'il est très rare d'observer en snorkeling !

Haut lieu de la biodiversité en Méditerranée

Créé en 1963, le parc national de Port-Cros couvre aujourd'hui 1 700 ha de terres pour 2 900 ha de surfaces marines protégées, qui font partie intégrante du sanctuaire international PELAGOS, vaste zone maritime protégeant les mammifères marins. Fort de 180 espèces de poissons et de 500 variétés d'algues, le parc englobe aussi l'île de Porquerolles, livrant d'autres spots de snorkeling dépaysants et poissonneux…

LES + DU PARC

Outre le snorkeling et la plongée sous-marine, Port-Cros et Porquerolles se prêtent aussi très bien à la randonnée pédestre sur 80 km de sentiers balisés, entre végétation méditerranéenne luxuriante et vieux forts militaires chargés d'histoire. Et les côtes découpées des deux îles, ponctuées de criques et de plages paradisiaques, peuvent aussi s'explorer en kayak ou paddle (location sur place).

Notre top 5 des plus beaux spots de plongée sous-marine

Nul besoin de traverser les continents pour trouver des sites de plongée sous-marine dignes d'intérêt ! Avec plus de 10 000 km de côtes, la France offre d'innombrables possibilités pour explorer la variété de ses fonds marins. C'est parti pour un voyage sous les mers !

1

L'archipel des Glénan

Bretagne / Finistère

Situé dans le Finistère, au large de Concarneau, l'archipel des Glénan s'affirme comme un lieu incontournable pour tous les férus de plongée sous-marine. Isolées, sauvages, ces neuf îles classées réserves naturelles sont de toute beauté. En admirant l'eau de la mer, turquoise et étonnante de limpidité, on aurait presque tendance à se croire en Polynésie… Toutes les conditions sont réunies pour une plongée réussie, et sous l'eau, le spectacle continue : on évolue parmi une faune et une flore marine luxuriantes composées d'une multitude d'espèces : crustacés, varechs géants, étoiles de mer, voire requins pèlerins… Dans cette jungle engloutie, on compte également quelques épaves, à l'image du *Pietro Orsoleo,* monumental cargo italien de 140 m de long, coulé en 1943. Un des plus beaux spots de plongée en France, sans aucun doute.

Centre de plongée CIP Glénan : rue des Bolincheurs, île Saint-Nicolas, Concarneau. ☎ 06-84-46-84-82. • cip-glenan.fr •

2 Archipel de Riou

Provence-Alpes-Côte d'Azur / Bouches-du-Rhône

Difficile de rester indifférent face à la beauté de ces îles situées au large de Marseille. Avec leur univers rocheux pittoresque, l'exubérance de leur faune aquatique et leurs épaves imposantes, elles se prêtent on ne peut mieux à la plongée. On ne manquera pas d'admirer les Pharillons, le site mythique de l'archipel qui dresse ses pics rocheux en forme d'arches sous-marines recouvertes de magnifiques gorgones rouges et blanches. Tout autour virevoltent une multitude de poissons : sars, barracudas, dorades, loups de mer, mérous… À quelques encablures autour de l'épave du *Liban*, un paquebot de 90 m de long ayant fait naufrage en 1903, se pelotonnent congres, murènes, et langoustes.

Centre de plongée l'Atelier de la Mer : Port de la Pointe Rouge, Marseille. ☎ 04-91-72-54-12. • atelierdelamer-marseille.com •

3 Les épaves de Normandie

Normandie / Calvados

Pour une plongée dans le passé, on se rend au large des côtes normandes, où gisent plus d'une dizaine d'épaves, témoins douloureux du Débarquement de 1944. L'*Empire Broadsword*, l'*USS Meredith III*, le *Norfolk*, sont autant de vestiges de la Seconde Guerre mondiale qui ont sombré dans les fonds marins de la Manche… Outre leur intérêt historique, ces épaves constituent également de véritables refuges pour la faune marine : homards, araignées de mer, congres ou tacauds se cachent dans leurs entrailles. Leur profondeur moyenne (de -12 m à -25 m) leur permet d'être accessibles pour tous les niveaux.

Caen Ouistreham Plongée : av. Albert Sorel, Caen ☎ 02-31-50-10-25. • caen-ouistreham-plongee.org •

4 Golfe de Porto

Corse / Corse-du-Sud

Avec ses falaises abruptes de porphyre rouge qui plongent dans le bleu intense de la mer, le golfe de Porto, sur la côte ouest de la Corse, est une merveille naturelle. Sa splendeur est tout aussi remarquable sous l'eau : la faune sous-marine est particulièrement abondante dans la réserve de Scandola, à l'extrémité du golfe. Inscrite au Patrimoine mondial de l'Unesco depuis 1975, elle abrite une biodiversité remarquable, que l'on découvre en effectuant la plongée sur le site de Punta Mucchilina, tout bonnement incontournable. Capo Rosso constitue un autre spot de plongée remarquable qui comblera les amoureux de la faune marine ; on aura notamment la chance d'observer le passage de liches et de barracudas, parmi une multitude d'autres poissons.

Centre de plongée de Porto Ciutatta : Rive gauche le port, face capitainerie, Porto-Ota. ☎ 06-87-23-60-29. • plongeeporto.com •

5 La réserve marine de Cerbère-Banyuls

Occitanie / Pyrénées-Orientales

C'est le long de la côte Vermeille que sont disséminés les meilleurs spots de plongée du sud de la Méditerranée, et plus particulièrement dans la réserve naturelle marine située entre Banyuls-sur-Mer et Cerbère, non loin de la frontière espagnole. Créée en 1974 afin de protéger l'écosystème remarquable de la Côte Vermeille, elle s'impose comme la première réserve marine de France. Ses 650 ha de mer constituent un véritable paradis pour les plongeurs. Le découpage rocheux de ses fonds marins forme une architecture naturelle propice à l'épanouissement de la faune et de la flore. On peut ainsi avoir la chance d'y observer des variétés protégées comme le corail rouge ou l'hippocampe, le mérou brun, la langouste, le homard, le poulpe et la seiche. Au total, ce ne sont pas moins de 1 200 espèces animales et 500 espèces végétales qui y sont recensées. Rien que ça !

Plongée Bleue : Port de Plaisance, 10 Quai George Petit, Banyuls-sur-mer. ☎ 07-87-75-67-45. • plongeebleue.com •

TRAVERSER LE LUBERON DE LONG EN LARGE À VÉLO

Petit massif mais grand choix pour les cyclistes : de la tranquille balade en famille à la vraie virée cyclotouriste en passant par l'ascension d'un sommet de légende. Ah, au fait, on prononce « Lubeuron » et non « Lubairon »...

97

1/2 journée à 10 jours

Avril à octobre

Facile à difficile

Pas besoin de guide

Cavaillon, Manosque...

Préparer

Accès : de la gare TGV d'Avignon, un TER dessert la gare de Cavaillon. Toujours depuis Avignon, bus pour Apt, Sault, le Pays d'Aigues ou Pertuis. Plus d'infos sur • zou.maregionsud.fr • La gare de Manosque est sur la ligne TER Lyon-Marseille. Dans tous les cas, possibilité d'embarquer son vélo.

Plus d'infos : • veloloisirprovence.com •

Louer son vélo : avec livraison à votre point de départ : Luberon Biking • luberon-biking.fr • ; Sun-e-Bike • location-velo-provence.com • ; Lou Massi • lou-massi.e-monsite.com • ; sinon, Cyclix, à Cavaillon • velocyclixluberon.com • ; Cycles Albion, à Sault • albioncycles.com • ; Bédoin Location à Bédoin • bedoin-location.fr • ; Ventoux Bikes, à Malaucène • ventoux-bikes.fr • ; Vélo Luberon à Pertuis • veloluberon.com •

Bon à savoir : le circuit « Le tour du Luberon » (236 km) peut se faire en totale autonomie. Signalons toutefois qu'un groupement de professionnels (hébergements variés, accompagnateurs, loueurs de vélos, taxis...) proposent des prestations sur la base d'une charte de qualité : votre itinéraire est concocté, vos bagages suivent, des étapes sont proposées. Royal !

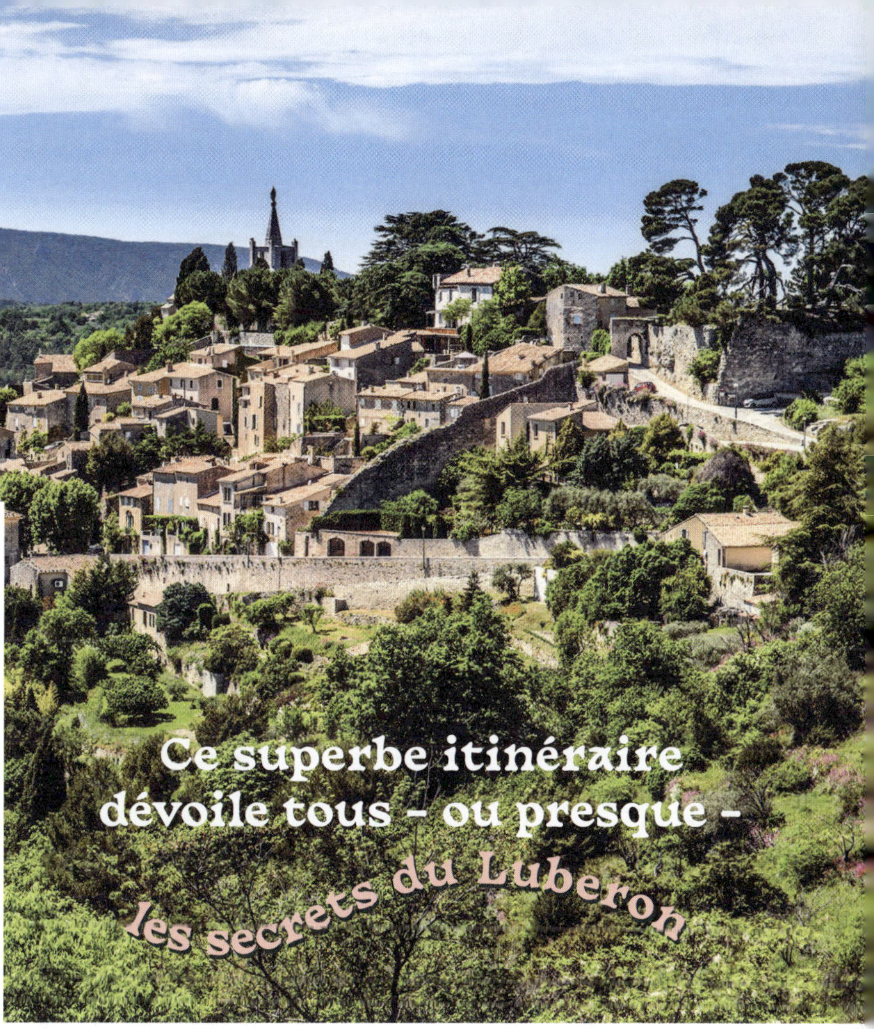

La voie verte du Calavon : pour une balade tranquille en famille

Le Calavon, petite rivière qui descend des monts du Vaucluse, est une portion de l'EuroVelo 8 ; une toute petite portion de cette *Route de la Méditerranée* qui relie Cadix à... Chypre en 5 900 km ! Au cœur du Luberon, on se contente d'en parcourir 37 km (compter 3 h) du village de **Robion,** aux portes de Cavaillon, à celui de **Castellet-en-Luberon,** un peu après Apt. La balade familiale par excellence : sans dénivelé (même pas 200 m pour l'ensemble du parcours !) et comme c'est une voie verte, on ne croise évidemment pratiquement aucune voiture au long de l'ancienne voie ferrée de la « ligne des Alpes » qui, jusque dans les années 1950, transportait les spécialités du pays, fruits confits et ocres.

L'occasion de profiter pépère du paysage : on longe d'abord le canal de Carpentras, puis surgissent sur la droite, ces superbes villages perchés qui semblent se narguer, de promontoire en promontoire et qui sont pour beaucoup dans la réputation du Luberon : Oppède-le-Vieux, Ménerbes, Lacoste, Bonnieux. Au pied de ce dernier village, on croise le romain pont Julien. Quelques viaducs avec vue permettent ensuite de traverser Apt en toute sécurité avant de rejoindre Castellet. Sur le parcours, quelques anciennes gares et si vous passez un dimanche matin devant celle de Coustellet, vous allez découvrir un des plus beaux marchés paysans de Provence.

Faire le tour du Lubéron

À l'intention des cyclistes plus sportifs, le parc naturel régional du Luberon a balisé une véloroute baptisée **« Autour du Luberon ».** Long de 236 km, ce « tour du Luberon » se fait en itinérance (un cycliste un peu entraîné peut le terminer en une semaine). Puisque ce circuit est en boucle, on peut le démarrer d'une ville (Cavaillon, Forcalquier – le parc naturel du Lubéron englobe une partie des Alpes de Haute-Provence) comme de n'importe quel village du parcours. Le circuit est fléché dans les deux sens mais on vous conseille de le suivre dans le sens inverse de celui des aiguilles d'une montre, c'est nettement moins fatiguant !

Sur de petites routes pas trop fréquentées (sauf au cœur de l'été), ce superbe itinéraire livre tous - ou presque - les secrets du Luberon. Les villages stars (Oppède, Lourmarin, Lacoste, Ménerbes) comme les plus discrets (Lauris, La Motte-d'Aigues) sont au rendez-vous, les petites villes de charme aussi (Cavaillon, Apt, Manosque, Forcalquier) tout comme les paysages les plus emblématiques du coin : rougeoyantes carrières d'ocre, vignobles qui prennent le soleil, champs de lavandes et vergers d'oliviers aux troncs tordus par les siècles.

Inutile de se la jouer, ça grimpe pas mal... Mais vous trouverez dans ce pays de cocagne largement de quoi reprendre des forces, notamment sur les marchés (celui d'Apt est exceptionnel). Et les vélos à assistance électrique n'ont pas été inventés pour rien...

Le Ventoux : à l'assaut du géant de Provence

La sérieuse grimpette jusqu'au sommet du Ventoux qui domine toute la Provence du haut de ses 1 911 m est le passage obligé de toute vie de cycliste sportif. Un mythe, même ! C'est lié à sa drôle de physionomie déjà. Avec ce sommet au paysage quasi lunaire qu'on découvre après avoir traversé des forêts méditerranéennes puis alpines. C'est lié aussi à l'histoire d'amour entre le **Ventoux et le Tour de France** (les coureurs l'ont gravi pas moins de deux fois en 2021).

Plusieurs routes grimpent vers le sommet. La plus facile part de **Sault**. Enfin, facile... 26 km et des pentes qui affichent une moyenne de 4,6 %. Un autre itinéraire démarre de **Malaucène** : 21 km, 1 500 m de dénivelé et des passages à plus de 11 % qui cassent quelque peu les jambes (mais il y a quelques kilomètres de plat pour se remettre...). Mais la route préférée des amateurs (parce que la plus empruntée, depuis 1951, par le Tour de France) part de **Bédoin**.

Mais, du sommet, l'effort est largement récompensé par une vue extraordinaire et panoramique sur le Massif central, la vallée du Rhône, les Alpes... jusqu'à Notre-Dame-de-la-Garde par temps dégagé. Mais, attention, même avec un vélo à assistance électrique, l'ascension du Ventoux est une vraie aventure, ne serait-ce qu'en raison des conditions météo très particulières de ce mont chauve : la température peut y être caniculaire comme glaciale... Et si le mistral est de la partie (des pointes à plus de 300 km/h ont déjà été mesurées au sommet)... Dernière mise en garde, la descente est aussi difficile que la montée... Hardi petit !

LES-FOUS-DU-GUIDON

Un vieux dicton provençal dit « n'est pas fou qui monte au Ventoux, mais est bien fou qui y retourne ». Pour ne pas le faire mentir, un club fondé en 1988 a choisi comme nom « les cinglés du mont Ventoux ». Pour en faire partie, il faut accepter de grimper à vélo jusqu'au sommet par les trois itinéraires en une seule journée... Les bi-cinglés le font même deux fois de suite !

Pour se reposer avec sa monture

Grand Gîte-hôtel Le Nesk : étonnante et imposante bâtisse du XVIIIe s installée dans l'ancien hôpital du village, et qui domine avec superbe la vallée. Une partie gîte avec de vastes chambres (jusqu'à 6 pers) ; une autre, hôtelière, avec des doubles 100 % confort. L'ensemble a été superbement rénové. Et ce joli lieu est très (très) branché vélo : authentiques maillots de coureurs dans les chambres, vrai petit musée du cyclisme dans l'ancienne chapelle, garage à vélos presque aussi confortable que les chambres. Spa pour se détendre d'une journée passée en selle. Petite restauration sur une terrasse avec vue. Bel accueil.

3, rue Belle-Vue, Sault. ☎ 06-29-94-66-73. • lenesk.com • À peine en contrebas du village. Fermé 15 nov-15 mars. Nuitée 30-40 €/pers ; doubles 80-150 € ; familiales.

Bed and Bike : amical, professionnel, familial, ce gîte d'étape créé dans un coin qui ne fait pas forcément rêver (le nom de l'allée est significatif) est particulièrement adapté aux cyclistes et à leurs vélos. Dans un bâtiment franchement contemporain, 6 chambres, idéales pour les familles ou les groupes. Cafétéria gérée en mode *friends*. Ici, on respire déjà l'air du Ventoux.

250, allée des Entrepreneurs, Vénasque. ☎ 06-89-97-53-64. • bedandbike.fr • Nuitée 20-25 €/pers ; petit déj en sus. Repas 14,50 €.

RANDONNÉE MARE E MONTI

98

La Corse entre mer et montagne !

Avec le GR® 20, le Mare e Monti (Nord) est le sentier de randonnée le plus célèbre de Corse. Dix étapes pour découvrir, de vallée en vallée, la diversité et la richesse des paysages de la côte nord-ouest de l'Île de Beauté. Une traversée époustouflante, entre mer et montagne !

10-12 jours au total

Toute l'année mais gîtes d'étape généralement ouverts du 1er avril au 30 septembre

Difficile

Pas besoin de guide

Calvi (liaison par bus pour Calenzana, village départ de la rando)

Préparer

Accès : la rando démarre au village de Calenzana (à 13 km au sud de Calvi, liaison en bus possible). Penser à réserver dans les différents gîtes du parcours avant d'entreprendre la rando. Attention, bivouac interdit.

Plus d'infos : · corsicabus.org · (horaires des bus)

Équipement : sac à dos, sac de couchage (pour les gîtes), trousse de secours, chaussures de randonnée, vêtements chauds, crème solaire, casquette ou chapeau et... beaucoup d'eau !

Voir également notre chapitre « Préparer sa randonnée » p. 46

On compte plusieurs sentiers de randonnée sous la dénomination « Mare e Monti » en Corse. Mais le plus célèbre, le plus grandiose, le plus incontournable, reste le Mare e Monti Nord : 120 km à parcourir en dix étapes, de Calenzana (au sud de Calvi) à Cargèse (au sud de Piana).

Très bien balisé (en orange), il faut compter entre 4 et 6h de marche par étape, et 10-12 jours en moyenne pour le parcourir (7 jours pour les très bons marcheurs). Pas de difficulté particulière, d'autant plus que l'on peut décider d'arrêter la randonnée après une étape (bus dans chaque village). Possibilité de séjourner en gîte tout au long du parcours (se renseigner sur les jours d'ouverture avant de partir !).

Au programme de cette fantastique randonnée : une découverte magique et inédite de la Corse, à la verticale de la mer, en côtoyant les plus hauts sommets de l'île. On déambule de vallée en vallée, serpentant dans des paysages époustouflants, au patrimoine riche, et à la faune et la flore sont préservées. À chaque tronçon, on en prend plein les yeux : lors des deux premières étapes de montagne, on traverse les **forêts de Sambucu et de Bonifatu** aux arbres majestueux, avant de rejoindre le littoral, en longeant la **rivière du Fango** (et ses magnifiques piscines !). Ensuite, le paysage se fait encore plus grandiose, avec la découverte de la **réserve de Scandola**, du hameau isolé de **Girolata**, avant d'emprunter le célèbre sentier du facteur. Panorama à couper le souffle sur le **golfe de Porto** et les **calanques de Piana.** La fin du parcours nous emmène dans les spectaculaires **gorges de Spelunca** avant de rejoindre le **golfe de Peru** et terminer le parcours par **Cargèse.** Au final, 120 km de pur émerveillement, qui vous rendront encore un peu plus amoureux de la Corse !

CAP SUR LA FORÊT DE FANGO

À 6 km à l'est de Galéria (village d'arrivée de la troisième étape du Mare e Monti) se trouve la superbe vallée du Fango. Une microrégion proposant une promenade de 11 km, dans le Filosorma. La forêt du Fango est la plus vaste forêt de chênes d'Europe (classée réserve de biosphère) : elle couvre les pentes des montagnes et renferme une rivière avec piscines naturelles (baignade possible). C'est aussi un spot incontournable pour observer des oiseaux comme le martin-pêcheur ou le héron cendré. Un environnement exceptionnel à découvrir absolument !

une découverte magique et INÉDITE de la Corse

Notre top 5 des randos en Corse

« Ce parfum léger et subtil, fait de thym et d'amandier, de figuier et de châtaigner… Et là encore ce souffle imperceptible de pin, cette touche d'armoise, ce soupçon de romarin et de lavande… Mes amis !… Ce parfum… C'EST LA CORSE ! »

Astérix en Corse, de R. Goscinny et A. Uderzo, Hachette, 2005

1

Le tour des Cinque Frati

Départ-arrivée : Calasima
Distance : 15 km • Durée : 7h
Ville la plus proche : Corte

Une superbe randonnée, réservée aux marcheurs expérimentés car le balisage reste insuffisant. Il faut suivre les cairns et ne pas se déconcentrer. Évitez de vous y aventurer seul, et partez de préférence avec quelqu'un du coin. Départ de **Calasima**, le village le plus haut perché de Corse, à l'ouest d'Albertacce. La rando fait passer par cinq sommets qui sont en fait très proches les uns des autres. Au sommet du **monte Albanu**, le plus haut des cinq et point culminant de l'itinéraire (2 070 m) vous pourrez profiter de la vue sur la **Paglia Orba**, pic voisin, après avoir franchi l'antécime (les quelques mètres précédant le sommet) pas facile du tout à grimper. La descente se fait tranquillement par le même chemin et se termine donc là où elle a débuté, à Calasima.

2

Le lac de Nino

Départ-arrivée : maison forestière Poppaghia
Distance : 10 km • Durée : 5h
Ville la plus proche : Corte

Sans doute le plus fameux lac de Corse, à 1 742 m d'altitude. C'est aussi la porte d'entrée du **plateau du Camputile**, cet espace pastoral aux formes apaisées. On raconte que c'est en plongeant dans l'onde de Nino que le diable rejoignait autrefois son enfer, et c'est de ses berges qu'il propulsa sa charrue pour trouer la célèbre montagne du **Tafunatu.** Pour y monter, le plus simple est de partir de la maison forestière de Poppaghia (1 076 m), située à mi-chemin entre Albertacce et le col de Verghio. Balisage jaune tout au long des 2h, un fléchage qui remonte le long du torrent jusqu'à la bergerie abandonnée de Colga (1 411 m). Celle-ci se trouve à la sortie de la pinède et est signalée par d'inattendus merisiers et autres érables sycomores plantés en contrebas.
L'itinéraire se fait alors plus raide et gagne, entre buissons d'aulnes et escarpements rocheux, le **col de Stazzona** et ses blocs insolites (toujours l'œuvre du diable , selon la légende), vue splendide sur le lac situé en contrebas, les « pozzines » alentour (trous remplis d'eau entourés de pelouses herbeuses) et l'horizon rocheux des cimes du Cortenais. La descente se fait par le même chemin qu'à l'aller.

3

En Balagne, au royaume des oliviers

Départ-arrivée : Muro
Distance : 15 km • Durée : 6h
Ville la plus proche : Calenzana

Magnifique balade en boucle au cœur des exploitations oléicoles de Balagne. Sous la masse imposante et sévère du **Monte Grosso** (1 935 m) qui sépare la Balagne du Giussani (une région voisine), on passe par de petits villages au charme typiquement balanins, où la douceur de vivre est perceptible. On démarre par le village de **Muro** et sa superbe église paroissiale baroque, avant d'atteindre Lunghignano entouré d'oliviers séculaires qui imposent le respect. L'huile d'olive de Corse ou *oliu di Corsica* fait la fierté des habitants de la région. Pas très loin de Lunghignano, on traverse **Cassano** avant de s'arrêter au village de **Zilia** réputé pour ses sources ; l'eau minérale de Zilia est aujourd'hui l'une des trois grandes eaux corses. Enfin, on termine la balade en regagnant **Muro**, des olives plein les yeux.

4

Gravir le Umo di Cagna en Corse du Sud

Départ-arrivée : Giannuccio
Durée : 6h
Distance : 8 km
Ville la plus proche : Figari

L'ascension part du hameau de **Giannuccio** (prononcez « Yanoutch' »), à environ 8 km au-dessus de Monacia-d'Aullène. Se garer sur la petite place de l'église. Aller jusqu'au bout du village et suivre le fléchage. La 1re moitié de l'ascension se fait en grande partie en sous-bois. Le sentier, balisé jaune tout du long, se faufile entre bruyères et chênes verts, avec ici et là de superbes percées sur la vallée de l'Ortolo et au loin le golfe du Valinco. Puis on aborde quelques passages rocheux sans difficultés particulières. Aux abords du sommet, apparaissent les silhouettes insolites d'une ménagerie de pierre grise et austère qui annoncent, le célèbre **Uomo** (1 217 m). Au pied du chaos, le balisage cesse. On vous déconseille d'aller plus loin. Ne pas gravir le dernier amas rocheux qui mène au pied du bilboquet, notamment avec des enfants. Pas grave, on voit très bien le sommet depuis le pied des rochers. La redescente se fait par le même itinéraire. Petit conseil : partez tôt pour profiter de la fraîcheur.

5

Sillonner le Jardin du vent en Corse du Sud

Départ : Tizzano • Arrivée : Senetosa
Distance : 9,5 km • Durée : 4h
Ville la plus proche : Sartène

Superbe parcours dans le « Jardin du vent », comme le Conservatoire du littoral appelle ce vaste territoire situé entre **Campomoro** et **Tizzano,** le long d'une côte rocheuse inhabitée. C'est un des endroits les plus sauvages de Corse. On évolue entre la côte granitique où se cachent d'adorables criques et le maquis littoral, soumis aux embruns et au vent, odoriférant et enivrant, jusqu'à un phare peu commun. La balade étant plutôt courte, profitez des belles criques qui s'offrent à vous tout au long de l'itinéraire, notamment la jolie **Cala Tivella** où vous pourrez vous baigner. Le phare de Senetosa est l'autre attraction de la balade. Il est d'ailleurs doublé par une tour génoise située un peu plus dans les terres. Magnifique au coucher du soleil !

PLONGER DANS LES PISCINES NATURELLES DES GORGES DE TAVIGNANO

99

Tout travail mérite salaire. Cela tombe bien, les gorges de Tavignano sont tout sauf des radines ! Il faut crapahuter un certain temps avant d'atteindre les eaux limpides qu'elles dissimulent en leur sein... Mais une fois arrivé, on dit « ouf » et on fait plouf !

1 journée

Printemps, été, automne

Difficile

Pas besoin de guide

Corte

Gratuit

Préparer

Accès : se garer à Corte, au nord de la citadelle, au parking du musée de la Corse. De là, emprunter le sentier qui descend en contrebas de la route à gauche et suivre les indications « Passerelle Russulinu / Refuge a Sega ».

Durée / distance : 16 km, env 4h-4h30 de marche A/R.

Plus d'infos : • pnr-resa.corsica • Résa Refuge de la Sega : ☎ 04-95-51-79-00.

Bon à savoir : prévoir de bonnes chaussures et minimum 2L d'eau/pers.

La première plage est à 2h de route, mais cela ne veut pas dire que vous ne vous baignerez pas aujourd'hui. Direction les gorges de Tavignano...

Maillot de bain, serviettes, sandwichs et bouteille(s) d'eau dans le sac à dos, chaussures de marche solidement arrimées aux pieds, on quitte **Corte,** capitale « de cœur » des Corses, en tout début de matinée, avant l'arrivée des premières chaleurs.

Le sentier (balisé en orange) part de la rue du Colonel-Feracci, tout près de l'impressionnante citadelle qui domine le village. Contrairement à sa voisine, la très belle mais très fréquentée vallée de la Restonica, celle du **Tavignano** n'est accessible qu'à pied. Autrement dit, elle se mérite ! On peut, bien sûr, se contenter de ne marcher qu'un petit quart d'heure et s'arrêter aux premières vasques (**Lavu di a Matra**), mais c'est en grimpant plus haut, le long du fleuve Tavignano, que les gorges révèlent leur véritable beauté sauvage...

Un plongeoir naturel de 14 m de haut...

L'ancien sentier de muletier serpente pendant 2h30 (peu d'ombre. En été, partir tôt le matin). À chaque pause, on se retourne pour profiter de la sublime vue sur la vallée. On peut également descendre au cours d'eau pour piquer une petite tête avant de reprendre la route. Enfin, après s'être enfilé 400 m de dénivelé, on atteint la **passerelle de Rossolino** (un pont, en réalité, navré pour ceux qui s'imaginaient déjà jouer les Indiana Jones). Et là, comment dire... le maillot de bain commence sérieusement à frétiller au fond du sac ! De part et d'autre de la passerelle, de belles vasques profondes, remplies d'une eau limpide. On se débarrasse de ses vêtements avec la frénésie de jeunes mariés et plouf ! Même en plein été, l'eau est d'une incroyable fraîcheur !

Après la baignade et le pique-nique, plusieurs possibilités : continuer à grimper sur 6 km pour atteindre le **refuge de la Sega** et y passer la nuit (résa obligatoire) ou alors, faire demi-tour et aller faire trempette dans le fameux **Lavu Niellu** (« lac noir », à 3 km en direction de Corte). L'endroit est réputé pour ses plateformes sculptées dans la roche qui forment de véritables plongeoirs naturels. Le plus haut culmine à 14 m de hauteur... avis aux amateurs ! Le retour jusqu'à Corte se fait en un peu moins de 2h de marche. En arrivant au village, les jambes sont un peu lourdes (16 km, tout de même, l'aller-retour !) mais le jeu valait largement la chandelle. On est bien content de s'installer en terrasse pour déguster une bonne Orezz' ou une bière bien fraîche. *A prestu' Tavignano !*

Itinéraire sur 2 jours

Si l'on choisit de passer la nuit au refuge de la Sega, retour par un autre chemin... et quel chemin ! Passage par le plateau et les bergeries d'Alzu, puis descente par la sublime vallée de la Restonica. L'itinéraire complet (35 km) constitue la **Boucle des deux vallées** (brochure dispo à l'office de tourisme de Corte).

Où se poser en rentrant de rando ?

Bar de la Haute Ville : on aime bien le BHV, cette étroite terrasse sur la place Gaffory prisée par les Cortenais qui viennent y prendre un apéro bien mérité, et les *pinzuti* (les continentaux) qui le méritent bien aussi, allez ! Sandwichs (copieux) à partir de Pâques. Happy hour de 18h à 19h. Concert une fois par semaine en juillet-août (fermé de novembre à mars).

EN KAYAK DE MER VERS LA RÉSERVE NATURELLE DE SCANDOLA

Une joyeuse escapade en pagaie au fil de l'eau

100

Découvrir la réserve de Scandola, l'un des plus beaux sites maritimes de Corse, en kayak de mer et au ras de l'eau ! Voici une expérience magique, en immersion totale avec une nature en majesté.

Port de Porto / Chuini

7 jours (dont 5 jours de navigation)

Été

Difficile

Guide obligatoire

Porto (peu de liaisons)

Préparer

Adresse : Unghalak Kayak d'Aventure. Une équipe sérieuse, menée par des spécialistes du domaine, avec des guides tous possesseurs d'un Brevet d'état. ☎ 04-78-37-88-88. • unghalak.com •

Tarifs : à partir de 620 €/pers (hors avion).

Attention : accessible à partir de 16 ans. Une préparation physique minimale est indispensable, ainsi qu'une première expérience en kayak de mer. Il faut également maîtriser un certain nombre de gestes techniques liés à la pratique du kayak.

Le long et frêle esquif fend la mer d'huile avec délicatesse, dans un silence de cathédrale. À peine ouvert, le trait d'eau se referme derrière le kayak. Zéro décibel, zéro impact !

Cinq jours de navigation au départ de Porto pour suivre les côtes au plus près de ces gigantesques falaises, avec en ligne de mire la fameuse **réserve de Scandola,** inscrite au Patrimoine mondial de l'Unesco.

On lève la tête et on ouvre grands les yeux devant ces roches en majesté : orgues de pierre volcaniques, falaises déchiquetées, failles abyssales, grottes profondes, massifs de granit rouge érodés par l'éternité, mais aussi les *taffoni*, ces blocs de granit rongés par les éléments (soleil, vent, embruns, pluies) et qui forment des abris naturels.

Accessible seulement par la mer...

Ce n'est que par la mer que l'on peut aborder ce trait de côte. Si certains font l'excursion à la journée en bateau à moteur, la vraie aventure, c'est le kayak, pour vivre en symbiose totale avec les éléments. On pagaie en moyenne 4h par jour, avec des arrêts baignade, évidemment. Le guide adapte le rythme du groupe en fonction de l'état de la mer, souvent imprévisible.

Prendre le temps d'admirer, voilà le maître mot de cette excursion. Pour admirer l'élégance de ce couple de balbuzards pêcheurs par exemple, qui virevolte au-dessus des kayaks. Observer cette incroyable chauve-souris, la plus grande d'Europe, connue sous le nom de « molosse ». Le cormoran huppé, la grive musicienne, mais aussi le goéland d'Audouin seront peut-être de la partie. Comme ventousées à la falaise verticale, des chèvres jouent les acrobates.

Sous la tente, ça vous tente ?

Le soir, bivouac en pleine nature. Le coucher de soleil est tout simplement sublime, mettant le feu à la roche. Après le repas, sous la guitoune, on se laisse bercer par le son des vaguelettes, et par celui du cri des oiseaux qui trouve ici une incroyable caisse de résonance. La fatigue clôture la journée et l'on s'endort comme un nouveau-né.

Parcours tranquille, haltes multiples

Durant les cinq jours de navigation, depuis **Porto,** on se dirige vers le nord : la **plage de Busaglia,** puis un passage par le Capo Senino avant de pénétrer dans le **golfe de Girolata.** Ça y est, la réserve de Scandola est à nous ! Deux jours de glissade lente sur les eaux cristallines, dans ce milieu d'une grande beauté, que seul le temps permet d'explorer. Observations, explications pédagogiques, baignades (prêt de palmes, masque et tuba), pause casse-croûte... des moments simples et d'une grande richesse. Le lendemain, retour vers le sud : on longe le **canyon du Dardo,** puis halte sur la **plage de Ficagiola** et ses cabanons de pêcheurs. Chaque jour on découvre criques, arches, grottes et bouts de plages. Le sixième jour nous ouvre les portes des **calanques de Piana,** autre joyaux que l'on observe d'habitude depuis la terre. Au ras de l'eau, c'est encore plus beau.

RANDONNER À CHEVAL JUSQU'À UNE PLAGE DE RÊVE…

dans le sud Corse

101

Certaines plages de Corse ne sont accessibles qu'en bateau. D'autres le sont à pieds… ou à cheval. Pour cela, inutile d'être bon cavalier. Même les débutants peuvent goûter au plaisir unique de se baigner avec sa monture.

1/2 journée

Mai à octobre

Moyen

Guide obligatoire

Sartène (gare routière)

Préparer

Avec qui faire la rando : ferme équestre Cavadda di Santu Pultru, sur la D 48, route de Tizzano. Un club sérieux, et des propriétaires passionnés. ☎ 06-82-33-61-28. • randochevalcorse.fr • Sur réservation.

Tarif : 100 €/pers.

Bon à savoir : une petite expérience en équitation est demandée. Prévoir chaussures fermées, lunettes de soleil, vêtements légers mais pantalon long, maillot de bain et serviette. Sans oublier la curiosité et la bonne humeur !

Les chevaux sont aux anges, on est au paradis

Sur l'étroite et sinueuse route qui mène à Tizzano, la ferme équestre Cavadda di Santu Pultru est reconnaissable à son allure de ranch. C'est là que débute une balade pas comme les autres.

Elle se déroule en milieu d'après-midi, quand le soleil se fait plus doux, qu'il ne mord plus l'échine, avec un retour au soleil couchant. Emmanuel et Stéphanie aiment faire partager leur passion, au cours de balades équestres dans le maquis, dont certaines mènent en bord de mer. Leur passion pour les chevaux et l'amour de leur île se combinent ici à merveille, servies par un écrin somptueux.

Durant la balade, on suit le cours d'étroits sentiers, les jambes se frottant au passage à toutes les essences du maquis. Les chevaux sont beaux, superbement dressés. Ils empruntent les meilleurs passages, ralentissent dans les montées délicates, s'arrêtent devant les plus beaux points de vue. Si certaines randos privilégient le maquis, comme celle vers le village abandonné d'Ariddavu, une autre conduit les cavaliers jusqu'à une plage sublime. Tout le long du parcours, vos accompagnateurs vous diront la Corse, leur Corse, sincèrement et simplement, sans effet de manche. Férus d'histoire et de géologie, grands connaisseurs de la faune et la flore, vos guides partagent leurs connaissances, celles qui aident à comprendre une île si complexe.

La plage d'Argent… où la baignade est d'or

Après le maquis dense, on traverse une zone plus ouverte, avant de découvrir, au sommet d'une colline, une zone turquoise et luminescente, cernée au large par un bleu profond, et sur le devant par une large virgule de sable blanc. Non, pas blanc, *argent*, nuance, tellement il scintille. Les chevaux s'impatientent, alors Stéphanie donne le signal pour galoper sur le sable. Les chevaux sont aux anges, on est au paradis. Après cette cavalcade réjouissante, il est temps de remercier la bête d'une amicale caresse, lui dire un mot gentil, avant de desseller nos montures.

Un corps à corps mémorable

Le cheval est nu, nous sommes en maillot. Pour entrer dans l'eau, l'animal est parfois timide, semble prendre la température avant de s'engager. « Allongez-vous sur lui ! » conseille Stéphanie. C'est alors un corps à corps étonnant que l'on entame : la chaleur de son pelage, sa transpiration, puis la fraîcheur de l'eau dans laquelle il pénètre doucement. Une sensation particulière, une communion entre l'humain, l'animal et l'élément marin. Le cheval joue du sabot dans l'eau, s'amuse à éclabousser partout puis s'avance encore. On s'agrippe à sa crinière et on n'est plus maître de grand-chose. On ferme les yeux, on se laisse guider et c'est bien comme ça, afin de goûter le moment dans sa plénitude. Jubilatoire.

Chevaux au vent

Depuis la préhistoire, une race de chevaux de petite taille occupe les grands espaces de l'île. Elle fut soumise aux influences génétiques extérieures (notamment arabe durant la période sarrasine). On surnommait ces chevaux « paganacce », les païens, les rebelles, du fait qu'ils avaient conservé toute la noblesse de l'animal sauvage. Endurant, rustique, courageux et robuste, ils étaient surtout utilisés pour le transport, comme les ânes. Aujourd'hui, la vogue des randonnées équestres a permis de développer leur élevage sur l'île et en 2012 la race du cheval corse a enfin été reconnue en tant que telle. Pour observer quelques troupeaux de chevaux sauvages, vivants en totale liberté, il faut arpenter le plateau du Coscione, au cœur de l'Alta rocca.

RANDO PALMÉE DANS LA BAIE DE CAMPOMORO

Une ode à la lenteur

Une rando ludique et palmée, en toute sécurité, pour petits et grands, pour apprendre à observer le monde aquatique, afin de mieux le respecter et le protéger.

102

1h environ

Juin à septembre

Facile

Guide obligatoire

Propriano (gare des bus)

Préparer

La préparation se résume à… pas grand-chose. Ah si ! Être prêt à palmer doucement et ouvrir tout grand ses mirettes. Et ne pas hésiter à poser des questions.

Adresse :
Torra Plongée, un club de plongée sérieux et vraiment sympa, qui vous emmène à la découverte des fonds marins depuis la surface. Prévoir en famille, car tout le monde en prend plein les yeux.
☎ 06-83-58-81-81.
• torra-plongee.com •

Tarifs : compter 30 €/pers.

La Méditerranée recèle des trésors qu'il faut savoir découvrir... en prenant son temps. Voici une randonnée palmée adaptée à tous : petits et grands, sportifs ou non, en famille ou en solo. Avec un équipement simple (combinaison, palmes, masque, tuba), elle permet d'accéder aux richesses de la mer, de ses paysages et de la vie sous-marine.

Le maître mot pour en profiter est la curiosité. Une fois équipé et doté d'une planche de flottaison, un guide vous emmène en balade depuis la plage sur le sentier de randonnée. Et on palme lentement, très lentement, dans les eaux turquoise, afin de prendre le temps de s'imprégner du milieu. Dès les premiers mètres, la tête dans le bleu, on se laisse pénétrer par le monde sous-marin et ses habitants.

L'aventure se divise entre contemplation et interaction avec le guide, qui est là pour partager ses connaissances, vous sensibiliser à la beauté environnante, mais aussi à sa fragilité. N'hésitez pas à retirer le tuba pour lui poser toutes les questions qui vous passent par la tête ! Type de poissons, comportements, prédateurs... il est incollable et passionné.

« - Dis M'sieur, c'est quoi ces poissons avec les rayures horizontales ?

- Des girelles ! Elles sont craintives et véloces. C'est un poisson typique de la Méditerranée.

- Et celui tout bariolé ?

- Ça, c'est le serran écriture. C'est un poisson local qui n'hésite pas à vous fixer du regard avec ses gros yeux, avant de s'enfuir quand on s'approche. Et là, regardez, c'est un rouget ! Il farfouille le sable avec ses barbillons pour trouver de la nourriture. Il se retrouve rapidement entouré d'autres poissons qui n'attendent qu'une chose : profiter de sa farfouille pour se nourrir sans effort !

- Et toutes ces grandes algues, c'est quoi ? »

Posidonie ! La fille de Poséidon ?

Les posidonies, ce sont les poumons de la Méditerranée ! Sans elles, c'est l'asphyxie. Cette grande herbe verte endémique de la Méditerranée et qui ondule joliment au gré des courants, tapisse les fonds sous-marins et joue un rôle essentiel dans la survie de l'écosystème. Elle fabrique de l'oxygène et capte le CO_2, c'est donc une plante (et non une algue), dont l'existence est mise à mal par l'activité humaine. C'est aussi une véritable nurserie pour de nombreuses espèces animales, qui les protège des prédateurs.

Des dauphins en guest star !

Au petit matin, quand la mer est d'huile, dans la baie de Campomoro, à quelques dizaines de mètres de la plage, il n'est pas rare que quelques nageoires percent la surface. Une, puis deux, puis cinq... Ce sont les dauphins tursiops ou grands dauphins, qui se baladent dans le coin sous nos yeux ébahis.

Au cours de la balade, on observe les choses les plus simples, on comprend comment s'organise la vie pour en saisir le fragile équilibre. Et de retour sur terre, on poursuit avec plaisir l'échange avec le guide.

Prolonger le week-end

Au bout de la plage de Campomoro, la **tour génoise** édifiée par la république de Gênes vers 1586, est la plus imposante de Corse. Au sud de la tour, le territoire du **Jardin du vent**, site Natura 2000, est le point de départ de magnifiques balades en boucle bien balisées.

Dépliant à l'office de tourisme de Sartène et de Propriano.

MARCHER SUR LA LUNE...

...ou presque, au piton de la Fournaise, à La Réunion

103

L'attraction n° 1 de La Réunion, qui lui doit son appellation d'île « intense » : marcher sur un volcan bien vivant dans un paysage lunaire fantastique. Rassurez-vous, rien à craindre, il est sous haute surveillance 24h/24. C'est un véritable « volcan laboratoire » grâce auquel la volcanologie a considérablement évolué.

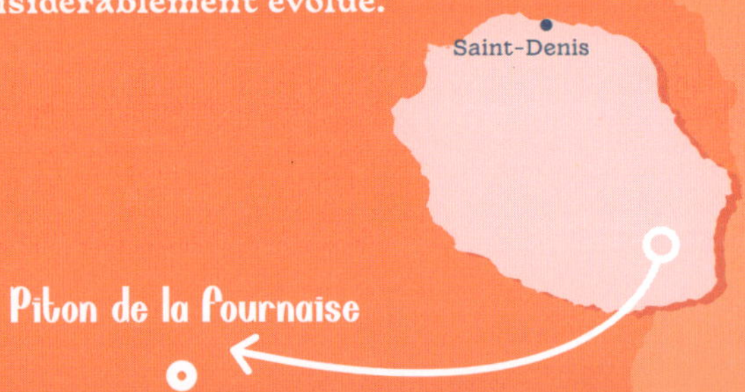

1 journée. Prévoir 5-6h de rando au minimum (A/R) pour le balcon du Dolomieu

Toute l'année

Facile

Pas besoin de guide

Pas de bus. Être véhiculé

Gratuit

Préparer

Accès : une seule route conduit au piton de la Fournaise, la RF 5, qui part de Bourg-Murat (km 27), dans la plaine des Cafres. De Bourg-Murat au pas de Bellecombe, Compter de 45 mn à 1h pour parcourir env 25 km (les derniers km sont défoncés). Pas de bus. Vous pouvez toujours essayer le stop.

Bon à savoir : avant de monter, consulter • fournaise.info • N'oubliez pas que le temps de monter, les conditions peuvent changer... Prévoir de bonnes chaussures de marche (pas de baskets, tout n'est qu'arêtes et cassures), un pull, un coupe-vent. Et surtout, un chapeau, même si le temps est à la grisaille, ainsi que de la crème solaire ! Ne pas oublier d'emporter de l'eau, car il n'y a pas de point d'eau au parking. Compter 2L par personne. En cas de mauvais temps (brume), suivre scrupuleusement les balises du sentier (marquage blanc tous les 2 m en moyenne), ne surtout pas en sortir.

On commence par en prendre plein les yeux, car la route qui conduit au piton de la Fournaise traverse un paysage totalement lunaire : la plaine des Sables, une étendue de scories et de roches volcaniques à plus de 2 000 m d'altitude, peu végétalisée, où les couleurs varient selon l'heure de la journée.

LA CITÉ DU VOLCAN

Un espace muséographique high-tech que l'on conseille vivement de découvrir avant d'attaquer le volcan pour avoir toutes les explications nécessaires sur le monstre. Visite particulièrement attractive, ludique et instructive : tunnel de lave dès l'entrée, salle de projection panoramique à 270°, cinéma 4D sur les entrailles du piton, hologrammes, effets sonores, bornes interactives, etc. On découvre toutes les facettes de l'activité volcanique à La Réunion, le piton de la Fournaise faisant bien sûr l'objet de toutes les attentions.

RN 3, au début de la route du Volcan. ☎ 02-62-59-00-26.
• museesreunion.fr/la-cite-du-volcan •

Allez-y très tôt, au lever du soleil, les couleurs sont magiques ! Pour bénéficier d'une vue d'ensemble, plusieurs belvédères, tous facilement accessibles, permettent d'embrasser ce paysage incroyable.

Le choc se produit à l'arrivée au **pas de Bellecombe,** belvédère avec une vue imprenable et point d'entrée du volcan. En bas à gauche, remarquez le **Formica Léo,** un joli petit piton tout rouge, « grain de beauté volcanique » comme on l'appelle ici. C'est ici que les choses sérieuses débutent. 400 marches plus bas on pénètre dans l'**enclos Fouqué,** vaste cuvette naturelle en forme de fer à cheval (une caldeira formée il y a moins de 10 000 ans) chargée de contenir les flots de lave du monstre volcanique. Un véritable désert minéral, où l'on marche sur des laves refroidies très anciennes et point de départ d'un sentier balisé tout le long par de gros points blancs ; ça craque sous vos pas, c'est chaud sous vos pieds et par endroits on sent les odeurs de soufre qui s'échappent des fissures. Depuis le Formica Léo, on traverse le plateau de lave jusqu'à la **« Chapelle » de Rosemont,** en fait un gros tumulus de lave. Prenez sur la gauche, direction le **balcon du Dolomieu** (2 366 m).

Le sentier commence à monter pour de bon et les gratons, de plus en plus nombreux, rendent la progression plus difficile. On s'accroche, on souffle, on râle un peu... On continue en contournant la montagne par le nord-est, et au bout de 2h30, voici devant vous le gouffre créé par l'effondrement, le 6 avril 2007, de 100 millions de mètres cubes de roches : 1 000 m de diamètre, 350 m de profondeur, enfin... au moment où ces lignes sont écrites, car chaque nouvelle éruption peut modifier la donne ! Vision inoubliable des entrailles de la Terre au repos. Évidemment les photos s'imposent et on se dit que le jeu en valait la chandelle ! Prévoir à peu près la même durée pour le retour en descente, nettement plus facile, mais gardez des forces pour la remontée des 400 marches

Au lever du soleil, les couleurs sont magiques !

BALLET DE BALEINES ET DE DAUPHINS EN BASSE-TERRE

Vous garderez de cette expérience en mer un souvenir mémorable et porterez assurément un regard autre sur le monde aquatique.

104

3h30-4 h environ

Toute l'année

Facile

Guide obligatoire

Malendure (mais peu de liaisons)

Préparer

Avec qui faire l'excursion : il y a plusieurs prestataires à Malendure et tous adoptent un « code de bonne conduite » durant leur excursion. Parmi eux, Aventure Cétacés : ☎ 06-90-60-84-05. • aventurecetaces.com •

Tarifs : 65 €/pers (45 € pour les moins de 12 ans).

Bon à savoir : prévoir chapeau, lunettes de soleil, vêtement léger à manches longues et de l'eau.

À l'aveeeentuuuurrre !

On est ici dans le **parc national de la Guadeloupe,** et plus précisément dans le sanctuaire AGOA (Aire marine de protection pour les mammifères marins dans les Antilles françaises). Le bateau sur lequel on prend place a signé une charte de bonne conduite pour l'observation des cétacés. Un gage de sérieux. Comme le dit notre capitaine : « On est ici chez eux, alors on s'invite avec des chaussons, pas avec des gros sabots ! » Et aucune garantie de voir quelque chose. Bien compris Cap' !

Ouvrir l'œil, et le bon !

Première étape : repérer les animaux. On navigue tranquille en s'éloignant des côtes, et toutes les paires d'yeux sont mises à contribution. Ce qu'on cherche ? Un dégagement de vapeur à la surface de l'eau. Le souffle de la baleine ! Chacun scrute une zone. On attend... un peu... beaucoup, puis soudain : « - Là ! - Où ça ? - Mais LLÀÀÀ ! - Ah OUUUIII !! » Le capitaine avance doucement, se place parallèlement au souffle pour ne pas couper la route aux cétacés, et reste à bonne distance. C'est un groupe de baleines à bosse qui nage en surface à un train de sénateur : 10 à 15 m de long, 20 à 40 t de grâce ! Soudain, l'une d'elles fait le dos rond, avec lenteur, et découvre une énorme queue noire et blanche, qui s'enfonce doucement dans le grand bleu. Les autres l'imitent. Sur le bateau, des « Ah ! », des « Oh ! », des « Wahou ! ».

« C'est assez, dit la baleine, je me cache à l'eau ! »

On poursuit l'aventure et d'autres souffles apparaissent. Là, ce sont des cachalots, animaux semi-sédentaires. Les femelles séjournent ici à l'année tandis que les mâles, une fois matures, quittent le groupe et s'en vont vivre leur vie ailleurs. Il y aurait 500 individus dans les parages. Sous nos yeux, même nage élégante, et comme le vent porte, on les entend souffler. À bord, silence total, on est tous pris par l'émotion. Puis, le capitaine distille des explications simples et pédagogiques, sans nous étouffer sous les chiffres, mettant l'accent sur le respect du monde animal.

Certains sifflent, ailleurs on chante

Lors de l'excursion, l'hydrophone permet d'écouter les animaux et de pénétrer le monde du silence... qui s'avère souvent bruyant : vous entendrez peut-être le cachalot cliquer, le dauphin siffler, et la baleine chanter. Le premier peut « cliquer » jusqu'à plus de 230 décibels ! Autant ne pas être dans les parages. Tandis que le dauphin siffle à un niveau plus humain. Quant à la baleine, elle envoûte par ses chants au charme infini. Radieuse symphonie du fond des océans...

Des dauphins par dizaines

À peine le temps de digérer ce que l'on a vu, on met le cap sur un autre spot. Notre guide a repéré un groupe de dauphins qui se prélasse. Mais eux aussi nous ont repérés et voilà qu'ils foncent littéralement sur nous ! Ils sont curieux et aiment jouer. Tandis qu'on navigue, ils se placent à la proue du bateau en faisant des petits bonds hors de l'eau, comme s'ils nous montraient la route à suivre. Certains s'éloignent de l'embarcation et jaillissent de l'eau. Et hop, salto avant ! Et hop, pirouette arrière !

Le chant des baleines

Déjà plus de 3h de navigation. Le capitaine arrête le bateau et sort un curieux appareil, un hydrophone : il le plonge dans l'eau et on tend l'oreille. Soudain on entend... chanter les baleines. Ce soir, on fera de beaux rêves.

À bord, silence total, on est tous pris par l'émotion

SNORKELING DE RÊVE EN MARTINIQUE

Sa ka longé !

105

Cœur battant des Antilles françaises, « l'île aux belles fleurs » brille aussi par la beauté de ses fonds marins. Explorer sa côte Caraïbe en snorkeling est une expérience simple, fascinante et intense, nourrie d'incroyables rencontres avec des tortues marines !

1 journée

Décembre à avril (saison sèche), sinon tout l'année selon météo

Facile

Pas besoin de guide

Il faut être véhiculé

Préparer

Accès : il faut louer une voiture pour rejoindre les spots de snorkeling concentrés sur la façade Caraïbes, la fameuse côte sous le vent, à l'ouest de l'île.

Plus d'infos : office de tourisme de la Martinique • martinique.org •

Bon à savoir : se procurer une plaquette immergeable vendue par les clubs, permettant d'identifier les poissons et coraux en toute autonomie. Les clubs de plongée locaux proposent des sorties snorkeling ; matériel, encadrement et bateau compris. L'expérience peut se poursuivre par un baptême de plongée avec bouteille…

Règle d'or : respectez absolument cet environnement délicat, ne touchez à rien et ne nourrissez pas les poissons.

Dès le premier coup de palme, l'éblouissante féérie martiniquaise nous gagne, avec son lot de découvertes mémorables.

Baignée par la mer des Caraïbes, la fameuse côte sous le vent - douce et abritée - dévoile des jardins coralliens éclatants de vie, en eau chaude (27-30° C) et limpide. Un univers tapissé d'éponges et de coraux aux couleurs vives et formes étonnantes, où batifolent quantité de poissons tropicaux : papillons, anges, trompettes, perroquets, chirurgiens, diodons, coffres, etc. Et dans ce ballet intense et vertigineux, s'invitent souvent barracudas, thazards, carangues, platax, mérous, murènes…

Nos meilleurs spots de snorkeling

Dans le nord de l'île, sauvage et confidentiel, les sublimes **anse Céron** et **anse Couleuvre** surprennent par la beauté farouche de leurs récifs coralliens. Plus au sud, **anse Dufour** et **anse Noire,** intimistes et incontournables, offrent de nager avec de majestueuses tortues vertes ; l'un des meilleurs spots du genre dans toutes les Antilles françaises ! Alors qu'à proximité, le sentier sous-marin balisé des **anses d'Arlet**, charmant bourg caraïbe, est un autre temps fort du snorkeling en famille. Et ne passez pas à côté des jardins coralliens de la **pointe Borgnese,** à l'extrémité sud de l'île, petit coin de paradis aux eaux turquoises.

Observer les dauphins

On nage très rarement avec des dauphins en Martinique, mais on peut s'émerveiller en les observant depuis la surface avec parfois baleines et cachalots, lors d'excursions spécialisées en bateau. La côte sauvage du nord-ouest de l'île semble être le meilleur spot pour ces rencontres du troisième type pendant la saison sèche, avec un pic de concentration en février-mars.

Plongées au top

À côté de ses sites de snorkeling sensationnels, l'île compte aussi plusieurs spots de plongée avec bouteille de renommée internationale, comme le luxuriant **rocher du Diamant** et les **épaves de la baie de Saint-Pierre**, coulées par l'éruption de 1902. Emblématiques mais accessibles aux seuls plongeurs expérimentés !

Des jardins coralliens éclatants de vie

Les Anses-d'Arlet

10 LIVRES POUR PETITS ET GRANDS AVENTURIERS

Voyages en France, Robert L. Stevenson

Editions Arthaud, 2021

Amoureux de la France, Stevenson va la découvrir du nord au sud et publier deux récits de voyage, en 1878 et 1879. Si *En canoë sur les rivières du Nord* est moins connu que *Voyage avec un âne dans les Cévennes*, il a pourtant le même charme, les mêmes qualités qui font le sel de ces 2 récits : sens de l'observation et sens de l'humour, descriptions de paysages et instants de vie saisis sur le vif.

Aventures en Loire, Bernard Ollivier

Libretto. 2012

Des chemins intimes aux vignobles prestigieux, des châteaux dans la brume au silence des matins sur l'eau calme, Bernard Ollivier retrace 1 000 kilomètres sur les bords de Loire, du mont Gerbier-de-Jonc jusqu'à Nantes. Il dessine au fil des rencontres le portrait d'un fleuve sauvage et majestueux, mais aussi celui des gens qui lui ont ouvert leur porte et leur cœur.

Sur le chemin des ducs, Bernard Ollivier

Libretto, 2015

De Rouen au Mont-Saint-Michel, sur les traces de l'Histoire et dans des départements qu'il connaît bien pour y avoir vécu, l'auteur de *Longue Marche* redit son goût pour l'aventure moderne et intime de la randonnée tout aussi enrichissante près de chez soi.

Chemin faisant... Mille kilomètres à pied à travers la France, Jacques Lacarrière

Fayard, 1977

Laissons le soin à l'auteur, spécialiste et amoureux de la Grèce, de présenter son livre : « Ce livre n'est pas un guide pédestre de la France, mais une invitation au vrai voyage, le journal d'un errant heureux, des Vosges jusqu'aux Corbières, au cœur d'un temps retrouvé. Car marcher, c'est aussi rencontrer d'autres personnes et réapprendre une autre façon de vivre ».

Sur les chemins noirs, Sylvain Tesson

Gallimard, 2016

Après un accident qui remet sa vie en question, l'écrivain voyageur décide pour se rééduquer de parcourir la France par les chemins campagnards oubliés, de la frontière italienne au Cotentin. Descriptions de paysages et réflexions avec la plume qu'on lui connaît.

La diagonale du vide - un voyage exotique en France, Mathieu Mouillet

Editions du Matt, 2019

Durant un an et demi, des Ardennes au Pays basque, l'auteur a exploré à pied les endroits « où il n'y a rien à voir » et récolté les histoires ordinaires et extraordinaires de celles et ceux qui entretiennent avec leur territoire une relation forte et développent des projets de toutes sortes, porteurs d'envie d'autre chose et de faire vivre la ruralité.

Remonter la Marne, Jean-Paul Kauffman

Fayard, 2013

Remonter à pied la Marne depuis sa confluence avec la Seine jusqu'à la source est une odyssée à travers les odeurs, des paysages encore intacts traversés par une étrange lumière, la rambleur. Villages aux devantures vides, églises fermées, communes démeublées mais nullement moribondes, cette France inconnue se découvre pas à pas. Seule la marche permet un rapport profond au temps, au silence, aux rencontres.

Ailefroide, altitude 3954 Jean-Marc Rochette

Casterman, 2018

L'auteur, grenoblois d'origine, raconte dans ce roman graphique sa découverte, à l'adolescence, de la montagne et de l'alpinisme grâce à un ami. Découverte qui deviendra passion. Le but ultime : conquérir la face nord d'Ailefroide. Du même auteur, citons aussi *Le Loup* (éd. Casterman, 2019), autre beau roman graphique narrant un duel sur le long cours entre un loup et un berger dans le massif des Écrins.

Premier de cordée, Frison-Roche

J'ai lu, 2012

Mémorable roman, et premier volume d'une trilogie, où l'auteur raconte l'histoire du Chamoniard Pierre Servetaz, dont la vie bascule à la mort de son père, un guide chevronné foudroyé en montagne. Ce sont les sommets acérés des Jorasses, des Drus, de l'aiguille Verte, qui plantent le décor vertigineux de ce récit et de la suite, *La Grande Crevasse*, et *Retour à la montagne*. Le guide Zian nous embarque dans ses courses risquées, parsemées de sentiments à l'eau de rose.

L'Himalaya breton, Nicolas Legendre

Éd. Du coin de la rue, 2020

L'auteur nous emmène dans un road trip poétique sur les sommets bretons, du massif de Paimpont au Menez Hom en passant par les Monts d'Arrée. À travers son regard curieux et sensible, il nous fait découvrir une Bretagne intérieure au caractère rude et farouche, façonnée par ses reliefs et son histoire.

INDEX

M

N–O

P

Q–R

S

T

U–V

LES ROUTARDS SUR L'ÉTRANGER 2022-2023

(DATES DE PARUTION SUR · ROUTARD.COM ·)

EUROPE

PAYS EUROPÉENS

- Allemagne
- Andalousie
- Angleterre, Pays de Galles
- Autriche
- Baléares
- Belgique
- Canaries
- Catalogne (+ Valence et Andorre)
- Crète
- Croatie
- Danemark, Suède
- Écosse
- Espagne du Nord-Ouest
- Finlande
- Grèce continentale
- Hongrie
- Îles grecques et Athènes
- Irlande
- Islande
- Italie du Nord
- Italie du Sud
- Lacs italiens
- Madère
- Madrid, Castille (Aragon et Estrémadure)
- Malte
- Norvège
- Pays baltes : Tallinn, Riga, Vilnius
- Pologne
- Portugal
- République tchèque, Slovaquie
- Roumanie, Bulgarie
- Sardaigne
- Sicile
- Suisse
- Toscane, Ombrie

VILLES EUROPÉENNES

- Amsterdam et ses environs
- Barcelone
- Berlin
- Bruxelles
- Budapest
- Copenhague
- Dublin
- Florence
- Lisbonne
- Londres
- Madrid
- Milan
- Moscou
- Naples
- Porto
- Prague
- Rome
- Saint-Pétersbourg
- Séville
- Stockholm
- Venise
- Vienne

AMÉRIQUES

- Argentine
- Brésil
- Californie
- Canada Ouest
- Chili et île de Pâques
- Colombie
- Costa Rica
- Équateur et les îles Galápagos
- États-Unis Nord-Est
- Floride
- Guatemala, Yucatán et Chiapas
- Louisiane et les villes du Sud
- Mexique
- Miami
- Montréal
- New York
- Parcs nationaux de l'Ouest américain
- Pérou, Bolivie
- Québec et Ontario
- San Francisco

ASIE ET OCÉANIE

- Australie côte est + Red Centre
- Bali, Lombok
- Bangkok
- Birmanie (Myanmar)
- Cambodge, Laos
- Chine
- Hong-Kong, Macao, Canton
- Inde du Nord
- Inde du Sud
- Israël, Palestine
- Istanbul
- Jordanie
- Malaisie, Singapour
- Népal
- Shanghai
- Sri Lanka (Ceylan)
- Thaïlande
- Tokyo, Kyoto et environs
- Turquie
- Vietnam

AFRIQUE

- Afrique du Sud
- Égypte
- Kenya, Tanzanie et Zanzibar
- Maroc
- Marrakech
- Sénégal
- Tunisie

ÎLES CARAÏBES ET OCÉAN INDIEN

- Cuba
- Guadeloupe, Saint-Martin, Saint-Barth
- Île Maurice, Rodrigues
- Madagascar
- Martinique
- République Dominicaine (Saint-Domingue)
- Réunion

GUIDES DE CONVERSATION

- Allemand
- Anglais
- Arabe du Maghreb
- Arabe du Proche-Orient
- Chinois
- Croate
- Espagnol
- Grec
- Italien
- Japonais
- Portugais
- Russe
- G'palémo (conversation par l'image)

LIVRES-PHOTOS LIVRES-CADEAUX

- 50 voyages à faire dans sa vie
- 52 villes coups de cœur en Europe
- 52 week-ends coups de cœur en France
- 52 escapades nature en France
- 120 coins secrets en Europe
- 1200 coups de cœur dans le monde
- 1200 coups de cœur en France
- Cahier de vacances du Routard
- Expériences et micro-aventures en France
- La France de Stéphane Bern
- Nos plus belles balades et randos en France
- Voyages
- Voyages : États-Unis
- Voyages : France
- Voyages : Italie
- Road trips Monde
- Road trips France
- Sacré : les 100 plus beaux sites de la planète

LES ROUTARDS SUR LA FRANCE 2022-2023

(DATES DE PARUTION SUR · ROUTARD.COM ·)

- Alsace
- Ardèche, Drôme
- Ardenne
- Auvergne
- Bordelais, Landes, Lot-et-Garonne
- Bourgogne
- Bretagne Nord
- Bretagne Sud
- Les Charentes
- Châteaux de la Loire
- Corse
- Côte d'Azur
- Franche-Comté
- Isère, Alpes du Sud
- Jura franco-suisse
- Languedoc et Roussillon
- Limousin
- Lorraine
- Lot, Aveyron, Tarn
- Lyon
- Marseille
- Midi toulousain (Pyrénées, Gascogne)
- Montpellier
- Nantes et ses environs
- Nice
- Nord, Pas-de-Calais
- Normandie
- Paris
- Pays Basque, Béarn
- Pays de la Loire
- Périgord-Dordogne
- Picardie
- Poitou
- Provence
- Savoie Mont Blanc
- Toulouse
- Week-ends autour de Paris

AUTRES GUIDES SUR LA FRANCE

- Nos meilleurs campings en France
- Nos meilleures chambres d'hôtes

AUTRES GUIDES SUR PARIS

- Paris
- Paris balades
- Restos et bistrots de Paris
- Le Routard des amoureux à Paris
- Week-ends autour de Paris

CRÉDITS PHOTOGRAPHIQUES

Légende : p = page, h = haut, b = bas, g = gauche, d = droite

Hemis.fr : **Aurora** : p. 300 • **Pascal Avenet** : p. 69, p. 77, p. 79 b, p. 83 • **Jean-Paul Azam** : p. 210, p. 219, p.221 • **Jean-Marc Barrère** : p. 175, p. 215 h • **Emmanuel Berthier** : p. 35 h, p. 41 b, p. 57 h, p. 59, p. 67 b • **Stéphane Bouilland** : p. 17, p. 19 h • **Denis Bringard** : p. 117, p. 123, p. 129, p. 134 • **Aurélien Brusini** : p. 324, p. 338 • **Michel Cavalier** : p. 291 h, p. 296, p. 297 • **Denis Caviglia** : p. 167 • **Franck Chaput** : p. 301 • **Franck Charel** : p. 115, p. 139 h, p. 207 • **Arnaud Chicurel** : p. 39, p.45 h • **Matthieu Colin** : p. 330, p. 331 • **Jean-François Deroubaix** : p. 29 h • **Natalia Durango** : p. 89 b • **Bertrand Gardel** : p. 87 h, p. 93, p. 97, p. 189, p. 191 • **Gregory Gérault** : p. 102, p. 105 • **Gil Giuglio** : p. 113 b • **Franck Guiziou** : p. 35 b, p. 51 b, p. 52, p. 70, p. 174, p. 176, p. 177 h, p. 185, p. 205, p. 208, p. 211, p. 226, p. 255 b, p. 262, p. 325 b • **Christian Guy** : p. 164, p. 165, p. 235 h, p. 236, p. 249 • **Jean-François Hagenmuller** : p. 309 • **Patrice Hauser** : p. 143 b, p. 153 b, p. 153 h, p. 155, p. 295 • **Hervé Hughes** : p. 33 h • **SARL Invictus** : p. 298 • **Pierre Jacques** : p. 108, p. 261, p. 263 d, p. 272 • **Gilles Lansard** : p. 127 h, p. 127 b, p. 281, p. 335 • **Olivier Leclercq** : p. 19 b, p. 29 b, p. 57 b, p. 333 • **Hervé Lenain** : p. 94, p. 137, p. 187 b, p. 227, p. 277 • **Francis Leroy** : p. 49 • **Lionel Lourdel** : p. 161, p. 171 • **Jean-François Mallet** : p. 81 • **Christian Martelet** : p. 179 h, p. 267 • **René Mattes** : p. 58, p. 61, p. 101, p. 106, p. 118, p. 135, p. 273 • **Mauritius** : p. 321 • **Camille Moirenc** : p. 292, p. 334 • **Lionel Montico** : p. 187 h, p. 265, p. 270 • **Tuul et Bruno Morandi** : p. 73, p. 247 b, p. 341 • **Philippe Moulu** : p. 91 b • **Louis-Marie Préau** : p. 317 • **Philippe Renault** : p. 21 h • **Bertrand Rieger** : p. 143 h, p. 225 b (la fresque murale *La Fille des remparts*, réalisée par ©CitéCréation, d'après Max Cabanes, parcours des murs peints BD d'Angoulême, produit par la Ville d'Angoulême), p. 293, p. 294 • **Gilles Rigoulet** : p. 183 • **Annette Soumillard** : p. 33 b • **Arnaud Spani** : p. 212, p. 274, p. 337 h • **Benoit Stichelbaut** : p. 53 b, p. 63 p. 67 h • **VWpics** : p. 199 • **Westend 61** : p. 329 d.

Divers : p. 26, p. 27 : © **Benjamin Teissedre** • p. 49 h : © **The Breizh to be** • p. 68 : © **musée du Village Troglodytique de Rochemenier** • p. 74, p. 75 h, p. 75 b : © **Gavin's Clemente-Ruiz** • p. 99 : © **Évasion Verte** • p. 107, p. 112 : © **La Brasserie du Vignoble** • p. 113 h g et d : © **Morgane Pasco** • p. 141 : © **Domaine de Courcelles** • p. 180, p. 181 h et g : © **Kevin Mandrick** • p. 193 v2 : © **Simon Bourcier** • p. 193 v1 : © **Ophelie Berlemont** • p. 193 v3 : © **Christophe Faivre, viaduc des Fades** • p. 194, p. 195 : © **Vincent Gourbiere** • p.202, p.203 : © **Philippe Moréno - grotte Aguzou** • p. 218 : © **Matthieu Devaux** • p. 223 h : © **Gilles Iniesta (Aéro)** • p. 223 b : © **Gilles Iniesta (Snake)** • p. 224 : © **Julien Malland (*Enter the Void*, Seth)** • p. 225 h : © **Association Mur de Mulhouse** créée le 30 mai 2012, (fresque réalisée sur le Mur au 9, rue de la Moselle par l'artiste Sekuouane, Edition 81, Janvier 2022) • p. 247 h : © **Base de Loisirs des Gorges de la Loire** • p. 269 : © **Sébastien Charmetant / Fish and trip** • p. 271 h et b : © **Andy Parant** • p. 284, p. 285 : © **Fées d'hiver** • p. 289 h et b : © **Roc Écrins** • p. 299 : © **Lecourtier/puremontagne** • p. 303 : © **Raoul Getraud.**

Shutterstock.com : p. 21 b • p. 22 • p. 23 h • p. 23 b • p. 24 b g • p. 24 b d • p. 24 h • p. 25 h • p. 25 b • p. 38 • p. 41 h • p. 42 • p. 45 h • p. 53 h • p. 55 • p. 60 • p. 62 : © Aurelie le moigne • p. 65 h : © Peapop • p. 65 b : © Livcool • p. 71 • p. 72 • p. 78 • p. 79 h • p. 87 b : © Jacky d • p. 89 h : © Pack-Shot • p. 90 b • p. 90 h • p. 91 h • p. 95 • p. 103 • p. 109 • p. 110 • p. 116 • p. 119 • p. 121 b • p. 121 h • p. 124 • p. 125 • p. 126 • p. 128 • p. 133 • p. 139 b • p. 144 • p. 145 • p. 147 • p. 149 • p. 151 • p. 154 • p. 156 • p. 157 • p. 169 • p. 170 • p. 177 h • p. 179 b • p. 200 • p. 201 • p. 209 • p. 213 • p. 215 b • p. 228 • p. 229 • p. 233 h • p. 233 b • p. 235 b • p. 239 h • p. 239 b • p. 240 b • p. 240 h • p. 241 b • p. 241 h • p. 243 h • p. 243 b • p. 244 • p. 244 • p. 245 • p. 248 • p. 251 • p. 253 • p. 255 h • p. 256 • p. 257 h • p. 257 b • p. 259 • p. 263 g • p. 275 • p. 276 • p. 282 • p. 283 • p. 286 • p. 291 b : © Fifi montagne • p. 305 • p. 306 • p. 307 • p. 311 b • p. 311 h : © Sergio Delle Vedove • p. 312 : © Vadim Petrakov • p. 323 • p. 325 h • p. 329 g • p. 341.

Stock.adobe.com : p. 37 : Pakorn • p. 140 : Traveller70 • p. 238 : Martin • p. 337 b : Frog 974 • p. 339 : Pascale Gueret.

Illustrations : toutes illustrations le **Bureau des Affaires graphiques** sauf p. 22 et p. 24 : Shutterstock.

LÉGENDES

Pour le Routard

Directeur de collection et auteur : Philippe Gloaguen

Secrétaire général : Gavin's Clemente-Ruiz

Rédaction : sous la direction d'Amanda Keravel, avec la collaboration de Véronique de Chardon et Fiona Debrabander.

Rédaction Routard : Isabelle Al Subaihi, Mathilde de Boisgrollier, Carole Bordes, Marie Burin des Roziers, Camille Campet, Diane Capron, Florence Charmetant, Bénédicte Gloaguen, Pierre Josse, Géraldine Lemauf-Beauvois, Benoît Lucchini, Alain Pallier, Anne Poinsot et Alexia Poulain.

Ont également collaboré à cet ouvrage : Thierry Bessou, François Chauvin, Grégory Dalex, Fabrice Doumergue, Cédric Fischer, David Giason, Guillaume Garnier, Nicolas George, Claude Hervé-Bazin, Romain Meynier, Éric Milet, Thomas Rivallain et Jean Tiffon, sans oublier Guilhem Aurenche et Lara Tantawi.

Pour Hachette

Direction : Sidonie Chollet

Direction éditoriale : Élise Ernest

Responsable de projet : Matthieu Devaux

Édition : Margaux Lefebvre, avec Olga Krokhina, Julie Dupré, Gia-Quy Tran, Amélie Ramond, Lucie Léna, Joséphine Bonneau, Morgane Zambrelli et Tony De Sousa

A également collaboré : Jeanne Labourel

Cartographie : Frédéric Clémençon et Aurélie Huot

Contrôle de gestion : Jérôme Boulingre et Yannis Villeneuve

Marketing : Clotilde Tougeron et Élise Sylvestre

Assistance : Julia Lorrain

Fabrication : Nathalie Lautout, Liza Sacco et Aude Cauchet

Relations presse : COM'PROD, Fred Papet. ☎ 01-70-69-04-69. • info@comprod.fr •
Martine Levens (Belgique) ☎ +32-47-568-35-76.

Contact partenariats : Jérôme Denoix • jeromedenoix@gmail.com •

Contact partenariats et régie publicitaire : Florence Brunel-Jars • fbrunel@hachette-livre.fr •

Conception graphique maquette et couverture : Le Bureau des Affaires Graphiques

Maquette : Le Bureau des Affaires Graphiques

Logo : Le Bureau des Affaires Graphiques

Silhouette : Clément Gloaguen (d'après Solé)

Les Routards parlent aux Routards

Faites nous part de vos expériences, de vos découvertes, de vos tuyaux :

Les Routards parlent aux Routards : 122, rue du Moulin-des-Prés, 75013 Paris – e-mail : guide@routard.com

site internet : routard.com

Cet ouvrage est imprimé sur un papier issu de forêts gérées

Édité par Hachette Livre (58, rue Jean-Bleuzen, CS 70007, 92178 Vanves Cedex, France)
Photogravure par Reproscan

Imprimé par Macrolibros (Vallad C/Vazquez de Menchaca,9 Poligono Ind Argales 47003 Valladolid Espagne)
Achevé d'imprimer en avril 2022
Collection n° 28 - Édition n° 01
26-1682-1

I.S.B.N. 978-2-01-718801-8
Dépôt légal : avril 2022